Zeidler/Temm

# St. Martiner Kochbuch

Leopold Stocker Verlag
Graz – Stuttgart

**Schulbuchausgabe (broschiert):**

| **Buch-Nr. 46-1860** |
|---|
| Emilie Zeidler, Elfriede Temm<br>**St. Martiner Kochbuch**<br>© 2025 by Leopold Stocker Verlag, Graz |
| **ISBN 978-3-7020-1705-7** |

**Buchhandelsausgabe (Flexcover): ISBN 978-3-7020-1706-4**

**Umschlaggestaltung, Layout und Repro:**
DSR Werbeagentur Rypka GmbH, 8143 Dobl/Graz, www.rypka.at

**Bildnachweis**:
Umschlagvorderseite Buchhandelsausgabe (Flexcover): Lilechka75/istock
Umschlagrückseite Buchhandelsausgabe (Flexcover): Wilhelm Hufnagl: li und Mi, Mona Lozenz: re
Umschlagvorderseite Schulbuchausgabe (broschiert): Wilhelm Hufnagl: li, Alexander Stiegler: Mi, Mona Lorenz: re
Die Urheber sind im Innenteil direkt bei den Bildern vermerkt.



**Bibliografische Information der Deutschen Nationalbibliothek**
Die Deutsche Nationalbibliothek verzeichnet diese Publikation in der Deutschen Nationalbibliografie; detaillierte bibliografische Daten sind im Internet unter http://dnb.d-nb.de abrufbar.

Hinweis: Dieses Buch wurde auf chlorfrei gebleichtem Papier gedruckt. Die zum Schutz vor Verschmutzung verwendete Einschweißfolie ist aus Polyethylen chlor- und schwefelfrei hergestellt. Diese umweltfreundliche Folie verhält sich grundwasserneutral, ist voll recyclingfähig und verbrennt in Müllverbrennungsanlagen völlig ungiftig.

**Auf Wunsch senden wir Ihnen gerne kostenlos unser Verlagsverzeichnis zu:**
Leopold Stocker Verlag GmbH
Hofgasse 5/Postfach 438
A-8011 Graz
Tel.: +43 (0)316/82 16 36
Fax: +43 (0)316/83 56 12
E-Mail: stocker-verlag@stocker-verlag.com
www.stocker-verlag.com

# INHALTSVERZEICHNIS

# 100 JAHRE ST. MARTINER KOCHBUCH

Die Geschichte des St. Martiner Kochbuches hängt eng mit dem Werdegang des Volksbildungswerkes/Volksbildungsheimes St. Martin zusammen. Josef Steinberger, ein obersteirischer Bauernsohn, 1874 in Aichdorf ob Judenburg geboren, verkehrte schon als Student mit der christlich-sozialdemokratischen Arbeiterschaft, um ihre schwierige Lebenssituation zu studieren. Als Kaplan in der oststeirischen Bauernpfarre Stubenberg erlebte er die arme, kleinbäuerliche Bevölkerung und lernte deren niedriges Bildungsniveau kennen. Steinberger setzte auf Fortbildung als Antwort auf die materielle und geistige Not der bäuerlichen Bewohner. Sein besonderes Augenmerk galt der Frau als Bäuerin und Mutter. Steinberger initiierte mit Hilfe der Volksschullehrerin Lina Obersky die ersten Fortbildungskurse für Bauernmädchen. Auf der Suche nach einer Heimstätte für seine Bildungsidee wurde Schloss St. Martin in Graz-Straßgang gefunden.

Emilie von Zeidler stand ihm von 1918 bis 1950 zur Seite. Als Wirtschafts-, Heim- und Haushaltungsschulleiterin gab sie über den Eigenverlag des Volksbildungsheimes St. Martin erstmals im Jahr 1925 das Kochbüchlein für die Schülerinnen der kleinen Haushaltungsschulen für Bauernmädchen heraus. Das Kochbüchlein hatte vor allem den Zweck, den Schülerinnen der kleinen Haushaltungsschulen beziehungsweise der hauswirtschaftlichen Fortbildungsschulen für Bauernmädchen eine Erinnerungshilfe für den erhaltenen Kochunterricht zu sein. Aufnahme fanden damals nur Rezepte, deren einzelne Arbeitsschritte Josef Steinberger nachvollziehen konnte, denn verstünde Steinberger die Anleitung, verstünden es auch die einfachen Hausfrauen.

Nach Zeidlers Pensionierung im Jahr 1950 war Frau Direktor Schulrat Elfriede Temm für die Herausgabe des Kochbuches verantwortlich. Als Leiterin der Bauernmädchenschule St. Martin und Referentin für bäuerliche Haushaltungsschulen und des bäuerlichen Fortbildungsschulwesens konnte sie viele wertvolle Anregungen der fachkundigen Lehrerinnen der St. Martiner Fachschulen in das Buch einarbeiten.

Seit 1974 ist das Kochbuch in ganz Österreich in Hauptschulen, Polytechnischen Lehrgängen, Haushaltungs- und Hauswirtschaftsschulen sowie für die landwirtschaftlichen Berufs- und Fachschulen als Lehrbuch zugelassen. 1977 wurde dem Leopold Stocker Verlag das Verlagsrecht übertragen. Im Jahr 2000 erschien die letzte Auflage, bei der Frau Direktor Schulrat Elfriede Temm mitgewirkt hat (siehe Geleitwort zur 31. Auflage). Für die reich bebilderte 32. Auflage im Jahr 2017 haben berufstätige Fachlehrerinnen das Kochbuch zeitgemäß überarbeitet (siehe Vorwort zur 32. Auflage).

Im Jahr 2025 feiert das St. Martiner Kochbuch sein 100-jähriges Bestehen. Aus diesem Anlass haben wir eine Jubiläumsausgabe als 35. erweiterte und verbesserte Auflage gestaltet. Wir möchten uns herzlichst bei dem Team der landwirtschaftlichen Fachschule für Land- und Ernährungswirtschaft Schloss Stein-St. Martin unter der Leitung von Direktorin Dipl. Päd.in Ing.in Ulrike Prutsch und dem Team des Bildungshauses Schloss St. Martin unter der Leitung von Direktorin Dipl. Päd.in Ing.in Anna Thaller für die Bereitstellung neuer aktueller Rezepte bedanken. Viel Dank gebührt auch Frau Dipl.-Ing. Karin Ch. Taferner für die Mithilfe bei der Überarbeitung.

Ein besonders Danke möchten wir allen Lehrerinnen und Lehrern, Referentinnen und Referenten aussprechen, die das Kochbuch seit nunmehr 100 Jahren im Schulunterricht beziehungsweise in Kochkursen für Erwachsene verwendet haben, und Ihnen, liebe Köchinnen und Köche, für die große Wertschätzung, die Sie dem Buch über die vielen Jahre entgegengebracht haben. Nur so wurde dessen Erfolgsgeschichte möglich. Möge auch die Jubiläumsausgabe Sie bei der Zubereitung Ihrer Speisen gut unterstützen.

**Dr. Kurt und Herta Temm**
Graz, im Juni 2025

# VORWORT
**zur 32. Auflage**

Das beliebte St. Martiner Kochbuch wurde im Jahr 1925 erstmals aufgelegt und, wie im Geleitwort von meiner Mutter Elfriede Temm erläutert, seit dem Jahr 1928 ständig zeitgemäß überarbeitet. Die 31. Auflage erschien im Jahr 2000.

Mag. Wolfgang Dvorak-Stocker gab mir als Erbe meiner Mutter zu überlegen, das Kochbuch, insbesondere die Bebilderung, wieder auf den neuesten Stand zu bringen. Es ist mir ein großes Anliegen, dass die Grundidee der Einfachheit, der Gediegenheit und Klarheit der Rezepte des St. Martiner Kochbuches erhalten bleibt.

Mit großem Engagement haben berufstätige fachkundige Fachlehrerinnen, die seit Jahren das Kochbuch im Unterricht verwenden, bei der Neuauflage mitgearbeitet und wertvolle Anregungen eingebracht.

Mein besonderer Dank gilt Frau Fachschuldirektorin Ing. Rudolfine Praßl, Frau Ing. Elisabeth Eder, Frau Ing. Erika Eder, Frau Ing. Maria Kleer, Frau Ing. Josefa Narodoslawsky, Frau Maria Englisch und Frau FOL Maria Loder. Sie hat auch wesentlich zur Gestaltung und Bebilderung des Kochbuches beigetragen.

Ich hoffe, dass auch diese Auflage weiterhin Freude bereitet, und wünsche gutes Gelingen.

**Dr. Kurt und Herta Temm**
Graz, im Frühjahr 2017

# GELEITWORT

**von Elfriede Temm zur 31. Auflage im Frühjahr 2000**

## Liebe Hausfrauen und -männer, liebe (zukünftige) Köchinnen und Köche!

Das St. Martiner Kochbuch, herausgegeben von Emilie Zeidler, ehem. Referentin der hauswirtschaftlichen Fortbildungsschulen, erfreut sich seit dem Jahr 1928 großer Beliebtheit in Stadt und Land und erreichte in ständigen Überarbeitungen und Erweiterungen über 30 Auflagen.

Frau Zeidler gab mir als ihrer Nachfolgerin den ehrenvollen Auftrag, nach ihrem Tod das Kochbuch weiterzuführen und auszubauen. In ihrem Sinn und ihrem Wunsch entsprechend erscheint hiermit die 31., erweiterte und vervollständigte, zeitgemäße Auflage.

Bei der Überarbeitung wurde darauf Bedacht genommen, das „Gesicht" des Kochbuches zu wahren und – seinem ursprünglichen Charakter gemäß – einfach zu bleiben. Es soll Ihnen zur Herstellung guter, gesunder Hausmannskost für den Alltag behilflich sein. Dabei wurde auch auf festliche Mahlzeiten nicht vergessen. Mit Hilfe der Anleitungen über Grundteige und Mengenberechnungen sollen Sie das Zubereiten der Speisen selbst erarbeiten können. Es bleibt jedem Einzelnen überlassen, durch Verbesserungszutaten und Geschmacksveränderungen verschiedene Gerichte auf gleicher Grundlage herzustellen.

Alle Kochanleitungen und Rezepte sind erprobt, einfach und leicht verständlich abgefasst. Dabei wurde besonders auf neue Erkenntnisse der Ernährungswissenschaft Bedacht genommen und auf gesunde Vollwertkost hingewiesen. Auf vielfachen Wunsch wurden auch einfache bäuerliche Speisen wieder aufgenommen, die in modernen Kochbüchern nicht mehr zu finden sind.

In überaus dankenswerter Weise hat eine Arbeitsgemeinschaft berufstätiger Fachlehrerinnen bei der Neuauflage mitgearbeitet und durch ihre wertvolle Hilfe dazu beigetragen, dieses Kochbuch zeitgemäß und lebenspraktisch zu gestalten.

Alle Kochlehrerinnen der St. Martiner Schulen wurden um ihre Mitarbeit gebeten; sie brachten sehr wertvolle Anregungen und Veränderungsvorschläge mit ein. Mein herzlicher Dank gilt den Fachlehrerinnen Maria Tauschmann, Edeltraud Fucic, Renate Hainzl, Annemarie Hartleb, Christa Klim, Theresia Orthacker, Aloisia Szedonia, Franziska Hödl, Adelheid Genser, Therese Gartner, Lore Steinbauer, Maria Kleer, Erika Eder und Maria Englisch.

Mein besonderer Dank aber gilt Herrn Landesschulinspektor Hofrat Dipl.-Ing. Othmar Tauschmann und Herrn Dir. Mag. Martin Schmiedbauer für ihr großes Entgegenkommen, dass das St. Martiner Kochbuch als Lehrbuch in den ländlichen Haushaltungsschulen, Hauswirtschaftsschulen sowie landwirtschaftlichen Berufs- und Fachschulen eingeführt ist.

Es erscheint nun in 31. Auflage mit vielen Erweiterungen und Ergänzungen in den Rezepten. Zahlreiche Veränderungswünsche fanden Berücksichtigung, Fett- und Kohlenhydratmengen wurden verringert, die Zutatenangabe der Zubereitungsfolge entsprechend gereiht und viele gesundheitliche Hinweise gegeben. Bei den angeführten Mehlmengen kann bis zur Hälfte Vollkornmehl verwendet und auch die Zuckermenge nach Belieben verringert werden.

Meine Mitarbeiterinnen und ich geben Ihnen allen den guten Rat, auf den allgemeinen Teil dieses Kochbuches besonders zu achten. Die Kochlehre erteilt wichtige Ratschläge. Die Grundrezepte bilden die Grundlage in den Mengenangaben und der Zubereitung sowie in den küchentechnischen und gesundheitlichen Hinweisen. – Die Schalttabellen für Elektro- und Heißluftherd wurden zeitgemäß gestaltet, ebenso die Kapitel Vorratswirtschaft und Servierkunde.

Es freut mich, dass ich für dieses neue St. Martiner Kochbuch noch meinen Beitrag leisten konnte, und danke allen meinen stillen Helfern. Viel Spaß beim Kochen und gutes Gelingen wünscht Ihnen

**Elfriede Temm**
Graz, im Frühjahr 2000

# DIE AUTORINNEN

**Emilie Zeidler**, ehemalige Referentin der hauswirtschaftlichen Fortbildungsschulen, hat das St. Martiner Kochbuch erstmals im Jahr 1928 herausgegeben. Seither erfreut es sich in Stadt und Land großer Beliebtheit und erreichte in ständigen Überarbeitungen und Erweiterungen über 30 Auflagen.

**Elfriede Temm**, die Nachfolgerin Emilie Zeidlers, hat das beliebte Kochbuch weiterentwickelt. Die nun vorliegende 35. Auflage wurde vollständig überarbeitet von Kurt und Herta Temm, ehemalige Direktorin der Fachschule Schloss Stein-St. Martin, sowie einem Team von Fachlehrerinnen der St. Martiner Schulen.

***Foto rechts: Kopfsalat***

*Foto: Mona Lorenz*

# KOCHLEHRE

# WISSENSWERTES FÜR DAS PRAKTISCHE KOCHEN

## Hygiene in der Küche

- Für Arbeitsräume, Geräte, Geschirr, Kleidung, Geschirrtücher und Reinigungstücher gilt größte Sauberkeit.
- Vor jedem Koch- bzw. Arbeitsbeginn Hände waschen!
- Hygienevorschriften beachten!
- Rohes Geflügel (auch tiefgefroren) nicht mit anderen Lebensmitteln in Berührung bringen! Ein eigener Arbeitsbereich dafür wäre günstig.
- Vorsicht ist bei Gerichten geboten, die rohe Eier enthalten – Salmonellengefahr!
- Aufgetaute Lebensmittel nicht im selben Zustand nochmals einfrieren, sondern zubereiten und als Fertiggericht tiefkühlen.
- Reste sollten nicht lange warm gehalten werden. Rasch abkühlen lassen und wieder rasch erhitzen.

## Vorbereitende Arbeiten

- **Waschen von Lebensmitteln:** Diese sollten kurz und intensiv in fließendem Wasser gewaschen werden. Sie dürfen vor allem nicht zerkleinert im Wasser liegen bleiben, denn dieses laugt Mineralstoffe und Vitamine aus.
- **Zerkleinern:** Schneiden, reiben, schälen, reißen, passieren, faschieren, hacken, zerdrücken, stoßen, mahlen, stifteln, sieben. Schneidbretter in verschiedenen Farben für die verschiedenen Lebensmittelgruppen verwenden.
- **Einweichen:** Semmeln, Hülsenfrüchte, Dörrobst und Trockengemüse werden eingeweicht, damit wird das Aufquellen und Garkochen erleichtert.
- **Das Auslegen der Bleche und Backformen mit antihaftendem Backpapier** erspart das Befetten und Bemehlen.

  Bei Brandteigen und Blätterteigen werden die Bleche zusätzlich mit Wasser besprengt. Der entstehende Dampf hebt die Gebäckstücke.

  Bei Torten empfiehlt es sich, die Innenseite des Reifens nicht mit Papier auszulegen oder zu befetten; dadurch legt sich das Backgut am Reifen an, und es wird ein Zusammensinken während des Erkaltens verhindert. Nach dem Erkalten kann das Backgut mit einem dünnen Tortenmesser vom Rand gelöst werden.

**Erweichen von Schokolade: Gut zum Weichmachen der Schokolade eignet sich der Mikrowellenherd. Besonders schonend geschieht das Weichmachen in einem heißen Wasserbad. Dazu die Schokolade in eine Nirostaschüssel geben und in einen Topf mit sehr heißem Wasser stellen.**

## Arten des Garmachens

**Kochen:** Dabei werden die Lebensmittel in Wasser schwimmend oder mit Wasser bedeckt gar gemacht (z. B. Kartoffeln).

**Dämpfen:** Hier erfolgt das Garmachen durch Wasserdampf (Einsätze sind erforderlich; z. B. Gemüse).

**Dünsten:** Dabei werden die Nahrungsmittel mit wenig Flüssigkeit, evtl. mit Fett, zugedeckt gar gemacht (Dampfentwicklung). Hauptzweck des Dünstens ist eine möglichst geschmackreiche Zubereitung. Gedünstete Nahrungsmittel können naturbelassen, gestaubt oder mit einem Mehlteigerl eingedickt werden (z. B. Sauerkraut).

Das **Kochen im Dampfdrucktopf** ist eine Art des Garmachens mittels Überdrucks, der die normale Kochzeit auf ein Fünftel reduziert.

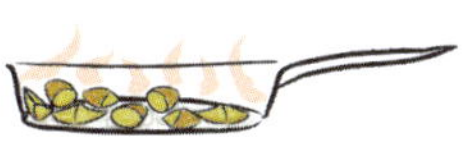

**Braten in der Pfanne:** Dabei wird das Bratgut beidseitig in der Pfanne mit heißem Fett angebraten, bis sich eine Kruste bildet.

**Braten im Rohr** ist das Garmachen von Nahrungsmitteln mittels Fett und Hitze (190–230 °C). Durch die Bildung von Röstprodukten werden die Speisen sehr schmackhaft, doch müssen die zu bratenden Nahrungsmittel oft mit Saft übergossen werden, damit sie saftig bleiben.
**Merke:** Nie kaltes Wasser oder Suppe über das Gargut, sondern immer erst in den Bratensaft gießen (z. B. Schweinsbraten)!
Braten bei zu starker Hitze erzeugt zu viele – gesundheitsschädliche – Röstprodukte, vermindert den Geschmack und das Fleisch wird trocken.

*Grafiken: Johannes Sitzwohl*

**Backen im Fett:** Die Nahrungsmittel werden in viel heißem Fett gar gemacht.
**Merke:** Damit die Speise vollständig durchgebacken wird, darf das Fett nicht zu heiß sein. Außerdem ist überhitztes Fett gesundheitsschädlich und verbraucht sich rasch. Ist es zu wenig heiß, zieht das Backgut zu viel Fett ein und das Fett beginnt zu schäumen. Während des Backens darf nur heißes Fett nachgegeben werden. Eine kleine Menge Alkohol, in den Teig gegeben, verhindert, dass er übermäßig Fett aufnimmt (z. B. Gebackene Champignons).

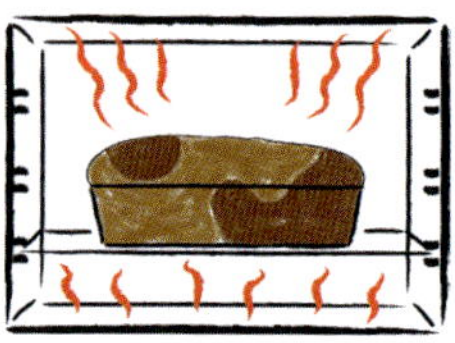

**Backen im Rohr** ist das Garmachen in trockener Hitze.

**Garen durch Mikrowelle:** Mikrowellen lassen Lebensmittel rascher auftauen, erwärmen und garen als die übrigen Arten des Garmachens. Wichtig ist die Verwendung des richtigen Geschirrs. Nähere Anleitungen, auch die Verwendungsmöglichkeiten, finden Sie in jedem Buch über Kochen mit Mikrowelle.

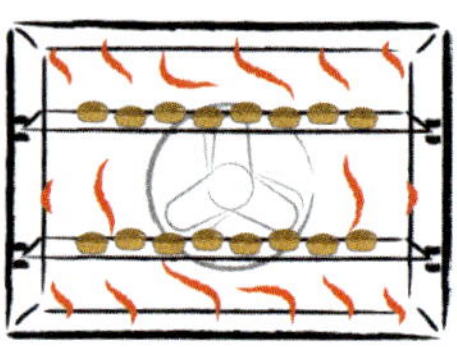

**Heißluftherd:** In ihm wird vor allem heiße Luft an das Gargut herangebracht. Es kann gleichzeitig auf zwei Etagen gegart werden. Die Schaltung für die Temperatur ist der dem jeweiligen Herd beigegebenen Gebrauchsanleitung zu entnehmen.

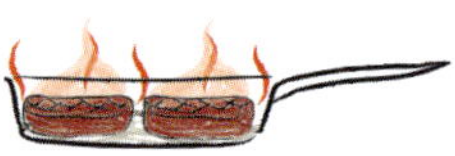

**Grillen in der Pfanne** ist das rasche Garmachen unter starker Hitzeeinwirkung (Strahlungshitze), wodurch dem Grillgut wertvolle Säfte zum allergrößten Teil erhalten bleiben (z. B. Steaks).

**Grillen am Rost** (Holzkohle-, Gas- oder Elektrogrill)

*Grafiken: Johannes Sitzwohl*

Schalttabelle für den Elektroherd/Heißluftherd (bzw. an die Gebrauchsanweisungen des Herstellers halten)

| ELEKTROHERD – OBER- UND UNTERHITZE | | | | | | HEISSLUFT | | | |
|---|---|---|---|---|---|---|---|---|---|
| | Temp. in °C | Backzeit in Minuten | Speicherwärme in Minuten | Vorheizen | Einstellung Schiene | Temp. in °C | Backzeit in Minuten | Vorheizen | Einstellung Schiene |
| **MÜRBTEIG** | | | | | | | | | |
| Kleingebäck | 200–220 | 10–25 | - | ja | mittlere | 180–200 | 10–15 | nein | jede Schiene möglich |
| Blechkuchen mit Obstbelag | 200 | 25–35 | 5 | ja | mittlere | 180 | 25–35 | nein | |
| Torte mit feuchtem Belag (Obst, Topfen) | 200 | 30–45 | 5 | ja | mittlere | 180 | 30–45 | nein | |
| **RÜHRTEIG** | | | | | | | | | |
| Blechkuchen | 190–200 | 25–35 | 5–10 | ja | mittlere | 170–190 | 25–35 | nein | jede Schiene möglich |
| Reifkuchen | 175–190 | 40–50 | 10 | nein | untere | 160–180 | 40–50 | nein | |
| Torte, Gugelhupf | 175–190 | 45–70 | 10 | nein | untere | 160–180 | 40–50 | nein | |
| **GERMTEIG** | | | | | | | | | |
| Kleingebäck (Kipferln, Schnecken) | 190–200 | 20–30 | 5 | ja | mittlere | 180 | 20–30 | nein | jede Schiene möglich |
| Kranzkuchen | 180–190 | 30–40 | 10 | ja | mittlere | 160–180 | 30–40 | nein | |
| Buchteln je nach Größe | 180–200 | 30–50 | 10 | ja | mittlere | 160–180 | 30–50 | nein | |
| Striezel | 180–200 | 40–50 | 10 | ja | untere | 160–180 | 40–50 | nein | |
| Gugelhupf | 180–200 | 45–60 | 10 | ja | untere | 160–180 | 45–60 | nein | |
| **BISKUITTEIG** | | | | | | | | | |
| Anisbögen | 210–220 | 6–8 | - | ja | mittlere | 200 | 8–12 | ja | jede Schiene möglich |
| Biskuitrolle | 210–230 | 8–12 | - | ja | mittlere | 200 | 15–20 | nein | |
| Torte | 175–190 | 45–60 | 10 | nein | untere | 170 | 50–65 | nein | |

| ELEKTROHERD – OBER- UND UNTERHITZE | | | | | | HEISSLUFT | | | |
|---|---|---|---|---|---|---|---|---|---|
| | Temp. in °C | Backzeit in Minuten | Speicherwärme in Minuten | Vorheizen | Einstellung Schiene | Temp. in °C | Backzeit in Minuten | Vorheizen | Einstellung Schiene |
| **STRUDELTEIG** | | | | | | | | | |
| Strudel mit Obst oder Topfen | 210–230 | 35–50 | 5–10 | nein | mittlere | 170 | 40–50 | nein | jede Schiene möglich |
| Blätterteig | 210–230 | 10–30 | - | ja | mittlere | 180–190 | 15–40 | nein | |
| Brandteig | 210–230 | 10–30 | 5–10 | ja | mittlere | 180 | 20–30 | nein | |
| Auflauf | 190–210 | 35–50 | 5–10 | nein | untere | 180 | 30–45 | nein | |
| Eiweißgebäck | 50–100 | 90–120 | 30 | ja | mittlere | 50–100 | 60–120 | nein | |
| Gebäck mit Früchten | 180–200 | 50 | - | ja | mittlere | 170 | 20–50 | nein | |
| Schneehaube für Kuchen | 120 | trocknen | | | | 100 | trocknen lassen | | |
| **BRATEN** | | | | | | | | | |
| Braten, groß | 180–200 | 90–150 | 15 | nein | mittlere od. untere | 150–160 | 90–150 | nein | jede Schiene möglich |
| Braten, klein | 200–220 | 60–120 | 15 | nein | mittlere | 160–180 | 60–120 | nein | |
| Geflügel | 180–210 | 60–240 | 5 | nein | mittlere | 160–180 | 60–240 | nein | |
| | | je nach Gattung | | | | | | | |
| **STERILISIEREN** | 150–180 | 15–50 | 15–20 | nein | Blech od. Rost auf d. Boden, Wölbung nach oben o. untere Schiene | 140–160 | 15–50 | nein | untere Schiene |
| **WÄRMEN** | | | | | | | | | |
| Geschirr vorwärmen | 50 | | - | nein | untere | 50 | | nein | |
| Germteig gehen lassen | - | - | - | - | | - | | nein | |
| Auftauen von Fertiggerichten | 160–175 | 50–70 | - | nein | mittlere | 150 | 50–70 | | |

## Bindemittel

**Weißmehl/Vollkornmehl** findet Verwendung zum Stauben, als Mehlteigerl, für Butterkugeln, Einmach, Béchamel und Einbrenn.

Stauben: Glattes Mehl vorsichtig über das gegarte Kochgut streuen.

Mehlteigerl: Glattes Mehl mit Wasser versprudeln.

Butterkugel: Glattes Mehl mit Butter zu gleichen Teilen verkneten.

Einmach: Glattes Mehl mit Butter hell anrösten, mit kalter Flüssigkeit aufgießen und mit der Schneerute sofort glatt rühren.

Béchamel: Glattes Mehl mit Butter hell anrösten, mit kalter Milch aufgießen und mit der Schneerute sofort glatt rühren.

Einbrenn: Glattes Mehl mit Fett braun anrösten, mit kalter Flüssigkeit aufgießen und mit der Schneerute sofort glatt rühren.

**Stärkemehl** wird für Frucht- und Vanillesaucen sowie für Erdäpfelteige verwendet. Stärkemehl sollte man nur einmal aufkochen, da es sonst an Bindefähigkeit verliert.

**Grieß** verwendet man zum Eindicken verschiedener Suppen, für Erdäpfelteige und Puddings. Grieß vorsichtig in die kochende Flüssigkeit einrühren, denn er bildet leicht Klumpen.

**Kartoffeln** binden am besten, wenn sie roh gerieben in die kochende Flüssigkeit gerührt werden. Man verwendet sie zum Binden von Suppen, Gemüse, Sauerkraut und Faschiertem.

**Semmelbrösel** verwendet man am besten zum Binden von Teigen.

**Grobe Bindemittel**, wie Reis und Haferflocken, können in kalter Flüssigkeit zugesetzt zum Kochen gebracht werden. Man erhöht dadurch die Bindefähigkeit; die Bindemittel quellen besser auf.

**Gelatine** verwendet man zum Binden von Flüssigkeiten. Sie kommt pulverisiert oder zu Blättern gepresst in den Handel. Man rechnet 10 bis 12 Blätter Gelatine pro Liter Flüssigkeit. Die Blätter werden in kaltem Wasser eingeweicht, gut ausgedrückt und in wenig warmer Flüssigkeit aufgelöst. Nicht zu heiß auflösen oder kochen, da sonst die Gelierkraft verloren geht. Aufgelöste Gelatine unter ständigem Rühren mit einem Schneebesen zur Masse geben. Gelatinespeisen sofort kalt stellen, je länger sie zum Kaltwerden Zeit haben, desto weniger Gelatine wird benötigt.

**Pektine** werden in der Küche zu Fruchtgelees, Fruchtsülzen oder in der Marmeladebereitung als Geliermittel bei pektinarmen Früchten verwendet.

**Eidotter** bindet Saucen, Suppen und Cremen durch seinen hohen Fettgehalt; da er in kochender Flüssigkeit gerinnt, dürfen legierte Speisen nicht mehr bis zum Siedepunkt gebracht werden.

**Eiklar** ist ungeschlagen ein Binde- und geschlagen ein Lockerungsmittel. Es darf nur zu heißen und nicht zu kochenden Speisen gegeben werden und nicht mehr aufkochen.

## Lockerungsmittel

**Luft** wirkt als Lockerungsmittel durch Einschlagen in Teige, Schaummassen und Eischnee. Sie erwärmt sich, hebt und lockert den Teig.

**Feuchtigkeit:** Wasser, Alkohol und Milch gehen beim Backen teilweise in Dampf über, heben und lockern den Teig.

**Hefe (Germ):** Hefebakterien spalten Stärke in Zucker und vermögen Traubenzucker zu Alkohol und Kohlendioxid zu vergären. Letzteres dehnt sich in der Teigwärme aus und lockert den Teig.

**Sauerteig** entsteht aus der Verbindung von Mehl und Wasser, wenn diese Mischung längere Zeit warm gestellt wird, und enthält lebende, gärtüchtige Hefepilze.

**Backpulver** bildet mit Feuchtigkeit Kohlensäure und lockert dadurch den Teig.

## Richtiges Würzen und Abschmecken

Speisen sollen schmackhaft und bekömmlich sein, deshalb müssen sie richtig gewürzt werden.

- Würzstoffe sind appetitanregend und verdauungsfördernd.
- Immer so würzen, dass kein Gewürz dominiert.
- Scharfe und intensiv schmeckende Gewürze nur mäßig verwenden.
- Zu stark gesalzene und gewürzte Speisen sind ungesund und machen leicht durstig.
- In der Ernährung von Kindern und kranken Personen sind scharfe Gewürze zu vermeiden.
- Zu stark gewürzte Suppen oder Saucen mit Milch oder Sauerrahm verdünnen.
- Die Speisen nach Butter- und Sauerrahmzugabe nicht mehr aufkochen.
- Würzen sollte den Eigengeschmack der Speisen nicht zerstören.
- Nach Möglichkeit frische Küchenkräuter verwenden. Auf die richtige Kräutermischung achten! Frische Küchenkräuter erst in die fertige Suppe bzw. Speise geben, dann behalten sie die volle Würzkraft.
- Etwa 15 Minuten vor dem Anrichten abschmecken, damit sich die Aromen der beigefügten Gewürze gut entfalten können.
- Frische Kräuter sorgfältig waschen und trocken tupfen.

## Anrichten

Das Auge isst mit! Daher sollte jede Mahlzeit – und sei sie auch noch so einfach – nett und ansprechend angerichtet werden.

**Vorwärmen:** Schüsseln und Platten warm stellen.

**Anrichten:** Man sollte nie zu früh anrichten. Längeres Stehen auf dem Tisch macht die Speisen unansehnlich, und abgekühlt schmecken sie ebenfalls nicht mehr so gut. Warmhalteplatten verwenden!

**Garnieren:** Je sorgfältiger die Speisen angerichtet und garniert werden und je netter der Tisch gedeckt ist, desto besser wird das Essen schmecken.

## Verwertung von Resten

Nie zu viel kochen! Aufgewärmte Speisen haben nicht mehr den gleichen Geschmack und Nährwert. Dennoch muss überlegt werden, wie eventuelle Reste verwertet werden können. Es sollte nach Möglichkeit nichts verderben. Speisereste können auch zu neuen Gerichten verarbeitet werden.

**Fleischreste:** Je nach der Art des Fleisches kalt für Aufschnitt, faschiert als Fülle für Strudel, Pasteten, Kohlrabi, Kartoffeln, Gurken usw. verwenden. Klein geschnitten für Nudelfleisch, Tiroler Gröstl oder Fleischsalat, kleine Reste zum Verbessern von Gemüse- oder Kartoffelsuppen.

**Selchfleischreste** für Schinkenfleckerln, Schinkenauflauf, Schinkenkartoffeln usw.

**Knödel** kann man wieder in kochendes Wasser geben und 5 Minuten leicht kochen oder kalt aufschneiden und in heißem Fett mit Zwiebel und Ei rösten.

**Nudeln** können wie Knödel verwertet werden, oder man übergießt sie mit Eiermilch und bäckt sie in einer Auflaufform.

**Gemüsereste** für die Herstellung von Suppen und Aufläufen verwenden und mit Kräutern oder Sauerrahm aufbessern.

**Grieß-** und **Reisbreireste** für Aufläufe verwenden.

**Brotreste** finden als Suppeneinlage oder für Brotsuppen Verwendung.

**Eiklarreste** für Fruchtschaum, Eiweißbäckerei, Eiweißglasuren, zum Binden von Fleisch- und Gemüsespeisen verwenden.

**Hygienische Aufbewahrung** von Resten ist notwendig.

## Wirtschaftliche Überlegungen

**1. PLANEN 2. SPAREN 3. RATIONELLES ARBEITEN**

### Zu Punkt 1 – PLANEN

- Speiseplan
- Anzahl der Personen und Mengen
- Berücksichtigung einer gesunden, vollwertigen Ernährung
- Berücksichtigung von Kostformen für Kinder, Kranke und alte Menschen

### Zu 2 – SPAREN

- Überlegt einkaufen
- Marktlage beobachten
- Angebot (nach Jahreszeit)
- Preisvergleich
- Wirtschaftspackungen
- Sonderangebote
- Halbfertig- und Fertigprodukte auswählen
- Lebensmittel nicht verderben lassen
- Vorratshaltung

### Zu 3 – RATIONELLES ARBEITEN

- Arbeitsablauf planen
- Verwendung zeitsparender Geräte und Maschinen
- Einmal kochen, mehrmals essen (siehe Tiefgefrieren von Fertiggerichten)

## Hinweise für die Zusammenstellung von Speisefolgen

Bei der Zusammenstellung eines Speiseplanes ist zu beachten:

- Benötigte Lebensmittelmenge
- Nährstoff- bzw. Energiebedarf
- Zeit- und Arbeitsaufwand
- Preisüberlegungen
- Gleiche Lebensmittel innerhalb eines Gerichtes vermeiden, z. B.
  - Nudelsuppe – Nudelfleisch
  - Kartoffellaibchen – Kartoffelsalat
- Gleiche Zubereitungsart vermeiden, z. B.
  - Gebackene Suppeneinlagen – gebackener Fisch
  - Rindsrouladen – Biskuitrolle
- Speisen mit gleicher Bezeichnung vermeiden, z. B.
  - Grießnockerlsuppe – Eiernockerln
  - Leberknödelsuppe – Zwetschkenknödel
- Farbzusammenstellung berücksichtigen.
- Essgewohnheiten der Familienmitglieder oder Gäste beachten.
- Kostformen (Naturkost, Schonkost, Diät) einzelner Familienmitglieder oder Gäste berücksichtigen.
- Alter und Art der Tätigkeit der zu verpflegenden Personen berücksichtigen.
- Sättigungswert und Verdaulichkeit einzelner Speisen bedenken.

## Küchenausdrücke

**Abbröseln** Mehl und Fett zu einer bröseligen Masse verarbeiten

**Abbrühen** mit heißem Wasser übergießen

**Abfetten** von Saucen, Suppen oder Bratensaft das Fett abschöpfen

**Abschmalzen** mit heißem Fett übergießen

**Abschmecken** nach Geschmack würzen

**Abschrecken** gekochte Teigwaren mit kaltem Wasser übergießen, um deren Zusammenkleben zu verhindern

**Absengen** Geflügelflaum über einer offenen Flamme abbrennen

**Abtreiben, Abtrieb** cremig gerührter Butter Eier (Eidotter) und schaumig rühren

**Anbraten** Lebensmittel in heißem Fett zur gewünschten Farbe bräunen

**Anlaufen** kurz in heißes Fett geben, anrösten ohne Farbe

**Anrösten** in heißem Fett bräunen

**Backprobe** Anstechen von Gebäck mittels Holz- oder Metallspießes

**Bähen** Weißbrot oder Semmeln bei Hitze trocknen

**Béchamel** Einmach aus Mehl, Butter und Milch

**Beizen** Fleisch in Gewürz- und Kräuterabsud zur Haltbarmachung oder Geschmacksverbesserung einlegen

**Binden** Eindicken von Suppen oder Saucen durch Mehl, Sauerrahm, Ei oder Butterkugeln

**Blanchieren** kurz überkochen oder abbrühen

**Brät** fein faschiertes Rindfleisch mit viel Wasserzusatz für die Wurstbereitung

**Croûtons** aus Brötchen geschnittene und in Fett gebackene Würfel, Scheibchen u. Ä. zum Garnieren von Speisen oder als Suppeneinlage

**Dämpfen** durch Dampf gar machen

**Dampfl** Gärprobe, Vorteig

**Diät** Krankenkost, Kostform

**Dörren** Gemüse oder Obst trocknen

**Dressieren** formen, zurichten

**Einbrenn** braune Mehlschwitze bereiten; Mehl in heißem Fett oder in Butter braun anrösten, mit kalter Flüssigkeit aufgießen, knotenfrei verrühren und aufkochen.

| | |
|---|---|
| **Einmach** | helle Mehlschwitze bereiten; Mehl in heißer Butter licht anschwitzen, mit kalter Flüssigkeit aufgießen, knotenfrei verrühren und aufkochen. |
| **Einpökeln** | Fleisch mit Gewürzen und Salz zum Selchen vorbereiten |
| **Faschieren** | Zerkleinern durch den Fleischwolf |
| **Filtrieren** | trübe Säfte oder Wein durch ein Filterpapier gießen |
| **Fondant** | Glasurzucker |
| **Frittieren** | in heißem Fett herausbacken |
| **Garnieren** | verzieren |
| **Gratinieren** | überbacken oder überkrusten |
| **Haschee** | gegartes, faschiertes Fleisch in Sauce |
| **Karamell** | braun gebrannter Zucker |
| **Klären** | trübe Flüssigkeiten klar machen |
| **Kleiner Flug** | Kristallzucker und Wasser aufkochen. Beim Anheben des Kochlöffels auf die Masse blasen, kleine Bläschen fliegen weg. |
| **Kleine Perle** | Kristallzucker und Wasser aufkochen. Beim Anheben des Kochlöffels bildet sich ein Faden, der aber bald abreißt. |
| **Konservieren** | Haltbarmachen von Nahrungsmitteln |
| **Legieren** | mit Ei verbessern |
| **Linden** | trockenes Erhitzen von Mehl, Grieß, Haferflocken |
| **Marinade** | gewürzte Sauce für Salate oder zum Marinieren von Fleisch, Fisch |
| **Menü** | Speisenfolge |
| **Panieren** | Fleisch, Fisch oder Gemüse in Mehl, Ei und Semmelbrösel tauchen, wälzen |
| **Passieren** | durch ein feines Sieb pressen |
| **Pasteurisieren** | auf 75 °C erhitzen |
| **Rösten** | Erhitzen von Lebensmitteln ohne Zusatz |
| **Sandwiches** | belegte Weißbrote |
| **Spicken** | mageres Fleisch mit Speck durchziehen |
| **Stauben** | gedünstetes Gemüse oder Fleisch mit Mehl überstreuen |
| **Sterilisieren** | keimfrei machen; auf 100 °C erhitzen |
| **Toasten** | knuspriges Bräunen von Brotscheiben |
| **Tranchieren** | zerteilen |
| **Vegetarisch** | Pflanzliche Lebensmittel und Produkte von lebenden Tieren (Milch, Eier, Honig etc.); kein Fleisch, Fisch etc.; fleischlose Ernährungsweise |

| | |
|---|---|
| **Vegan** | Lebensmittel, die nicht tierischen Ursprungs sind; d. h. ausschließlich pflanzliche Lebensmittel; Ernährungsweise auf Basis rein pflanzlicher Kost ohne tierische Produkte |
| **Vergießen** | Zutun von Wasser |
| **Vollkornmehl** | Getreidekorn mit Randschichten und Keimlingen vermahlen |
| **Wasserbad** | fertige Speisen zugedeckt in einen größeren Topf mit heißem Wasser stellen, damit sie warm bleiben |

## Erklärungen österreichischer Ausdrücke

| | |
|---|---|
| **Aranzini** | überzuckerte oder mit Schokolade überzogene gekochte Orangenschalen |
| **Beiried** | flaches Roastbeef, Entrecote, Zwischenrippenstück |
| **Bissen** | Häppchen |
| **Blaubeeren** | Heidelbeeren |
| **Blaukraut** | Rotkohl |
| **Bohnschoten** | grüne Gartenbohnen, Fisolen |
| **Brein** | Gersten- oder Hirsebrei |
| **Brösel** | Krümel, Bröckchen; gemahlenes trockenes Weißbrot |
| **Buchtel** | oder Wuchtel; ein Hefegebäck |
| **Busserl** | Küsschen |
| **Dalken** | Liwanzen; eine böhmische Mehlspeise |
| **Erdäpfel** | Kartoffeln |
| **Extrawurst** | Fleischwurst |
| **Faferln** | Gemisch aus Mehl und Ei |
| **Filz** | roher Schweinespeck (Bauchfilz) |
| **Fleckerln** | kleine, quadratisch geschnittene Nudelteigstücke |
| **Frankfurter** | Wiener Würstchen |
| **Germ** | Hefe |
| **Gersteln** | Graupen |
| **Grammeln** | Grieben; knusprige Stückchen entstehen, wenn Fett ausgelassen wird |
| **Grillage** | geröstete, kandierte Mandeln, Nüsse etc. |
| **Gugelhupf** | Napfkuchen |
| **Gurkerln** | Gürkchen |
| **Häferl** | Tasse |
| **Haschee** | Hackfleisch; Faschiertes Fleisch |

| | |
|---|---|
| **Häuptelsalat** | Kopfsalat |
| **Haxe** | Hachse |
| **Heiden** | Buchweizen |
| **Karfiol** | Blumenkohl |
| **Karree** | Rippenstück |
| **Kipferl** | Hörnchen |
| **Knödel** | Klöße, Klopse |
| **Knödelbrot** | in Würfel geschnittene Semmeln oder Weißbrot |
| **Kohlrabi** | Kohlrüben |
| **Kohlsprossen** | Röschen des Rosenkohls |
| **Kokosette** | Kokosflocken |
| **Kolatsche** | oder Golatsche; kleiner gefüllter Hefekuchen |
| **Krapferl** | Kräpfchen |
| **Kren** | Meerrettich |
| **Lauch** | Porree |
| **Lungenbraten** | Rinderfilet |
| **Maizena** | Maisstärke |
| **Marille** | Aprikose |
| **Marmelade** | Konfitüre |
| **Mehlteigerl** | Mehl in Wasser flüssig verrührt |
| **Melanzani** | Eierfrüchte, Auberginen |
| **Nockerln** | Klößchen |
| **Nüsse** | Walnüsse |
| **Obers** | Sahne |
| **Palatschinken** | Pfannkuchen |
| **Paradeiser** | Tomate |
| **Pofesen** | oder Pafesen; gebackene Weißbrotschnitten |
| **Potitze** | gefüllter, eingerollter Hefeteig (z. B. Nusspotitze) |
| **Powidl** | Pflaumenmus |
| **Pute** | Truthahn |
| **Rahm** | Sahne |
| **Resch** | knusprig |
| **Ribisel** | Johannisbeere |
| **Ringlotte** | Reneklode |

| | |
|---|---|
| **Russe** | marinierter Hering |
| **Sauerrahm** | saure Sahne mit mind. 10 % Fett |
| **Schlagobers** | Schlagsahne |
| **Schmer** | roher, faschierter Schweinespeck |
| **Schnecke** | schneckenförmiges Hefegebäck |
| **Schneidsemmel** | ein bis zwei Tage alte Semmel |
| **Schöberln** | Suppeneinlage aus Biskuitteig u. a. |
| **Schüsserl** | kleine Schüssel |
| **Schwammerl** | Pilz |
| **Schwarzbeeren** | Heidelbeeren |
| **Schweinsfischerl** | Schweinsfilet |
| **Semmel** | rundes oder längliches Brötchen |
| **Semmelbrösel** | Paniermehl |
| **Senf** | Mostrich |
| **Stanitzel** | spitz zusammengedrehte Tüte |
| **Stelze** | Eisbein |
| **Sterz** | eine (Mehl-)Speise |
| **Strauben** | eine in Fett gebackene Mehlspeise |
| **Striezel** | eine zopfförmige Gebäckart |
| **Teigerl** | Ansatz aus Hefe, lauwarmer Milch und Mehl für das Aufgehen des Teiges |
| **Teufelsroller** | scharf-pikanter Rollmops |
| **Tommerl** | eine Art Auflauf |
| **Topfen** | Quark |
| **Wade** | Beinscheibe vom Rind; Hesse |
| **Weißkraut** | Weißkohl |
| **Würstel** | Würstchen |
| **Zitronat** | kandierte Fruchtschale einer Zitronenart |

## Mengenberechnung

Um die richtige Menge an Lebensmitteln und Zutaten zu verwenden, sollten Sie wissen, welche Menge für eine Person zu berechnen ist. Dabei müssen Sie berücksichtigen, ob Sie für Kinder, alte Leute oder Normalverbraucher kochen.

Durchschnittlich rechnet man pro Person:

| | | |
|---|---|---|
| **Suppe** | 200–250 ml | Flüssigkeit |
| **Einbrenn, Einmach** | je 5 g | Fett und Mehl |
| **Suppeneinlagen** | 10 g | Teigwaren |
| | 10 g | Mehl |
| | 10 g | Grieß |
| | 10 g | Reis |
| | 80 g | Gemüse, Kartoffeln |
| **Beilagen** | 30 g | Reis |
| | 30 g | Teigwaren |
| | 150 g | Kartoffeln |
| | 100–200 g | Gemüse |
| | 30 g | Mehl (Nockerln) |
| **Hauptspeisen** | 40–60 g | Mehl (Nudeln, Nockerln, Schmarren, Germteig) |
| | 40–60 g | Reis |
| | 40–60 g | Grieß |
| | 40–60 g | Teigwaren |
| | 200 g | Kartoffeln |
| | 200 g | Gemüse |
| | 120–150 g | Kalb-, Schweine- oder Rindfleisch ohne Knochen |
| | 120–180 g | Fisch |
| | 200–300 g | Geflügel |
| | 100 g | Innereien |
| **Cremen** | 125 ml | Milch |
| **pro 500 g Mehl** | 1 TL (gestrichen) Salz | |
| | 20 g | Germ |
| **auf 500 g Mehl** | 1 Päckchen Backpulver (= 2 TL) | |
| **auf 1 l Milch** | ca. 80 g Grieß oder 100 g Reis für Milchspeisen | |

## Maße und Gewichte

Zur Zubereitung von Kuchen und Torten ist eine Waage unerlässlich. Für einfachere Rezepte können die folgenden **Löffelmaße und Umrechnungsangaben** eine Erleichterung darstellen.

| | |
|---|---|
| 1 schwach gehäufter EL Weizenmehl | 20 g |
| 1 EL Weizengrieß | 20 g |
| gut 1 EL Butterschmalz | 20 g |
| 1 EL Öl | 10 g |
| 1 schwach gehäufter EL Schweinefett | 25 g |
| 500 ml Weizenmehl | 350 g |
| 500 ml Weizengrieß | 400 g |
| 500 ml Maisgrieß | 350 g |
| 250 ml Reis | 250 g |
| 1 mittelgroße Zwiebel | 50–100 g |
| 1 Semmel | 40 g |
| Eiweiß von 5 Eiern | 125 ml Eiklar |

## Abkürzungen

Bei den Kochanleitungen wurden folgende **Abkürzungen** verwendet:

| | |
|---|---|
| EL | mittelgroßer Esslöffel |
| TL | Teelöffel |
| GR | siehe Grundrezept |
| ml | Milliliter |
| l | Liter |
| g | Gramm |
| kg | Kilogramm |
| P. | Päckchen |
| Msp. | Messerspitze |
| Stk. | Stück |

## Nahrungsmittel, bewertet nach Kalorien und Joule

Der genießbare Teil von 100 g Ware enthält:

| Nahrungsmittel | Kalorien | Joule |
|---|---|---|
| **Fleisch und Fleischwaren** | | |
| Schweinefleisch (sehr mager) | 120 | 500 |
| Schweinefleisch (sehr fett) | 475 | 1.995 |
| Rindfleisch (sehr mager) | 111 | 466 |
| Rindfleisch (fett) | 293 | 1.230 |
| Kalbfleisch (mittelfett) | 140 | 588 |
| Schaffleisch (mittelfett) | 246 | 1.030 |
| Leber (Schwein) | 140 | 590 |
| Leber (Rind) | 131 | 550 |
| Leber (Kalb) | 137 | 575 |
| Bratwurst | 375 | 1.570 |
| Leberkäse | 271 | 1.135 |
| Braunschweiger | 530 | 2.220 |
| Schinken (geräuchert, roh) | 344 | 1.440 |
| Speck (fett) | 770 | 3.220 |
| Huhn (Brathuhn) | 107 | 450 |
| Suppenhuhn | 200 | 840 |
| Ente | 194 | 810 |
| Gans | 230 | 960 |
| Wildgeflügel | 81 | 340 |
| Hase | 99 | 415 |
| **Fische und Fischwaren** | | |
| Forelle | 52 | 220 |
| Hering (mariniert) | 214 | 895 |
| Kabeljau-(Dorsch-)Filet | 78 | 325 |
| Karpfen | 65 | 270 |
| Lachs in Dosen | 170 | 710 |
| Ölsardinen | 240 | 1.005 |
| Rotbarsch-(Goldbarsch-)Filet | 114 | 475 |
| **Fette und Öle** | | |
| Butter | 775 | 3.240 |
| Margarine | 398 | 1.065 |
| Pflanzliche Fette und Öle | 927 | 3.880 |
| **Milch, Milcherzeugnisse und Eier** | | |
| Vollmilch, 3,5 % Fett | 66 | 275 |
| Magermilch | 35 | 145 |
| Buttermilch | 36 | 150 |

| Nahrungsmittel | Kalorien | Joule |
|---|---|---|
| Joghurt, 3,5 % Fett | 74 | 310 |
| Schlagobers | 302 | 1.260 |
| Speisetopfen, 40 % Fett | 166 | 695 |
| Hartkäse, 45 % Fett | 372 | 1.555 |
| Weichkäse, 20 % Fett | 195 | 815 |
| Schmelzkäse, 45 % Fett | 305 | 1.275 |
| Schmelzkäse, 25 % Fett | 209 | 875 |
| Hühnerei (Stück) | 84 | 350 |
| **Getreideerzeugnisse** | | |
| Weizenmehl | 356 | 1.490 |
| Weizengrieß | 342 | 1.430 |
| Weißbrot | 247 | 1.035 |
| Semmeln | 263 | 1.100 |
| Eierteigwaren | 390 | 1.630 |
| Roggenbrot | 253 | 1.060 |
| Roggenvollkornbrot | 239 | 1.000 |
| Knäckebrot | 380 | 1.590 |
| Haferflocken | 402 | 1.680 |
| Maisgrieß | 338 | 1.415 |
| Maizena, Mondamin | 367 | 1.353 |
| Kartoffelstärkemehl | 361 | 1.510 |
| Reis (poliert) | 368 | 1.540 |
| Reis (Vollreis) | 371 | 1.550 |
| **Kartoffeln, Hülsenfrüchte, Gemüse** | | |
| Kartoffeln ohne Schalen | 85 | 350 |
| Pommes frites | 220 | 920 |
| Bohnen (Hülsenfrucht) | 349 | 1.460 |
| Bohnen (grün) | 31 | 130 |
| Erbsen (grün) | 66 | 275 |
| Karfiol | 17 | 70 |
| Kohl | 23 | 95 |
| Kohlrabi | 25 | 105 |
| Kraut | 21 | 90 |
| Sauerkraut | 26 | 110 |
| Salat (grün) | 10 | 45 |
| Spinat | 14 | 60 |
| Gurken | 7 | 30 |

| Nahrungsmittel | Kalorien | Joule |
|---|---|---|
| Paprika | 22 | 90 |
| Tomaten | 17 | 70 |
| Radieschen | 12 | 50 |
| Karotten | 29 | 120 |
| Sellerie | 28 | 115 |
| Zwiebeln | 42 | 175 |
| Champignons | 22 | 90 |
| Spargel | 15 | 65 |
| **Obst, Nüsse, Obstsäfte** | | |
| Äpfel | 50 | 210 |
| Birnen | 55 | 230 |
| Pfirsiche | 42 | 175 |
| Erdbeeren | 44 | 135 |
| Ribisel, rot | 38 | 160 |
| Ribisel, schwarz | 48 | 200 |
| Weintrauben | 70 | 295 |
| Bananen | 81 | 340 |
| Ananas | 56 | 235 |
| Haselnüsse | 690 | 2.890 |
| Mandeln | 651 | 2.725 |
| Walnüsse (ohne Schale) | 705 | 2.950 |
| Apfelsaft | 46 | 190 |
| Grapefruitsaft | 30 | 125 |
| **Alkoholische Getränke** | | |
| Weißwein | 70 | 290 |
| Rotwein | 77 | 320 |

**HINWEIS**
Die in den Kochrezepten angegebenen Fettarten, wie Öl, Butter, Schweinefett, Butterschmalz oder festes Pflanzenfett, können nach persönlichen Vorlieben ausgetauscht bzw. moderat reduziert werden. Ebenso können Weißmehle nach Belieben durch Vollkornmehle ersetzt werden. Die Backzeiten und Temperaturen variieren je nach Rezept (Übersicht siehe S. 15/16).

# VEGANE ALTERNATIVEN

Diese Übersicht bietet eine Auswahl an veganen Alternativen für gängige tierische Zutaten in Rezepten - sowohl für herzhafte Gerichte als auch für süße Backwaren.

## Milchprodukte ersetzen

- **Milch:** Pflanzendrinks auf Basis von Hafer, Sojabohnen, Mandeln, Reis, Kokos- oder Cashewnüssen
- **Sahne:** Soja-, Hafer- oder Cashewsahne bzw. Kokosmilch für cremige Konsistenz
- **Butter:** Vegane Margarine, pflanzliche Öle (z. B. Kokosöl oder Olivenöl beim Kochen)
- **Käse:** Veganer Käse aus Cashews, Mandeln oder fertige Sorten auf Kokos- oder Stärke-Basis
- **Topfen:** Sojaquark oder zerdrückter Seidentofu mit Zitronensaft
- **Joghurt:** Pflanzliches Joghurt (Soja, Kokos, Mandel, Lupine)

## Eier ersetzen

- **Bindung (z. B. in Kuchen, Bratlingen)**
  - 1 Ei = 1 EL geschrotete Leinsamen + 3 EL Wasser (quellen lassen)
  - 1 Ei = 1 EL Chiasamen + 3 EL Wasser
  - 1 Ei = 2 EL Apfelmus
  - 1 Ei = ½ zerdrückte Banane
  - 1 Ei = 3 EL pflanzliches Joghurt
- **Lockerheit / Volumen (z. B. bei Kuchen, Soufflés)**
  - Sojamehl (1 EL + 2 EL Wasser)
  - Kichererbsenwasser (Aquafaba): 3 EL = 1 Eiweiß (lässt sich aufschlagen!)

## Honig ersetzen

- Ahornsirup, Agavendicksaft, Dattelsirup, Reissirup oder Kokosblütensirup

## Fleisch & Fisch ersetzen

- **Linsen / Bohnen:** als Füllung, für Bratlinge oder als Hack-Ersatz
- **Tofu:** neutral, nimmt Marinade gut auf – ideal für asiatische Gerichte oder „Scrambled Tofu"
- **Tempeh:** fermentierter Soja – kräftiger, nussiger Geschmack
- **Seitan:** Weizengluten, fleischartige Konsistenz – ideal für Geschnetzeltes oder „Steaks"
- **Jackfruit:** Faserige Textur, perfekt für Pulled Pork Alternativen
- **Sojaschnetzel / Sojagranulat:** für Bolognese, Lasagne oder Chili sin Carne
- **Algen / Nori-Blätter:** für fischigen Geschmack (z. B. vegane Sushi oder „Thunfischsalat")

## Gelatine ersetzen

- Agar-Agar (aus Algen), Pektin (aus Obst), Johannisbrotkernmehl, Pfeilwurzelmehl oder Tapioka

*Foto rechts: Biskuitroulade, Grundrezept S. 44*

Foto: Mona Lorenz

# GRUNDREZEPTE (für 4 bis 6 Personen)

# TROPFTEIG

| GRUNDZUTATEN | VERBESSERUNGSZUTATEN |
|---|---|
| **Flüssigkeit (z. B. Wasser oder Milch)** | **mehr Eier** |
| **Eier** | **Sauerrahm** |
| **Salz** | **Bier, Wein, Rum** |
| **glattes Mehl** | **Sodawasser, Mineralwasser** |

## ZUBEREITUNG

Milch, Eier, Salz und Mehl mit dem Mixer oder Schneebesen glatt rühren. Bei einzelnen Gerichten kann auch das Eiklar als fester Schnee unter den Teig gehoben werden (z. B. Kaiserschmarren).

Zutaten für den Tropfteig

Zutaten vermischen und glatt rühren.

Teig in heiße, befettete Pfanne eingießen und backen.

Verwendung beispielsweise für Frittaten

Fotos: Maria Loder

Mengenangaben lt. Rezept (siehe nachfolgende Seite)

**KÜCHENTECHNISCHE HINWEISE**
- Beschichtete Pfannen verwenden.
- Pfanne vor der Fettzugabe vorheizen.

## VERWENDUNG

### EINGETROPFTES, BACKERBSEN

**1 Ei**
**30–60 g griffiges Mehl**
**etwas Wasser**

Für Eingetropftes den Teig länger stehen lassen, für Backerbsen kann er sofort verwendet werden (Suppeneinlage).

### OMELETTENTEIG, PALATSCHINKENTEIG, FRITTATENTEIG

**120–150 g glattes Mehl**
**250 ml Milch**
**1–2 Eier**
**Salz**

Als Suppeneinlage (klein geschnitten = Frittaten); als Omeletten (Palatschinken) gefüllt mit Marmelade, Topfen, Spinat, Haschee; für Aufläufe; mit Eis für Eispalatschinken

### SCHMARRENTEIG

**3 Eier**
**200 g glattes Mehl**
**375 ml Milch**
**Salz**

Kaiserschmarren: Eier trennen, Eiklar zu Schnee schlagen, Mehl, Dotter, Milch und Salz vermengen. Eischnee zum Schluss unter die Masse heben (evtl. Rosinen beigeben).

### BACKTEIG

**100 g griffiges Mehl**
**125 ml Milch (knapp)**
**2 Eier**
**Salz**

Statt Milch kann Wein, Bier oder Sodawasser genommen werden.

Für Schlosserbuben, Hollerstrauben, gebackene Apfelspalten usw.

**GESUNDHEITLICHE HINWEISE**
- Weißmehl nach Belieben durch Vollkornmehl ersetzen.
- Die Fettmenge lässt sich durch die Verwendung beschichteter Pfannen verringern.

# NOCKERLTEIG

| GRUNDZUTATEN | VERBESSERUNGSZUTATEN |
|---|---|
| **300 g griffiges Mehl** | **3–5 EL Öl** |
| **250 ml Flüssigkeit (z. B. Wasser)** | **1–3 Eier** |
| **Salz** | **Milch, Buttermilch** |
| **evtl. 50 g Butter zum Schwenken** | |

## ZUBEREITUNG

Die Zutaten in einer Schüssel rasch zu einem weichen Teig verrühren. Dieser sollte nicht zu lange stehen, da er sonst zäh wird.

Nockerln in viel kochendes Salzwasser einlegen, nach dem Herausnehmen mit Wasser abschwemmen und evtl. in zerlassener Butter schwenken.

Zutaten bereitstellen.

Zu einem weichen Teig verrühren.

Nockerln in kochendes Wasser einkochen.

Nockerln in zerlassener Butter schwenken.

Fotos: Maria Loder

## KÜCHENTECHNISCHER HINWEIS

- Einkochen mittels Nockerlsieb, Löffel oder mit nassem Brett und Messer

## VERWENDUNG

- Als **Einlage** in klare Knochen- oder Fleischsuppen: Mehlnockerln, Butternockerln mit und ohne Fett, Reisnockerln
- Als **Beilage** zu verschiedenen Fleisch- und Gemüsespeisen: Wasserspatzen, Mehlnockerln
- Als **Hauptspeise**, wie z. B. Zwiebel-, Käse-, Eier-, Apfelnockerln usw.

## GESUNDHEITLICHER HINWEIS

Weißmehl nach Belieben durch Vollkornmehl ersetzen.

***Spinatnockerln (Rezept S. 224) als Hauptspeise*** *Foto: Wilhelm Hufnagl*

# NUDELTEIG

| GRUNDZUTATEN | VERBESSERUNGSZUTATEN |
|---|---|
| **150–200 g griffiges Mehl** | **mehr Eier** |
| **1 Ei** | **kein Wasser** |
| **2 EL Wasser** | |

## ZUBEREITUNG

Die Zutaten auf dem Brett zu einem festen Teig verarbeiten, der dann – je nach Verwendung – verschieden dünn ausgerollt wird. Trocknen lassen und beliebig schneiden.

Zutaten bereitstellen und vermengen.

Zu einem festen Teig verarbeiten.

Teig sehr dünn auswalken ...

... oder durch die Nudelmaschine drehen.

Fotos: Maria Loder

## KÜCHENTECHNISCHE HINWEISE

- Der Teig lässt sich sehr einfach mit einer Nudelmaschine verarbeiten.
- Bei Nudeln, die auf Vorrat gemacht werden, nie Salz zugeben, da dieses Wasser anzieht. Auch keine Milch verwenden (Gefahr des Sauerwerdens).
- Geschnittene Nudeln vor deren Aufbewahrung gut trocknen, da sie schimmeln könnten.
- Alle Teigwaren in reichlich kochendem Salzwasser mit einem Schuss Speiseöl bissfest kochen.
- Selbst gemachte Nudeln werden rascher weich als gekaufte.

## VERWENDUNG

- Als **Suppeneinlage**
- Als **Beilage** zu Fleischspeisen
- Als **Hauptspeise**, wie z. B. Zwiebelnudeln, Fleischnudeln, Nussnudeln, Nudelauflauf, Mohnnudeln, Krautfleckerln, Schinkenfleckerln usw.

## GESUNDHEITLICHER HINWEIS

Vollkornmehle eignen sich besonders für Teigwaren, denn sie bleiben beim Kochen kernig.

*Topfenfleckerln als Hauptspeise (Rezept S. 226)* Foto: Wilhelm Hufnagl

# STRUDELTEIG

**GRUNDZUTATEN**

**200 g glattes Mehl**
**ca. 125 ml lauwarmes Wasser**
**1 EL Öl**
**½ TL (gestrichen) Salz**
**1 Ei für gekochte Strudel, aber weniger Wasser**
**1 TL Essig**

## ZUBEREITUNG

Die Zutaten auf dem Brett, in einer Schüssel oder der Küchenmaschine zu einem weichen, glatten Teig kneten.

Vor dem Rasten (30 Minuten) mit Öl bestreichen und mit einer warmen Schüssel zudecken.

Auf einem bemehlten Tuch ausrollen, mit Öl bestreichen, dann ausziehen und beliebig füllen.

Zutaten vermengen, zu einem glatten Teig kneten.

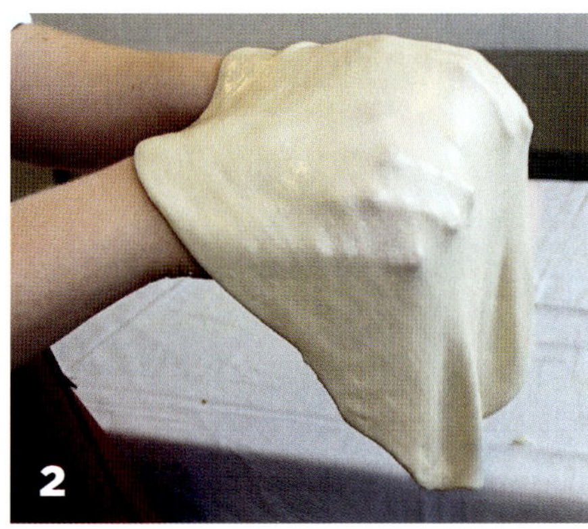

Teig nach dem Rasten mit den Handrücken ausziehen.

Weiter ausziehen und beliebig füllen.

Einrollen, auf ein Blech legen und backen.

Fotos: Maria Loder

Bei festen Füllen, wie z. B. Äpfeln, zwei Drittel, bei weichen, wie z. B. Topfen, nur ein Drittel des Teiges belegen oder bestreichen. Den restlichen Teig mit zerlassener Butter oder Öl beträufeln und einrollen.

Den Strudel auf ein Blech mit Backpapier legen und mit Milch oder Fett bestreichen. Er kann auch in Stücke geteilt oder in ein feuchtes Tuch eingebunden und in Salzwasser gekocht werden (für Suppeneinlagen).

## KÜCHENTECHNISCHE HINWEISE

- Zum Kneten die Spiralkneter des elektrischen Handrührgerätes oder die Küchenmaschine benützen!
- Gekocht werden meist Strudel mit Füllen, die aufquellen sollen.
- Strudelteige und fertige Strudel können eingefroren werden.

## VERWENDUNG

- Als **Suppeneinlage**, wie z. B. Lungen-, Semmelstrudel usw.
- Als **Hauptspeise**, wie z. B. Fleisch-, Kraut-, Spinat-, Kartoffelstrudel usw.
- Als **Mehlspeise**, wie z. B. Topfen-, Sauerrahm-, Grieß-, Apfel-, Kirschen-, Schwarzbeerstrudel

## GESUNDHEITLICHER HINWEIS

Strudel sind je nach Fülle (Obst, Gemüse, Topfen) und bei sparsamer Fettzugabe eine gute, gesunde Ergänzung im Speiseplan.

***Fehringer Strudel (Rezept S. 239)*** *Foto: Maria Loder*

# KARTOFFELTEIG

| GRUND-ZUTATEN | VERBESSERUNGS-ZUTATEN | GESCHMACKS-ZUTATEN |
|---|---|---|
| **400 g mehlige Kartoffeln**<br>**100 g griffiges Mehl**<br>**50 g Grieß**<br>**1 TL Salz** | **1 Ei**<br>**30–50 g Butter**<br>**50 g Topfen** | **Muskatnuss**<br>**Parmesan** |

## ZUBEREITUNG

Die Kartoffeln dämpfen, ganz heiß pressen oder kalt reiben, mit Mehl, Grieß und Salz vermischen und mit den übrigen Zutaten rasch zusammenkneten – zu langes Kneten macht den Teig zäh. Gleich weiterverarbeiten.

Zutaten bereitstellen.

Rasch zu einem Teig verkneten.

Eine Rolle formen.

Beliebig weiterverarbeiten.

Fotos: Maria Loder

Je nach Verwendung in reichlich Salzwasser einkochen oder in heißem Fett ausbacken.

Für in Fett ausgebackene Kartoffelspeisen ist die halbe Mehl- und Grießmenge ausreichend.

**KÜCHENTECHNISCHER HINWEIS**
Kartoffelpresse, Kartoffelwiege oder Reibeisen verwenden!

## VERWENDUNG

- Als **Beilage**, wie z. B. Kartoffelknödel, -rollen
- Als **Hauptspeise**, wie z. B. Kartoffelnudeln, -strudel, -knödel, Obstknödel, Kartoffellaibchen

**GESUNDHEITLICHER HINWEIS**
Bei Verwendung von Vollkornmehl beim Grundrezept den Grieß weglassen.

*Kartoffelknödel mit Fleischfülle (Rezept S. 169)* Foto: Wilhelm Hufnagl

# BISKUITTEIG

| GRUND-ZUTATEN | VERBESSERUNGS-ZUTATEN | LÖFFELREZEPT-ZUTATEN |
|---|---|---|
| pro Ei | Nüsse | pro Ei |
| 30 g Kristallzucker | Schokolade | 1 EL Kristallzucker |
| 20–30 g glattes Mehl | Kakao | 1 EL Mehl |

## ZUBEREITUNG

**Art 1:** Eiklar zu Schnee schlagen, Kristallzucker einschlagen, Eidotter und Mehl vorsichtig daruntermengen.

**Art 2:** Eischnee mit ⅓ des Zuckers ausschlagen, Eidotter mit ⅔ des Zuckers schaumig rühren. Mehl unter die Dottermasse ziehen und zuletzt vorsichtig den Eischnee unterheben.

**Art 3:** Die ganzen Eier mit Kristallzucker dickschaumig schlagen und das Mehl vorsichtig unter die Eimasse heben.

**Art 4:** Eier und Zucker über Dampf dickschaumig schlagen, dann weiter schlagen, bis die Masse kalt ist. Das Mehl vorsichtig unterheben.

Zutaten je nach gewählter Art bereitstellen.

Teig wie oben angegeben zubereiten.

Für Rouladen auf ein Blech streichen.

Verwendung z. B. als Heidenrolle.

Fotos: Maria Loder

# ÖLKUCHENMASSE/ÖLBISKUIT

**GRUNDZUTATEN**

**5 Eier**
**250 g Kristallzucker**
**250 g glattes Mehl**
**½ P. Backpulver**
**125 ml Öl**
**125 ml Wasser**

## ZUBEREITUNG

**Art 1:** Eiklar zu Schnee schlagen, Kristallzucker einschlagen, Eidotter, Mehl mit Backpulver, Öl und Wasser bei langsamer Mixerstufe einheben.

**Art 2:** Eidotter, 200 g Kristallzucker, Wasser und Öl schaumig rühren, Eiklar zu Schnee schlagen, 50 g Kristallzucker einschlagen. Mehl mit Backpulver vermischt gemeinsam mit dem steifen Eischnee vorsichtig unter die Masse heben.

## KÜCHENTECHNISCHE HINWEISE FÜR BISKUITTEIG UND ÖLKUCHENMASSE

- Backrohr vorheizen.
- Biskuitmassen sofort backen.
- Biskuit eignet sich gut zum Tiefgefrieren.

## VERWENDUNG FÜR BISKUITTEIG UND ÖLKUCHENMASSE

Für Torten, Kuchen, Rouladen, Obstkuchen, Dessertbäckereien

## GESUNDHEITLICHE HINWEISE

Biskuits sind leichte, gut verträgliche Mehlspeisen.
Weißmehl nach Belieben durch Vollkornmehl ersetzen.

# MÜRBTEIG

| GRUND-ZUTATEN | VERBESSERUNGS-ZUTATEN | GESCHMACKS-ZUTATEN |
|---|---|---|
| **300 g glattes Mehl** | **Eidotter** | **Zitronenschale, unbehandelt** |
| **200 g Butter** | **Mandeln, Nüsse** | **Vanillezucker** |
| **100 g Staubzucker** | **Schokolade** | **Zimt, Rum** |
| **3 : 2 : 1** | **Kakao** | |

## ZUBEREITUNG

**Art 1:** Mehl auf ein Nudelbrett oder in eine weite Schüssel geben. Die kalte Butter ins Mehl schneiden oder reiben und mit einer Teigkarte oder den Händen fein zerkleinern. Sobald die Masse bröselig ist, den Staubzucker und die übrigen Zutaten dazugeben und rasch zusammenkneten.

Zutaten bereitstellen.

Teig wie angegeben zubereiten.

Rasch zusammenkneten und ruhen lassen.

Verwendung beispielsweise für Kekse

Fotos: Maria Loder

**Art 2:** Alle trockenen Zutaten auf das Nudelbrett geben, mit Butter abbröseln, übrige Zutaten untermengen und rasch zusammenkneten.

**Art 3:** Gerührter Mürbteig: Aus Butter, Staubzucker (und Dotter) einen Abtrieb bereiten, die übrigen Zutaten einrühren.

## KÜCHENTECHNISCHE HINWEISE

- Zubereitung mit der Küchenmaschine: Dabei nach derselben Reihenfolge vorgehen wie unter Art 1 beschrieben.
- Für Mürbteige darf nur Staubzucker verwendet werden – Kristallzucker löst sich nicht auf!
- Eidotter machen den Teig mürbe, Eiklar hart.
- Vor der Verarbeitung den Teig 30 Minuten an einem kühlen Ort rasten lassen. Dazu in Frischhaltefolie wickeln.
- Mürbteige sollten hell gebacken werden, dunkel schmecken sie bitter.
- Mürbteig immer ins heiße Rohr geben!
- Gute Gefriereignung.

## VERWENDUNG

- Für **Vorspeisen**
- Für **Salzgebäck**
- Für **süße Mehlspeisen**, wie z. B. Mandelstangerln, Vanillekipferln, Husarenkrapferln, Ischler Bäckerei, Linzer Bäckerei, Teebäckerei usw.
- Für **Tortenböden** sowie für **helle und dunkle Obstkuchen**

## GESUNDHEITLICHE HINWEISE

- Mürbteig zählt zu den energiereichen Teigen und sollte daher in Maßen genossen werden.
- Weißmehl nach Belieben durch Vollkornmehl ersetzen.

# BACKPULVERTEIG – RÜHRTEIG

**GRUNDZUTATEN**
**3 Eier**
**2 EL Kristallzucker**
**100 g Butter**
**200 g Staubzucker**
**300 g glattes Mehl**
**½ P. Backpulver**
**125 ml Milch**

**VERBESSERUNGSZUTATEN**
**Eier**
**Nüsse, Rosinen**
**Kakao, Schokolade**
**Zimt**
**Rum**
**Vanillezucker**

## ZUBEREITUNG

**Art 1:** Eier trennen, aus dem Eiklar einen Schnee schlagen und mit 2 EL Kristallzucker ausschlagen. Raumtemperierte Butter, Eidotter und Staubzucker cremig rühren, Mehl mit Backpulver vermischt und mit Milch zum Abtrieb mengen, zum Schluss den steifen Schnee leicht unterheben.

**Art 2:** In einer Schüssel Butter zergehen lassen, Eier, Zucker, das mit Backpulver vermischte Mehl und die Milch unterrühren (= häufig bei Muffins).

1
Zutaten bereitstellen.

2
Abtrieb aus Butter, Eidotter und Zucker bereiten.

3
Mehl unterrühren und Eischnee unterheben.

4
Verwendung beispielsweise für Marmorkuchen.

Fotos: Maria Loder

## KÜCHENTECHNISCHE HINWEISE

- Teig muss dick-cremig sein, sonst wird er großporig.
- Formen gut befetten und bemehlen.
- Backen im E-Herd: Bei hohen Gebäckstücken (Gugelhupf, Kuchen und Torten) Backrohrrost auf die unterste Schiene geben (mit der Wölbung nach oben).

## VERWENDUNG

- **Weiche Teige**, wie z. B. Marmorkuchen, Rosinenkuchen, Gesundheitskuchen, Schokoladekuchen, Gewürzkuchen, Gugelhupf
- **Mittelfeste Teige**, wie z. B. mit verschiedenen Früchten belegt als Obstkuchen, mit Topfenfülle bestrichen als Käsekuchen

## GESUNDHEITLICHER HINWEIS

Weißmehl nach Belieben durch Vollkornmehl ersetzen.

*Foto: Wilhelm Hufnagl*

# SANDMASSE

| GRUNDZUTATEN | VERBESSERUNGSZUTATEN |
|---|---|
| **pro Ei**<br>**40–60 g Staubzucker**<br>**40–60 g Butter**<br>**40–60 g glattes Mehl**<br>**(wird auch als Gleichschwermasse bezeichnet, d. h., die Mehl-, Zucker- und Buttermenge wird auf das Gewicht der Eier abgestimmt)** | **Rum**<br>**Vanillezucker**<br>**Zitronenschalen, unbehandelt**<br>**Nüsse**<br>**Schokolade** |

## ZUBEREITUNG

**Art 1:** Eier trennen, Schnee schlagen und mit 2 EL Zucker ausschlagen. Raumtemperierte Butter, Dotter und den restlichen Zucker zu einem cremigen, hellgelben Abtrieb rühren. Mehl mit der Hälfte des Schnees unter den Abtrieb mengen, den restlichen Schnee locker unterziehen.

Zutaten bereitstellen.

Schnee steif schlagen.

Abtrieb aus Butter, Eidotter und Zucker bereiten.

Mehl unterrühren und Eischnee unterheben.

Fotos: Maria Loder

**Art 2:** Aus Butter, ganzen Eiern und Zucker einen Abtrieb bereiten und das Mehl unterrühren.

### ABWANDLUNGEN FÜR SANDMASSE

- Gleichschwermasse + 100 g geriebene Nüsse = Nusskuchen
- Gleichschwermasse + 100 g geschälte Mandeln = Mandelkuchen
- Gleichschwermasse + 100 g Rosinen = Rosinenkuchen
- Gleichschwermasse + 50 g Rosinen + 50 g Mandeln + 50 g Zitronat, 1 EL Rum, Zitronensaft, Vanille = Königskuchen
- Gleichschwermasse für Torten
- Gleichschwermasse Dunstkoch (Mohr im Hemd)

### KÜCHENTECHNISCHE HINWEISE

- Formen immer befetten und bemehlen oder Backtrennpapier verwenden.
- Backrohr vorwärmen!
- Die Masse wird lockerer, wenn man ein wenig Backpulver zugibt.
- Sandmassen eignen sich sehr gut für Obsttorten.

### VERWENDUNG

Kuchen, Torten, Dunstkoch

### GESUNDHEITLICHER HINWEIS

Weißmehl nach Belieben durch Vollkornmehl ersetzen.

*Obstschnitte* Foto: Maria Loder

# BRANDTEIG

**GRUNDZUTATEN**

**125 ml Wasser**
**¼ TL Salz**
**50 g Butter**
**80 g Universalmehl**
**2 Eier (100 g)**

## ZUBEREITUNG

Wasser, Salz und Butter zum Kochen bringen. Dann das Mehl zugeben und glatt rühren.

Wenn sich der Teig vom Kochlöffel und Topf löst, überkühlen lassen und ein Ei nach dem anderen einrühren.

Der Teig sollte sofort verwendet werden!

Bei starker Hitze backen, das Backblech mit Wasser bespritzen! Das Rohr darf während des Backens nicht geöffnet werden (gut ausbacken)! Während des Auskühlens vor Zugluft schützen!

1 Zutaten vorbereiten.

2 Wasser, Salz und Butter aufkochen, dann Mehl zugeben.

3 Eier nach und nach in den ausgekühlten Teig einrühren.

4 Je nach Verwendung beispielsweise auf ein Blech dressieren.

Fotos: Maria Loder

**KÜCHENTECHNISCHE HINWEISE**

- Eine zu wenig gekochte Masse ist zu weich. Sie geht zuerst schön auf, fällt aber rasch zusammen.
- Wenn die Masse zu fest ist, ein weiteres Ei einrühren.
- Brandteig immer ins heiße Rohr geben!

## VERWENDUNG

- Als **Suppeneinlage**, wie z. B. Windbeutel, gebackene Erbsen
- Für **Vorspeisen**, wie z. B. Schinkenkrapferln oder -kipferln
- Für **Hauptspeisen**, wie z. B. Obstknödel
- Für **Mehlspeisen**, wie z. B. Brandteigkrapferln, Brandteigschwäne usw.
- Eignet sich zum Tiefgefrieren.

**GESUNDHEITLICHER HINWEIS**

Weißmehl nach Belieben durch Vollkornmehl ersetzen.

***Brandteigerbsen als Suppeneinlage*** *Foto: Wilhelm Hufnagl*

# BLÄTTERTEIG

| GRUNDZUTATEN | VERBESSERUNGSZUTATEN |
|---|---|
| **glattes Mehl : Butter = 250 : 250 g** | **Eier oder Eidotter** |
| **1 Eidotter** | **Zitronensaft** |
| **Salz** | **Essig** |
| **kaltes Wasser nach Bedarf** | **Wein** |

## ZUBEREITUNG

Ein Drittel des Mehles und die Butter gut miteinander verarbeiten, zu einem Ziegel formen und kalt stellen. Aus zwei Dritteln des Mehles, Eidotter, Salz und Wasser einen weichen Strudelteig bereiten, zugedeckt rasten lassen.

Den Butterziegel in den vierlappig ausgerollten Strudelteig einschlagen und zu einem etwa 1 cm dicken Rechteck auseinanderklopfen. Das Mehl gut abkehren und die Teigplatte dreifach zusammenlegen (= einfache Tour).

Anschließend den Teig wieder 1 cm dick auseinanderklopfen und vierfach zusammenlegen (= doppelte Tour). Danach 30 Minuten zugedeckt und kühl rasten lassen.

Beide Touren noch zweimal wiederholen, dazwischen jeweils rasten lassen.

Strudelteig und Butterziegel bereiten.

Butterziegel in den Strudelteig einschlagen.

Einfache Tour: Die Teigplatte dreifach zusammenlegen.

Doppelte Tour: Die Teigplatte vierfach zusammenlegen.

Fotos: Maria Loder

Teig ausrollen und in Streifen schneiden.

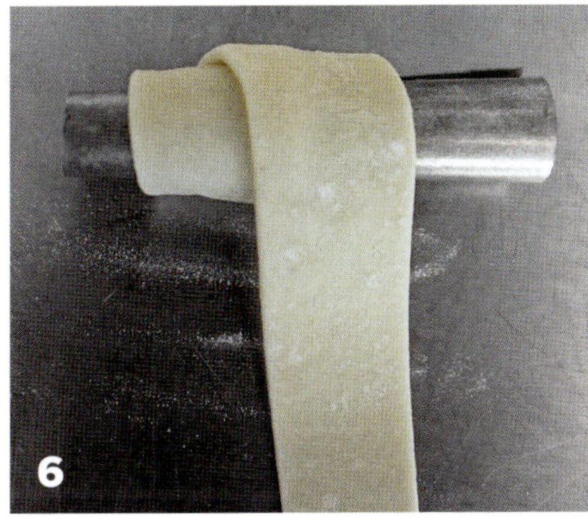

Für Schaumrollen um Schaumrollenformen wickeln.

Fotos: Maria Loder

## ABWANDLUNG: TOPFENBUTTERTEIG

**250 g Butter**
**250 g Mehl**
**250 g Topfen**
**etwas Salz**
**evtl. 1 Ei zum Bestreichen**

Die kalte Butter mit dem Mehl abbröseln, den Topfen dazumengen, salzen und gut durchkneten, ca. 1 Stunde kalt rasten lassen.

## KÜCHENTECHNISCHE HINWEISE

- Ausgerollte Teige mit scharfem Messer schneiden. Bei stumpfem Messer verziehen sich die Schnittflächen und der Teig geht beim Backen nicht mehr auf.
- Reste nicht zusammenkneten, sondern schichtweise aufeinanderlegen.
- Blätterteig wird bei starker Hitze gebacken. Zur besseren Dampfentwicklung die Backbleche mit Wasser bespritzen. Eventuell zusätzlich eine Schale mit Wasser in das Backrohr stellen.

## VERWENDUNG

- Für **Vorspeisen**, **Pasteten**, **Salzgebäck**
- Für **Mehlspeisen** (Cremeschnitten, Schaumrollen, Butterkrapfen usw.)

## GESUNDHEITLICHE HINWEISE

- Selbst gemachter Blätterteig ist durch die Verwendung von Butter sowohl geschmacklich als auch aufgrund der Inhaltsstoffe dem gekauften Produkt vorzuziehen.
- Blätterteig ist ein sehr fettreicher Teig und sollte daher nicht zu häufig genossen werden.

# GERMTEIG

| GRUND-ZUTATEN | VERBESSERUNGS-ZUTATEN | GESCHMACKS-ZUTATEN |
|---|---|---|
| 20–30 g Germ oder | 1–3 Eier oder Eidotter | Vanillezucker |
| 1 P. Trockengerm | 50–100 g Fett | Rum |
| 500 g glattes Mehl | oder Butter | Zitronenschale, |
| 1 TL Salz | 50–100 g Kristallzucker | unbehandelt |
| 250 ml Milch | | Nüsse, Rosinen, |
| 50 g Butter | | Mandeln u. a. |

## ZUBEREITUNG

Die frische, fein verbröselte Germ oder Trockengerm sowie alle trockenen Zutaten unter das Mehl mengen.

Die lauwarme Milch mit den Eiern verquirlen und mit der zerlassenen Butter zum Mehl mischen, dann den Teig gut kneten, zudecken und an einem warmen Ort gehen lassen, bis sich sein Volumen verdoppelt hat.

Danach den Teig evtl. noch einmal zusammenkneten und gehen lassen, so wird der Teig feinporiger.

Zutaten bereitstellen.

Einen glatten Teig kneten, rasten lassen.

Nach Belieben weiterverarbeiten, zum Beispiel als Zopf.

Bestreuen und backen.

Fotos: Maria Loder

## ABWANDLUNG: GERMBUTTERTEIG – PLUNDERTEIG

**400 g glattes Mehl**
**50 g Kristallzucker**
**100 g Butter**
**30 g Germ**
**5 g Salz**
**125 ml Milch**
**ca. 60 ml Wasser**
**1 Ei**
**1 Eidotter**
**Zitronenschale, unbehandelt**
**Butterziegel aus 300 g Butter und 50 g glattem Mehl**

Im Vergleich zum normalen Germteig werden alle Zutaten kalt verwendet, sonst würde er sich aufgrund der großen Buttermenge schwer verarbeiten lassen!

In den fertigen Germteig den Butterziegel einschlagen, den Teig flach klopfen und ca. 2 cm dick ausrollen. Weiterverarbeiten wie: Tourieren beim Blätterteig (siehe S. 54).

## ABWANDLUNG: GERMMÜRBTEIG – BRIOCHE

**500 g glattes Mehl**
**250 ml Milch**
**100 g Kristallzucker**
**2 Eidotter**
**40 g Germ**
**120 g Butter**
**1 TL Salz**

**120 g Butter zum Einkneten**
**1 Ei zum Bestreichen**
**Hagelzucker**

Aus den angegebenen Zutaten einen Teig bereiten und über Nacht kalt stellen.

Am nächsten Tag 120 g kalte, geriebene Butter einkneten, nochmals kühl stellen und gehen lassen.

Danach kleine Laibchen formen, gehen lassen und verschiedenes Kleingebäck formen. Mit verquirltem Ei bestreichen, mit Hagelzucker bestreuen, gehen lassen und bei 210 °C hellgelb backen.

### KÜCHENTECHNISCHE HINWEISE

- Germteige in Formen in das kalte Backrohr stellen.
- Gut aufgegangene Teige auf Blechen ins heiße Rohr schieben, damit die Form erhalten bleibt.
- Germteige eignen sich gut zum Einfrieren (doppelte Grundmenge zubereiten).

## VERWENDUNG

- Feste Teige für Striezel, Kipferln, Semmeln, Kranzkuchen, Schnecken
- Weiche Teige für Gugelhupfe, Potitzen, Obstkuchen, Dampfnudeln, Buchteln
- Flüssige Teige für Pofesen und Dalken

### GESUNDHEITLICHE HINWEISE

Weißmehl nach Belieben durch Vollkornmehl ersetzen. Bei Verwendung von Vollkornmehl ist die Flüssigkeitsmenge zu erhöhen.

# EIWEISSMASSE

| GRUNDZUTATEN | VERBESSERUNGSZUTATEN |
| --- | --- |
| **pro Eiklar** | **Zitronensaft** |
| **50–60 g Kristallzucker** | **Kakao** |
| **(125 ml Eiklar = 5 Eiklar)** | **Nüsse** |
| | **Schokolade** |

## ZUBEREITUNG

**Art 1:** Eiklar zu Schnee schlagen, zwei Drittel des Zuckers (Kristallzucker) einschlagen, den Rest des Zuckers (Staubzucker) leicht einheben.

**Art 2:** Kristallzucker und Eiklar über Dampf dick cremig schlagen.

Eiklar in eine Schüssel geben.

Eiklar schlagen, mit Zucker ausschlagen.

Sehr steif schlagen.

Nach Belieben dressieren.

Fotos: Maria Loder

### KÜCHENTECHNISCHE HINWEISE

- Schnee sehr steif schlagen.
- Bei Zubereitung nach der Art 2: Kessel darf nicht ins Wasser hängen.
- Gefäße und Rührgeräte müssen fettfrei sein.
- Pro 125 ml Eiklar 1 EL Stärkemehl einrühren.
- Eiweißbäckerei in verschlossenen Dosen aufbewahren.
- Eiweißbusserln können auch auf Oblaten gebacken werden.

### VERWENDUNG

- Für **Eiweißbäckerei** verschiedener Art
- Für **Schneehauben**
- Für **Verzierungen**

### GESUNDHEITLICHER HINWEIS

Eiweißgebäck sollte aufgrund des hohen Zuckergehaltes nicht zu häufig genossen werden.

Fotos: Maria Loder

# MAYONNAISE

**GRUNDZUTATEN**
**1 Eidotter oder 1 ganzes Ei**
**1 TL Senf**
**Salz**
**Pfeffer**
**ein wenig Staubzucker**
**ein wenig Zitronensaft**
**125–250 ml Öl**

**Anmerkung:**
**Durch die Zugabe von Sauerrahm, Joghurt oder Topfen kann der Fettgehalt reduziert und dadurch Kalorien gespart werden.**

## ZUBEREITUNG

**Art 1 (Schnellmayonnaise):** Alle Zutaten im Mixer rühren, bis die Masse dick ist.

**Art 2:** Eidotter, Gewürze und Zitronensaft gut vermengen, Öl unter kräftigem Rühren langsam einlaufen lassen.

## KÜCHENTECHNISCHE HINWEISE

- Alle Zutaten sollten die gleiche Temperatur aufweisen, am besten Raumtemperatur!
- Rühren mit der Schneerute oder mit dem elektrischen Handrührgerät.
- Geronnene Mayonnaise mit frischem Eidotter oder mit 1 EL Senf anrühren.

## VERWENDUNG

- **Salate**
- **Saucen**
- **Garnierungen**

## GESUNDHEITLICHER HINWEIS

Werden Eier bei der Verarbeitung nicht durchgegart, ist auf besondere Frische und Hygiene zu achten. Salmonellengefahr!

*Foto rechts: Schinkenkipferln,*
*Rezept S. 70*

*Foto: Archiv Kochen&Küche*

# VORSPEISEN UND TOASTS

# KALTE VORSPEISEN

## GEMÜSE-, OBSTSÄFTE UND -MARK

**Karotten**
**Tomaten**
**Rote Rüben**
**Grapefruits**
**Orangen**
**Zitronen**
**Pfirsiche**
**Beerenfrüchte**
**Marillen**
**Birnen**
**Weintrauben**
**Äpfel**

Dafür eignen sich Obst und Gemüse je nach Jahreszeit, Marktangebot und eigener Produktion. Sie werden entweder fein vermixt oder zu Saft gepresst (500 ml Saft für 4 Personen). Obstmark kann auch mit Joghurt kombiniert werden.

**GESUNDHEITLICHE HINWEISE**

Bei Rohsaft und Rohkost sollte 1 TL kalt gepresstes Öl beigefügt werden, damit die fettlöslichen Vitamine besser ausgenützt werden können.
Zum Süßen kann neben Zucker auch Honig verwendet werden.

## FENCHEL-APFEL-ROHKOST

**1 Fenchelknolle**
**2 Äpfel**
**125 ml Joghurt**
**Zucker oder Honig**
**Zitronensaft**

Fenchel und Äpfel grob reiben, Joghurt mit Zucker oder Honig und Zitronensaft verrühren, mit den übrigen Zutaten vermengen.

## APFEL-SELLERIE-ROHKOST

**250 g Äpfel**
**250 g Sellerie**
**Zitronensaft**
**Zucker oder Honig**

Äpfel und Sellerie reißen, mit Zitronensaft und Zucker oder Honig abschmecken.

## ROTE-RÜBEN-ROHKOST

**400 g Rote Rüben**
**Salz, Zucker**
**125 ml Joghurt**

Rote Rüben grob reißen, salzen, zuckern und mit Joghurt vermengen.

## BLAUKRAUT-KAROTTEN-ROHKOST

**250 g Blaukraut**
**250 g Karotten**
**1 EL fein gehackte Zwiebel**
**Salz, Zucker**
**125 ml Joghurt**
**Zitronensaft**

Blaukraut fein schneiden, dazu die fein geschabten Karotten und die fein gehackte Zwiebel geben, salzen, zuckern, mit Joghurt vermengen und mit Zitronensaft abschmecken.

## KARFIOL-KOHLRABI-ROHKOST

**250 g Kohlrabi**
**250 g Karfiol**
**125 ml Sauerrahm**
**Salz, Apfelessig, Küchenkräuter**

Kohlrabi und Karfiol grob reiben, mit Sauerrahm vermengen und mit Salz, Essig und Kräutern abschmecken.

## WEISSKRAUT-KAROTTEN-ROHKOST

**200 g Weißkraut**
**2 Äpfel**
**250 g Karotten**

**Marinade**
**Öl, Senf, Salz, Zucker**
**Zitronensaft**

Weißkraut feinnudelig schneiden, Äpfel und Karotten reiben und mit der Marinade vermengen.

## SAUERKRAUT-APFEL-ROHKOST

**300 g Sauerkraut**
**200 g Äpfel**
**1 Zwiebel**
**Kümmel, Knoblauch**

Dem Sauerkraut die geriebenen Äpfel und die gehackte Zwiebel beimengen; mit Kümmel und Knoblauch würzen.

## RETTICH-APFEL-ROHKOST

**200 g Rettich, schwarz**
**200 g Äpfel**

**Marinade**
**Salz, Essig, Öl oder Sauerrahm**
**oder Joghurt**

Rettich und Äpfel fein reiben, vermengen und nach Geschmack marinieren.

## ROTE-RÜBEN-APFEL-ROHKOST

**200 g Rote Rüben**
**200 g Äpfel**

**Marinade**
**Kren, Salz, Zucker, Zitronensaft**
**oder Joghurt**

Rote Rüben und Äpfel fein reiben, vermengen, gut abschmecken und marinieren.

## KÄSESALAT

**200 g Edamer**
**2 Äpfel**
**3 Essiggurken**
**Mayonnaise, Salz**

Edamer, Äpfel und Essiggurken grob raspeln und mit der gut gewürzten Mayonnaise vermengen.

## WURSTSALAT

250 g Extrawurst
100 g Käse
1 kleiner Apfel
1 Essiggurkerl

**Marinade**
Öl, Essig, Salz, Pfeffer

Alle Zutaten würfelig schneiden, gut vermengen und die Marinade darunterziehen.

## WALDORFSALAT

250 g Sellerie
250 g Äpfel
100 g Nüsse
Zitronensaft, Salz, Pfeffer
Zucker
125 ml Schlagobers
1 EL Mayonnaise

Sellerie und Äpfel feinnudelig schneiden, Nüsse reiben, alles miteinander vermischen, mit Zitronensaft, Salz, Pfeffer und Zucker würzen, steif geschlagenes Obers und Mayonnaise zugeben.

## GEFLÜGELSALAT

400 g Hühnerbrust, gekocht oder gebraten
2 Scheiben Ananas
1 kleiner Apfel
200 g Champignons
4 EL Mayonnaise
1 EL Joghurt
1 EL Ketchup
2 EL Zitronensaft
Salz, Pfeffer, Muskatnuss, Curry

Hühnerfleisch enthäuten, würfelig schneiden. Ananas, Apfel und Champignons zerkleinern, alles vermengen und mit Joghurtmayonnaise marinieren, würzig abschmecken und ziehen lassen.

### SERVIERVORSCHLAG

In kleine Glasschüsseln geben, auf Salatblättern anrichten und garnieren.

## SCHINKENSALAT

150 g Pressschinken
2 Essiggurkerln
½ Banane, ½ Apfel
½ Orange oder 1 Mandarine
Zitronensaft
Salatblätter
9 EL Joghurtmayonnaise

**Joghurtmayonnaise**
3 EL Mayonnaise
4 EL Joghurt
1 EL Ketchup, 1 EL Kren
Salz, Zitronensaft
ein wenig Süßrahm

Schinken, Essiggurkerln, Banane, Apfel und Orange kleinwürfelig schneiden, mit Zitronensaft abschmecken, auf Salatblättern anrichten und mit der Joghurtmayonnaise überziehen.

### GARNIERUNG

Schinkenröllchen, Essiggurkenscheiben, Krauspetersilie

### JOGHURTMAYONNAISE

Für die Mayonnaise alle Zutaten gut miteinander vermengen.

## FLEISCH- ODER WURSTSALAT

**300 g gekochtes Fleisch oder Wurst**
**100 g Essiggurkerln**
**1 Zwiebel**
**Essig, Öl, Salz**
**1 Ei**
**Schnittlauch**

Fleisch oder Wurst und Essiggurkerln feinnudelig schneiden, die Zwiebel fein hacken.

Das Fleisch (am besten eignet sich gekochtes Rindfleisch), einen Teil der Gurkerln und die Zwiebel mit Essig, Öl und Salz abmachen und in einer Schüssel anrichten.

Mit Scheiben vom hart gekochten Ei und den restlichen Essiggurkerln garnieren, mit reichlich Schnittlauch bestreuen.

## FISCHSALAT

**4 Russen oder 1 Hering**
**150 g festkochende Kartoffeln**
**150 g Mischgemüse**
**1 Apfel**
**2 Essiggurkerln**
**4 EL Mayonnaise**
**Sauerrahm**
**Salz, Pfeffer**

Russen oder Hering entgräten, in Stücke schneiden, die gekochten, geschälten Kartoffeln und das gedünstete Mischgemüse, den Apfel und die Essiggurkerln würfelig geschnitten zumengen, mit Mayonnaise und Sauerrahm marinieren, salzen und pfeffern.

## GRIECHISCHER SALAT

**5–6 Tomaten**
**2 Zwiebeln, rot**
**1 Gurke, mittelgroß**
**1 grüner Paprika**
**Olivenöl**
**Zitronensaft oder Essig**
**Oregano, Basilikum**
**Salz, Pfeffer**
**grüner Salat zum Anrichten**
**200 g Schafskäse**
**einige Oliven**

Tomaten, Zwiebeln, Gurke und Paprika würfelig schneiden. Mit Olivenöl, Essig und den Kräutern marinieren, salzen und pfeffern.

### SERVIERVORSCHLAG

Auf grünen Salatblättern anrichten, mit Schafskäsewürfeln und Oliven garnieren.

## UNGARISCHER SALAT

**200 g Wurst (versch. Sorten)**
**200 g Schnittkäse**
**100 g Essiggurkerln**
**2 EL Mayonnaise oder Marinade aus Öl und Essig**
**Salz, Pfeffer**
**Salatblätter**

Wurst, Käse und Essiggurkerln feinnudelig schneiden, Marinade oder Mayonnaise darunterrühren, abschmecken, kalt stellen, auf Salatblättern servieren.

## NUDELSALAT

**150 g Teigwaren**
**100 g Wurst oder Selchfleisch**
**2 Essiggurkerln**
**Essig**
**Mayonnaise, Salz, Pfeffer**

Teigwaren kochen, mit Wasser abschrecken. Dann kleinwürfelig oder nudelig geschnittene Wurst oder Selchfleisch, Essiggurkerln und Essig beimengen, Mayonnaise darunterziehen, abschmecken.

## THUNFISCHSALAT

**2 Dosen Thunfisch**
**2 EL Ketchup**
**1 TL Kren, gerieben**
**Salz, Pfeffer**
**Saft von ½ Zitrone**
**Petersilie**
**125 ml Joghurtmayonnaise,**
**(siehe S. 64 unten)**
**Salatblätter**
**1 Ei**
**Oliven**

Thunfisch gut abtropfen, zerteilen, würzen, Mayonnaise unterrühren.

Gläser oder kleine Glasschüsseln mit den Salatblättern auslegen, Fischsalat zugeben, mit Eischeiben und Oliven garnieren.

## SCHINKENROLLEN
### GEFÜLLT MIT TOPFENKREN

**4 Schinkenscheiben**

**Fülle**
**80 g Topfen**
**1 EL QimiQ**
**1 TL Kren**
**Senf**
**Salz, Pfeffer**

Schinkenscheiben auf Folie oder Papier nebeneinander legen.

**FÜLLE**
Topfen und die übrigen Zutaten verrühren, auf die vorbereiteten Schinkenscheiben streichen und zusammenrollen, kalt stellen. Röllchen herunterschneiden und anrichten.

## SCHINKENROLLEN
### GEFÜLLT MIT GEMÜSESALAT

**4 Schinkenscheiben**

**Fülle**
**50 g Karfiol**
**50 g Karotten**
**50 g Erbsen**
**4 EL Mayonnaise**
**frische Kräuter**

**FÜLLE**
Gemüse weich dünsten, auskühlen lassen, mit Mayonnaise abschmecken, auf die vorbereiteten Schinkenscheiben streichen, mit Kräutern bestreuen, zusammenrollen und kalt stellen. Röllchen herunterschneiden und anrichten.

## SCHINKENROLLEN
### GEFÜLLT MIT SPARGEL

**4 Schinkenscheiben**

**Fülle**

**4 EL Mayonnaise**
**½ Dose Spargel oder**
**frisch gegarter Spargel**

### FÜLLE

Die vorbereiteten Schinkenscheiben mit Mayonnaise bestreichen, Spargel darauflegen, einrollen und kalt stellen. Röllchen herunterschneiden und anrichten.

## SCHINKENROLLEN
### GEFÜLLT MIT GERVAIS

**4 Schinkenscheiben**

**Fülle**

**40 g Butter**
**50 g Nüsse, gehackt**
**1 kleine Zwiebel**
**100 g Gervais oder Topfen**
**roter Paprika, Pfeffer**
**Salz oder Worcestersauce**

### FÜLLE

Butter glatt rühren, mit den gerösteten Nüssen, der gehackten Zwiebel, dem Gervais und den Gewürzen vermischen, auf die vorbereiteten Schinkenscheiben streichen, einrollen, kalt stellen. Dann Röllchen herunterschneiden und auf Salat mit Nüssen garniert anrichten.

Foto: Andrea Jungwirth

## RINDFLEISCH-GEMÜSE-SÜLZCHEN

**8 Blatt Gelatine**
**oder 20 g Aspikpulver**
**500 ml heiße Suppe**
**Essig**
**Salz, Pfeffer**
**350 g gekochtes Gemüse**
**200 g gekochtes Rindfleisch**

Gelatine in kaltem Wasser einweichen, in heißer Suppe auflösen, sehr würzig abschmecken (Gelatine „schluckt" Geschmack!) oder Aspikpulver in wenig kaltem Wasser auflösen und mit heißer Suppe vermischen.

Abwechselnd Gemüse und Fleisch in eine Form schichten und mit Suppe übergießen, über Nacht fest werden lassen.

### SERVIERVORSCHLAG

Auf Blattsalat mit Zwiebeln, Essig und Öl anrichten.

## GEFÜLLTE EIER

**4 Eier**
**2 EL Mayonnaise**
**oder 20 g gerührte Butter**
**2 EL Topfen**
**Salz, Pfeffer**
**Senf, Zucker, Zitronensaft**
**Schnittlauch oder 1 TL Kapern**
**Salate**

Eier kochen, auskühlen lassen, halbieren.

Die passierten Eidotter mit Mayonnaise (oder Butter), Topfen, den Gewürzen und Schnittlauch oder geschnittenen Kapern vermischen und anstelle der Eidotter einfüllen. Mit Salaten nach Belieben garnieren.

## VERLORENE EIER AUF CROÛTONS

**4 Weißbrot- oder**
**Toastscheiben, 1 cm dick**
**50 g Butter**
**4 Schinkenscheiben**
**4 Eier**
**Essig, Salz**

**Joghurtmayonnaise**
**2 EL Mayonnaise**
**3 EL Joghurt**
**1 EL Ketchup**
**Salz, Pfeffer**

**Salatblätter**
**Essiggurkerln**
**Schnittlauch**

Weißbrot oder Toastscheiben in Butter rösten und mit Schinkenscheiben belegen.

Die Eier aufschlagen und einzeln mit Hilfe einer Tasse vorsichtig in schwach kochendes Essig-Salz-Wasser einfließen lassen (pochieren). Das Innere soll noch weich sein - dauert ca. 3 Minuten.

Gut abgetropft und überkühlt auf den Schinken legen, mit Joghurtmayonnaise übergießen.

### JOGHURTMAYONNAISE

Alle Zutaten gut miteinander vermengen.

### GARNIERUNG

Mit Salatblättern und mit in Fächer geschnittenen Essiggurkerln garnieren und mit Schnittlauch bestreuen.

## TOMATEN UND PAPRIKA, GEFÜLLT

4 Tomaten
4 Paprika
50 g Karfiol
50 g Erbsen
50 g Karotten
4 EL Mayonnaise
Salatblätter

Tomaten und Paprika aushöhlen, gekochtes ausgekühltes Gemüse mit der Mayonnaise vermengen, einfüllen und mit Salatblättern garnieren.

## BRANDTEIGKRAPFERLN MIT PIKANTER FÜLLE

Brandteig (GR siehe S. 52).

**Fülle**

100 g Schinken
oder Selchfleisch
80 g Weichkäse
2 EL Mayonnaise
100 g Topfen
Salz, Pfeffer, Petersilie

Kleine Brandteigkrapferln bereiten, Deckel abschneiden.

### FÜLLE

Schinken und Käse kleinwürfelig schneiden, mit Mayonnaise und Topfen vermischen, würzen und in die Krapferln füllen.

*Foto: Wilhelm Hufnagl*

## JÄGERWECKEN

**1 Weißbrotwecken**

Weißbrotwecken aushöhlen.

**Fülle**
**120 g Butter**
**Senf, Pfeffer, Salz**
**100 g Bratenreste o. Selchfleisch**
**200 g Wurst, faschiert**
**2 Eier, hart gekocht**
**2 Essiggurkerln**
**100 g Käse**
**1 EL eingelegter roter Paprika, fein gehackt**
**Petersilie, fein gehackt**
**evtl. Sauerrahm**
**Schnittlauch**

### FÜLLE

Butter cremig rühren und nach und nach Senf, ein wenig Pfeffer und Salz zugeben.

Bratenreste, Wurst, Eier, Essiggurkerln, Käse und die weichen Brotreste feinwürfelig schneiden, mit der Buttermasse und den restlichen Zutaten gut verrühren. Zuletzt den Schnittlauch hinzufügen.

Die Füllung fest in den Wecken stopfen und einige Stunden oder über Nacht kalt stellen. Den Jägerwecken mit einem scharfen Messer aufschneiden.

## CANAPÉS

**Schwarz-, Weiß- oder Toastbrotscheiben**
**Butter oder Aufstrich (siehe rechts)**

**Belag**
**Roastbeef, Braten, Schinken, Räucherfisch, Krusten- und Schalentiere, Eier, Käse, Wurst, Essiggurkerln, Tomaten, Radieschen, Schnittlauch**

**Aspik**
**4 Blätter Gelatine**
**oder 20 g Aspikpulver**
**250 ml Wasser oder Suppe**

Dünne Schwarz-, Weiß- oder Toastbrotscheiben mit Butter oder Aufstrich bestreichen, mit Schinken usw. belegen, viereckig, dreieckig oder rund schneiden und beliebig dekorativ garnieren, evtl. mit Aspik beträufeln, kalt stellen.

### ASPIK

Gelatine in kaltem Wasser einweichen, ausdrücken und mit heißer Suppe oder Wasser verrühren. Oder Aspikpulver in 125 ml Flüssigkeit auflösen, kurz ziehen lassen und mit restlicher heißer Suppe oder Wasser verrühren. Gut würzen.

## SCHINKENKIPFERLN

**150 g Butter**
**150 g Topfen**
**150 g glattes Mehl**
**Salz**
**150 g Schinken o. Selchfleisch**
**2 EL Sauerrahm**
**1 EL Petersilie, fein gehackt**
**1 Ei**

Butter cremig rühren, Topfen zugeben, Mehl – mit Salz vermischt – einkneten und den Teig einige Stunden kühl rasten lassen.

Schinken oder Selchfleisch faschieren, mit Sauerrahm und Petersilie vermischen.

Den Teig ausrollen, zu Dreiecken schneiden, die Fleischfülle daraufgeben, Kipferln formen. Mit Ei bestreichen und etwa 20 Minuten bei ca. 180 °C goldbraun backen (Bild S. 61).

## LIPTAUER

**50 g Butter**
**250 g Topfen**
**1–2 Essiggurkerl**
**1 TL Zwiebel, fein gehackt**
**1 kleine Knoblauchzehe, gehackt**
**rotes Paprikapulver, Salz,**
**Pfeffer, 1 Prise Zucker**
**Schnittlauch, etwas Senf**

Butter cremig rühren, Topfen und alle weiteren Zutaten unterrühren und pikant abschmecken.

## PIKANTER TOPFEN-KÄSE-AUFSTRICH

**100 g Butter**
**200 g Topfen**
**3 kleine Ecken Schmelzkäse**
**Kümmel, Zwiebeln, Kapern,**
**Knoblauch**
**Tomatenmark**
**ein wenig Sauerrahm**

Butter cremig rühren, Topfen beigeben, den passierten Schmelzkäse, die fein gewiegten Gewürze, Tomatenmark und ein wenig Sauerrahm beifügen, durchziehen lassen.

### SERVIERVORSCHLAG

Auf Salzkekse können damit auch Rosetten gespritzt werden.

## KRÄUTERAUFSTRICH

**50 g Butter**
**200 g Gervais**
**Salz, Pfeffer, 1 Prise Zucker**
**frische Kräuter (Schnittlauch,**
**Bärlauch, Petersilie …)**

Butter und Gervais cremig rühren, salzen, pfeffern, zuckern und mit gehackten Kräutern abschmecken oder diese daraufstreuen.

## GORGONZOLAAUFSTRICH

**100 g Gorgonzola**
**100 g Butter**
**evtl. Gervais**
**Salz**

Den Gorgonzola fein passieren, zur cremig gerührten Butter geben.

Soll der Aufstrich milder schmecken, Gervais unterrühren. Nach Geschmack salzen.

## EIERTOPFEN

**200 g Topfen**
**2 Eier, hart gekocht**
**1 EL Sardellenpaste**
**2 EL Süßrahm**
**kleine Zwiebel**
**Senf**

Topfen, gehackte Eier, Sardellenpaste und Süßrahm verrühren, mit gehackter Zwiebel und Senf vermischen.

## TOPFEN-FLEISCH-AUFSTRICH

**200 g Topfen**
**3 EL Sauerrahm**
**Salz, Pfeffer, Senf**
**2 Essiggurkerln**
**100 g Schinken**
**1 kleiner roter Paprika**
**1 kleine Zwiebel**

Topfen mit Sauerrahm, Salz, Pfeffer und Senf gut verrühren.

Essiggurkerln, Schinken, Paprikaschoten und Zwiebel feinwürfelig schneiden und mit den übrigen Zutaten gut vermengen.

**HINWEIS**
Sauerrahm kann bei allen Topfenaufstrichen verwendet werden!

## VOLLKORN-KÄSE-SCHNITTEN

**Vollkornbrot**

**200 g Hartkäse**
**50 g Butter**
**2 EL Süßrahm**
**Salz, Pfeffer**

Hartkäse reiben, mit Butter, Süßrahm, Salz und Pfeffer verrühren.

Die Masse zwischen dünne Vollkornbrotscheiben streichen. Auf einem befetteten Blech knusprig backen.

Foto: Andrea Jungwirth

# | WARME VORSPEISEN

## GEROLLTER LEBERKÄSE

**4 Scheiben Leberkäse**

**Fülle 1**
**½ Zwiebel**
**20 g Butter**
**1–2 Knoblauchzehen**
**100 g Spinat**
**Salz, Pfeffer**
**1 Ei**
**100 g Schafskäse**
**Brösel nach Bedarf**
**100 g Käse, gerieben**

**Fülle 2**
**½ Zwiebel**
**2–3 EL Öl**
**120 g Pilze oder Mischgemüse**
**Salz, Pfeffer, Petersilie**
**Brösel nach Bedarf**
**100 g Käse, gerieben**

### FÜLLE 1

Zwiebel in Butter anlaufen lassen, Knoblauch und Spinat dazugeben, dünsten, bis er zusammengefallen ist und die Flüssigkeit verdampft ist.

Danach würzen, das Ei einrühren und vom Herd nehmen. Schafkäsewürferl unterrühren. Ist die Masse zu weich, 1 EL Brösel einrühren.

Leberkäse damit füllen, einrollen, in eine befettete Form legen, mit Käse bestreuen und im Rohr bei ca. 210 °C ca. 10 Minuten überbacken.

### FÜLLE 2

Die klein geschnittene Zwiebel in Öl anlaufen lassen, geschnittene Pilze mit Salz, Pfeffer und der gehackten Petersilie würzen und dünsten, bis die Flüssigkeit verdampft ist. Weitere Verarbeitung wie oben.

## PASTETCHEN, GEFÜLLT

**Blätterteig**
**½ Masse nach GR**
**(siehe S. 54)**

**oder**

**Topfenmürbteig**
**100 g Butter**
**100 g glattes Mehl**
**100 g Topfen**
**Salz**

**Fülle**
**2–3 EL Öl**
**1 Zwiebel**
**150 g Faschiertes oder 150 g Mischgemüse oder 150 g Pilze**

Den Blätterteig, der über Nacht gerastet hat, 0,5 cm dick ausrollen. Scheiben ausstechen, von denen eine den Boden ergibt und die zweite, nochmals in der Mitte ausgestochen, als Ring daraufgesetzt wird.

Bei 220 °C backen, mit geröstetem Faschierten, zartem gedünsteten Mischgemüse oder gedünsteten Pilzen füllen.

### FÜLLE

Für die Fülle Öl erhitzen, Zwiebel darin anbraten, Faschiertes, Mischgemüse oder Pilze beigeben und garen.

**HINWEIS**
Die Pastetchen können auch aus Topfenmürbteig zubereitet werden. Aus Butter, Mehl, Topfen und Salz einen Mürbteig bereiten und weiter verarbeiten wie oben.

# TOASTS

## TOAST HAWAII

**4 Toastbrotscheiben**
**40 g Butter**
**4 Schinkenscheiben**
**4 Ananas- oder Pfirsich- oder Apfelscheiben**
**4 Scheiben Emmentaler**

Die vorgetoasteten Weißbrotscheiben mit Butter bestreichen, Schinken, Ananas und Käse darauflegen.

Im Rohr bei ca. 210 °C 8–10 Minuten überbacken.

**HINWEIS**
Sofort servieren!

## CHAMPIGNONTOAST

**4 Toastbrotscheiben**
**60 g Champignons**
**1 Zwiebel, fein gehackt**
**40 g Butter**
**Salz, Pfeffer**
**2 Eier**
**50 g Käse, gerieben**

Brote vortoasten. Champignons und Zwiebel in Butter rösten, würzen, dünsten lassen, Eier einrühren.

Diese Masse dick auf die vorgetoasteten Scheiben streichen, mit geriebenem Käse bestreut im Rohr bei ca. 210 °C 8–10 Minuten überbacken.

## OSTERTOAST

**4 Toastbrotscheiben**
**4 Eier**
**120 g Schinken oder Selchfleisch**
**Salz, Pfeffer**
**Petersilie**
**40 g Butter**
**30 g Käse, gerieben**
**Schnittlauch**

Brote vortoasten. Aus den Eiklar einen Schnee schlagen, dazu fein geschnittenen Schinken oder Selchfleisch und Gewürze geben.

Diese Masse auf die vorgetoasteten und mit Butter bestrichenen Brote dick aufstreichen, in die Mitte mit einem Löffel jeweils eine Vertiefung eindrücken, in die je ein Eidotter gelegt wird. Um die Eidotter den geriebenen Käse und den fein gehackten Schnittlauch streuen bei ca. 210 °C 8–10 Minuten überbacken.

## BAUERNTOAST

**4 Schwarz- oder Vollkornbrotscheiben**
**40 g Butter**
**1 EL Kren**
**4 Scheiben Schinken oder Geselchtes**
**4 Käsestreifen**

Brote vortoasten, Butter mit Kren abmischen und daraufstreichen, mit Schinken belegen, mit Käsestreifen bedecken und bei ca. 210 °C 8–10 Minuten überbacken.

## SCHINKEN-KÄSE-TOAST

**4 Weißbrotscheiben**
**40 g Butter**
**4 Schinkenscheiben**
**4 Scheiben Käse**

Die vorgetoasteten Brote mit Butter bestreichen, mit Schinken belegen, mit Käse abdecken und bei ca. 210 °C 8–10 Minuten überbacken.

## HERRENTOAST

**4 Schwarz- oder Weißbrotschnitten**
**40 g Butter**
**150 g Faschiertes**
**½ Zwiebel, fein gehackt**
**Kapern, Salz, Pfeffer**
**Paprikapulver**
**1 Ei**
**1 EL Süßrahm**
**30 g Käse, gerieben**

Vorgetoastete Brote mit Butter bestreichen, die Fleischmasse mit Zwiebel, Kapern, Salz, Pfeffer und Paprika abschmecken, mit dem Ei binden und 1 cm dick auf die Brote streichen.

Süßrahm, vermischt mit geriebenem Käse, darübergeben und bei ca. 210 °C 8–10 Minuten überbacken.

*Foto: Mona Lorenz*

## GEFLÜGELTOAST

**250 g Geflügelfleisch, gekocht oder gebraten**
**100 g Champignons**
**80 g Käse, gerieben**
**Salz, Pfeffer, Petersilie**
**Zitronensaft**
**1 Ei**
**4 Toastbrotscheiben**

Geflügelfleisch würfelig schneiden, die blättrig geschnittenen Champignons aus der Dose sowie den Käse zugeben, würzen, alles mit Ei binden.

Die Masse auf die Toastbrotscheiben verteilen und bei ca. 210 °C 8–10 Minuten überbacken.

## SPARGELTOAST

**4 Toastbrotscheiben**
**60 g Butter**
**Petersilie, Schnittlauch**
**Zitronensaft, Salz**
**250 g Spargelstücke**
**4 Schinkenscheiben**
**4 Scheiben Käse**

Vorgetoastete Toastbrotscheiben mit gewürzter Kräuterbutter bestreichen, darauf Spargelstücke legen, mit Schinken und Käse abdecken, bei ca. 210 °C 8–10 Minuten überbacken.

## PIZZATOAST

**4 Toastbrotscheiben**
**40 g Butter**
**4 EL Ketchup**
**4 Scheiben Schinken**
**4 EL Champignons**
**16 Oliven, entkernt**
**4 Sardellenringe**
**4 EL Käse, gerieben**

Vorgetoastete Toastbrotscheiben mit Butter und Ketchup bestreichen, mit den übrigen Zutaten belegen und bei ca. 210 °C 8–10 Minuten überbacken.

***Foto rechts: Rahmsuppe (Rezept S. 96)***

*Foto: Philipp Podesser*

# SUPPEN

# SUPPEN

| Klare Suppen | Gebundene Suppen | |
|---|---|---|
| Fleischsuppe | Einmach-, Einbrennsuppe | Milchsuppe |
| Knochensuppe | Nährmittelsuppe | Obstsuppe |
| Wurzelsuppe | Fleischsuppe | Hülsenfruchtsuppe |
| Gemüsesuppe | Gemüsesuppe | Alkoholsuppe |

## I KLARE SUPPEN

### Grundregeln für die Zubereitung klarer Suppen

Die Suppe darf nur langsam und nicht zugedeckt kochen (köcheln, nie kochen!), sonst wird sie trübe. Den beim Köcheln aufsteigenden grauen Schaum abschöpfen. Trübe Suppen können mit Eischnee oder rohem Faschierten geklärt werden. Dazu die Brühe kalt entfetten (bei der kalten Suppe das erstarrte Fett abschöpfen), in einen Topf geben, Eiweiß leicht verquirlen, in die Suppe geben, unter ständigem Umrühren aufkochen. Sobald das Eiweiß gestockt ist, abschöpfen. Suppen zum Schluss mit fein geschnittenem Schnittlauch oder gehackter Petersilie anrichten.

**Merke:**

**Helle Suppen** → **Dunkle Einlagen**
Alle Zutaten ins kalte Wasser geben. → Leberspeisen, Lungenstrudel usw.

**Dunkle Suppen** → **Helle Einlagen**
Wurzelwerk mit Knochen und Zwiebeln (Muskatnuss) zuerst anrösten, dann erst aufgießen. → Nudeln, Nockerln, Frittaten, Reibgersteln usw.

### Fleischsuppe

1 Bund Wurzelwerk (Karotten, Sellerie, Petersilie) und 1 halbierte Zwiebel mit Schale kurz anrösten, mit etwa 2 l kaltem Wasser aufgießen und mit den Suppenkräutern (6–8 Pfefferkörner, 1 Lorbeerblatt, Liebstöckel etc.) zum Kochen bringen. Anschließend salzen und das Fleisch (ca. 1 kg mageres Rindfleisch, Schweinefleisch oder Geflügel) zugeben. Durch die Hitze gerinnt das Eiweiß und verschließt die Poren. Gesalzenes Wasser laugt das Fleisch nicht so sehr aus, es bleibt saftig und schmackhaft, die Suppe wird trotzdem gut.

### Knochensuppe

Etwa 1 kg Rinds- oder Schweineknochen mit 1 Bund Wurzelwerk, 1 halbierten Zwiebel mit Schale und Suppenkräutern in ca. 2 l kaltem Wasser zustellen oder die Knochen mit Wurzelwerk, Zwiebel und ganz wenig Fett anrösten und ebenfalls mit kaltem Wasser aufgießen. Kalbsknochen stets ins heiße Wasser geben, weil die Suppe sonst trübe wird. Zum Schluss salzen.

### Wurzelsuppe

Diese wie die Knochensuppe, jedoch ohne Knochen zubereiten.

***Wurzelwerk***
Karotten, Petersilie, Sellerie

***Gewürze und Küchenkräuter für klare Suppen***
Pfeffer- und Senfkörner, Wacholderbeeren, Piment, Muskatnuss, Lorbeerblätter, Petersilienstängel, Liebstöckel, Frühlingszwiebel, Lauch etc.

***Färbemittel***
Zwiebelschalen, Safran, gebräunte Zwiebelscheiben, Suppenwürze

# EINLAGEN FÜR KLARE SUPPEN

## KLARE GEMÜSESUPPE

**1 kleine Zwiebel**
**30 g Butter**
**60 g Karotten**
**50 g Sellerie**
**60 g grüne Erbsen**
**½ kleine Rose Karfiol**
**Kartoffeln, Bohnschoten,**
**Kohlrabi nach Belieben**
**1 l Wasser oder Knochensuppe**
**Salz**
**Petersilie**

Zwiebel in heißer Butter anrösten, das geputzte, fein geschnittene Gemüse der Festigkeit nach zugeben und halbweich dünsten. Mit Wasser oder Knochensuppe aufgießen, salzen und fertig kochen.

Mit Petersilie bestreut servieren.

## HÜHNERSUPPE MIT GEMÜSE

**¼ Suppenhuhn**
**1 l Wasser**
**Salz, Suppengrün**
**40 g Teigwaren**
**250 g Mischgemüse**
**1 l Suppe**

Das Huhn in gesalzenem Wasser mit dem Suppengrün weich kochen, abseihen, Fleisch von den Knochen lösen, würfelig schneiden und mit den gekochten Teigwaren und dem gekochten Mischgemüse in die Suppe geben.

## EINTROPF

**30 g griffiges Mehl**
**1 Ei**
**1 l Suppe**
**Schnittlauch zum Garnieren**

Das Mehl mit dem Ei gut versprudeln, etwa 30 Minuten stehen lassen und dann mit einem Schnabelhäferl oder einer Gabel in die Suppe einlaufen lassen. Mit fein gehacktem Schnittlauch bestreuen.

## GRIESSSUPPE

**40–60 g Grieß**
**1 l Suppe**
**evtl. 1 Ei**
**Petersilie**

Den Grieß in die kochende Suppe langsam einlaufen lassen und gut versprudeln. Kochzeit: 10 bis 15 Minuten.

Mit versprudeltem Ei und gehackter Petersilie verbessern.

## GRIESSNOCKERLN

**30 g Butter**
**70 g Grieß**
**1 Ei**
**Salz**

**für 1 l Suppe**

Butter cremig rühren, mit Grieß, Ei und Salz vermengen. 10 Minuten rasten lassen. Nockerln formen, diese in kochendes Salzwasser einkochen, 20–30 Minuten zugedeckt ziehen lassen.

## GRIESSNOCKERLN OHNE FETT

**1 kleines Ei**
**60 g Grieß**
**Salz, Muskatnuss**

**für 1 l Suppe**

Das Ei versprudeln, den Grieß einrühren und salzen. Mind. 10 Minuten rasten lassen. Nockerln formen, sofort in kochendes Salzwasser einlegen.

Kochzeit: 5 Minuten. Anschließend 30 Minuten ziehen lassen.

## REISNOCKERLN

**20 g Butter**
**1 kleines Ei**
**100 g Reis, gedünstet**
**20 g Käse, gerieben**
**evtl. 20 g griffiges Mehl**
**Salz**
**1 l Suppe**
**Schnittlauch**

Aus Butter und Ei einen Abtrieb bereiten. Die übrigen Zutaten, den weich gedünsteten Reis, geriebenen Käse und evtl. Mehl sowie etwas Salz, dazugeben. Aus dieser Masse Nockerln formen und in die kochende Suppe einlegen, wo sie 6–8 Minuten ziehen sollten.

Mit Schnittlauch bestreut servieren.

*Foto: Wilhelm Hufnagl*

## BUTTERNOCKERLN

**40 g Butter**
**1 Ei**
**Salz**
**100 g griffiges Mehl**
**ein wenig Milch, 1 l Suppe**

In den Abtrieb aus Butter, Ei und Salz das Mehl (evtl. auch ein wenig Milch) einrühren. Mit einem Kaffeelöffel Nockerln formen, 10 Minuten in Salzwasser kochen und in die fertige Suppe geben.

## REIBGERSTELN

**80 g griffiges Mehl**
**1 kleines Ei**
**Salz**
**1 l Suppe**

Mehl, Ei und Salz zu einem festen Nudelteig verarbeiten. Diesen gut kneten, auf einem Reibeisen reiben und auf einem Nudelbrett trocknen. Hierauf die Gersteln in die kochende Suppe einkochen.

## FRITTATEN

**ca. 125 ml Milch**
**70 g glattes Mehl**
**1 Ei**
**Salz**
**Öl zum Backen**

**für 1 l Suppe**

Milch, Mehl, Ei und Salz glatt rühren, sodass ein dünnflüssiger Teig entsteht.

In einer Pfanne ein wenig Öl erhitzen, vom Teig einen Schöpfer voll hineingießen und auseinanderlaufen lassen, sodass der Boden der Pfanne bedeckt wird. Wenn die untere Seite der Frittate gebacken ist, umdrehen und die andere Seite fertig backen lassen.

Die Frittaten ausgekühlt einzeln zusammenrollen, feinnudelig schneiden und in die heiße Suppe geben.

*Foto: Wilhelm Hufnagl*

## KÄSEGERSTELN

**30 g Butter**
**1 kleines Ei**
**40 g Käse, reibfest**
**Paprikapulver, Petersilie**
**Salz**
**30 g Semmelbrösel**
**1 l Suppe**

In den Abtrieb aus Butter und Ei den geriebenen Käse und die übrigen Zutaten geben; das Ganze ziehen lassen und mit einem Nockerlsieb in die siedende Suppe einkochen, bis die Gersteln aufsteigen.

Die Suppe muss gleich serviert werden!

## GRIESSGERSTELN

**120 g Grieß**
**1 Ei**
**Salz**
**1 l Suppe**

Grieß mit dem Ei und mit Salz zu einem festen Teig verarbeiten; gut kneten. Weiterverarbeitung wie Reibgersteln.

## FAFERLN

**80 g glattes Mehl**
**Salz**
**ein wenig Wasser**
**1 Ei**
**1 l Suppe**

Das gesalzene Mehl in eine Schüssel geben, das mit Wasser versprudelte Ei langsam dazugießen und mit einer Gabel zu kleinen Bröckchen verrühren. Darauf in die Suppe einkochen. Kochzeit: 3 Minuten.

## GOLDWÜRFEL

**80 g Weißbrot o. 1–2 Semmeln**
**1 Ei**
**Salz**
**2 EL Milch**
**40–60 g Butter zum Braten**

**für 1 l Suppe**

Das Weißbrot würfelig schneiden. Ei, Salz und Milch versprudeln und über die Weißbrotwürfel gießen, locker vermischen. Das Ganze ziehen lassen und in Butter goldgelb rösten.

## BRÖSELKNÖDEL

**40 g Butter**
**2 Eier**
**1–2 Semmeln**
**40 g Semmelbrösel**
**Salz, Petersilie**
**1 l Suppe**

Einen Abtrieb aus Butter und Eiern bereiten; in Wasser eingeweichte, gut ausgedrückte Semmeln beifügen, ebenso die Semmelbrösel, Salz und gehackte Petersilie. Die Masse ca. 20 Minuten ziehen lassen und dann daraus kleine Knödel formen, nochmals 10 Minuten ziehen lassen und in die Suppe einkochen.

### HINWEIS

Man kann die Knödel auch zuerst in Wasser kochen und dann in die Suppe geben.

## SEMMELKNÖDEL – SEMMELROLLE (SERVIETTENKNÖDEL)

**150 g Weißbrot oder**
**3 Semmeln**
**40 g Butter**
**1 Zwiebel, fein gehackt**
**Petersilie**
**40 g glattes Mehl**
**Salz**
**ca. 125 ml Milch**
**1–2 Eier**

**für 1 l Suppe**

Das kleinwürfelig geschnittene Weißbrot mit in Butter gerösteter Zwiebel und fein geschnittener Petersilie vermischen, Mehl und Gewürze darüberstreuen.

Die Milch mit den versprudelten Eiern vermischen und über das Weißbrot gießen, kurz ziehen lassen und Knödel formen. Diese ebenfalls 10 Minuten ziehen lassen, danach in kochendes Salzwasser einlegen. Kochzeit je nach Größe: 15–20 Minuten.

Aus der Semmelmasse kann auch eine Rolle geformt werden (ohne Mehl). In ein feuchtes Tuch oder in Frischhaltefolie eindrehen, die Enden abbinden, im kochenden Salzwasser 25 Minuten kochen.

## SPECKGRIESSKNÖDEL

**40 g Speck**
**125 ml Milch**
**Salz**
**80 g Grieß**
**1 Ei**

**für 1 l Suppe**

Den Speck würfelig schneiden und anrösten, mit Milch aufgießen und salzen. In die kochende Milch-Speck-Masse den Grieß einrühren und das Ganze gut kochen lassen. Die Masse überkühlen lassen, das versprudelte Ei einrühren, kleine Knödel formen und in kochendem Salzwasser ca. 10 Minuten garen.

*Foto: Maria Loder*

## KÄSE-RÖSTSCHNITTEN

**2 Semmeln**
**oder Toastscheiben**
**30 g Butter**
**1 Eidotter**
**40 g Reibkäse**
**Salz, Paprikapulver**

Semmeln in dünne Scheiben schneiden und mit einem Abtrieb aus Butter, Eidotter, geriebenem Käse, Salz und Paprika bestreichen. Toastscheiben vor dem Backen diagonal in kleine Dreiecke schneiden.

Bei starker Oberhitze überbacken, warm zur Suppe servieren (Bild S. 89).

## LEBERREIS

**50 g Leber**
**2–3 EL Öl**
**½ kleine Zwiebel**
**1 Semmel, 1 Ei**
**1 EL Semmelbrösel**
**Majoran, Petersilie, Salz, Pfeffer**
**1 l Suppe**

Zur faschierten Leber die in Öl angelaufene Zwiebel geben, die aufgeweichte, gut ausgedrückte Semmel dazumischen, ebenso das Ei, die Semmelbrösel und die Gewürze. Die Masse durch ein Nockerlsieb in die kochende Suppe drücken.

Kochzeit: 5 Minuten.

## LEBERSCHÖBERLN

**40 g Butter**
**2 Eier**
**100 g Leber**
**2 Semmeln**
**Pfeffer, Salz**
**Thymian, Majoran**
**40 g Mehl oder Semmelbrösel**
**½ Zwiebel, gehackt**
**Petersilie, gehackt**

Butter und Eidotter glatt rühren, faschierte Leber und eingeweichte, gut ausgedrückte Semmeln zugeben, würzen, Eischnee und Mehl oder Semmelbrösel, Zwiebel und Petersilie einheben, fingerdick auf ein mit Backpapier ausgelegtes Blech streichen und bei ca. 180 °C ca. 15 Minuten backen. Überkühlt aufschneiden.

## LEBERKNÖDEL – LEBERNOCKERLN

**80 g Leber**
**2–3 EL Öl**
**1 kleine Zwiebel**
**1 Semmel**
**1 Ei**
**40 g Semmelbrösel**
**Salz, Pfeffer**
**Majoran, Petersilie, Knoblauch**
**10 g glattes Mehl**
**Fett zum Herausbacken**

**für 1 l Suppe**

Zur faschierten Leber die in Öl angelaufene Zwiebel geben, die aufgeweichte faschierte Semmel dazumischen, ebenso das Ei, die Semmelbrösel, die Gewürze und das Mehl.

Knödel oder Nockerln formen, in kochendes Salzwasser einlegen und ca. 10 Minuten zugedeckt leicht kochen lassen. Die Knödel können auch in Fett schwimmend herausgebacken werden.

**HINWEIS**
Gebackene Leberknödel eignen sich sehr gut zum Tiefkühlen.

## MILZSCHNITTEN

**40 g Milz**
**1 Ei**
**2–3 EL Öl**
**1 kleine Zwiebel**
**Salz, Pfeffer**
**Knoblauch**
**Petersilie**
**1½ Semmeln**
**Fett zum Herausbacken**

**für 1 l Suppe**

Die fein faschierte Milz mit Ei, in Öl gerösteter Zwiebel, Salz, Pfeffer, Knoblauch und der fein gehackten Petersilie vermengen.

Diese Masse auf dünne Semmelschnitten streichen und entweder auf einem Blech im Rohr bei 200 °C überbacken oder, in Fett schwimmend, auf beiden Seiten backen. (Mit der bestrichenen Seite zuerst ins heiße Fett einlegen!)

## LEBER- ODER MILZROLLE AUS FRITTATENTEIG

**Frittatenteig**
**100 g glattes Mehl**
**60 ml Milch**
**1 Ei**
**Salz**

**Fülle**
**100 g Leber oder Milz**
**2–3 EL Öl**
**1 Ei**
**2 TL Semmelbrösel oder Mehl**
**Salz, Pfeffer**
**Majoran, Thymian**

**für 1 l Suppe**

Frittaten backen, auf Frischhaltefolie legen, mit Leber- oder Milzfülle bestreichen, einrollen, zusammenbinden und in Salzwasser 20–25 Minuten kochen lassen.

### FÜLLE

Faschierte Leber oder Milz in Öl gut durchrösten, mit Ei, Semmelbröseln oder Mehl und Gewürzen vermengen.

*Leberknödel (Rezept S. 84) und Lungenstrudel (Rezept S. 88) als Suppeneinlage*

Foto: Werner Krug

## LEBER- ODER MILZROLLE

**Helle Masse**
**30 g Butter**
**1 Ei**
**2 Semmeln**
**20 g Semmelbrösel**
**Salz, Pfeffer**
**Petersilie**

**Dunkle Masse**
**2–3 EL Öl**
**80 g Milz oder Leber**
**1 Zwiebel, gehackt**
**Majoran**
**20 g Semmelbrösel**

**für 1 l Suppe**

In einen Abtrieb aus Butter und Ei aufgeweichte, ausgedrückte, passierte Semmeln, Semmelbrösel, Salz, Pfeffer und gehackte Petersilie geben. Die Hälfte der Masse mit faschierter Milz (Leber), gerösteter Zwiebel, Majoran und Semmelbröseln vermischen. Daraus eine Rolle von ca. 3 cm Durchmesser formen und auf die restliche helle Masse legen. Diese wird zuvor auf Frischhaltefolie gestrichen. Das Ganze wird eingerollt, sodass die helle Masse die dunkle umhüllt.

Die gebundene Rolle wird 30 Minuten in Salzwasser gekocht und ein wenig überkühlt, in 0,5 cm dicke Scheiben geschnitten und zur Suppe serviert.

## SCHLICKKRAPFERLN

**Nudelteig**
**120 g griffiges Mehl**
**1 Ei**
**ein wenig Wasser**

**Fleischfülle**
**1 Zwiebel**
**2–3 EL Öl**
**150 g Fleisch, faschiert**
**Petersilie**
**Knoblauch**
**Salz, Pfeffer**
**1 Ei**

**für 1 l Suppe**

### NUDELTEIG

Einen weichen Nudelteig aus Mehl, Ei und ein wenig Wasser herstellen, rechteckig auswalken. Etwa 4 cm vom Rand entfernt in Abständen Fleischfülle mit einem kleinen Löffel auflegen, den frei gebliebenen Teigrand darüberschlagen und um die Fleischfülle fest niederdrücken. Nun halbrunde Krapfen ausstechen, in Salzwasser kochen und in die Suppe legen.

### FLEISCHFÜLLE

Die fein gehackte Zwiebel in Öl anlaufen lassen, Fleisch zugeben, mit gewiegter Petersilie, Knoblauch, ein wenig Salz und Pfeffer würzen und mit dem Ei binden.

Rentabel nur für größere Mengen. Einfrieren!

## BISKUITSCHÖBERLN

**2 Eier**
**40 g glattes Mehl**
**Salz**
**1 l Suppe**
**Petersilie**

In den fest geschlagenen Eischnee Eidotter, Mehl und Salz leicht beimengen und die Masse fingerdick auf ein mit Backpapier ausgelegtes Blech streichen oder in eine Schöberlform geben und bei ca. 180 °C ca. 15 Minuten backen.

Mit gehackter Petersilie bestreuen.

## BROKKOLISCHÖBERLN

**150 g Brokkoli**
**¼ Zwiebel**
**1 EL Öl**
**2 Eier**
**30 g Butter**
**20 g Käse**
**50 g glattes Mehl**
**Petersilie, Salz, Pfeffer**
**Muskatnuss, gerieben**

**für 1 l Suppe**

Brokkoliröschen kochen, Zwiebel fein hacken, in Öl anrösten. Eier trennen, Eiklar zu Schnee schlagen, Butter und Dotter cremig rühren.

Zwiebel, Käse, den grob gehackten Brokkoli, Mehl und Gewürze einrühren, Eischnee unterziehen.

Die Masse fingerdick auf ein mit Backpapier ausgelegtes Backblech streichen oder in eine Schöberlform geben und bei ca. 180 °C etwa 15 Minuten backen.

## GRIESSSCHÖBERLN

**250 ml Milch**
**50 g Grieß**
**Salz**
**30 g Butter**
**1 kleines Ei**

**für 1 l Suppe**

Die Milch mit Grieß und Salz so lange kochen, bis das Gemenge sehr dick ist und sich vom Löffel löst.

Nach dem Überkühlen die mit dem Eidotter verrührte Butter beimengen und den steifen Schnee des Eiklars hinzufügen. Die Masse fingerdick auf ein mit Backpapier ausgelegtes Blech streichen oder in eine Schöberlform geben und bei ca. 180 °C ca. 15 Minuten backen.

## LUNGEN- ODER FLEISCH- ODER GRAMMELSTRUDEL

**Strudelteig**
**halbe Menge vom Grundrezept (siehe S. 40)**

**Fülle**
**1 Zwiebel**
**2–3 EL Öl**
**250 g faschierte Lunge, Fleisch oder Grammeln**
**Knoblauch**
**Petersilie**
**Knoblauch, Majoran**
**Pfeffer, Salz**

**für 1 l Suppe**

### FÜLLE

Die klein geschnittene Zwiebel in Öl anlaufen lassen, Lunge oder Fleisch oder Grammeln beifügen, würzen und kurz rösten.

Die Fülle auf den ausgezogenen Strudelteig streichen, diesen zusammenrollen und auf einem mit Backpapier ausgelegten Blech bei 170–180 °C 30–40 Minuten backen. Vor dem Servieren in Stücke schneiden und zur fertigen Suppe reichen.

Man kann den gefüllten Strudel auch kochen statt backen. Dazu mit einem Teller Stücke abschneiden, die Teigschnittflächen fest zusammendrücken und in Salzwasser kochen.

## SUPPENTOPF

**4 Leberknödel (fertige)**
**200 g Rindfleisch**
**200 g verschiedene Gemüse**
**750 ml Suppe**

Leberknödel, das würfelig geschnittene und gekochte Rindfleisch sowie das klein geschnittene gekochte Gemüse in die Suppe geben.

*Semmelstrudel (Rezept S. 89)* Foto: Wilhelm Hufnagl

## SEMMELSTRUDEL

**Strudelteig**
halbe Menge vom Grundrezept (siehe S. 40)

**Fülle**
1 Ei
1 EL Sauerrahm
4 EL Öl oder Grammelfett
1 Zwiebel
100 g Weißbrot
oder 2 Semmeln
Petersilie, gehackt

für 1 l Suppe

Den ausgezogenen Strudelteig mit dem versprudelten Ei und Sauerrahm beträufeln. Weißbrot in Öl oder Fett und fein gehackter Zwiebel anrösten, daraufstreuen und mit Petersilie würzen. Den Strudel zusammenrollen, in ein nasses Tuch oder in Frischhaltefolie einbinden und in Salzwasser 20–30 Minuten kochen.

### HINWEIS
Statt der in Würfel geschnittenen Semmeln können auch faschierte Lunge oder Fleischreste eingefüllt werden. Man kann den Strudel auch backen.

## FRANZÖSISCHE ZWIEBELSUPPE

250 g Zwiebeln
40 g Butter
125 ml Weißwein
1 l Wasser
Salz, Pfeffer, Muskatnuss
Suppenwürze

Zwiebeln fein schneiden, in Butter gut goldgelb rösten, mit Wein aufgießen, würzen, Wasser zugeben.

Zugedeckt kochen lassen!

### EINLAGE
Käse-Röstschnitten (siehe S. 84) passen gut zur Zwiebelsuppe.

Foto: Wilhelm Hufnagl

# GEBUNDENE SUPPEN

Zu den gebundenen Suppen zählen alle Einbrenn-, Einmach-, Brot-, Gemüse-, Nährmittel-, Obstsuppen usw. Sie werden mit Einbrenn, Einmach oder den verschiedenen Bindemitteln eingedickt.

**Grundregeln**

- Jede heiße Einbrenn oder Einmach mit kalter Flüssigkeit aufgießen, dadurch kann sie leichter glatt gerührt werden (mittels Schneerute). Die aufgegossene Einbrenn wird in die Suppe eingekocht.
- Für gebundene Suppen sollten immer hohe Kochtöpfe verwendet werden, damit sie nicht übergehen.
- Jede gebundene Suppe kann mit Süßrahm oder Ei verbessert werden, jedoch erst vor dem Anrichten. Ebenso wird zum Schluss gehackte Petersilie zugegeben.
- Gebundene Suppen werden vorsichtig gewürzt und gut gekocht, damit das Mehl nicht roh schmeckt.

***Einmach***
Mehl in heißer Butter licht anschwitzen, mit kaltem Wasser oder Suppe aufgießen, knotenfrei verrühren und aufkochen.

***Béchamel***
Das ist eine mit Milch aufgegossene Einmach.

***Helle Einbrenn***
Mehl und gehackte Zwiebel gleichzeitig in heißes Öl geben und hell rösten. Helle Einbrenn wird überall dort verwendet, wo der Geschmack des betreffenden Lebensmittels nicht überdeckt werden soll.

***Dunkle Einbrenn***
Mehl und Öl kurz anrösten, die gehackte Zwiebel zugeben und braun rösten. Knoblauch wird nie mitgeröstet, sondern erst in die fertige Einbrenn gegeben. Die dunkle Einbrenn verwendet man für Einbrenn-, Erdäpfelsuppen usw.

**KÜCHENTECHNISCHER HINWEIS**
Mehl linden (trocken anrösten) und dann Fett beimengen.

## HÜHNEREINMACHSUPPE

**250 g Hühnerklein**
**Salz**
**30 g Butter**
**20 g glattes Mehl**
**Muskatnuss, Majoran**
**Zitronensaft, Petersilie**
**1 l Suppe**

Hühnerklein rösten, aufgießen, salzen, kochen. Eine lichte Einmach aus Butter und Mehl mit der Suppe vergießen und gut kochen lassen, würzen.

Bröselknödel (siehe S. 83) darin einkochen und mit frischen Kräutern abschmecken.

## KLACHELSUPPE

**1 mittlere Schweinshaxe**
**200 g Kopffleisch**
**Salz**
**Essig**
**Thymian**
**1 Lorbeerblatt**
**Pfefferkörner**
**Majoran**
**Wurzelwerk**
**2–3 EL Öl oder 1 EL Schweinefett**
**40 g glattes Mehl**
**750 ml Wasser**
**1 EL Sauerrahm oder ein wenig Weißwein**

Schweinshaxe und Kopfleisch mit Wasser, Salz, ein wenig Essig, Thymian, Lorbeerblatt, Pfefferkörnern, Majoran und Wurzelwerk weich kochen und abseihen.

Eine lichte Einbrenn bereiten, mit Suppe vergießen und das von den Knochen gelöste Fleisch zugeben. Oder das Mehl mit kaltem Wasser versprudeln, in die heiße Brühe einkochen und das Fleisch zugeben.

Allenfalls mit Sauerrahm oder Weißwein verbessern.

Die Suppe kann auch als klare Suppe serviert werden (siehe Foto).

Foto: Archiv Kochen&Küche

## OSTSTEIRISCHE GRAMMELSUPPE

**Knoblauch**
**Essig**
**Salz**
**750 ml Wasser**
**20–30 g glattes Mehl**
**1–2 EL Grammelfett**
**oder Grammeln**

Knoblauch, Essig und Salz in 500 ml Wasser kochen, 250 ml Wasser mit dem Mehl versprudeln und einkochen. Vor dem Anrichten das heiße Grammelfett oder die Grammeln darübergeben.

### BEIGABE

Alle Sterzarten (siehe S. 225–226) oder Brotschnitten sind geeignet.

## EINBRENNSUPPE

**2–3 EL Öl oder**
**1 EL Schweinefett**
**30 g glattes Mehl**
**750 ml Wasser**
**Salz, Kümmel, Pfeffer**
**1 kleines Ei**

Eine dunkle Einbrenn aus Fett und Mehl mit kaltem Wasser vergießen, würzen, gut verkochen lassen und mit dem Ei legieren.

## SCHWÄBISCHE BROTSUPPE

**100 g Schwarzbrot**
**1 Zwiebel**
**2–3 EL Öl oder Speck, gehackt**
**750 ml Wasser**
**Salz, Pfeffer**
**1 Ei oder Eidotter**
**1 Paar Frankfurter**
**oder Selchfleisch**

Das geschnittene Brot und die fein gehackte Zwiebel in Öl oder klein geschnittenem, ausgelassenem Speck anrösten, aufgießen, würzen und verkochen lassen (hartes Brot einweichen und mit der gerösteten Zwiebel verkochen). Die Suppe zersprudeln oder passieren und mit Ei legieren.

**HINWEIS**
Zur Verbesserung kann 1 Paar in Scheiben geschnittene Frankfurter oder Selchfleisch verwendet werden.

## PANADELSUPPE

**2 Semmeln oder**
**100 g Weißbrotreste**
**750 ml Wasser oder Rindsuppe**
**Salz**
**1 Ei**
**20 g Butter**
**Petersilie, gehackt**

Semmeln oder Weißbrotreste blättrig schneiden und in kaltem Salzwasser oder Rindsuppe zum Kochen bringen. Wenn die Suppe kocht, wird sie versprudelt, mit einem Ei legiert, mit Butter verbessert und mit Petersilie bestreut.

## HIRSESUPPE

**1 kleine Zwiebel**
**30 g Butter**
**40 g Hirse oder Hirseflocken**
**1 l Wasser**
**Frühlingskräuter**
**Suppenwürze**

Die fein gehackte Zwiebel in Butter glasig anlaufen lassen, Hirse unter fließendem Wasser abspülen, zugeben und mit Wasser aufgießen. Langsam kochen lassen, bis die Hirse gar ist. Zum Schluss mit Kräutern und Suppenwürze abschmecken.

## GERÖSTETE GRIESS- ODER HAFERFLOCKENSUPPE

**1 Karotte**
**1 kleine Spalte einer Sellerieknolle**
**½ kleine Petersilienwurzel**
**1 kleine Zwiebel**
**30 g Butter**
**40 g Grieß oder Haferflocken**
**750 ml Wasser**
**Salz, Pfeffer, Petersilie**
**Süßrahm oder 1 Ei**

Nudelig geschnittenes Wurzelwerk und fein gehackte Zwiebel in heißer Butter anlaufen lassen. Grieß oder Haferflocken zugeben, goldgelb anrösten, aufgießen, würzen und verkochen lassen.

**HINWEIS**
Mit Süßrahm oder Ei verbessern.

## GEMÜSESUPPE

**300 g frisches Gemüse**
**1 festkochende Kartoffel**
**750 ml Wasser**
**Salz, Pfeffer**
**40 g Butter**
**20 g glattes Mehl**
**Petersilie**
**Küchenkräuter**

Gemüse – wie grüne Erbsen, Karotten, Kohlrüben, Karfiol, junge grüne Bohnen – putzen und nudelig schneiden, den Karfiol zerteilen. Eine geschälte, würfelig geschnittene Kartoffel kalt zustellen. Sobald das Wasser kocht, würzen, die Gemüsearten, je nachdem, ob sie kürzere oder längere Zeit zum Weichwerden benötigen, zugeben und kochen lassen.

Eine Einmach aus Butter und Mehl bereiten, aufgießen, zu dem kochenden Gemüse geben und mit gewiegter Petersilie und Küchenkräutern nach Belieben würzen.

## KAROTTEN- ODER SELLERIESUPPE

**200 g Karotten oder Sellerie**
**30–40 g Butter**
**20 g glattes Mehl**
**750 ml Wasser**
**Salz, Zucker**
**Petersilie**
**(bei Sellerie Zitronensaft)**

Feinnudelig gehobelte Karotten oder Sellerie in Butter weich dünsten, mit Mehl stauben und aufgießen. Die Suppe würzen und aufkochen lassen.

Mit gehackter Petersilie bestreut servieren.

## TOMATENSUPPE

500 g Tomaten
1 kleine Zwiebel
30 g Butter
20 g glattes Mehl
750 ml Wasser
Zucker, Salz, Pfeffer
2 EL Weißwein

Die geschnittenen Tomaten mit der gehackten Zwiebel in Butter weich dünsten, stauben, aufgießen und passieren. Dann den Reis zugeben, würzen und fertig kochen.

### EINLAGE

20 g Reis oder geröstetes Weißbrot

## KARFIOLSUPPE

300 g Karfiol
750 ml Wasser
Zitronensaft
40 g Butter
20 g glattes Mehl
Petersilie, Muskatnuss, Salz

Karfiol in kleine Röschen teilen, die Stängel in kleine Stücke schneiden und in Salzwasser mit Zitronensaft (damit die Karfiolstückchen weiß bleiben) weich kochen.

Eine Einmach bereiten und zugeben. Mit Petersilie und Muskatnuss würzen.

## SPINATSUPPE

40 g Butter
20 g glattes Mehl
750 ml Wasser
200 g Blattspinat
ein wenig Milch
ein wenig Süßrahm
Salz, Pfeffer
Muskatnuss
1 Knoblauchzehe, zerdrückt

Eine helle Einmach mit Wasser aufgießen und gut verkochen lassen. Kurz vor dem Servieren den roh faschierten oder im Mixer mit Milch und Süßrahm pürierten Spinat zugeben und mit Gewürzen und Knoblauch abschmecken. (Vom Spinat sorgfältig die Blattstiele entfernen!)

Foto: Mani Hausler

## KARTOFFELSUPPE

**300 g mehlige Kartoffeln**
**1 l Wasser**
**Salz**
**1 Lorbeerblatt, Majoran, Kümmel**
**Knoblauch**
**2–3 EL Öl**
**20 g glattes Mehl**
**1 Zwiebel**
**Essig**
**Schwammerln**

Die Kartoffeln schälen, in kleine Würfel schneiden, mit gesalzenem Wasser, Lorbeerblatt, Majoran, Kümmel und Knoblauch zum Kochen bringen.

Eine Einbrenn aus Öl, Mehl und gewiegter Zwiebel vergießen und zu den Kartoffeln mengen. Die Suppe langsam ziehen lassen. Man kann sie auch mit ein wenig Essig säuern.

Zur Verbesserung können Schwammerln mitgekocht werden.

## KARTOFFELRAHMSUPPE

**1 Zwiebel**
**2–3 EL Öl**
**20 g glattes Mehl**
**750 ml Wasser**
**Salz, Pfeffer, Majoran**
**300 g mehlige Kartoffeln**
**125 ml Süßrahm**
**Petersilie**

Mit der fein gehackten Zwiebel eine lichte Einbrenn zubereiten, mit Wasser aufgießen, mit Salz, Pfeffer, Majoran würzen und die klein geschnittenen Kartoffeln darin weich kochen.

Kurz vor dem Anrichten Süßrahm und gehackte Petersilie beifügen.

## SPARGELCREMESUPPE

**500 g Bruchspargel**
**1 l Wasser**
**Salz**
**Zucker**
**Zitronensaft**
**50 g Butter**
**30 g glattes Mehl**
**125 ml Schlagobers**
**1 Dotter**
**Salz**
**evtl. weißer Pfeffer**
**Schnittlauchröllchen**

Spargel schälen, in Stücke schneiden. Wasser zum Kochen bringen, mit Salz, Zucker und Zitronensaft würzen. Die Spargelstücke ohne Spitzen in der Brühe 5–10 Minuten garen.

Aus Butter und Mehl eine Einbrenn zubereiten, mit Spargelbrühe aufgießen, gegarte Stücke und rohe Spitzen dazugeben, aufkochen lassen und ca. 5 Minuten ziehen lassen.

Obers und Dotter verquirlen und die Suppe damit legieren (nicht mehr aufkochen lassen), nachwürzen und mit Schnittlauchröllchen servieren.

## SAURE RAHMSUPPE

**250 ml Sauerrahm**
**oder Buttermilch**
**20 g glattes Mehl**
**500 ml Kümmelwasser**
**Salz**

Sauerrahm oder Buttermilch mit Mehl versprudeln und in siedendes, gesalzenes Kümmelwasser einkochen.

### EINLAGE

Brotwürfel

## RAHMSUPPE

**500 ml Kümmelwasser**
**40 g glattes Mehl**
**250 ml Süßrahm**
**Salz**
**Knoblauch**
**evtl. 3 mehlige Kartoffeln**

In das kochende Kümmelwasser den mit Mehl verrührten Süßrahm einsprudeln, mit Salz und ein wenig Knoblauch würzen.

Man kann auch würfelig geschnittene Kartoffeln mitkochen und dann den Süßrahm beifügen (Bild S. 77).

## KRÄUTERSUPPE

**80 g Zwiebeln**
**60 g Speck**
**1 TL Öl oder Schweinefett**
**250 g Gemüse, fein gehackt**
**Salz, Pfeffer**
**1 l Suppe**
**Küchenkräuter**
**3 EL Süßrahm**
**20–30 g glattes Mehl**

Fein gehackte Zwiebeln und Speck in Öl oder Fett kurz anrösten. Das Gemüse (nach Belieben) beifügen, würzen, dünsten. Mit Suppe aufgießen, mit Kräutern (Salbei, Rosmarin, Knoblauch, Estragon, Petersilie, Schnittlauch) verfeinern.

Zuletzt mit Süßrahm und Mehl binden und mit Kräutern bestreut servieren.

## LAUCHSUPPE

**200 g Lauch**
**40 g Butter**
**20 g glattes Mehl**
**1 l Wasser**
**1 mehlige Kartoffel**
**Salz, Pfeffer**
**Petersilie**

Den geputzten und fein geschnittenen Lauch in heißer Butter anrösten, stauben und aufgießen. Nach dem Aufkochen die würfelig geschnittene Kartoffel zugeben, würzen und weich kochen.

Mit Petersilie bestreut anrichten.

### EINLAGE

Mit Käse überbackene Brotscheiben passen gut.

## BOHNEN-(LINSEN-/TROCKENERBSEN-)SUPPE

**120 g Bohnen, Linsen oder Trockenerbsen**
**1 l kaltes Wasser**
**2–3 EL Öl oder**
**1 EL Schweinefett**
**20 g glattes Mehl**
**1 Zwiebel, gehackt**
**Majoran**
**Salz**
**30–40 g Speck**
**Petersilie**

Bohnen, Linsen oder Erbsen am Abend waschen, in kaltem Wasser einweichen, am nächsten Tag mit dem Wasser zustellen, weich kochen und passieren.

Eine Einbrenn aus Öl oder Fett, Mehl, Zwiebel und Majoran mit dem Passierten vermengen, mit Bohnen-, Erbsen- oder Linsenwasser vergießen und zum Schluss salzen.

Glasig angelaufenen Speck und gewiegte Petersilie der Suppe zugeben.

## MINESTRONE

200 g verschiedenes Gemüse
750 ml Wasser
Salz, Pfeffer
Suppenwürze
2 EL Tomatenmark
20 g Teigwaren oder Reis
Basilikum

Gemüse würfelig schneiden, in Salzwasser mit Gewürzen und Tomatenmark weich kochen. Teigwaren oder Reis mitkochen.

Mit geschnittenem Basilikum bestreuen.

## SCHWAMMERLSUPPE

300 g frische Pilze
30 g Butter
1 kleine Zwiebel
Petersilie
20 g glattes Mehl
750 ml Wasser
Salz, Pfeffer, Essig
2 EL Süßrahm

Pilze putzen, schneiden, in Butter mit gehackter Zwiebel und gewiegter Petersilie dünsten, stauben, aufgießen, würzen und mit Süßrahm legieren.

### BEIGABE

Alle Sterzarten (siehe S. 225–226)

Foto: Wilhelm Hufnagl

## KAROTTENCREMESUPPE

**1 mittlere Zwiebel,**
**1 nussgroßes Stück Ingwer**
**2 Zehen Knoblauch**
**40 g Butter**
**100 g Knollensellerie**
**400 g Karotten**
**1,5 l Suppe**
**1 mehlige Kartoffel**
**Salz, Pfeffer, 1 TL Honig**
**Schlagobers**
**oder Crème fraîche**
**Petersilie**

Zwiebel, Ingwer und Knoblauch in Butter andünsten, Sellerie und Karotten mitrösten, mit Suppe aufgießen, Kartoffel beigeben, würzen und weich kochen.

Zum Schluss mixen, mit Obers verfeinern und mit Petersilie bestreut servieren.

## KASTANIENCREMESUPPE

**½ Zwiebel**
**100 g Sellerie**
**20 g Butter**
**1 l klare Suppe**
**Salz, Pfeffer, Muskatnuss**
**120 g Kastanien**
**1 TL glattes Mehl**
**60 ml Obers**
**150 ml Milch**
**Zitronensaft, Sherry**
**125 ml Obers, geschlagen**
**Blätterteigeinlage**

Zwiebel und Sellerie in Butter hell andünsten, mit Suppe aufgießen, würzen und die Kastanien dazugeben,

15 Minuten leicht kochen lassen. Dann die Suppe passieren oder mit dem Stabmixer glatt mixen.

Mehl, Obers und Milch verrühren und die Suppe damit binden. Mit Zitronensaft und Sherry abschmecken.

Zum Schluss leicht geschlagenes Obers einheben und mit Blätterteigeinlage anrichten.

## GULASCHSUPPE

**1 mittelgroße Zwiebel**
**2–3 EL Öl oder Schweinefett**
**20 g Paprikapulver, Essig**
**Salz, Pfeffer**
**Majoran, Thymian, Kümmel**
**1 Lorbeerblatt**
**Knoblauch**
**Suppenwürze**
**2 EL Tomatenmark**
**200 g Rind- oder Schweinefleisch**
**1 l Wasser**
**20 g glattes Mehl**
**100 g mehlige Kartoffeln**
**Süßrahm**

Die fein geschnittene Zwiebel in Öl oder Fett goldgelb rösten. Paprika, Essig, die übrigen Gewürze und das würfelig geschnittene Fleisch zugeben und anrösten. Dann mit 500 ml Wasser aufgießen, weich dünsten, stauben, mit der restlichen Flüssigkeitsmenge vergießen und die würfelig geschnittenen Kartoffeln darin weich kochen lassen.

Mit Süßrahm verbessern.

### EINLAGE

Gut zur Gulaschsuppe passen Schwarzbrot oder frische Semmeln.

## SERBISCHE BOHNENSUPPE

**150 g Bohnen**
**750 ml Wasser**
**2–3 EL Öl oder Schweinefett**
**50 g Selchspeck**
**1 Zwiebel, 1 Paprikaschote**
**Paprikapulver, Essig**
**Majoran, Thymian, Kümmel**
**1 Lorbeerblatt**
**Knoblauch, Ingwer**
**Salz, Pfeffer, Suppenwürze**
**2 EL Tomatenmark**
**Süßrahm**

**Einlage**
**1 Paar Würstel oder**
**150 g mageres Selchfleisch**

Zubereitung siehe Gulaschsuppe.

Statt des Fleisches die am Vortag eingeweichten Bohnen mit demselben Wasser zugeben und weich kochen. Zum Schluss die fein geschnittene Paprikaschote einmal aufkochen lassen und mit Süßrahm verbessern.

**HINWEIS**
Würstel oder mageres Selchfleisch können der Suppe beigegeben werden.

## UNGARISCHE KRAUTSUPPE

**1 Zwiebel, 1 mehlige Kartoffel**
**2–3 EL Öl oder Schweinefett**
**50 g Selchspeck**
**Paprikapulver, Essig,**
**Majoran, Thymian, Kümmel,**
**1 Lorbeerblatt, Knoblauch,**
**Salz, Pfeffer, Suppenwürze**
**2 EL Tomatenmark**
**150 g Weißkraut**
**1 EL glattes Mehl**
**Süßrahm**

Zubereitung siehe Gulaschsuppe.

Statt des Fleisches 1 cm würfelig geschnittenes Weißkraut beimengen.

**HINWEIS**
Wie bei der Gulaschsuppe kann auch hier Fleisch oder Wurst zugegeben werden. Zum Schluss mit Süßrahm verbessern.

Foto: Wilhelm Hufnagl

## KÄSESUPPE

**3 Würfel Streichkäse nach Wahl**
**1 l Suppe**
**Salz, Pfeffer**
**Suppenwürze, Basilikum**
**125 ml Süßrahm**
**20 g glattes Mehl**
**100–150 g Brotwürfel**
**50 g Butter**
**Schnittlauch**
**oder Petersilie**

Käse in heißer Suppe auflösen, würzen, einige Male aufkochen lassen. Vor dem Anrichten Süßrahm und Mehl versprudeln und in die heiße Suppe gießen und nochmals aufkochen.

### EINLAGE

Brotwürfel in Butter goldbraun rösten und über die angerichtete Suppe streuen, mit Schnittlauch oder Petersilie anrichten.

## FISCHSUPPE MIT GEMÜSE

**1 kleine Zwiebel**
**20 g Butter**
**1 Zehe Knoblauch**
**2 TL Paprikapulver**
**2 EL Tomatenmark**
**1 TL Curry**
**125 ml Weißwein**
**750 ml Wasser**
**200 g verschiedene Gemüse**
**Salz, Pfeffer**
**125 ml Süßrahm**
**2 Fischfilets**

Zwiebel hacken und in Butter rösten, Knoblauch, Paprikapulver, Tomatenmark und Currypulver dazugeben, kurz durchrösten und mit Wein und Wasser aufgießen. Danach würfelig geschnittenes Gemüse sowie Gewürze beifügen, weich dünsten. Mit Süßrahm verfeinern.

Fischfilets in mundgerechte Würfel schneiden, ca. 7 Minuten in der sehr heißen Suppe ziehen lassen.

## KÜRBISCREMESUPPE MIT GERÖSTETEN BROTWÜRFELN

**500 g Butternusskürbis**
**1 mehlige Kartoffel**
**1 Zwiebel**
**50 g Butter**
**1,5 l Suppe**
**1 Schuss Weißwein**
**60 ml Schlagobers**
**Salz, Pfeffer, Muskat, Ingwer**

#### Garnierung

**3 EL Kürbiskerne**
**Schlagobers, geschlagen**
**Kürbiskernöl**

#### Einlage

**3 Schnitten Schwarzbrot**
**50 g Butter**
**1 Zehe Knoblauch**

Kürbis und Kartoffel würfelig schneiden, Zwiebel hacken und in Butter andünsten, Kürbis- und Kartoffelwürfel dazugeben, mit Suppe aufgießen und weich kochen. Wein und Obers dazugießen, mixen und abschmecken.

Für die Garnierung Kürbiskerne in der Pfanne rösten und hacken. Suppe mit Oberstupfen, einigen Tropfen Kernöl und gerösteten Kernen anrichten.

### EINLAGE

Brotwürfel in Butter knusprig rösten, gehackten Knoblauch kurz mitrösten und zur Suppe anrichten.

## KÜRBIS-APFELSUPPE MIT CURRY

**1 kleine Zwiebel**
**1 Knoblauchzehe**
**2 EL Butter oder Öl**
**400 g Kürbis (Hokkaido)**
**1 kleine Kartoffel**
**200 g rote Äpfel mit Schale**
**½ TL Currypulver**
**1/8 l Weißwein (trocken)**
**¾ l Gemüsesuppe**
**1 EL Zucker**
**Salz, Pfeffer**
**1/8 l Obers**
**1–2 EL Apfel-Balsamessig**

**Einlage:**
**1 kleiner roter Apfel**
**2 EL Öl oder Butter**

Zwiebel und Knoblauch fein hacken, in Butter/Öl andünsten, Kürbis, Kartoffel und Apfel würfeln, dazugeben, kurz rösten. Curry dazu, anschwitzen, mit Wein und Suppe ablöschen, mit Salz und Zucker würzen, das Ganze ca. 15–20 min köcheln lassen, Obers dazugeben, gut aufmixen, mit Apfelessig abschmecken.

Für die Einlage den Apfel mit Schale in kleine Würfel oder Spalten schneiden, kurz in Fett anbraten, in Suppenschalen anrichten.

Man kann auch Apfelperlen ausstechen, in Zitronen-Zuckerwasser kurz aufkochen, auf Spießchen stecken und zur Suppe servieren.

## KÖNIGINNENSUPPE

**¼ Suppenhuhn**
**Wurzelwerk**
**1 l Wasser**
**Salz**
**20 g Butter**
**50 g Champignons**
**20 g glattes Mehl**
**1 EL Weißwein**
**1 Prise Curry**
**Muskatnuss, Zitronensaft**
**1 Eidotter**
**Süßrahm**

Das Suppenhuhn mit Wurzelwerk in Salzwasser weich kochen, auslösen, würfelig schneiden. Butter erhitzen, Champignons dünsten, stauben, mit Wein ablöschen, mit Hühnerbrühe aufgießen, Hühnerfleisch dazugeben und würzen.

Eidotter und Süßrahm verrühren und die Suppe damit verbessern.

Foto: Wilhelm Hufnagl

## BUNTER LINSENSUPPENTOPF

**2–3 EL Öl oder gehackter Speck**
**1 Zwiebel**
**1 l Wasser**
**60 g Linsen**
**60 g Mischgemüse**
**Salz, Pfeffer**
**Küchenkräuter**
**1 Paar Würstel**
**oder 150 g Selchfleisch**

Öl oder Speck und fein gehackte Zwiebel anrösten, aufgießen. Linsen halbweich kochen. Gemüse nach Festigkeit zugeben, würzen und fertig garen.

### HINWEIS

Die Suppe kann als selbstständiges Hauptgericht durch Fleisch- oder Würsteleinlage aufgewertet werden.

## KNOBLAUCHCREMESUPPE

**1 kleine Zwiebel**
**4–5 Zehen Knoblauch**
**40 g Butter**
**3 EL glattes Mehl**
**500 ml Wasser**
**500 ml Milch**
**Salz, Pfeffer, Suppenwürze**
**125 ml Schlagobers**
**Schnittlauch, Petersilie**

Zwiebel und Knoblauch sehr fein hacken und in Butter andünsten – sie sollen nicht braun werden. Mehl einstreuen und mitrösten.

Mit kaltem Wasser und Milch aufgießen, dabei mit der Schneerute kräftig rühren, damit keine Klumpen entstehen.

Gewürze dazugeben und 20 Minuten leicht kochen lassen.

Mit Obers verfeinern, vor dem Anrichten mit dem Stabmixer aufmixen.

### EINLAGE

Brotwürferl klein schneiden und in wenig Butter goldbraun anrösten oder aus Blätterteig kleine Figuren ausstechen, backen und zur Suppe servieren, mit Schnittlauch und Petersilie bestreuen.

***Foto rechts: Gefüllte Kalbsbrust (Rezept S. 132)***

*Foto: Archiv Kochen&Küche*

# FLEISCHGERICHTE

## Die Bedeutung des Fleisches für die Ernährung

Die Bedeutung des Fleisches liegt in seinem Gehalt an Eiweiß und anderen Inhaltsstoffen wie Mineralstoffen, besonders Eisen. Fleisch wird von den meisten Menschen mit Vorliebe wegen seines Wohlgeschmackes, seines Sättigungswertes und der vielen Zubereitungsmöglichkeiten verzehrt.

**Die Verdaulichkeit des Fleisches hängt ab:**

- Von der **Beschaffenheit der Faser**
  Helles Fleisch (Kalb-, Geflügel-, Fisch-, Kitz- und Kaninchenfleisch) hat zarte Faserung. Dunkles Fleisch (Rind-, Pferde-, Schweinefleisch und Wild) hat meist festere Fasern.
- Vom **Alter des Tieres**
  Fleisch alter Tiere ist fest, grobfaserig und schwer verdaulich; Fleisch junger Tiere ist zart und leichter verdaulich.
- Vom **Fettgehalt**
  Fettes Fleisch (Schweinefleisch, Gänse u. a.) ist schwer verdaulich.
- Von der **Lagerung**
  Gut abgelegenes Fleisch ist mürber.

## Aufbewahrung

Fleisch wird für kürzere Zeit an einem kühlen Ort, vor Umwelteinflüssen gesichert, aufbewahrt. Durch Kochen oder Überbraten werden vorhandene Bakterien abgetötet. Wild kann in Essigbeize gelegt werden. Für längere Zeit kann Fleisch durch Pökeln, Selchen, Tiefgefrieren oder Sterilisieren haltbar gemacht werden.

# SCHWEINEFLEISCH

Schweinefleisch hat nicht nur am Bauernhof von allen Fleischarten die größte Bedeutung. Das beste Fleisch liefern die jungen Tiere bis 8 Monate. Schweinefleisch sollte blassrot sein und weißes Fett aufweisen. Das fette Fleisch von alten Tieren eignet sich besser zum Kochen.

# RINDFLEISCH

Das beste Fleisch kommt vom jungen, gemästeten Rind. Das Fleisch älterer, magerer Tiere wird für die Wurstbereitung verwendet. Gutes Rindfleisch hat, wenn es von jungen Tieren stammt und frisch ist, eine lebhaft rote Farbe. Das Fleisch älterer Tiere und gut abgelegenes Fleisch sind dunkler. Die Faserung sollte fein sein.

Wir unterscheiden das Vordere (es ist preiswerter) und das Hintere (teurer).

## KALBFLEISCH

Kalbfleisch ist wasserreicher, fettärmer und zarter im Geschmack und in der Faserung als Rindfleisch. Es ist leicht verdaulich, aber wegen seines hohen Wassergehalts nur kurz haltbar. Am besten ist das Fleisch von 6 bis 8 Wochen alten Kälbern. Kalbfleisch eignet sich sehr gut zum Dünsten, Braten und Backen. Wegen seiner leichten Verdaulichkeit wird es besonders gern in der Kranken- und Diätküche verwendet.

## WILDFLEISCH

| **Wildarten:** | Haarwild: | Hirsch, Reh, Hase, Gämse |
|---|---|---|
| | Federwild: | Fasan, Rebhuhn, Wildente |
| | Borstenwild: | Wildschwein |

Bei allen Arten von Wild empfiehlt es sich, das Fleisch von möglichst jungen Tieren zu verwenden. Es kann vielseitig zubereitet werden (vgl. dazu die einschlägigen Kochbücher).

## SCHAFFLEISCH

Schaffleisch sollte saftig, von roter Farbe und das Fett rein weiß sein. Es hat einen eigentümlichen charakteristischen Geschmack, der manchen unangenehm ist. Dieser verliert sich, wenn man Schaffleisch einige Tage in Essigbeize legt, dann dünstet oder brät. Es sollte möglichst heiß angerichtet werden, weil das Fett leicht stockt.

## GEFLÜGELFLEISCH

Fleisch von Huhn und Pute hat in den letzten Jahren in den Küchen stark an Bedeutung gewonnen. Es ist leicht verdaulich, hat eine kurze Zubereitungszeit, enthält wertvolles Eiweiß und wenig Fett. Es ist gut in der Krankenküche einsetzbar.

Wichtig: Rohes Geflügelfleisch erfordert besondere Hygienemaßnahmen (siehe S. 12).

## INNEREIEN

Die inneren Teile des Rindes – Herz, Lunge, Nieren, Leber und Milz – lassen sich ebenfalls gut verwerten. Die Zunge kann gepökelt und geselcht werden. Aus dem Magen wird die Flecksuppe bereitet.

## Die Fleischteile des Schweines

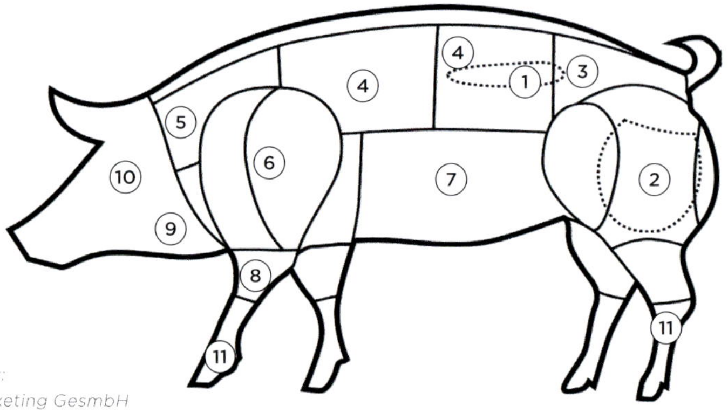


Abbildung: AMA-Marketing GesmbH

| 1. Qualität | 2. Qualität | 3. Qualität |
|---|---|---|
| **1** Fischerl (Filet)<br>**2** Schlegel (Nuss, Kaiserteil, Frikandeau)<br>**3** Schlussbraten<br>**4** Karree<br>**5** Schopfbraten | **6** Schulter<br>**7** Bauchfleisch<br>**8** Stelzen | **9** Stichfleisch<br>**10** Kopf<br>**11** Haxl |
| **Verwendung**<br>Grillen, Schnitzel<br>Braten, Selchen | **Verwendung**<br>Braten, Dünsten<br>Selchen, Kochen | **Verwendung**<br>Kochen<br>Wursten |

### Fischerl
Filet

**Merkmale**
Wertvollstes Fleisch vom Schwein – saftig

**Verwendung in der Küche**
Spezialität – Spieße, Fondue, Schnitzel, im Netz gebraten

Fotos: AMA-Marketing GesmbH

### Schlögel
Kaiserteil (Oberschale), Nuss (Kugel) und Frikandeau (Unterschale)

**Merkmale**
Im Ganzen ohne Knochen, im Ganzen mit Knochen, geteilt ohne Knochen

**Verwendung in der Küche**
Braten, gepökelter Beinschinken, Schnitzel gebraten, gebacken

**Schopfbraten**
Hals oder Nacken

**Merkmale**
Mit Fett durchwachsen
mit Knochen oder ausgelöst

**Verwendung in der Küche**
Braten, grillen, Schnitzel, räuchern, Osso Collo

**Karree**
Kotelettstück

**Merkmale**
Mit Knochen oder ausgelöst

**Verwendung in der Küche**
Braten, grillen, backen, räuchern, Kotelett, Schnitzel, Selchkarree

**Schulter**
Bug oder Blatt

**Merkmale**
Mit Knochen oder ausgelöst

**Verwendung in der Küche**
Braten, kochen, dünsten, gerollter Braten, Gulasch, Ragout, räuchern, Rollschulter

**Bauchfleisch**
**Merkmale**
Mit Rippen, fettdurchzogenes Fleisch

**Verwendung in der Küche**
Braten, pökeln, kochen, gefüllter Bauch, geräucherter Bauch, Wurzelfleisch

**Stelzen**
Vordere und hintere (Eisbein)

**Merkmale**
Mit Knochen

**Verwendung in der Küche**
Braten, dünsten, pökeln, kochen, Eisbein, Gulasch, Sulz, Klachlsuppe

*Fotos: AMA-Marketing GesmbH*

## Die Fleischteile des Rindes

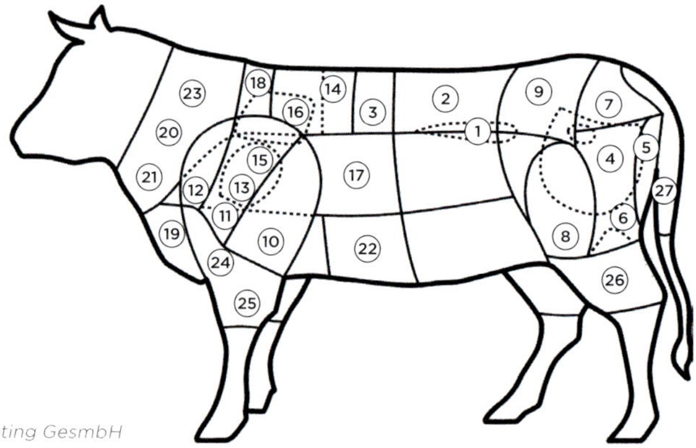


Abbildung: AMA-Marketing GesmbH

| Spitzenqualität *Englischer* | 1. Qualität *Gustostücke* | 2. Qualität | 3. Qualität |
|---|---|---|---|
| **1** Lungenbraten (Filtet)<br>**2** Beiried (Rump-steak, Roast-beef)<br>**3** Rostbraten (hohe Beiried, Hochrippe | **4** Schale – wird in Beinscherzel und Schwarzes Scherzel geteilt<br>**5** Weißes Scherzel<br>**6** Tafelstück<br>**7** Tafelspitz<br>**8** Zapfen (Nuss, Kugel)<br>**9** Hüferl (Hüfer-scherzel, Hüfer-schwanzel<br>**10** Dicke Schulter | **11** Schulterscherzel (Schulterdeckel)<br>**12** Mageres Meisel<br>**13** Kavalierspitz<br>**14** Rieddeckel<br>**15** Dicker Spitz<br>**16** Kruspelspitz<br>**17** Zwergspitz/ Beinfleisch<br>**18** Hinteres Ausgelöstes<br>**19** Dickes Kügerl (Brustkern) | **20** Fettes Meisel<br>**21** Brustkern (-spitz)<br>**22** Mittleres und dünnes Kügerl<br>**23** Hals<br>**24** Bugscherzl<br>**25 & 26** Wad-schinken<br>**27** Ochsen-schlepp |
| Die qualitativ hochwertigsten, aber auch teuers-ten Stücke vom Rind<br><br>**Verwendung**<br>Braten<br>Grillen<br>Spezialitäten | Mit Ausnahme der dicken Schulter stammen alle Teile vom hinteren Oberschenkel<br><br>**Verwendung**<br>Schnitzel<br>Kochen<br>Roulade<br>(Kurz-)Braten | Diese Stücke liegen nicht im hinteren Teil des Rindes; sie stammen aus-nahmslos von der Schulter und vom Spitz des Rindes<br><br>**Verwendung**<br>Dünsten<br>Kochen | Umfasst Teile des Vorder- und Hin-terviertels<br><br>**Verwendung**<br>Kochen<br>Gulasch<br>Faschiertes |

**Beiried**
Roastbeef

**Merkmale**
Saftig, marmoriert, leicht mit Fett abgedeckt

**Verwendung in der Küche**
Braten, grillen, Entrecôte, Rump-steak, Roastbeef

***Filet*** Fotos: AMA-Marketing GesmbH

**Rostbraten**
Hochrippe oder Hohrücken

**Merkmale**
Kräftig, etwas fasrig, teilweise mit Fett durchzogen

**Verwendung in der Küche**
Braten, grillen, dünsten, Rinds-kotelett, Rostbraten

**Lungenbraten**
Filet

**Merkmale**
Kurzfasrig, zart, mager, saftig

**Verwendung in der Küche**
Braten, grillen, Beefsteak, Tournedos, Fondue, Carpaccio, Tatar

**Schale**
Oberschale – wird sie in der Mitte geteilt, entsteht das Beinscherzel (Eckstück) und Schwarze Scherzel (Rundes Stück)

**Merkmale**
Oberfläche hat eine Fettschicht, die leicht abziehbar ist; dunkel, mager

**Verwendung in der Küche**
Dünsten, Rindsbraten, Rindsschnitzel, Rindsroulade

**Tafelstück**
Unterschale – zur Seite des Ochsenschlepps

**Merkmale**
Grobfasrig

**Verwendung in der Küche**
Dünsten, Rindsschnitzel, Rindsbraten, Rouladen

*Fotos: AMA-Marketing GesmbH*

**Tafelspitz**
**Merkmale**
Feinfasrig, mit Fettrand

**Verwendung in der Küche**
Sieden, Wiener Spezialität

**Schulter**
Dicke Schulter; ist der Hauptteil der Schulter (Dickes Bugstück oder Dickes Blatt)

**Merkmale**
Saftig, fest, mit einer starken Sehne, mehreren feinen Sehnen

**Verwendung in der Küche**
Sieden, dünsten, gekochtes Rindfleisch, Gulasch, Reisfleisch

**Schulterscherzel**
oder Schulterdeckel (Bugblatt oder Schaufelstück)

**Merkmale**
Teilweise mit Sehnen durchzogen

**Verwendung in der Küche**
Sieden, dünsten, gekochtes Rindfleisch, Gulasch

**Kavalierspitz**
Blattdeckel – liegt am Schulterblatt

**Merkmale**
Besonders saftig

**Verwendung in der Küche**
Sieden, österr. Spezialität

*Fotos: AMA-Marketing GesmbH*

**Hinteres Ausgelöstes**
Fehlrippe – anschließend vom Rieddeckel bis zum Fetten Meisel

**Merkmale**
Ist mit Fett reich durchzogen

**Verwendung in der Küche**
Sieden, dünsten, gekochtes Rindfleisch, Gulasch

**Vorderer Wadschinken**
Wade

**Merkmale**
Mit Sehnen durchzogen, sehr gutes saftiges Fleisch

**Verwendung in der Küche**
Dünsten, Gulasch

**Ochsenschlepp**

**Merkmale**
–

**Verwendung in der Küche**
Dünsten, sieden, Ochsenschwanzsuppe, Ragouts

**Hüferl**
Hüftstück oder Mürbe Schoß – zur Seite des Beirieds

**Merkmale**
Saftig, mit feinen Fettadern durchzogen, gut zu portionieren

**Verwendung in der Küche**
Sieden, dünsten, grillen, Roastbeef, Rumpsteak, Rindsbraten

*Fotos: AMA-Marketing GesmbH*

# SCHWEINEFLEISCH

## SCHWEINEFLEISCH, GEKOCHT

**600–900 g Fleisch**
**1 l Wasser**
**Salz**
**400 g Wurzelwerk**
**Suppengrün**

Schweinefleisch kurz waschen und gleich in kochendes, gesalzenes Wasser legen. Wurzelwerk und Suppengrün zugeben und langsam kochen lassen. Der Schaum muss nicht abgeschöpft werden. Kochzeit: ca. 2 Stunden (Dampfkochtopf ca. 30 Minuten).

## KRÄUTERSCHNITZEL

**4–6 Stk. Schnitzel**
**Salz, Pfeffer, Vollmehl**

**Kräuterpanier**
**2 Eier**
**5 EL frische Küchenkräuter**
**6 EL Käse, gerieben**
**Öl zum Ausbacken**

Schnitzel klopfen, würzen, beidseitig in Vollmehl drehen. In das Gemisch aus Eiern, Kräutern (Kresse, Kerbel, Basilikum, Petersilie usw.) und Käse tauchen und herausbacken.

Backzeit: 8–10 Minuten.

## DEBREZINER SCHNITZEL

**4–6 Schnitzel**
**Salz, Pfeffer, Kümmel**
**10 g glattes Mehl**
**2–3 EL Öl, 20–40 g Butter**
**50 g Speck**
**1 mittelgroße Zwiebel**
**2 Essiggurkerln**
**Kapern, Knoblauch**
**2 EL Tomatenmark**
**Wasser oder Suppe zum Aufgießen**
**2 EL Sauerrahm**

Die gewürzten, in Mehl getauchten Schnitzel im Öl beiderseits anbraten und herausnehmen. Dem Bratenrückstand Butter beifügen, darin den kleinwürfelig geschnittenen Speck glasig rösten, mit der fein gehackten Zwiebel anlaufen lassen, übrige Zutaten beimengen, ein wenig aufgießen, abschmecken und in der Sauce die Schnitzel weich dünsten und würzen. Vor dem Anrichten mit Sauerrahm verbessern.

Garzeit: ca. 1 Stunde.

## NATURSCHNITZEL

**4–6 Stk. Schnitzel**
**Salz, Pfeffer**
**10–20 g glattes Mehl**
**2–3 EL Öl**
**20–40 g Butter**
**ein wenig Suppe**
**Sauerrahm nach Belieben**

Den Rand der Schnitzel einschneiden, klopfen und würzen. Hierauf jedes Stück auf einer Seite bemehlen und mit der bemehlten Seite nach unten ins heiße Öl geben, beidseitig braten. Die Schnitzel herausnehmen, dem Bratenrückstand Butter beifügen, mit ein wenig Suppe vergießen, abschmecken, kurz aufkochen, die Schnitzel im Saft fertig weich dünsten. Eventuell mit Rahm verfeinern. Garzeit: ca. 1 Stunde.

## HOCHZEITSSCHNITZEL

**4–6 dickere Schweinsschnitzel, doppelt geschnitten (oder in jedes Schnitzel ev. eine Tasche zum Füllen einschneiden lassen)**
**Salz, Pfeffer**
**4–6 Blatt Selchfleisch oder Pressschinken**
**glattes Mehl**
**20–40 g Butter zum Anbraten**
**Suppe zum Dünsten**
**Kräuterbutter**

### Topfenfülle

**100 g Topfen, passiert**
**Petersilie, Schnittlauch**
**2 Zehen Knoblauch, gepresst**
**50 g Zwiebel, fein gehackt**
**Salz, Pfeffer, Senf**

Die Schweinsschnitzel dünn klopfen, mit Salz und Pfeffer würzen. Mit Selchfleisch oder Pressschinken belegen (1 cm Fleischrand sollte frei bleiben), einen gehäuften Esslöffel Topfenfülle (alle Zutaten vermischen, pikant abschmecken) daraufgeben, wie eine Tasche zusammenklappen und die Ränder mit einem Fleischklopfer zusammenklopfen.

Die gefüllten Schnitzel in Mehl drehen, in Butter beidseitig anbraten, ein wenig mit Suppe aufgießen, dünsten lassen. Mit Kräuterbutter (siehe S. 152) servieren.

Garzeit: 1–1½ Stunden.

**HINWEIS**
Die gefüllten Schnitzel können auch wie Wiener Schnitzel paniert und in Fett gebacken werden. Dazu werden verschiedene Salate gereicht.

*Naturschnitzel, Rezept siehe linke Seite* Foto: Wilhelm Hufnagl

## PAPRIKASCHNITZEL

**4–6 Stk. Schweinsschnitzel**
**Salz, Pfeffer**
**10 g glattes Mehl**
**2 EL Öl zum Anbraten**

**Paprikasauce**
**30 g Speck**
**1 Zwiebel**
**1 EL Paprikapulver**
**Salz**
**1 EL Essig oder Tomatenmark**
**250 ml Wasser**
**10 g glattes Mehl**
**60 ml Sauerrahm**

Die Schnitzel am Rand einschneiden, leicht klopfen, salzen, pfeffern, auf einer Seite in Mehl tauchen und in heißem Öl beidseitig goldbraun anbraten.

Herausnehmen, im Bratenrückstand klein geschnittenen Selchspeck glasig rösten, die gehackte Zwiebel darin anlaufen lassen, Paprikapulver und Salz dazugeben, kurz vermengen, mit Essig oder Tomatenmark löschen, aufgießen und die Schnitzel in dieser Sauce weich dünsten. Zuletzt Mehl mit Sauerrahm abrühren und die Sauce damit verbessern.

Garzeit: ca. 1 Stunde.

## WIENER SCHNITZEL

**4–6 Stk. Schnitzel**
**Salz**
**60 g glattes Mehl**
**2 Eier**
**Semmelbrösel**
**250 g Öl zum Ausbacken**

Kalb- oder Schweinefleisch (Karree) am Rand einschneiden, klopfen, salzen, erst in Mehl, dann in die zersprudelten Eier tauchen und in feinen Bröseln drehen. In heißem Fett auf beiden Seiten goldgelb backen.

Backzeit: 8–12 Minuten.

## PARISER SCHNITZEL

**4–6 Stk. Schnitzel**
**Salz**
**60 g glattes Mehl**
**2–3 Eier**
**Öl zum Ausbacken**

**Tomatenscheiben**
**Käsescheiben**
**Butterflocken**
**Krauspetersilie**

### ART 1

Die Schnitzel am Rand einschneiden, klopfen, salzen, hierauf in Mehl und versprudelte Eier tauchen und im heißen Öl backen. Gut abtropfen lassen.

Backzeit: 8–10 Minuten.

### ART 2

Schnitzel nach Art 1 zubereiten. Die heißen Schnitzel mit Tomatenscheiben belegen und mit einer Scheibe Käse bedecken. Butterflocken darübergeben. Die belegten Schnitzel übergrillen, bis der Käse geschmolzen und goldbraun ist.

### GARNIERUNG

Mit einer Tomatenspalte und Krauspetersilie garnieren.

## PARMASCHNITZEL

**4–6 Stk. Schnitzel**
**Salz, Pfeffer**
**20 g glattes Mehl**
**2 Eier**
**40 g Hartkäse, gerieben**
**Öl zum Ausbacken**

Die Schnitzel leicht klopfen, mit Salz und Pfeffer würzen, erst in Mehl drehen, dann ins Ei-Käse-Gemisch tauchen und wie Pariser Schnitzel backen.

Backzeit: 8–10 Minuten.

## FILET IM WILDKRÄUTER-TOPFENTEIGMANTEL MIT BUNTEM GEMÜSE

**Wildkräuter-Topfen-Teig:**
**60 g Mehl**
**50 g Butter**
**50 g Topfen**
**Salz, Pfeffer, Kümmel**
**Wildkräuter**

**Fülle:**
**300 g Filet**
**40 g Kren**
**3 EL Senf**
**50 g Speck**
**60 g Wurzelgemüse**
**2 EL Tomatenmark**
**Mehl zum Stauben**
**60 g Blattspinat**
**150 g Kartoffeln mehlig**
**60 g Creme fraiche**
**1 Dotter**
**Salz, Pfeffer, Kümmel,**
**Muskatnuss**

**HINWEIS**
Dazu passen: Buntes Gemüse der Saison, Osterbrotchips, frittierte Kapern.

Für den Teig die Wildkräuter hacken, mit den anderen Zutaten rasch verkneten und zu einem flachen Ziegel formen und für 2–3 Stunden kalt stellen.

Das Filet von Sehnen befreien und zuschneiden (die dünneren Filetspitzen können auch für ein anderes Gericht verwendet werden). Mit Salz und Pfeffer gut würzen und auf allen Seiten scharf anbraten.

Im Bratenrückstand Wurzelgemüse anbraten, tomatisieren, mit etwas Mehl stauben. Mit Fond oder Wasser aufgießen, würzen und einreduzieren lassen, bis eine sämige Sauce entsteht. Den Blattspinat blanchieren.

Für die Kartoffelmasse die Kartoffeln samt Schale weichkochen, abseihen, schälen und durch eine Kartoffelpresse drücken. Etwas abkühlen lassen und anschließend mit Dotter, Salz, Pfeffer, Creme fraiche und Muskatnuss vermengen. Den Topfenteig auf ca. 3–5 mm ausrollen (rechteckig), Kartoffelmasse darauf verstreichen und mit blanchiertem Blattspinat belegen. Das ausgekühlte Filet mit Senf und gebriebenem Kren bestreichen und mit Speck umwickeln, anschließend am unteren Ende des Teiges platzieren und vorsichtig einrollen. Mit Ei bestreichen, die Oberfläche leicht einschneiden und im vorgeheizten Rohr bei 180 °C ungefähr 30 Minuten backen, bis der gewünschte Garungspunkt erreicht ist.

Foto: FS Schloss Stein

## SCHWEINSMEDAILLONS

**8–12 Medaillons (dicke Scheiben vom Schweinsfischerl)**
**Salz, Pfeffer**
**Knoblauch, Kümmel**
**ein wenig glattes Mehl**
**2 EL Öl zum Anbraten**
**1 Stück Butter, nussgroß**
**Suppe zum Aufgießen**
**2 EL Süßrahm**

Medaillons leicht klopfen, mit Salz, Pfeffer, Knoblauch und Kümmel würzen, in Mehl wenden und in wenig heißem Öl beidseitig goldbraun braten (Garzeit ca. 8 Minuten).

Medaillons herausnehmen und warm halten, Butter in die Pfanne geben, Saft mit Suppe aufgießen, nachwürzen, mit Süßrahm verbessern. Die Sauce über die Medaillons gießen. (Das Fleisch soll innen noch leicht rosa sein.)

## PICKELSTEINER FLEISCH

**400 g Schweinefleisch bzw. Rind- oder Schaffleisch**
**400 g gemischtes Wurzelwerk und Gemüse**
**1 Zwiebel**
**Salz, Majoran**
**Paprikapulver, Küchenkräuter**
**1 Schöpflöffel Suppe**

Alle Zutaten blättrig schneiden, würzen und schichtweise in eine befettete Form geben. Das Ganze mit der Suppe übergießen und gut verschlossen dünsten lassen, bis Fleisch und Gemüse weich sind.

Garzeit: 1–1½ Stunden.

## SZEGEDINER GULASCH

**2 mittelgroße Zwiebeln**
**3 EL Öl**
**1 EL Paprikapulver**
**125 ml Tomatenmark oder 1 EL Essig**
**Wasser oder Suppe**
**400 g Schweinefleisch**
**Salz, Pfeffer**
**250 g Sauerkraut**
**2 festkochende Kartoffeln**
**2 EL Sauerrahm**
**Knoblauch**

Fein geschnittene Zwiebeln in heißem Öl anlaufen lassen, Paprikapulver dazu, kurz vermengen, mit Tomatenmark oder Essig löschen, mit Wasser oder Suppe aufgießen, aufkochen lassen, das grobwürfelig geschnittene Fleisch und die Gewürze beimengen, 30 Minuten dünsten.

Dann das rohe Sauerkraut und die geschälten, geschnittenen rohen Kartoffeln zugeben und alles mit ein wenig Wasser zugedeckt dünsten lassen.

Zum Schluss den Sauerrahm und den gepressten Knoblauch beifügen.

Garzeit: ca. 1 Stunde.

## SCHWEINSGULASCH

**200–400 g Zwiebeln**
**3 EL Öl**
**1 EL Rosenpaprika**
**250 ml Tomatenmark**
**oder 1 EL Essig**
**Wasser oder Suppe**
**400 g Fleisch**
**Kümmel, Majoran, Salz**
**2 Zehen Knoblauch**
**1 Lorbeerblatt**
**20 g glattes Mehl**

**KÜCHENTECHNISCHER HINWEIS**
Die Zubereitung im Dampfkochtopf ist rationeller!

### ART 1

Zu Gulasch können bis zu gleichen Teilen Fleisch und Zwiebeln genommen werden.

Fein geschnittene Zwiebeln in heißem Öl anlaufen lassen, Paprikapulver dazu, kurz vermengen, mit Tomatenmark oder Essig löschen, mit Wasser oder Suppe aufgießen, das grobwürfelig geschnittene Fleisch und die Gewürze beimengen, dünsten lassen.

Gulasch kann naturbelassen, gestaubt oder mit einem Wasser-Mehl-Gemisch versprudelt eingedickt werden.

Garzeit: 1–1½ Stunden.

### ART 2

Fein geschnittene Zwiebeln in heißem Öl goldgelb anrösten, Paprikapulver dazugeben, kurz vermengen, mit Tomatenmark oder Essig löschen, das grobwürfelig geschnittene Fleisch und die Gewürze beimengen, kurz anrösten, aufgießen und dünsten lassen. Weiter behandeln wie Art 1.

## MÜNCHNER PICKELSTEINE

**200 g Zwiebeln**
**1 EL Essig**
**400 g Schweinefleisch**
**2–3 EL Öl**
**Salz**
**Wasser oder Suppe**
**10 g glattes Mehl**
**Knoblauch**
**Zitronenschale, unbehandelt**
**Petersilie, Kapern, Majoran**
**100 g Karotten**
**2 Kohlrabi**
**50 g grüne Erbsen**
**1 kleine Karfiolrose**
**300 g festkochende Kartoffeln**

Die fein gehackten Zwiebeln und – nach Zugabe von Essig – das großwürfelig geschnittene Fleisch in heißem Öl anrösten, salzen und mit Wasser oder Suppe weich dünsten. Wenn es weich und der Saft eingekocht ist, mit Mehl stauben.

Die Sauce mit zerdrücktem Knoblauch, fein gehackter Zitronenschale, Petersilie, Kapern und Majoran würzen. Das Fleisch mit den würfelig geschnittenen, in Salzwasser gekochten Gemüsen und den Kartoffeln vermischen.

Garzeit: 1 Stunde.

**KÜCHENTECHNISCHER HINWEIS**
Es ist rationeller, das Fleisch halbweich zu dünsten und das würfelige Gemüse zuzugeben und fertig zu dünsten.

## SCHWEINSBRATEN

**800–1000 g Fleisch**
**Salz, Kümmel**
**Knoblauch**
**50 g Schweinefett**
**Wasser**

### OHNE SCHWARTE

Das Fleisch mit den Gewürzen gut einreiben. In eine Bratpfanne Fett und ein wenig Wasser geben, das Fleisch im Rohr braten. Von Zeit zu Zeit mit dem eigenen Saft aufgießen.

Bratzeit: 1–1½ Stunden bei 180 °C Ober- und Unterhitze.

### MIT SCHWARTE

Das Fleisch mit den Gewürzen gut einreiben und mit der Schwartenseite nach unten in eine Bratpfanne legen. In die Pfanne kommt so viel Wasser, dass die Schwarte gut bedeckt ist. Der Braten muss so lange garen, bis die Schwarte weich ist. Dann umdrehen, die Schwarte kleinwürfelig einschneiden und fertig braten.

Bratzeit: ca. 1½ Stunden bei 220–170 °C Ober- und Unterhitze fallend.

**HINWEIS**
Nie über die Schwarte aufgießen, weil sie sonst zäh wird.

Foto: Wilhelm Hufnagl

## PIKANTER SCHWEINSBRATEN

**2 Zwiebeln**
**150 g Wurzelwerk**
**2–3 EL Öl**
**800–1000 g Schweinsschulter**
**100 g Selchspeck**
**Salz, Pfeffer**
**250 ml Wasser**
**Kapern**
**Zitronenschale, unbehandelt**
**Pfefferkörner, Lorbeerblätter**
**Senf**
**125 ml Sauerrahm**
**1 EL glattes Mehl**

Die fein gehackten Zwiebeln und das Wurzelwerk in Öl anrösten. Das Fleisch mit nudelig geschnittenem Speck spicken, mit Salz und Pfeffer einreiben, zum Wurzelwerk geben und anbraten lassen.

Mit dem Wasser nach und nach aufgießen, die übrigen Gewürze zugeben und das Fleisch im Rohr bei 170–180 °C Ober- und Unterhitze ca. 1 Stunde weich braten. Von Zeit zu Zeit mit dem eigenen Saft aufgießen.

Sauerrahm mit Mehl versprudeln und zum Saft mengen, kurz verkochen lassen. Der Saft kann auch passiert werden.

## JAPANISCHER SCHWEINSBRATEN

**1 kleine Zwiebel**
**50 g Sellerie**
**2 EL Öl**
**800–1000 g Fleisch (Schulter, Schlegel)**
**Salz, Kümmel, 1 EL Senf**
**Wasser**
**10 g glattes Mehl**

Zwiebel und Sellerie in Scheiben schneiden, in eine befettete Kasserolle geben. Das Fleisch mit Salz, Kümmel und Senf einreiben, darauflegen, aufgießen und im Rohr bei 180 °C Ober- und Unterhitze ca. 75 Minuten braten. Zuletzt den Saft passieren, evtl. stauben und aufkochen lassen.

## JÄGERBRATEN

**siehe Faschierter Braten rechts**

**1 Schweinsnetz**
**3 Eier**
**3–4 Essiggurkerln**
**60 g Speck**

Die faschierte, gewürzte, fertige Fleischmasse auf dem Schweinsnetz zu einem Rechteck aufbreiten. In die Mitte ganze gekochte, geschälte Eier, nudelig geschnittene Essiggurkerln und ebenso geschnittene Speckstreifen legen, die Masse zu einem Wecken formen, in das Netz einschlagen und wie den Faschierten Braten braten.

Garzeit: ca. 1 Stunde bei 180 °C Ober- und Unterhitze.

## FASCHIERTER BRATEN – FLEISCHLAIBCHEN

**400 g Faschiertes**
**Wasser oder Milch**
**1–2 Semmeln oder Weißbrot**
**1 Ei**
**100 g Zwiebeln**
**Petersilie**
**Salz**
**Majoran, Thymian**
**Knoblauch, Pfeffer**
**Senf**
**jede Art frischer oder getrockneter Küchenkräuter: Dill, Estragon, Basilikum, Bohnenkraut**
**1 EL Mehl oder Semmelbrösel zum Binden**
**3 EL Öl zum Braten**
**evtl. 1 Schweinsnetz**

Faschiertes Schweine- oder Rindfleisch – besser: gemischt – mit den in Wasser oder Milch eingeweichten, gut ausgedrückten Semmeln (oder Weißbrot) mischen. Ei, geröstete Zwiebeln, fein gehackte Petersilie und die Gewürze dazumengen, mit Bröseln oder Mehl binden und gut durchkneten. Daraus einen Wecken formen und im Backrohr unter fleißigem Begießen ca. 1 Stunde bei 180 °C Ober- und Unterhitze braten.

Man kann den Wecken vor dem Braten auch in ein Schweinsnetz wickeln.

Ist das Fleisch sehr fett, kann man es bis zu einem Viertel mit rohen, geschälten, geriebenen, ausgedrückten Kartoffeln mischen.

### FLEISCHLAIBCHEN

Aus der faschierten Masse Laibchen formen, diese braten oder grillen. Diese können auch noch mit Speck ummantelt werden.

*Foto: Alexander Stiegler*

## ESTERHÁZYBRATEN

**800–1000 g Schweinefleisch**
**60 g Speck**
**1 Stk. Essiggurkerl**
**2–3 Karotten**
**Salz, Pfeffer**
**2–3 EL Öl**

**Sauce**
**je 1 Zwiebel, Karotte und Petersilienwurzel**
**100 g Sellerie**
**Suppe**
**20 g glattes Mehl**
**2 EL Süßrahm**
**1 EL Sardellenpaste**
**Kapern, Zitronensaft**
**Preiselbeeren**

Das Fleisch mit Speck-, Essiggurkerl- und Karottenstückchen spicken, salzen, pfeffern, anbraten und herausnehmen. Im Rückstand gehackte Zwiebel und gehacktes Wurzelwerk kurz durchrösten, mit etwas Suppe aufgießen und mit dem Fleisch im Rohr braten. Ist das Fleisch weich, den Saft stauben, mit Suppe aufgießen, aufkochen, die Sauce passieren, mit Süßrahm verbessern und mit Sardellenpaste, Kapern und Zitronensaft pikant abschmecken. Mit Preiselbeeren servieren!

Bratzeit: 1–1½ Stunden bei 180–150 °C Ober- und Unterhitze fallend.

**HINWEIS**
Der Esterházybraten kann auch aus Rindfleisch zubereitet werden.

## SCHWEINSROLLBRATEN

**1 kg Schweinskarree**
**Knoblauch, Kümmel**
**Salz**
**100 g Räucherspeckstreifen**
**2 Paar Frankfurter**
**2 EL Süßrahm**
**10 g glattes Mehl**

Das ausgelöste Schweinskarree aufschneiden (der Länge nach mehrmals einschneiden und zu einem Viereck auseinanderlegen), klopfen, mit den Gewürzen bestreuen. Die Hälfte der Speckstreifen auflegen. Würstel darübergeben, einrollen. Nun den Braten mit den restlichen Speckstreifen umwickeln, binden und nochmals würzen.

Garungsart: Braten oder Grillen, 200–150 °C Ober- und Unterhitze fallend für 1½–2 Stunden.

**HINWEIS**
Die Sauce mit einem Süßrahm-Mehl-Gemisch binden oder ungebunden lassen.

## STEIRISCHES WURZELFLEISCH

**600–900 g Schulter**
**1 Lorbeerblatt**
**200 g Wurzelwerk**
**1 Zwiebel**
**100 ml Essig**
**1 l Wasser**
**Salz, Pfefferkörner**
**40 g Kren**

Frisches oder gebeiztes Schweinefleisch mit den Gewürzen und dem Wurzelwerk ins kochende Salzwasser geben und ca. 1 Stunde kochen.

Fleisch in Scheiben schneiden und mit nudelig geschnittenem Wurzelwerk und geriebenem Kren anrichten und mit Suppe knapp bedecken (siehe Foto rechts).

## MAJORANFLEISCH – PFEFFERFLEISCH – KÜMMELFLEISCH

**150 g Zwiebeln**
**2–3 EL Öl**
**400 g Schweinefleisch oder Rindfleisch**
**250–500 ml Wasser**
**Salz**
**Majoran oder Pfeffer oder Kümmel**
**½ EL glattes Mehl**
**100 ml Süßrahm**

Die Zwiebeln in Öl anrösten und das würfelig geschnittene Fleisch darin anbraten. Dann mit Wasser aufgießen, mit Salz, Pfeffer oder Kümmel bzw. Majoran reichlich würzen und weich dünsten lassen. Zuletzt stauben, nochmals aufgießen und das Gericht mit Süßrahm verbessern.

Statt mit Wasser mit 250 ml Bier aufgießen – ergibt ein pikantes Bierfleisch.

Garzeit: ca. 1 Stunde.

## GEFÜLLTE SCHWEINSBRUST

**800–1000 g Schweinsbrust**
**Kümmel, Knoblauch**
**Salz**

**Fülle**
**150 g Weißbrot**
**30–50 g Butter**
**Petersilie**
**125 ml Milch**
**Salz**
**2 Eier**

Die Schweinsbrust „untergreifen" (Fleisch zum Füllen einschneiden), mit den Gewürzen einreiben, füllen, zunähen und wie Schwartenbraten weiterbehandeln.

Bratzeit: 1–1½ Stunden bei 220–170 °C fallend.

### FÜLLE

Das würfelig geschnittene Weißbrot in Butter mit fein gehackter Petersilie anrösten. Auskühlen lassen, mit gesalzener und den Eiern versprudelter Milch vermengen.

*Steirisches Wurzelfleisch, Rezept auf S. 121* — *Foto: Alexander Stiegler*

# RINDFLEISCH

## RINDFLEISCH, GEKOCHT

**600–900 g Rindfleisch**
**1 kleines Stück Rindsleber**
**1 Zwiebel**
**1 Tomate**
**Salz, Pfefferkörner**
**Wurzelwerk, Lauch**
**1 l Wasser**

Das gewaschene Fleisch, die Leber, die Zwiebel und die Tomate in den gesalzenen, kochenden Wurzelsud legen und langsam ziehen lassen, bis alles weich ist.

Garzeit: ca. 1½ Stunden.

## RINDSGULASCH

**400 g Zwiebeln**
**4 EL Öl**
**1 EL Rosenpaprika**
**2 EL Tomatenmark**
**1 Schuss Essig**
**Wasser oder Suppe**
**400–600 g Fleisch (Wadschinken, Schulter)**
**Salz, Pfeffer, Kümmel**
**Majoran, Thymian**
**1 Lorbeerblatt**
**10 g glattes Mehl**

### ART 1

Fein geschnittene Zwiebeln in heißem Öl goldgelb rösten, Paprikapulver dazu, kurz vermengen, mit Tomatenmark oder Essig löschen, mit Wasser oder Suppe aufgießen, das grobwürfelig geschnittene Fleisch und die Gewürze beimengen, dünsten lassen.

Garzeit: ca. 1½ Stunden.

**HINWEIS**
Gulasch kann naturbelassen, gestaubt oder mit einem Wasser-Mehl-Gemisch verrührt eingedickt werden.

### ART 2

Siehe Schweinsgulasch (S. 117).

## UNGARISCHES GULASCH

**siehe Rindsgulasch**

**zusätzlich:**
**400 g mehlige Kartoffeln**
**40 g Speck**

In ein Rindsgulasch gibt man 30 Minuten vor dem Anrichten geschälte, in Viertel geschnittene Kartoffeln und lässt sie mit dem Fleisch weich dünsten. Das angerichtete Gulasch mit kleinwürfelig geschnittenem, geröstetem Speck übergießen. Dieses Gulasch wird nicht gestaubt!

Garzeit: ca. 1½ Stunden.

## SCHWÄBISCHES FLEISCH

**4–6 Stk. Rindschnitzel**
**40 g Selchspeck**
**Salz, Pfeffer**
**10 g glattes Mehl**
**2–3 EL Öl**
**Petersilie, Kapern**
**Zitronenschale, unbehandelt**
**Sardellenpaste**
**2–3 Essiggurkerln**
**100 g Zwiebeln**
**Wasser oder Suppe**
**2 EL Sauerrahm**

Das Fleisch klopfen, am Rand einschneiden, spicken und mit Salz und Pfeffer einreiben. Dann in Mehl tauchen und beiderseits in heißem Öl braten.

Gewürze und übrige Zutaten fein gehackt beimengen, aufgießen, dünsten, abschmecken und zum Schluss mit Sauerrahm verbessern.

Garzeit: ca. 1 Stunde.

## ZWIEBELROSTBRATEN

**4 Stk. gut abgelegener Rostbraten**
**Salz, Pfeffer, Senf**
**3 EL Öl zum Anbraten**
**Wasser oder Rotwein**
**1 TL glattes Mehl**
**300 g Zwiebeln**
**Öl zum Backen der Zwiebeln**

**Bratkartoffeln und 1 Essiggurkerl zum Garnieren**

Schnitzel klopfen, am Rand einschneiden, würzen, beidseitig in heißem Öl rasch anbraten, aus der Pfanne nehmen. Den Bratenrückstand mit wenig Wasser oder Wein aufgießen und verkochen lassen. Abschmecken und evtl. binden. Bemehlte Zwiebelscheiben schwimmend in Öl goldgelb backen und über die angerichteten Schnitzel streuen. Garzeit: 5–8 Minuten.

Ist das Fleisch nicht 1. Qualität, Zwiebel im Bratenrückstand goldgelb anrösten, angebratene Rindsschnitzel zugeben, mit Wasser aufgießen und weich dünsten, evtl. stauben.

Garzeit: 1½ Stunden.

Foto: Archiv Kochen&Küche

## RINDSSCHNITZEL, GEROLLT (RINDSROULADEN)

**4 Stk. Rindsschnitzel oder Rostbraten**
**Salz, Pfeffer**
**Senf**
**10 g glattes Mehl**
**2 EL Öl**
**ein wenig Wasser oder Suppe zum Aufgießen**
**1 EL Sauerrahm**
**Kräuter nach Belieben**

**Fülle 1**
**150 g Zwiebeln**
**80 g Speck**
**Petersilie**
**Kapern**
**2 Essiggurkerln**

**Fülle 2**
**4 Essiggurkerln**
**4 Karotten, mittelgroß**

**Fülle 2: Sauce**
**Dill, Petersilie, Schnittlauch**
**Zitronensaft**
**2 EL Sauerrahm**
**1 TL glattes Mehl**

**Fülle 3**
**4 Scheiben Käse**
**4 Scheiben Selchfleisch, mager**
**Petersilie**
**4 Essiggurkerln**

**Fülle 4**
**100 g Champignons**
**1 Zwiebel**
**1–2 Paprikaschoten**
**1–2 Tomaten**
**Petersilie, Salz, Pfeffer**

**Fülle 4: Sauce**
**1 EL Tomatenmark**
**2 EL Sauerrahm**
**Käse zum Bestreuen**

### FÜLLE 1

Für die Fülle fein gehackte Zwiebeln mit klein geschnittenem Speck anrösten. Dazu gehackte Petersilie, Kapern und fein geschnittene Essiggurkerln geben.

Rindsschnitzel oder Rostbraten klopfen, salzen, pfeffern und eine Seite leicht mit Senf bestreichen. Auf dieser Seite die Fülle verteilen, das Fleisch einrollen, mit Zahnstochern (oder Rouladennadeln oder Klammern) zusammenstecken. Die Rollen in Mehl tauchen, in Öl anbraten und mit Wasser oder Suppe weich dünsten, den Saft mit Sauerrahm und Kräutern verbessern. Er kann auch mit ein wenig Mehl und Sauerrahm verlängert werden.

### FÜLLE 2 MIT SAUCE

Die vorbereiteten Schnitzel nebeneinander auflegen, Essiggurkerln und Karotten der Länge nach halbieren, abwechselnd übereinander auf die Schnitzel legen (beim Aufschneiden sollte eine Art Mosaik entstehen), diese einrollen, mit einem Zahnstocher feststecken, anbraten, aufgießen und dünsten.

Die Sauce mit Kräutern, Zitronensaft, Sauerrahm und Mehl verfeinern.

### FÜLLE 3

Die Schnitzel vorbereiten, würzen, auflegen, der Reihe nach Käse, Selchfleisch, fein gehackte Petersilie und die Gurkerln in die Mitte geben, einrollen, mit Zahnstochern feststecken, anbraten, aufgießen und dünsten.

### FÜLLE 4 MIT SAUCE

Champignons, Zwiebel, Paprika und Tomaten klein schneiden, auf die gewürzten Schnitzel legen, mit Petersilie bestreuen, würzen, einrollen, feststecken (Zahnstocher, Klammern, Spagat), anbraten, aufgießen und dünsten.

Zum Schluss die Sauce mit Tomatenmark verbessern und mit Sauerrahm abschmecken. Vor dem Anrichten mit Käse bestreuen.

Garzeit: ca. 1–1½ Stunden.

## ROASTBEEF

**600–900 g niederes Beiried**
**50 g Speck zum Spicken**
**Salz, Pfeffer**
**Senf**
**Öl**
**1 EL Zitronensaft**
**2 EL Süßrahm**

Das gut abgelegene Fleisch enthäuten, spicken, würzen, mit Öl bestreichen, im gut vorgeheizten Backrohr bei 250 °C ca. 15 Minuten braten, dazwischen etliche Male mit Öl bestreichen.

Bei 80–100 °C ca. 30 Minuten weitergaren. Der Kern des Fleisches sollte noch rosa sein.

Bratensaft vergießen, mit Zitronensaft und Süßrahm verbessern.

### SERVIERVORSCHLAG

Roastbeef wird gerne kalt gegessen. Dazu als Beilage Cumberlandsauce (Rezept S. 158) und saures Gemüse!

## RINDSSCHNITZEL, MARINIERT

**4 Stück Schnitzel**
**Salz, Pfeffer**
**2–3 EL Öl**
**Kräuterbutter (siehe S. 152)**
**glattes Mehl**

### Marinade

**1 EL Öl, 2 EL Rotwein**
**1 EL Ketchup, 1 EL Weinessig**
**ein wenig Zucker**
**Salz, Pfeffer**
**Majoran, Rosmarin**

Die Schnitzel klopfen, salzen, pfeffern und 2–3 Stunden in Marinade legen. Anschließend beiderseits in heißem Öl anbraten, mit der restlichen Marinade aufgießen und kurz dünsten. Dann auf Anrichteplatten legen, das Kräuterbutterröllchen in Scheiben schneiden und damit die Schnitzel garnieren.

Den Saft mit Mehl ein wenig binden und in einer Saucenschale zu Tisch bringen.

Garzeit: ca. 1 Stunde.

## TOMATENBRATEN

**2–3 EL Öl**
**40 g Zwiebeln**
**600–900 g Fleisch**
**60 g Speck**
**Salz**
**3 EL Tomatenmark oder**
**500 g frische Tomaten**
**10–20 g Butter**
**10 g glattes Mehl**
**Rotwein**

Das Öl und die blättrig geschnittenen Zwiebeln in eine Pfanne geben, das gespickte, gesalzene Fleisch darauflegen und halbweich braten, das Tomatenmark oder die frischen, geviertelten Tomaten zugeben und das Fleisch fertig braten.

Den Bratensaft entfetten (bei Verwendung frischer Tomaten passieren) und mit einer Butterkugel und ein wenig Rotwein aufkochen lassen.

Garzeit: ca. 1½ Stunden.

### HINWEIS

Statt Rindfleisch kann auch Schweinefleisch verwendet werden.

## RINDSBRATEN

**600–900 g Fleisch (hinteres Viertel)**
**60 g Speck**
**Salz, Senf**
**2–3 EL Öl**
**200 g Wurzelwerk**
**Kapern, Thymian**
**20 g Zwiebeln**
**Wasser oder Suppe**
**125 ml Rotwein**
**Preiselbeeren**
**10 g glattes Mehl**
**2 EL Sauerrahm**

Fleisch von Knochen, Sehnen und Haut befreien, spicken, würzen und in heißem Öl anbraten. Das Fleisch herausnehmen, nudelig geschnittenes Wurzelwerk, Kapern, Thymian und Zwiebeln im Bratenrückstand anrösten, mit heißem Wasser oder Suppe und Rotwein vergießen, das Fleisch hineinlegen und bei 150–170 °C im Rohr braten. Stets Wasser oder Suppe nachgießen.

Mit ein wenig Preiselbeeren verbessern. Den Saft mit Mehl binden, vergießen, passieren und mit Sauerrahm verbessern.

Garzeit: ca. 1½ Stunden.

## ALTWIENER LUNGENBRATEN

**600 g Lungenbraten**
**Salz, Pfeffer, Zitronensaft**
**200 g Zwiebeln**
**3 EL Öl**
**125 ml Weißwein**
**1 EL Tomatenmark**
**Petersilie**
**1 EL Süßrahm**
**30 g glattes Mehl**

**Fülle**
**100 g Speck**
**100 g faschiertes Kalb- oder Schweinefleisch (Fischerl)**
**150 g Champignons**
**Salz, Pfeffer**
**1 Ei**

Lungenbraten der Länge nach aufschneiden, zu einem Rechteck klopfen, mit Salz, Pfeffer, Zitronensaft einreiben, füllen, einrollen und binden.

Die fein geschnittenen Zwiebeln in Öl anrösten, Fleisch zugeben, anbraten, mit Wein ablöschen, das Tomatenmark beimengen, aufgießen und im Rohr bei ca. 180 °C fertig braten. Zum Schluss den Saft passieren, würzen, den Süßrahm mit Mehl verrühren, beigeben, aufkochen lassen und über das Fleisch gießen.

Garzeit: ca. 1½ Stunden.

### FÜLLE

Den kleinwürfelig geschnittenen Speck glasig anlaufen lassen, faschiertes Fleisch und die blättrig geschnittenen Champignons zugeben, würzen und durchrösten. Ein wenig überkühlt mit dem Ei binden.

### BEILAGE

Serviettenknödel

## LUNGENBRATEN

**600–900 g Lungenbraten**
**60 g Speck**
**Salz, Pfeffer**
**2–3 EL Öl**
**Wasser oder Suppe**
**125 ml Rotwein**
**10 g glattes Mehl**
**2 EL Sauerrahm**

Lungenbraten abhäuten, mit dünnen Speckstreifen spicken, salzen, pfeffern, in heißem Öl anbraten und im Rohr bei ca. 160 °C mit dem Saft, der sich bildet, unter öfterem Begießen fertig braten.

Dem Saft kann ein wenig Wasser oder Suppe, evtl. Rotwein, beigefügt werden. Das Fleisch aus der Pfanne nehmen, den Saft stauben, mit Suppe vergießen, aufkochen, Sauerrahm nach Belieben beigeben.

Garzeit: ca. 1 Stunde.

*Foto: Archiv Kochen&Küche*

# KALBFLEISCH

## KALBFLEISCH, EINGEMACHT

**400–600 g Kalbsschulter**
**Salz, Muskatnuss**
**40 g Butter**
**Wasser**
**10–20 g glattes Mehl**
**1 EL Zitronensaft**
**Süßrahm**
**Petersilie**
**Zitronenmelisse**

Fleisch in große Würfel schneiden, salzen, mit Muskatnuss würzen, in Butter anbraten, mit Wasser aufgießen und dünsten. Hierauf stauben, mit Zitronensaft, Süßrahm, Petersilie und Zitronenmelisse würzen.

Garzeit: ca. 1 Stunde.

## KALBSGULASCH

**400–600 g Kalbsschulter**

**30 g Selchspeck**
**2–3 EL Öl**
**300 g Zwiebeln**
**1 EL Paprikapulver**
**1 Schuss Weißwein**
**Wasser**
**Salz**
**Zitronenmelisse**
**Rosmarin**
**10 g glattes Mehl**
**2 EL Sauerrahm**

Speck und Öl heiß werden lassen, fein gehackte Zwiebeln zugeben, goldgelb rösten. Paprika dazu, mit Wein löschen und mit Wasser aufgießen, das grobwürfelig geschnittene Fleisch mit den Gewürzen zugeben, weich dünsten, stauben und verkochen lassen. Zum Schluss mit Sauerrahm verbessern.

Garzeit: ca. 1 Stunde.

## NATURSCHNITZEL

**4–6 Stk. Kalbsschnitzel**
**Salz, Pfeffer**
**2–3 EL Öl**
**10 g glattes Mehl**
**Suppe oder Wasser**
**Süßrahm**
**Petersilie**
**1 Stk. Butter**

Schnitzel klopfen, mit Salz und Pfeffer würzen. Öl in der Pfanne leicht erhitzen. Schnitzel auf einer Seite in Mehl tauchen und mit der bemehlten Seite in die Pfanne legen. Das Öl zuvor nicht zu stark erhitzen! Mehrmals umdrehen, die Schnitzel in der Pfanne rütteln, herausnehmen und warm halten.

Den Bratrückstand mit Suppe oder Wasser vergießen, mit ein wenig Süßrahm binden. Den Saft über die Schnitzel gießen und diese mit Petersilie bestreuen. Bei Natursaft mit einem Stück Butter verbessern.

Garzeit: ca. 1 Stunde.

## CHAMPIGNONSCHNITZEL

**siehe Naturschnitzel**

**Belag**
**1 Zwiebel**
**100 g Champignons**
**Weißwein, Wasser**
**Küchenkräuter nach Wahl**
**1 EL Zitronensaft**
**Süßrahm**

Im Bratensaft die fein gehackte Zwiebel anlaufen lassen, die geschnittenen Champignons durchrösten, mit Weißwein löschen, ein wenig aufgießen und dünsten.

Mit Küchenkräutern, Zitronensaft und Süßrahm verbessern.

Garzeit: ca. 1 Stunde.

## KALBSRAGOUT

**400 g Kalbsschulter**

**1 Zwiebel**
**2–3 EL Öl**
**Saft und Schale von ½ unbehandelten Zitrone oder 2 EL Wein**
**Wasser**
**Salz, Pfeffer**
**40 g Erbsen**
**1 kleine Karfiolrose**
**20 g glattes Mehl**
**2 EL Süßrahm**
**Küchenkräuter nach Wahl**

Die fein gehackte Zwiebel in Öl anlaufen lassen, das klein geschnittene Kalbfleisch zugeben und durchrösten, aufgießen, würzen, halbweich dünsten, Gemüse zugeben und fertig dünsten.

Mit Mehl binden, mit Süßrahm und Kräutern verbessern.

Garzeit: ca. 1 Stunde.

## EI IM NEST

**4 dünne Kalbsschnitzel**
**Salz**
**4 dünne Scheiben Schinken**
**4 dünne Scheiben Käse**
**4 Eier, hart gekocht**
**40 g Butter**
**ein wenig Wasser**
**2 EL Süßrahm**
**Petersilie**

Die Schnitzel klopfen, salzen, mit je einer Scheibe Schinken, Käse und einem gekochten, geschälten Ei belegen, zusammenrollen und binden.

Die „Nester" in heißer Butter bräunen, mit wenig Wasser aufgießen und etwa 20 Minuten dünsten. Zum Schluss Süßrahm zufügen.

Die Röllchen vor dem Servieren halbieren. Sie werden mit Kartoffelpüree oder Risipisi angerichtet und mit Petersilie garniert.

**HINWEIS**
„Ei im Nest" kann auch aus Schweinefleisch zubereitet werden. Anrichten auf gedünstetem Gemüse: Spargel, Erbsen, Karotten.

## GRATINIERTE KALBSMEDAILLONS

**4 Kalbsmedaillons**
**Zitronensaft, Curry**
**Muskatnuss, Salz**
**2–3 EL Öl zum Braten**
**1 nussgroßes Stück Butter**
**100 g Champignons**
**ein wenig glattes Mehl**
**Weißwein**
**3 EL Süßrahm**
**60 g Parmesan**
**Butterflöckchen**

Medaillons wie Naturschnitzel (siehe S. 129) vorbereiten (nur leicht klopfen), würzen, in der Pfanne beidseitig scharf anbraten (je 3 Minuten), dann in eine befettete Auflaufform legen.

Die Champignons im Bratensaft dünsten, mit Mehl stauben, mit Weißwein ablöschen, mit Süßrahm verbessern, nachwürzen; die Sauce muss dicklich sein. Über die vorbereiteten Medaillons gießen, dick mit Parmesan bestreuen, Butterflöckchen darübergeben und grillen, bis der Käse geschmolzen ist.

## GEROLLTER NIERENBRATEN

**600–900 g Nierenbraten**
**Salz**
**2–3 EL Öl**
**Wasser**
**10 g Butter**

Aus dem Nierenbraten Knochen und Niere auslösen, salzen, die Niere der Länge nach in der Mitte auflegen, das Fleisch einrollen und mit Küchengarn binden. Kurz in Fett anbraten und unter öfterem Begießen mit eigenem Saft und Wasser im Rohr ca. 1½ Stunden braten. Den Bratensaft entfetten und mit einem kleinen Stück Butter aufkochen.

*Foto: Wilhelm Hufnagl*

## GEFÜLLTE KALBSBRUST

**1,2 kg Kalbsbrust**
**Salz**
**3 EL Öl**
**Suppe, Wasser**
**grüner Spargel, Karfiolröschen zum Garnieren**

### Fülle

**1 Zwiebel**
**2 EL Öl**
**125 ml Milch**
**2 Eier**
**150 g Semmelwürfel**
**100 g Erbsen**
**Salz**

**HINWEIS**
Einmal kochen – öfter essen!

Kalbsbrust am oberen Teil sorgfältig von den Rippen lösen, sodass eine sackartige Öffnung entsteht. In diese die Fülle geben und die Öffnung vorne zunähen. Die Kalbsbrust außen salzen und wie den Nierenbraten bei 200—160 °C Ober- und Unterhitze fallend ca. 1–1½ Stunden im Rohr braten. Den Saft mit Suppe oder Wasser vergießen, etwas einkochen und über den angerichteten Braten gießen.

Mit grünem Spargel und Karfiolröschen garnieren (Foto S. 103).

### FÜLLE

Die fein gehackte Zwiebel in Öl anlaufen lassen und zu den mit Milch und Eiern vermischten Semmelwürfeln geben, Erbsen beifügen, salzen und gut vermengen.

## KALBSBRATEN

**600–800 g Fleisch**
**Salz, Zitronensaft**
**Zitronenmelisse, Rosmarin**
**Muskatnuss**
**evtl. Selchspeck**
**2–3 EL Öl**
**Butterkugel**
**Sauerrahm**
**1 Zwiebel**

Nieren- oder Schlussbraten oder Fleisch vom Schlögel abhäuten, würzen, allenfalls spicken. Das Öl erhitzen, Fleisch einlegen und unter öfterem Begießen im Rohr braten, der Saft sollte braun sein. Man kann ihn auch mit einer Butterkugel aufkochen und ein wenig Sauerrahm beifügen. Als Verbesserung eine Zwiebel mitdünsten.

Bratzeit: 200–160 °C Ober- und Unterhitze fallend für ca. 1–1½ Stunden.

## CORDON BLEU

**4–6 große dünne Kalbsschnitzel**
**Salz, Senf**
**4 Scheiben Schinken**
**4 Scheiben Emmentaler**
**glattes Mehl, Semmelbrösel**
**1 Ei**
**Fett zum Backen**

Die geklopften, gesalzenen Schnitzel auf einer Seite leicht mit Senf bestreichen. Auf jedes je eine Scheibe Schinken und Käse legen, das Schnitzel zusammenklappen und den Rand mit einem Fleischklopfer zusammenklopfen, panieren und das Ganze wie ein Wiener Schnitzel backen.

**HINWEIS**
Cordon bleu kann auch natur gebraten werden.

# | WILDBRET UND WILDGEFLÜGEL

## Wildbret – Allgemeines

Wildbret vor der Verwendung an einem kühlen Ort 3–10 Tage hängen lassen. Oder man bereitet die folgende Beize und legt das Fleisch 3–5 Tage hinein. Es muss stets von der Flüssigkeit bedeckt sein!

### BEIZE FÜR WILDBRET

**500 ml Wasser, 125 ml Rotwein**
**125–250 ml Essig**
**1 Zwiebel, 1 Lorbeerblatt**
**Pfefferkörner, ein wenig Salz**
**250 g Wurzelwerk**
**Wacholderbeeren**

Alle Zutaten aufkochen lassen und kalt stellen.

### HASENBRATEN

**1 Rücken, 2 Läufe**
**50 g Speck**
**Salz**
**3 Wacholderbeeren**
**Wurzelwerk**
**3 EL Öl**
**10 g glattes Mehl**
**Rotwein**
**Pfeffer**
**125 ml Sauerrahm**
**Preiselbeeren**

Rücken und Hinterläufe des Hasen abhäuten, mit dünnen Speckstreifen spicken, salzen, mit zerdrückten Wacholderbeeren einreiben. In einer Bratpfanne Wurzelwerk in heißem Öl anrösten, Fleisch einlegen, aufgießen und im Rohr bei ca. 180 °C langsam braten. Den Braten aus der Pfanne nehmen, Bratenrückstand stauben, mit kaltem Wasser und Rotwein vergießen, pfeffern, aufkochen und mit Sauerrahm und Preiselbeeren verbessern.

Bratzeit: 1½ Stunden.

***Wildragout, Rezept siehe S. 134*** *Foto: Alexander Stiegler*

## HASENJUNGES

**Hasenjunges**
**Pfeffer**
**5 EL Öl**
**1 Zwiebel**
**Wurzelwerk**
**1 Lorbeerblatt**
**Wasser**
**20 g glattes Mehl**
**50 g Selchspeck**

Dazu werden Schultern, Hals, Bauchlappen, Lunge, Herz und Leber des Hasen frisch oder eingebeizt verwendet.

Die Teile würzen, in heißem Öl mit fein gehackter Zwiebel, Wurzelwerk und Lorbeerblatt dünsten, mit Wasser oder ein wenig Beize vergießen. Der Saft kann durch mit Wasser versprudeltes Mehl verdickt werden.

Garzeit: 1½ Stunden.

### HINWEISE

Hals, Brust- und Bauchfleisch vom Reh können wie Hasenjunges behandelt werden.
Wenn zur Zubereitung von Wildbret Selchspeck gegeben wird, verbessert dies den Geschmack.
Ein Dampfkochtopf verkürzt die Garzeit!

## HIRSCHBRATEN

**600 g Fleisch (Schlögel, Rücken)**
**50 g Speck**
**Salz**
**Wacholderbeeren**
**3 EL Öl**
**125 ml Rotwein**

Hirschfleisch sollte gut abliegen oder länger in der Beize bleiben.

Weitere Zubereitung wie Lungen- oder Rindsbraten (siehe S. 127).

## WILDRAGOUT

**1 Zwiebel**
**200 g Wurzelwerk**
**3 EL Öl**
**600 g Rehschulter**
**Salz, Pfeffer**
**60 ml Rotwein**
**Wasser**
**20 g glattes Mehl**
**100 ml Sauerrahm**
**Muskatnuss**
**10 Pfefferkörner**
**10 Wacholderbeeren**
**1 Lorbeerblatt**
**Thymian, Salbei**
**1 EL Preiselbeeren**
**Zitronensaft**

Zubereitung wie Kalbsragout (Rezept siehe S. 130).

Die Zwiebel und das Wurzelwerk fein reiben und in heißem Öl anrösten. Das geschnittene Fleisch zugeben, rösten und würzen, mit Wein löschen, mit Wasser aufgießen und weich dünsten.

Zuletzt stauben, den Sauerrahm, Rotwein, geriebene Muskatnuss, Gewürze, Preiselbeeren und Zitronensaft beifügen und verkochen lassen.

Garzeit: 1–1½ Stunden.

## WILDGULASCH

**600 g Wildfleisch (Vorderes)**
**2–3 EL Öl**
**300 g Zwiebeln**
**1 EL Paprikapulver**
**125 ml Tomatenmark**
**1 Lorbeerblatt, Salz**
**Thymian, Wacholderbeeren**
**Rotwein**
**80 g Speck**

Zubereitung wie Kalbsgulasch (siehe S. 129) unter Zugabe der Gewürze und des Rotweins. Speck verbessert den Geschmack.

## REHBRATEN

**600 g Rehfleisch**
**50 g Speck**
**3 EL Öl**
**Salz**
**30 g Wacholderbeeren**
**Süßrahm**

Schlögel, Rücken und Schulter eignen sich zum Braten am besten. Das feine Häutchen mittels eines scharfen Messers abziehen. Das Fleisch spicken und wie Lungen- oder Rindsbraten (siehe S. 127) behandeln.

Garzeit: 1½ Stunden.

## REHFILET IN RAHMSAUCE

**8 Rehschlögelfilets**
**Salz**
**3 EL Öl zum Braten**
**ein wenig glattes Mehl**
**100 ml Rotwein**
**Wasser**
**2 EL Süßrahm**
**Zitronensaft**
**Weinbrand**
**Apfelscheiben**
**Preiselbeeren**

### Würzmischung

**Wacholderbeeren, Pfefferkörner, Thymian, 1 Lorbeerblatt**

Die Filets einschneiden, klopfen, mit der fein gestoßenen (gemahlenen) Würzmischung einreiben, salzen und in der Pfanne sehr scharf anbraten (auf jeder Seite ca. 4 Minuten). Herausnehmen und warm halten (80 °C).

Den Bratensaft mit Mehl stauben, mit Rotwein löschen, mit ein wenig Wasser aufgießen und den Süßrahm zugeben. Alles gut nachwürzen und mit ein wenig Zitronensaft und einigen Tropfen Weinbrand verbessern, nochmals kurz aufkochen. Den Saft über die Filets gießen, mit gebratenen Apfelscheiben und Preiselbeeren garnieren.

## REBHUHN, GEBRATEN

**1–2 Rebhühner**
**Salz, Pfeffer**
**100 g Speck**
**2 EL Öl**
**20 g Butter**
**125 ml Sauerrahm**
**ein wenig glattes Mehl**
**Suppe oder Wasser**

Die geputzten, gesalzenen und gepfefferten Rebhühner in dünne Speckscheiben wickeln und unter Aufgießen im Rohr bei ca. 180 °C ungefähr 30 Minuten braten. Das Fett abschöpfen, zur Saftverbesserung Butter zugeben und aufgießen. Es kann Sauerrahm beigefügt oder der Natursaft belassen werden.

# FASAN, GEBRATEN

**1–2 Fasane**
**Salz, Pfeffer**
**100 g Speck**
**2 EL Öl**
**Wurzelwerk**
**250 g Zwiebeln**
**10–20 g glattes Mehl**
**Suppe oder Wasser**
**125 ml Sauerrahm**

Die Fasane putzen, salzen, pfeffern, spicken oder mit Speckstreifen umwickeln. Dann in Fett mit Wurzelwerk und gehackten Zwiebeln unter ständigem Begießen bei ca. 180 °C weich braten.

Herausnehmen, den Saft mit Mehl stauben, anrösten, mit Suppe oder Wasser aufgießen, die Sauce passieren, den Sauerrahm zugeben und nochmals kurz verkochen.

Die Fasane tranchieren und auf einer erwärmten Platte anrichten. Einen Teil der Sauce darübergeben, den Rest in einer Tasse zu Tisch bringen.

Die Fasane kann man auch nur mit Speckstreifen umwickelt ohne Wurzelsauce natur braten.

Garzeit: ca. 1 Stunde.

## BEILAGE

Dazu werden Specklinsen und Blaukraut oder Püree und Kraut gereicht.

*Foto: Wilhelm Hufnagl*

# SCHAF-, LAMM-, KITZ-, KANINCHENFLEISCH

## STEIRISCHES SCHÖPSERNES

**600 g Schaffleisch**
**100 g Wurzelwerk**
**1 Zwiebel, Ingwer**
**Pfefferkörner, Salbei**
**1 Lorbeerblatt, Salz, Essig**
**500 ml Wasser, Rotwein**
**400 g mehlige Kartoffeln**

Das grobwürfelig geschnittene Schaffleisch mit Wurzelwerk, Zwiebel und den angegebenen Gewürzen halbweich kochen.

Die geschälten, geviertelten Kartoffeln zugeben und alles zusammen weich kochen. Mit ein wenig Rotwein aufgießen.

Garzeit: 1–1½ Stunden.

## SCHAFFLEISCH

**600 g Schaffleisch**
**Salz**
**80 g Speck**
**2 EL Öl**
**100 g Wurzelwerk**
**1 Zwiebel, Ingwer**
**Pfefferkörner, Salbei**
**1 Lorbeerblatt, Salz, Essig**
**Wasser**
**10 g glattes Mehl**
**Süßrahm**

Schaffleisch (vom Schlögel, Rücken oder der Schulter) enthäuten, salzen, spicken, anbraten, Wurzelwerk, Gewürze und Wasser beifügen, dünsten, bis es weich ist; stauben. Den Saft mit Süßrahm verbessern. Es kann auch gebeizt und anschließend wie gedünsteter Rindsbraten behandelt werden.

Garzeit: 1½–2 Stunden.

**HINWEIS**
Das Fett von Schaffleisch stockt leicht. Schüssel und Teller vorwärmen und das Gericht heiß servieren!

*Foto: Wilhelm Hufnagl*

## LAMMKOTELETT, GEDÜNSTET

**4 Koteletts**
**Salz, Pfeffer**
**2 EL Öl**
**400 g Schalotten**
**2 EL Öl für die Schalottensauce**
**5 Paprikaschoten**

Die Koteletts leicht klopfen, salzen und pfeffern, in Öl anbraten, ein wenig aufgießen und weich dünsten.

Schalotten schälen, in Öl leicht anbraten, Paprika vierteln, zu den Schalotten geben und beides dünsten, zum Fleisch geben und alles zusammen einige Zeit dünsten.

Garzeit: ca. 1 Stunde.

## LAMMBRATEN

**600–900 g Lammfleisch (Schlögel oder Karree)**
**30 g Speck**
**Salz**
**100 g Wurzelwerk**
**2 Zwiebeln**
**Wacholderbeeren**
**Thymian**
**1 Lorbeerblatt, Muskatnuss**
**2 EL Öl**
**10–20 g glattes Mehl**
**Wasser und Rotwein**
**100 ml Sauerrahm**

Das enthäutete Lammfleisch spicken, salzen und mit Wurzelwerk, den fein gehackten Zwiebeln sowie den angegebenen Gewürzen in Öl braten. Sind Fleisch und Wurzelwerk weich, stauben, mit Wasser und Wein aufgießen, die Sauce passieren, den Sauerrahm zugeben und nochmals verkochen lassen.

Garzeit: 1–1½ Stunden, Temperatur 220–160 °C fallend.

### HINWEIS

Das Fleisch kann auch vorher in eine Beize (siehe Wildbret, S. 133) gelegt und dann zubereitet werden.

## KITZERNES, LÄMMERNES ODER KANINCHEN, GEBACKEN

**ca. ¼ Kitz oder**
**600 g Lamm- oder**
**600 g Kaninchenfleisch**
**Salz**
**glattes Mehl**
**2 Eier**
**Semmelbrösel**
**Öl zum Ausbacken**

Kitz, Lamm- oder Kaninchenfleisch in Portionen teilen, salzen, panieren und, in Öl schwimmend, backen.

### HINWEIS

Lammfleisch kann auch wie Naturschnitzel zubereitet oder gegrillt werden.

# GEFLÜGEL

## HÜHNERBRÜSTE, ÜBERBACKEN

**4 Hühnerbrüste**
**oder 4 Putenschnitzel**
**Salz**
**2 EL Öl**

**Überzug**
**2 EL Käse, gerieben**
**2 Eidotter**
**125 ml Sauerrahm**
**Petersilie, Rosmarin**

Die Hühnerbrüste oder Putenschnitzel salzen, in der Pfanne anbraten. Dann in eine feuerfeste Pfanne legen, mit dem Bratensaft übergießen, mit Käse bestreuen, mit dem Eidotter-Sauerrahm-Gemisch überziehen und bei starker Oberhitze überbacken. Zum Schluss mit den Kräutern bestreuen.

**KÜCHENTECHNISCHER HINWEIS**
Das Überbacken kann auch im Grill erfolgen.

## HUHN, GEBRATEN

**1 Huhn**
**Salz**
**Rosmarin, Pfeffer**
**Paprikapulver, Curry, Muskatnuss**
**40 g Butter**
**ein wenig Wasser**

Ein küchenfertiges Huhn von innen und außen salzen, mit Rosmarin, Pfeffer, Paprika, Curry, Muskatnuss würzen, Butterflöckchen darübergeben und im Rohr unter öfterem Begießen mit dem eigenen Saft bei 160–180 °C 1 Stunde lang braten.

*Foto: Wilhelm Hufnagl*

## BRATHUHN, GEFÜLLT

**1 Huhn**
**Salz**
**30 g Butter**
**Wasser oder Suppe**

**Fülle**
**30 g Butter**
**1–2 Eier**
**2–3 Semmeln**
**20 g Butter**
**Hühnerleber**
**Salz**
**Petersilie**
**evtl. Rosmarin, Muskatnuss**
**Semmelbrösel**

Die die Brust bedeckende Haut des küchenfertigen Huhnes lockern, den so entstandenen Hohlraum füllen, salzen, mit Butterflocken belegen und im Rohr unter öfterem Begießen mit Wasser oder Suppe 1½ Stunden bei ca. 180 °C braten.

### FÜLLE

Butter cremig rühren, Ei(er) zugeben, die aufgeweichten, ausgedrückten Semmeln, die in Butter geröstete Hühnerleber, Salz und Petersilie, evtl. Rosmarin und Muskatnuss beimengen. Die Masse bei Bedarf mit Bröseln festigen.

Es ist auch üblich, die Bauchhöhle des Huhnes zu füllen. Dazu ist jedoch mehr Fülle notwendig.

## PAPRIKAHUHN

**1 Huhn**
**Salz, Pfeffer**
**2 EL Öl**
**2 Zwiebeln**
**1 EL Paprikapulver**
**125 ml Weißwein**
**ca. 250 ml Wasser oder Suppe**
**etwas Tomatenmark**
**Majoran**
**2 EL Sauerrahm**
**10–20 g glattes Mehl**

Das küchenfertige Huhn teilen, salzen und pfeffern, in heißem Fett anbraten, herausnehmen. Im Bratenrückstand die fein gehackten Zwiebeln rösten, Paprika beigeben, mit Wein löschen, mit Wasser oder Suppe aufgießen, mit Tomatenmark und Majoran würzen und das Huhn darin weich dünsten. Den Saft mit Sauerrahm und Mehl binden.

Garzeit: ca. 1 Stunde.

## CURRYHUHN

**1 Huhn**
**Salz, Pfeffer, Muskatnuss**
**Zitronensaft**
**2 EL Öl**
**1 Zwiebel**
**1 Apfel**
**Weißwein**
**2 EL Suppe**
**1 TL Curry**
**1 EL glattes Mehl**
**2 EL Süßrahm**
**1 TL Mandeln**

Das küchenfertige Huhn zerteilen, würzen, im Öl anbraten und die Stücke aus der Pfanne nehmen.

Für die Sauce die fein gehackte Zwiebel im Bratenrückstand anrösten, den fein geschnittenen Apfel zugeben, mit Weißwein löschen und mit ein wenig Suppe vergießen. Mit Curry würzen, Huhn in der Sauce fertig dünsten. Saft mit Mehl-Rahm-Gemisch binden.

Beim Anrichten geschälte, gehackte Mandeln darüberstreuen.

Garzeit: ca. 1 Stunde.

## CHINESISCHES HÜHNCHEN SÜSS-SAUER

**400 g Hühnerfleisch**
**1 mittlere Zwiebel oder Lauch**
**½ roter Paprika**
**2 EL Öl**
**1 Zehe Knoblauch**
**2 EL Ketchup**
**1 TL Marillenmarmelade**
**1 TL glattes Mehl**
**ca. 250 ml Suppe**
**1–2 EL Sojasauce**
**Salz, Pfeffer**
**Ananasstücke**

Hühnerbrust in feine Streifen schneiden, Zwiebel fein hacken, Paprika in Streifen schneiden und anrösten.

Dann den Knoblauch und das Fleisch in kleinen Portionen dazugeben und kräftig rösten. Alles zur Seite schieben oder aus der Pfanne nehmen.

Ketchup und Marmelade in die Pfanne geben, mit Mehl stauben, mit Suppe und Sojasauce aufgießen, abschmecken. Fleisch-Gemüse-Masse dazumischen, einmal aufkochen, Ananasstücke dazugeben, durchrühren und ziehen lassen.

## CHAMPIGNONHUHN

**1 Huhn**
**Salz, Pfeffer**
**Zitronensaft**
**ein wenig glattes Mehl**
**2 EL Öl**
**1 Zwiebel**
**150 g Champignons**
**100 ml Weißwein**
**1 EL glattes Mehl**
**Petersilie (nach Wahl)**

Das küchenfertige Huhn zerteilen, würzen, mit wenig Mehl bestreuen, im Öl anbraten, sodass die Stücke goldbraun sind, und aus der Pfanne nehmen.

Die fein gehackte Zwiebel in der Pfanne anrösten, Champignons zugeben, mit Weißwein löschen, Sauce abschmecken und das Huhn darin (ca. 20 Minuten) dünsten. Zum Schluss den Saft mit Mehl binden, Petersilie darüberstreuen.

*Foto: Andrea Jungwirth*

## HUHN, GEBACKEN

**1 Huhn**
**Salz**
**glattes Mehl**
**2 Eier**
**Semmelbrösel**
**Schweineschmalz oder Öl**

Ein küchenfertiges Huhn in Teile schneiden, salzen, wie Schnitzel panieren und, in heißem Fett schwimmend, auf jeder Seite 6–10 Minuten langsam herausbacken.

## MARINIERTE HÜHNERKEULEN

**Hühnerkeulen oder Flügerl**
**Salz, Pfeffer**
**Rosmarin, Hühnergewürz**
**Suppe zum Aufgießen**

**Marinade (auch für Spareribs)**
**1 mittlere Zwiebel**
**2 Zehen Knoblauch**
**3 EL Sojasauce**
**4 EL Ketchup**
**1 EL Senf**
**Salz, Pfeffer**
**Rosmarin, Chili**
**1 Spritzer Essig**
**evtl. Honig oder Ananassaft**

Hendlteile waschen, trocken tupfen, salzen, pfeffern, mit Rosmarin und Hühnergewürz bestreuen und im Rohr braten, bis sie auf einer Seite goldbraun sind (ca. 30 Minuten bei 190 °C).

Dann umdrehen und mit Marinade bestreichen und weitere 20–30 Minuten fertigbraten. Bratensaft immer wieder mit Wasser oder Suppe ergänzen.

**Marinade**
Zwiebel und Knoblauch langsam dünsten, bis sie gut zusammenfallen und goldbraun werden, Sojasauce, Ketchup, Senf und Gewürze dazugeben, evtl. mit Honig oder Ananassaft abschmecken.

## GEFÜLLTE HÜHNERBRUST

**5 Hühnerbruststücke**
**Salz, Pfeffer**
**Rosmarin**
**40 g Butter oder 2 EL Öl**
**2 EL glattes Mehl**
**250 ml Suppe**
**60 ml Wein**
**60 ml Obers**

**Fülle für 8 Stk.**
**80 g Weißbrot**
**1 Ei**
**100 g Spinat**
**Muskatnuss, Salz, Pfeffer**

Hendlbrüstchen einschneiden, innen und außen salzen und pfeffern, Rosmarin zugeben, mit Spinatfülle füllen und in Butter/Öl langsam anbraten. Im Rohr bei 150 °C 30 Minuten fertigschmoren.

Bratenrückstände vom Anbraten stauben, mit Suppe und Weißwein aufgießen und Saft einkochen, mit Obers verbessern.

**FÜLLE**
Für die Fülle Weißbrot würfeln, mit Ei und Spinat vermischen und abschmecken.

## GANS, ENTE ODER PUTE, GEBRATEN

**1 Gans, Ente oder Pute**
**Salz**
**Majoran**
**1–2 Äpfel**
**3 EL Öl**
**Suppe oder Wasser**

Das geputzte Geflügel innen und außen salzen, innen mit ein wenig Majoran einreiben, einen oder zwei gewaschene ganze Äpfel in den Bauch geben und braten. Äpfel beim Anrichten entfernen.

Junge Tiere können gleich gebraten werde; alte Tiere dünstet man zuvor 1 Stunde, damit sie mürber werden. Überflüssiges Fett während des Bratens abschöpfen und Suppe oder Wasser zugießen.

Garzeit: 2–2½ Stunden, Pute 3 Stunden, bei 200–160 °C fallend.

## PUTENSCHNITZEL, GEBACKEN – GEBRATEN

**4–6 Putenschnitzel**
**Salz, Rosmarin**
**60 g Butter**
**Kräuterbutter**

**Wiener oder Pariser Panier (siehe S. 114)**
**glattes Mehl, Semmelbrösel**
**Eier zum Panieren**
**Öl zum Ausbacken**

Die Schnitzel klopfen, würzen, nach Belieben in einer der beiden Paniere drehen und in Öl backen. Oder die gewürzten Schnitzel werden in Butter beidseitig angebraten, bis sie gegart sind.

Garzeit: ca. 5–8 Minuten.

### SERVIERVORSCHLAG

Mit Kräuterbutter (siehe S. 152) und verschiedenen Gemüsen oder Salat servieren!

## PUTENBRATEN, GEROLLT

**6 Putenschnitzel**
**Salz**
**1 Schweinsnetz**

**Schinkenfülle**
**80 g Knödelbrot**
**125 ml Milch**
**1 Zwiebel**
**50 g Butter**
**300 g Selchfleisch, gekocht, faschiert**
**2 Eidotter**
**Salz, Pfeffer**
**Muskatnuss, Thymian**

**Brokkolifülle**
**500 g Brokkoli**
**1 Eiklar**
**80 g Butter**
**3 EL Kren, gerieben**
**Petersilie**
**6 EL Semmelbrösel**
**Salz, Pfeffer**

Schnitzel klopfen, leicht überlappend auf ein Brett legen und salzen. Schinkenfülle gleichmäßig auf das geklopfte Fleisch streichen, sodass es zur Gänze bedeckt ist. Bestrichene Putenfleischplatte parallel zur schmäleren Seite eng einrollen.

Schweinsnetz auflegen, mit der Brokkolifülle bis zum Rand bestreichen und die Putenrolle darin einschlagen. Im vorgeheizten Rohr bei 190 °C ca. 1 Stunde braten, öfter begießen, Rolle evtl. wenden.

### SCHINKENFÜLLE

Knödelbrot in Milch einweichen, die gehackte Zwiebel in Butter rösten und mit den restlichen Zutaten gut vermischen.

### BROKKOLIFÜLLE

Brokkoli halbweich kochen, fein hacken. Eischnee schlagen, Butter cremig rühren und alle Zutaten miteinander vermischen, zuletzt den Eischnee unterheben.

## PUTENSCHNITZEL IN KÄSESAUCE

**8 kleine Putenschnitzel**
**Salz, Pfeffer**
**2–3 EL Öl**
**125 ml Schlagobers**
**125 ml Milch**
**ein wenig Weißwein**
**50 g Emmentaler**
**50 g Parmesan**
**Oregano, Muskatnuss**

Putenschnitzel mit Salz und Pfeffer einreiben, rasch in einer Pfanne anbraten und in eine feuerfeste Form legen. Den Bratensaft mit Schlagobers, Milch und Wein aufgießen, den geriebenen Käse beimengen, mit den Gewürzen abschmecken und aufkochen lassen. Dann über die Schnitzel gießen und zugedeckt im Backrohr bei 180 °C ca. 20 Minuten dünsten lassen.

# INNEREIEN

## LEBER, GEBACKEN

**500 g Leber**
**glattes Mehl**
**1–2 Eier**
**Salz**
**Semmelbrösel**
**Fett zum Ausbacken**

Die Leber in dünne Stücke schneiden, in Mehl, gesalzenen versprudelten Eiern und Bröseln panieren und rasch in heißem Fett backen. Da Leber durch Salzen hart wird, empfiehlt es sich, nur die Eier gut zu salzen.

**HINWEIS**
Kurze Backzeit!

## LEBER ODER NIERE, GERÖSTET

**2 Zwiebeln**
**2–3 EL Öl**
**400 g Leber oder Niere**
**10 g glattes Mehl**
**Rotwein**
**Majoran, Pfeffer**
**Knoblauch**
**Salz**

Die fein geschnittenen Zwiebeln goldgelb anrösten, die geschnittene Leber oder die Nieren zugeben, bis zum Grauwerden rösten, mit Mehl stauben, aufgießen (Wein), würzen und sofort servieren. Erst zum Schluss salzen!

## HIRN MIT EI

**2 Schweinshirne**
**1 Zwiebel**
**40 g Butter**
**2 Eier**
**Salz, Pfeffer**
**Petersilie**

Die Hirne in warmes Wasser legen, bis sich die Häutchen abziehen lassen. Fein gewiegte Zwiebel in Butter anrösten, die grob gehackten Hirne zugeben, mitrösten, versprudelte Eier darüberschlagen, stocken lassen. Salzen, pfeffern, mit gewiegter Petersilie bestreuen.

## BEUSCHEL

**600 g Schweinslunge**
**200 g Wurzelwerk**
**Majoran, Thymian**
**2 Lorbeerblätter**
**Salz**
**2–3 EL Öl oder Schweinefett**
**20 g glattes Mehl**
**100 g Zwiebeln**
**1 Schuss Essig**
**Süßrahm**
**Zitronenmelisse**
**Kapern**
**Petersilie, Basilikum**

Schweinslunge mit Wurzelwerk, Majoran, Thymian und Lorbeerblättern in Wasser kochen, salzen. Sobald sie weich ist, die Lunge aus dem Wasser nehmen, erkalten lassen und feinnudelig schneiden.

Eine dunkle Einbrenn aus Fett, Mehl und fein gehackten Zwiebeln mit der Brühe vergießen, mit ein wenig Essig würzen. Die Lunge zugeben und noch eine Weile kochen lassen.

Die Sauce mit Süßrahm, Zitronenmelisse, Kapern und den Kräutern würzen.

## BRIES, GEBACKEN

1 Bries
glattes Mehl
2 Eier
Salz
Semmelbrösel
Fett zum Ausbacken

Das Bries in heißes Wasser legen, bis es enthäutet werden kann. Dann in flache Stücke schneiden, panieren und in Fett herausbacken.

*Foto rechts: Pfeffersteak (Rezept S. 152)*

Foto: Mani Hausler

# GRILLGERICHTE

Grillspeisen stellen eine große Bereicherung unseres Speisezettels dar. Sie lassen sich rasch zubereiten und sind daher ein wichtiger Faktor in der heutigen Schnellküche. Grillen ist eine einfache Garmethode unter sehr starker Hitzeeinwirkung (ca. 300 °C – meist Strahlungshitze). Die kurze Gardauer schont Vitamine und Nährstoffe. Infolge der intensiven Hitzeeinwirkung gerinnt Eiweiß sehr rasch und der Saft bleibt im Fleisch, das dadurch saftiger und geschmackvoller ist.

Fleisch schrumpft beim Grillen nicht, sondern läuft sogar auf.

## Womit wird gegrillt?

- **Strahlungsgriller:** Die Hitze geht von Grillschlangen aus (Tischgrillgeräte, Einsteckgrill beim Backrohr) oder als Strahlungshitze vom offenen Feuer (Holzkohlengrill – Gasgriller).
- **Kontaktgriller:** Die Hitze geht von beheizten Flächen aus (Grillpfanne, Bratpfanne, Grillplatten, Kontaktgrillgeräte).
  Kontaktgrillen ist ein guter Ersatz für Strahlungsgrillen, daher können fast alle Grillspeisen auch auf der Platte hergestellt werden. Grillen in der **Grillpfanne** ergibt sogar manchmal ein geschmackvolleres Gericht. Die Pfanne sollte immer bewegt werden, damit das Grillgut nicht anklebt oder anbrennt.

## Wie wird gegrillt?

- Alle Grillgeräte vorheizen (Anheizzeiten und Einstellung sind je nach Gerät verschieden).
- Rost und Grillgitter einölen; beim Grillen in der Pfanne diese erst ohne Öl aufheizen, dann mit ein wenig Öl ausspülen.
- Grillgut vorbereiten (Häute und Sehnen entfernen, würzen, mit Öl bestreichen oder schon einige Stunden vor dem Grillen in ein Ölbad legen).
- Grillgut in die Pfanne oder auf den Rost geben; nach der halben Garzeit umdrehen, meist erst jetzt salzen.
- Bei Grillgeräten flaches Grillgut immer höher einschieben (knapp unterhalb der Grillschlange), dickes ein wenig tiefer (größerer Abstand zur Grillschlange). Immer bei halb geöffneter Backrohrtür grillen, damit Feuchtigkeit entweichen kann.
- Unter das Grillgut eine Abtropftasse geben.
- Gemüse kann in der Abtropftasse mitgegrillt werden.

## Was kann gegrillt werden?

Grundsätzlich eignen sich alle mürben, zarten, gut abgelegenen Fleischstücke unserer Schlachttiere, also nur Fleisch der ersten Qualität.

**Vom Rind:** Filet als ganzer Braten; Lendenschnitte als Filetbeefsteak, je 160 g, 2 cm hoch; Filets als Tournedos, je 100 g, 3–4 cm hoch; doppeltes

Filetbeefsteak, je 300 g, 4–5 cm hoch; Filetspitzen – Zwischenrippenstück (Roastbeef).

**Vom Kalb:** Filets, Kalbsmedaillons, Schnitzel, Koteletts.

**Vom Schwein:** Filets (300 g), Steaks (Medaillons 2–2,5 cm hoch), Schnitzel.

**Vom Schaf:** Filets, Steaks (3–4 cm hohe Scheiben vom Filet oder vom gerollten Nierenstück), Koteletts.

**Geflügel:** Hühnchen, Hähnchen, Tauben, kleine Enten.

**Innereien:** Nieren, Leber.

**Fische:** Kleine ganze oder größere Fische, filetiert oder in Scheiben geschnitten.

**Gemüse:** Tomaten, Gurken, Zucchini, Kartoffeln, Melanzani, Paprikaschoten, Zwiebel.

**Obst:** Äpfel, Bananen, Pfirsiche, Birnen, Ananas, Orangen.

**Gefrierkost:** Flache Fleischstücke gefroren oder nur angetaut grillen; Braten müssen zuvor auftauen.

Obst und Gemüse tauen unter dem Grill innerhalb kurzer Zeit auf, beispielsweise 1 Packung Gurkenscheiben in 20 Minuten.

Große Mengen Weißbrot lassen sich bequem toasten; ebenso können belegte Brote übergrillt (gratiniert) werden.

Obstsalat, Eis mit Baiserdecke und Marzipan können unter dem Grill überglänzt (glasiert) werden.

Aufläufe, Ragouts aus gegarten, noch warmen Zutaten werden unter dem Grill gratiniert.

Als vegetarische Alternative zu Fleisch eignet sich Grillkäse, Tofu kann als veganes Lebensmittel auch gegrillt werden.

*Foto: Günther Hauer*

## ITALIENISCHE STEAKS

**400 g Faschiertes (jeweils zur Hälfte Rind- und Schweinefleisch)**
**1 Ei, 2 kleine Tomaten**
**Knoblauchpulver, Senf**
**Majoran, Thymian, Rosmarin**
**Pfeffer, Salz, Muskatnuss**
**Öl zum Braten**
**60 g Parmesan oder Reibkäse**

Aus dem Faschierten, dem Ei und den Gewürzen einen Fleischteig bereiten. Aus der Masse 4 längliche Laibchen formen, diese in Öl beidseitig 6–8 Minuten braten oder grillen.

Nach dem Wenden der Laibchen die blättrig geschnittenen Tomaten daraufgeben, dick mit Käse bestreuen und fertig braten oder grillen.

## SCHWEIZER LAIBCHEN

**400 g gemischtes Faschiertes**
**Gewürze wie oben**
**150 g Schnittkäse**

Zum gut abgeschmeckten Faschierten würfelig geschnittenen Käse geben, Laibchen formen, diese grillen oder braten.

## ĆEVAPČIĆI

**200 g Rindfleisch**
**400 g Schweinefleisch**
**1 Zwiebel, fein gehackt**
**Salz, Pfeffer**
**Majoran**
**Knoblauchpulver**
**Zitronensaft**
**Paprikapulver**
**1 Schuss Mineralwasser**
**ein wenig Öl**

Fleisch fein faschieren, mit den angegebenen Zutaten sehr pikant würzen, die ganze Masse bis zu 1 Stunde ziehen lassen, pro Person ca. 4 Röllchen formen, mit Öl bestreichen, auf den beölten Rost legen, 4 Minuten grillen.

Die Zubereitung ist auch im normalen Backrohr möglich (auf stärkste Hitze einstellen): Ćevapčići ins heiße Rohr schieben, ca. 10–15 Minuten braten.

Foto: Wilhelm Hufnagl

## RASNICI (RAŽNJIĆI)

**600 g Schweinefleisch, mager**
**Salz, Pfeffer**
**Paprikapulver**
**Knoblauchpulver**
**1 Zwiebel**
**100 g Speckscheiben**
**Zwiebelringerl**

Kleine geklopfte, gewürzte Schweinefleischstücke werden auf Spießchen abwechselnd mit Speckscheibchen so aufgespießt, dass Fleisch- und Speckstückchen zweimal durchstochen werden und flach liegen. Sie werden beiderseits gegrillt. Mit Zwiebelringerln servieren.

**KÜCHENTECHNISCHER HINWEIS**
Man kann auch Fleisch und Speck in einer Bratpfanne unter Schütteln durchbraten und dann auf die Spießchen aufstecken.

## FASCHIERTE LAIBCHEN, SERBISCH

**400–600 g Faschiertes, gut gewürzt, ohne Streckmittel**
**Öl zum Bestreichen**
**4 Eidotter**

Aus der pikant abgeschmeckten faschierten Masse hohe (2–3 cm) Laibchen formen, mit Öl bestreichen, auf den Rost legen und auf einer Seite ca. 3–4 Minuten grillen, wenden.

Mit einem Löffel eine Vertiefung machen, die Eidotter hineinsetzen und fertig grillen.

## SCHWEINSKOTELETTS

**4 Koteletts**
**Knoblauchpulver**
**Kümmel**
**Pfeffer, Salz**
**Öl zum Bestreichen**

Koteletts leicht klopfen, mit einem scharfen Messer in der Mitte neben dem Knochen einschneiden (Fleisch wird besser gar), mit den Gewürzen einreiben, gut ölen, beidseitig grillen.

Garzeit: ca. 8 Minuten.

## PAPRIKASTEAKS

**4 dicke Schweinsschnitzel**
**Kümmel**
**Knoblauchpulver**
**Öl zum Bestreichen**
**Salz**
**1 Zwiebel**
**2 grüne Paprika**
**1 TL Paprikapulver, scharf**
**50 g Butter**

Schnitzel würzen, beölen, beidseitig grillen oder in der Pfanne rasch anbraten und salzen (beidseitig je 4 Minuten). Ringelig geschnittene Zwiebel und in Streifen geschnittene Paprika beim Grillen in die Abtropftasse geben oder extra in einer Pfanne Zwiebel anrösten, Paprika kurz mitdünsten.

Fleisch kurz vor dem Garwerden mit Paprikapulver und zerlassener Butter bestreichen, anrichten und das Zwiebel-Paprika-Gemisch auf die Steaks verteilen.

## SCHWEINSSTEAKS

**4 dicke Schnitzel**
**(Rücken oder Schlögel)**
**Knoblauchpulver, Kümmel**
**Majoran, Pfeffer, Salz**
**Öl zum Bestreichen**

**Kräuterbutter**
**50 g Butter**
**Salz**
**1 Zehe Knoblauch**
**1 TL fein gehackte Küchenkräuter**
**ein wenig Zitronensaft**

Steaks einschneiden, leicht klopfen, mit den Gewürzen und dem Öl einreiben. In der Pfanne oder im Grill auf jeder Seite ca. 4 Minuten garen.

### KRÄUTERBUTTER

Butter schaumig rühren, Gewürze, Kräuter und Zitronensaft dazumischen, ein Röllchen formen und sehr kalt stellen.

Vor dem Anrichten in Scheiben schneiden und auf die Steaks geben.

## PFEFFERSTEAKS

**4 Scheiben Lungenbraten**
**Salz, grüner Pfeffer**
**8 EL Öl**
**2 EL Schlagobers**

Fleisch salzen, mit zerdrücktem grünen Pfeffer bestreichen und im Ölbad marinieren. Die Scheiben auf beiden Seiten goldbraun braten oder grillen, herausnehmen und warm halten, den Saft mit dem Obers verbessern und über die Steaks geben.

### BEILAGE

Gut dazu passen Bratkartoffeln, Pilze und Gemüse (Bild S. 147).

## TOURNEDOS NACH FEINSCHMECKERART

**8 Filetscheiben vom Rind**
**Öl zum Grillen**
**8 Pfirsichhälften**
**24 Kirschen**
**20 ml Weinbrand**
**50 g Käse, gerieben**
**50 g Butterflöckchen**
**Salz, Pfeffer**
**Petersilie**

Die Filetscheiben nach Belieben grillen.

Die Pfirsichhälften mit der Außenseite auf die Tournedos legen, darauf je 3 mit Weinbrand getränkte Kirschen legen. Mit Käse bestreuen und mitbraten. Butterflöckchen darübergeben. Nicht zu hoch einschieben und nochmals kurz im Rohr übergrillen. Würzen, mit gehackter Petersilie bestreuen.

### BEILAGE

Frischer Salat und Toastbrotscheiben passen gut.

## KALBSSTEAKS

**4 dicke Kalbsschnitzel (vom Rücken)**
**Muskatnuss, Zitronensaft**
**ein wenig Curry**
**Öl zum Bestreichen**
**Salz**

Die Steaks einschneiden, leicht klopfen, mit den Gewürzen (außer Salz) einreiben, mit Öl bestreichen, beidseitig ca. 3 Minuten grillen, kurz vor dem Garwerden salzen.

### BEILAGE

Dazu reicht man Petersilienkartoffeln und Buttererbsen.

## BEEFSTEAKS

**4 Scheiben Rindslungenbraten, 1–2 cm dick**
**Pfeffer, Senf**
**Öl, Butter**
**Salz**
**Kräuterbutter wie oben**
**Zwiebeln**
**Tomatenscheiben**

Filetsteaks leicht klopfen, pfeffern, mit Senf bestreichen und ca. 2 Stunden in Öl marinieren. Danach salzen, sofort grillen, mit Kräuterbutter bestreichen.

Gardauer je nach Wunsch (englisch, halbenglisch oder gar – *rare, medium* oder *well done*) 4–8 Minuten bei voller Hitze. Mit gegrillten Zwiebel- und Tomatenscheiben anrichten. Je nach Garnierung können verschiedene Beefsteaks angerichtet werden:

## BEEFSTEAKS MIT SPIEGELEI

Auf die fertigen Steaks werden Spiegeleier gelegt.

## BEEFSTEAKS MIT KÄSE

Kurz bevor die Steaks fertig sind, je eine Scheibe Käse darauflegen. Er sollte weich sein, aber nicht zerfließen. Mit rotem Paprika und Schnittlauch bestreuen.

## ZWIEBELSTEAKS

**4 Scheiben Beiried oder Lungenbraten**
**Öl zum Bestreichen**
**Salz, Cayennepfeffer**
**4 kleine Zwiebeln**
**ein wenig Butter**
**Zucker**
**Senfbutter**

Beiriedscheiben leicht klopfen, Haut einschneiden, mit Öl bepinseln, von beiden Seiten scharf braten oder grillen. Sobald das Fleisch halb gar ist, salzen und mit Cayennepfeffer bestreuen.

Geschälte Zwiebeln in 1 cm dicke Scheiben schneiden, in die Abtropfpfanne legen, mit Butter bestreichen, leicht mit Zucker bestreuen und braten (Zucker bräunt).

Die fertigen Steaks mit Senfbutter (Butter schaumig gerührt und mit Senf gewürzt) bestreichen, mit den gebratenen Zwiebeln anrichten.

## ANANASSTEAKS

**4 Scheiben Beiried**
**Pfeffer, Senf**
**Öl als Marinade**
**Salz**
**4 Scheiben Ananas**
**Butter zum Anbraten**
**4 Scheiben Käse**
**Butterflocken**
**4 Cocktailkirschen**

Steaks vorrichten, würzen (nicht salzen!), in Öl ca. 2 Stunden marinieren, beidseitig scharf grillen oder in der Pfanne braten, erst gegen Ende der Garzeit salzen.

Daneben Ananasscheiben in Butter beidseitig goldbraun braten, nach dem Wenden Käsescheiben darauflegen, mit Butterflocken bestreuen. Sobald der Käse fließt, je eine Ananasscheibe auf die fertigen Steaks setzen, in der Mitte mit einer Cocktailkirsche garnieren.

### BEILAGE

Pommes frites, grüner Salat.

## HIRTENSPIESSE

**400 g verschiedenes Fleisch (Rind, Schwein, Kalb 1. Qualität)**
**100 g Leber**
**100 g Speck**
**Tomatenviertel**
**Paprikastücke**
**Zwiebelringe**
**Öl**
**Pfeffer, Salz**

Alle Zutaten, mit einem Fleischstück beginnend, in bunter Reihenfolge aufspießen, zum Schluss wieder ein Fleischstück daraufstecken. Die Spieße mit Öl bestreichen, pfeffern, auf jeder Seite 3–4 Minuten grillen, nach dem Wenden wieder mit Öl bestreichen, zum Schluss salzen.

### KÜCHENTECHNISCHER HINWEIS

Man kann auch alle Zutaten beidseitig rasch anbraten und erst dann auf die Spieße stecken.

## GEFÜLLTE SCHNITZEL

**4 dickere Schweins- oder Kalbsschnitzel**
**Pfeffer, Salz**

**Fülle**
**½ Zwiebel**
**20 g Butter**
**200–250 g Champignons**
**Küchenkräuter nach Belieben**
**2 EL Tomatenmark**
**1 kleines Ei**
**1 TL Senf**
**1 EL Öl**
**1 EL Mayonnaise**
**Salz, Pfeffer**

Schnitzel so einschneiden, dass eine Tasche entsteht, mit Pfeffer und Salz würzen und füllen.

Nach dem Füllen die Fleischtasche mittels Zahnstochern schließen und langsam grillen.

### FÜLLE

Die fein gehackte Zwiebel in Butter anlaufen lassen, Champignons kurz rösten, überkühlen und mit den restlichen Zutaten verrühren (die Masse sollte nicht zu dick sein).

## HÜHNERSPIESSE

**2 Hühnerbrüste**
**2 Melanzani oder Zucchini**
**2 Tomaten**
**4 dünne Scheiben magerer Speck**
**Öl**
**Salz**
**Paprikapulver**
**Rosmarin**

Hühnerbrüste ablösen, Fleisch in Würfel schneiden, Melanzani oder Zucchini in dicke Scheiben teilen, Tomaten vierteln.

Alle Zutaten abwechselnd mit dem Speck aufspießen, Öl mit Salz, Paprika und Rosmarin verrühren und die Spieße damit bestreichen.

Im vorgeheizten Grill ca. 10 Minuten garen (Spieße nach der Halbzeit umdrehen und mit Öl bepinseln).

## SCHASCHLIK

**400–500 g Schweinefleisch**
**Pfeffer**
**Knoblauchpulver**
**Öl**
**200 g magere Speckscheiben**
**Salz**

Fleisch in daumendicke Scheiben schneiden, zu Würfeln zerteilen (5 Fleischstücke pro Portion), würzen, in Öl legen und einige Stunden beizen.

Dann abwechselnd mit dem in Scheiben geschnittenen Speck auf den Spieß stecken, salzen, in flacher Pfanne bei guter Hitze in wenig Öl saftig braten bzw. grillen (Fleisch sollte innen noch rosa sein).

### TIPPS FÜR SPIESSE

Fleisch immer dick schneiden, locker aufspießen. Spieße beim Wenden wieder mit Öl bepinseln.

Leber sollte zuerst gegrillt und dann aufgespießt oder vor dem Aufspießen in dünne Speckscheiben gewickelt werden, dann bleibt sie saftiger.

## BERNER WÜRSTEL

**4 Paar Frankfurter Würstchen**
**8 Streifen Käse**
**16 Streifen Speck, ca. 6 cm lang**
**Öl zum Bestreichen**

Frankfurter der Länge nach aufschneiden, den Spalt mit Käsestreifen füllen. Die Würstchen mit je 2 Scheiben Speck umwickeln, mit Zahnstochern feststecken. Die Würstchen beölen, mit dem Spalt nach oben auf den Rost legen, grillen, bis der Speck knusprig und der Käse zerflossen ist.

Grillzeit: ca. 3–8 Minuten. (Die Zubereitung ist auch im heißen Backrohr möglich.)

## KÄSEWÜRSTCHEN MIT TOMATEN

**4 Paar Frankfurter Würstchen**
**8 Streifen Käse**
**3 Tomaten**
**Öl zum Bestreichen**
**Salz, Pfeffer**

Die Würstchen wie für Berner Würstel vorrichten, den Spalt mit Käsestreifen und Tomatenscheiben füllen, beölen, mit dem Spalt nach oben auf den Rost legen, grillen. Tomaten nach dem Grillen mit einem Salz-Pfeffer-Gemisch bestreuen.

## WÜRSTCHEN-CORDON-BLEU

**8 Scheiben Schinken**
**8 Scheiben Käse**
**4 Paar Frankfurter Würstchen**
**Öl zum Bestreichen**

Schinkenscheiben einzeln auflegen, Käsescheiben daraufgeben, Würstchen darin eindrehen und alles mit Zahnstochern feststecken.

Grillen, bis der Käse zerflossen ist und die Würstchen heiß sind.

**HINWEIS**
Die Würstchen können auch eingeschnitten, mit Schinken und Käse gefüllt und mit Paprika und Zwiebeln auf Spießen gegrillt werden (siehe Bild unten).

## UMWICKELTE FRANKFURTER

**4 Kalbsschnitzel**
**Zitronensaft**
**Muskatnuss, Salz**
**Petersilie**
**2 Paar Frankfurter Würstchen**
**Öl zum Bestreichen**

Kalbsschnitzel klopfen, würzen, auflegen, mit fein gehackter Petersilie bestreuen, Würstchen mit Schnitzeln umwickeln, mit Zahnstochern befestigen, beölen, grillen.

Gardauer: 10–12 Minuten.

*Foto: Wilhelm Hufnagl*

## LEBERKÄSE MIT SPIEGELEI

**4 Scheiben Leberkäse**
**4 Eier**
**Salz, Schnittlauch**
**Kartoffelbrei**

Leberkäse scharf anbraten oder grillen. Spiegeleier bereiten, diese salzen und mit fein gehacktem Schnittlauch bestreuen.

Spiegeleier auf den gegrillten Leberkäse setzen und diesen auf einem Sockel aus Kartoffelbrei anrichten.

## LEBERKÄSE, GEROLLT

**4 Scheiben Leberkäse, ca. 0,5 cm dick**
**4 Scheiben Käse**
**4 EL Champignons oder andere Pilze**
**Petersilie**
**Salz**
**Öl**

Leberkäsescheiben auflegen, Käsescheiben darüberlegen, Champignons aus der Dose daraufgeben, gehackte Petersilie darüberstreuen, salzen, alles zusammenrollen, mit Zahnstochern feststecken.

Die Rollen leicht beölen, grillen. Gardauer: 4 Minuten (Rollen wenden).

**KÜCHENTECHNISCHER HINWEIS**
Das Gericht kann auch in der Pfanne zubereitet werden.

## LEBERKÄSE, PIKANT

**4 Scheiben Leberkäse**
**1 Zwiebel**
**1–2 EL Öl**
**1 Paprikaschote**
**2 Tomaten**
**Salz, Pfeffer**
**40 g Käse, gerieben**

Leberkäse grillen, inzwischen in einer Pfanne fein gehackte Zwiebel anrösten, ringelig geschnittenen Paprika und blättrig geschnittene Tomaten zugeben, kurz durchdünsten, mit Salz und Pfeffer würzen.

Das Gemüse auf den gegrillten Leberkäse geben, mit Käse bestreuen, grillen oder kurz ins heiße Backrohr geben.

## GEMÜSESPIESSE VOM GRILL

**1 kleine Zucchini**
**1 Paprika gelb**
**100 g Cocktailtomaten**
**100 g Champignonköpfe**
**50 g Speck**

Zucchini in ca. 1 cm dicke Scheiben schneiden, Paprika putzen und in 1 x 1 cm große Quadrate schneiden. Abwechselnd mit den Tomaten, den Champignons und dem Speck auf Spieße stecken, nach Belieben würzen und von allen Seiten grillen.

# GRILLSAUCEN

## SAUCE TATAR

**ca. 125 ml Mayonnaise**
**2 kleine Essiggurken**
**½ Sardelle**
**Senf, Pfeffer, Zwiebel**
**1 Ei, hart gekocht**
**Kapern, Petersilie**

Zur Mayonnaise die übrigen fein gewiegten Zutaten geben.

## CUMBERLANDSAUCE

**1 Orange, unbehandelt**
**1 Zitrone**
**125 ml Rotwein**
**Ribiselmarmelade**
**oder Preiselbeeren**

Die Schale einer Orange, der nichts Weißes anhaftet (sonst bitter), in feine Streifen schneiden, mit dem Saft einer Zitrone und Rotwein kurz aufkochen und auskühlen lassen. Dann die Marmelade zumengen, kalt stellen.

## OBERSKRENSAUCE

**125 ml Schlagobers**
**Kren**
**Salz**

In das steif geschlagene Obers beliebig fein geriebenen Kren einrühren und salzen. Durchziehen lassen und kalt stellen.

## PREISELBEER-KREN-SAUCE

**6 EL Preiselbeeren**
**2 Äpfel**
**Kren**
**Zitronensaft**
**Zucker**

Preiselbeeren, fein geriebene Äpfel und Kren nach Geschmack vermischen, mit Zitronensaft und Zucker abschmecken.

## TEUFELSAUCE

**2 Zwiebeln**
**1–2 Esssiggurkerl**
**evtl. ½ Apfel**
**Petersilie**
**Salz, Pfeffer**
**125 ml Tomatenmark**
**125 ml Ketchup**
**1 TL Senf**

Alle Zutaten fein hacken, die übrigen Zutaten dazurühren, gut abschmecken.

## PIKANTE GRILLSAUCE

**1 EL Speiseöl**
**1 EL Senf**
**Paprikapulver**
**1 Zwiebel**
**Schnittlauch**
**Petersilie**
**¼ Tomatenmark**
**etwas Ketchup**
**Salz, Pfeffer**

Öl, Senf und Paprika mischen, Zwiebel, Schnittlauch und Petersilie beimengen und mit den restlichen Zutaten gut verrühren, durchziehen lassen.

## ZWETSCHKENPFEFFER

**500 g Zwetschken, gedörrt**
**30 g Butter**
**30 g glattes Mehl**
**Zucker**
**Gewürznelken, gerieben**
**Zitronenschale, unbehandelt**

Zwetschken waschen, weich kochen, entkernen und faschieren. Eine Einmach bereiten, das Zwetschkenmus zugeben, würzen, aufkochen lassen.

## SCHNITTLAUCHSAUCE, KALT

**ca. 125 ml Mayonnaise**
**3 Eier, hart gekocht**
**Gewürzessig**
**Schnittlauch**
**Weißbrot**
**Küchenkräuter**

Zur Mayonnaise die hart gekochten, passierten Eier, ein wenig Essig und viel fein gehackten Schnittlauch geben.

Man kann die Sauce mit einem in Essig erweichten, passierten Weißbrot strecken. Mit fein gehackten Kräutern aufbessern.

*Hirselaibchen (Rezept S. 229) mit Schnittlauchsauce* Foto: Archiv Kochen&Küche

## KERNÖLMAYONNAISE

**60 ml Sud von der Käferbohne**
**1 EL Senf**
**2 TL Apfelessig**
**1 EL Zitronensaft**
**130 ml Kürbiskernöl**
**100 ml Rapsöl**
**1 Prise Zucker**
**2 EL gehackte oder gemahlene Kürbiskerne**
**Salz, Pfeffer**

Alle Zutaten bis auf die Öle, zu einer Sauce verrühren, nach und nach die vermischten Öle zugeben und weiterrühren bis die gewünschte Konsistenz erreicht ist. Würzen und mit den Kürbiskernen vermischen.

## CURRY-DIP

**200 ml Sauerrahm**
**50 ml Naturjoghurt**
**1 EL Honig**
**1 EL Senf**
**1 TL Tomatenmark**
**1 Knoblauchzehe gepresst**
**1 TL Curry**
**Salz, Pfeffer, Chilipulver**

Alle Zutaten miteinander vermengen und gut abschmecken.
Variation: Statt Currypulver feingehackte Kräuter verwenden.

## KRÄUTER-DIP

**½ Becher Sauerrahm**
**½ Becher Creme fraiche**
**Salz, Pfeffer**
**feingehackte Kräuter**

Alle Zutaten miteinander vermengen und gut abschmecken.

***Foto rechts: Gefüllte Paprika (Rezept S. 170)***

*Foto: Archiv Kochen&Küche*

# FLEISCHMISCHGERICHTE

## POFESEN MIT HASCHEE

**4–6 Semmeln**
**250 g Haschee (Bratenreste)**
**Milch**
**2 Eier**
**Semmelbrösel**
**Fett zum Ausbacken**
**Petersilie**

Je zwei dünne Semmelschnitten mit Haschee füllen, in Milch sowie in versprudelte Eier tauchen, in den Bröseln drehen und in Fett ausbacken.

### HINWEIS

Das Haschee kann durch Stauben gebunden und mit gewiegter Petersilie verbessert werden. Für das Haschee braucht man etwa 200 g Fleisch- oder Bratenreste, die mit Zwiebeln etc. zubereitet werden (analog zu Fülle Frittatenkuchen, S. 164). Das Gericht eignet sich gut als Restlessen.

## SCHINKEN MIT EIERN

**4 Scheiben Schinken**
**2 EL Öl**
**4 Eier**
**Schnittlauch**

Die Schinkenscheiben in Fett beidseitig glasig anbraten. Auf je eine Scheibe ein fertiges Spiegelei setzen und zum Schluss mit gehacktem Schnittlauch bestreuen.

## TOMATENEIERSPEISE

**1 Zwiebel**
**2 EL Öl**
**4 Tomaten**
**1 Paprika**
**200 g Schinken, beliebige Wurst- oder Bratenreste**
**4 Eier**
**Schnittlauch**

Die fein gehackte Zwiebel in heißem Öl goldbraun anrösten, die in Scheiben geschnittenen Tomaten und Paprika zugeben und das Ganze ein wenig weich dünsten.

Den Schinken bzw. die Bratenreste würfelig schneiden, mit den Eiern abrühren und über die Tomaten gießen. Die Speise bei mäßiger Hitze stocken lassen (ohne umzurühren), aus der Pfanne heben und, mit Schnittlauch bestreut, servieren.

*Foto: Wilhelm Hufnagl*

## BOHNENGULASCH

**200 g Zwiebeln**
**3 EL Öl**
**400 g Schweinefleisch**
**4 Tomaten**
**je 1 roter, grüner und gelber Paprika**
**Salz, Knoblauch, Pfeffer**
**Majoran, Kümmel, Paprikapulver**
**20 g glattes Mehl**
**Wasser oder Suppe**
**250 g Käferbohnen**
**1 Essiggurkerl**
**Küchenkräuter**
**Süßrahm**

Die geschnittenen Zwiebeln in Öl goldgelb rösten, das würfelig geschnittene Fleisch, die geschnittenen Tomaten und Paprika zugeben, würzen, mit Mehl stauben, mit Wasser oder Suppe aufgießen, die über Nacht eingeweichten Bohnen dazumengen und alles weich dünsten.

Zum Schluss das klein geschnittene Gurkerl und die Küchenkräuter beifügen. Mit Süßrahm verbessern.

Garzeit: ca. 1 Stunde.

## BOHNSCHOTENFLEISCH

**400 g Schweinsschulter**
**Salz, Pfeffer, Knoblauch**
**20 g glattes Mehl**
**1 EL Öl**
**150 g Zwiebeln**
**3 EL Öl oder 40 g Selchspeck**
**Saft von ½ Zitrone**
**1–2 Paprika**
**2 EL Tomatenmark o. 2 Tomaten**
**250 g Wasser**
**500 g Bohnschoten**

Fleisch würfelig schneiden, salzen, pfeffern, mit zerdrücktem Knoblauch, Mehl und Öl vermischen. Fein gehackte Zwiebeln in heißem Öl oder Selchspeck goldgelb rösten, Zitronensaft beifügen, das Fleisch zugeben, rösten und zusammen mit nudelig geschnittenem Paprika, Tomatenmark und Wasser 15 Minuten dünsten.

Dann die geschnittenen Bohnschoten zugeben und alles zusammen weich dünsten.

Garzeit: ca. 1 Stunde.

## NUDELFLEISCH

**200 g Nudeln**
**3 EL Öl**
**2 Zwiebeln**
**1 EL Paprikapulver**
**125 ml Tomatenmark**
**Wasser oder Suppe**
**Salz, Pfeffer**
**Knoblauch**
**Kümmel, Majoran**
**1 Lorbeerblatt**
**400 g Fleisch (vom Rind oder Schwein)**

Nudeln aus Nudelteig bereiten (siehe S. 38) oder Fertignudeln verwenden.

In Öl die gehackten Zwiebeln goldgelb rösten, Paprika dazu, mit Tomatenmark ablöschen, aufgießen, würzen und das Fleisch in diesem Saft weich dünsten.

Gekochte Nudeln zugeben, vermischen und abschmecken.

Garzeit: ca. 1 Stunde.

### HINWEIS

Man kann auch gebratene Fleischreste verwenden, die mit Fett und Zwiebeln geröstet und mit Tomatenmark gedünstet werden.

## FLEISCHFRITTATEN

**250 ml Milch**
**120–150 g glattes Mehl**
**1–2 Eier**
**Salz**
**Öl zum Backen**

### Fülle

**1 kleine Zwiebel**
**30 g Fett**
**300–400 g Faschiertes**
**40 g Semmelwürfel**
**125 ml Wasser**
**Salz, Pfeffer**

### Überguss

**125 ml Süßrahm**
**2 Eier**
**Salz, Pfeffer**

Aus den angegebenen Zutaten dünne Frittaten backen.

Diese füllen, zusammenrollen, in einer Pfanne nebeneinanderlegen, mit Süßrahm, der mit Eiern versprudelt wird, übergießen und so lange im Backrohr bei 170–180 °C backen, bis der Überguss stockt.

Garzeit: ca. 40–50 Minuten.

### FÜLLE

Gehackte Zwiebel anlaufen lassen, Faschiertes und Semmelwürfel zugeben, kurz anrösten, ein wenig aufgießen, würzen, aufkochen lassen, damit eine streichfähige Masse entsteht.

## FRITTATENKUCHEN

**250 ml Milch**
**120–150 g glattes Mehl**
**1–2 Eier**
**Salz**
**Öl zum Backen**
**Butter und Semmelbrösel für die Form**

### Fülle

**200 g Faschiertes**
**1 Zwiebel**
**Petersilie**
**2 EL Öl**
**Salz, Pfeffer, Majoran**
**1 Semmel**
**125 ml Wasser**

### Überguss

**2 Eier**
**250 ml Milch**
**Salz**

Aus Milch, Mehl, Eiern und Salz dünne Frittaten backen und abwechselnd mit der Fülle in eine befettete, ausgebröselte feuerfeste Form legen, mit einer Frittate abschließen. Die so gefüllte Form mit gesalzener Eiermilch übergießen und so lange im Rohr backen, bis der Überguss gestockt ist.

Garzeit: ca. 40–50 Minuten bei 170–180 °C.

### FÜLLE

Faschiertes Fleisch mit gehackter Zwiebel und Petersilie rösten, würzen, Semmelwürfel beigeben, durchrösten, 125 ml Wasser beigeben (Fülle wird cremiger), abschmecken.

## FLEISCHFRITTATEN, GEBACKEN

**Frittatenteig und Fülle wie für Frittatenkuchen**

**2 Eier, Semmelbrösel**
**Öl zum Ausbacken**

Dünne Frittaten einzeln füllen, zusammenrollen, in Eiern und Bröseln panieren und, in Fett schwimmend, ausbacken. Vor dem Servieren in der Mitte durchschneiden.

## SCHINKENFLECKERLN, EINFACH

**200 g Fleckerln**
**1 Zwiebel**
**2–3 EL Öl**
**200 g Selchfleisch**
**Salz, Pfeffer**

Fleckerln kochen und abschrecken. Gehackte Zwiebel in Öl anrösten, das zerkleinerte Selchfleisch und die gekochten, gut abgespülten Fleckerln zumengen, würzen.

## SCHINKENFLECKERLN, GEBACKEN

**200 g Fleckerln**
**40 g Butter**
**2 Eier**
**3 EL Süßrahm**
**150 g Schinken oder Selchfleisch**
**1 EL Käse, gerieben**
**Schnittlauch**
**Petersilie**
**Salz**

Fleckerln kochen, abseihen, abschwemmen und abtropfen lassen. Einen Abtrieb aus Butter, Eidottern und Süßrahm bereiten, gehackten Schinken oder Selchfleisch, geriebenen Käse und gehackte Kräuter beifügen, salzen.

Unter diesen Abtrieb die gekochten Fleckerln mengen und den Schnee der Eiklar leicht darunterziehen. Die Masse in eine gut gebutterte Form füllen und etwa 40 Minuten bei 180 °C Ober- und Unterhitze backen.

*Foto: Wilhelm Hufnagl*

## REISFLEISCH

**2 mittelgroße Zwiebeln**
**2–3 EL Öl**
**1 EL Paprikapulver**
**125 ml Tomatenmark**
**125 ml Wasser**
**400 g Fleisch (vom Kalb oder Schwein)**
**je 1 roter und grüner Paprika**
**2 Essiggurkerln**
**Salz, Pfeffer, Kümmel**
**Majoran, Thymian**
**1 Lorbeerblatt**
**Knoblauch**
**200 g Reis**
**500 ml Suppe oder Wasser**

Die würfelig geschnittenen Zwiebeln in Öl goldbraun rösten, Paprikapulver dazugeben, mit Tomatenmark löschen, aufgießen, das würfelig geschnittene Fleisch, Paprikastreifen und klein geschnittene Essiggurkerln dazugeben, würzen und 30 Minuten dünsten. Hierauf den gewaschenen Reis zugeben, mit 500 ml heißer Suppe oder Wasser vergießen, zudecken und das Ganze im Rohr oder bei niedriger Stufe fertig dünsten. Garzeit: ca. 1 Stunde.

**HINWEIS**
Bei Schweinefleisch etwas weniger Fett nehmen.

## PASTA ASCIUTTA

**1 große Zwiebel**
**2–3 EL Öl**
**200 g Wurzelwerk (Karotte und Sellerie)**
**300 g Fleisch**
**2 Zehen Knoblauch**
**250 ml Tomatenmark**
**Salz, Pfeffer**
**Basilikum, Oregano**
**1 EL glattes Mehl**
**250 ml Suppe oder Wasser**
**250 g Spaghetti**
**Salzwasser**
**40–60 g Parmesan**

Die fein gehackte Zwiebel in Öl goldbraun anlaufen lassen, das fein geriebene Wurzelwerk und das grob faschierte Fleisch durchrösten. Dann alle übrigen Zutaten hinzufügen, das Ganze weich dünsten, stauben, aufgießen.

Die in Salzwasser gekochten, heiß abgespülten Spaghetti in einer Schüssel anrichten und in deren Mitte das gedünstete Faschierte geben.

Zum Schluss mit Parmesan überstreuen.

## SPAGHETTI MIT KÄSESAUCE

**40 g Butter**
**40 g glattes Mehl**
**250 ml Milch**
**Süßrahm nach Belieben**
**Wein nach Bedarf**
**1 Eckchen Schmelzkäse**
**Salz, Pfeffer**
**Knoblauch, Senf**
**Küchenkräuter**
**50 g Schinken oder Selchspeck**
**300 g Spaghetti**
**Petersilie**

Aus der Butter und dem Mehl eine Einmach bereiten, mit Milch, Süßrahm und Wein aufgießen, sodass eine cremige Masse entsteht. Den Käse in dieser Masse auflösen, würzen und mit dem nudelig geschnittenen Schinken vermengen.

Die in Salzwasser gekochten, abgespülten Spaghetti in einer Schüssel anrichten und die Sauce in deren Mitte geben. Mit fein gehackter Petersilie bestreuen.

# LASAGNE

**Nudelteig**

**250 g glattes Mehl**
**(Type 405 oder Semola-Mehl)**
**1 Ei**
**½ TL Salz, 1 EL Olivenöl**
**ca. 60 ml warmes Wasser**

**Fülle**

**20 g Butter**
**100 g Wurzelwerk**
**300 g Faschiertes**
**250–500 ml Tomatenmark**
**250 ml Suppe**
**Kräutersalz, Suppenwürze**
**Muskatnuss**
**1 Knoblauchzehe, 1 Zwiebel**
**2 EL Schlagobers**

**Käsesauce**

**50 g Butter**
**3 EL glattes Mehl**
**1 EL Weizenvollkornmehl**
**500–750 ml Milch**
**150 g Käse, gerieben**
**Pfeffer, Muskatnuss**
**Kräutersalz**
**frische Küchenkräuter**

Nudelteig bereiten, nach Wunsch mit Spinatsaft färben, dünn ausrollen, in ca. 10 x 8 cm große Stücke schneiden, in Salzwasser kernig kochen, kalt abschrecken. Lagenweise (Blätter und Fülle) in eine feuerfeste Form schichten, mit der Käsesauce übergießen und im Backrohr überbacken.

Garzeit: bei 170–180 °C 50–60 Minuten.

## FÜLLE

Fein geschnittene Zwiebel in Öl oder Butter anlaufen lassen, Gemüse reiben, mitdünsten, Faschiertes und Tomatenmark zugeben, mit Suppe aufgießen, würzen, kurz dünsten lassen, mit Obers verbessern.

## KÄSESAUCE

Butter und Mehl anschwitzen, mit Milch aufgießen, kurz aufkochen, Käse unterziehen, würzen.

### HINWEISE

Es können auch fertige Nudelblätter verwendet werden. Für den Nudelteig kann auch Weizenvollkornmehl verwendet werden. Ev. einen Teil vom Käse zum Bestreuen verwenden.

Foto: Alexander Stiegler

## SERBISCHER REIS

**60 g Selchspeck**
**2 EL Öl**
**1 Zwiebel**
**4 Paprika**
**200 g Faschiertes**
**Pfeffer, Salz**
**Knoblauch**
**200–300 g Reis**
**250 g Tomaten**
**500 ml Wasser oder Suppe**

Den kleinwürfelig geschnittenen Speck und das Öl erhitzen, die gehackte Zwiebel anrösten, nudelig geschnittene Paprika und das Faschierte zugeben, würzen und alles durchrösten.

Dann den gewaschenen Reis und die in Scheiben geschnittenen Tomaten daruntermischen, mit Wasser oder Suppe aufgießen und salzen. Das Gericht zugedeckt weich dünsten.

Garzeit: 40–60 Minuten.

## KRAUTEINTOPF

**160 g weiße, kleine Bohnen**
**½ Lorbeerblatt**
**Thymian**
**80 g Speck**
**80 g Zwiebeln**
**Paprikapulver**
**300 g Sauerkraut**
**2 frische Tomaten**
**oder 1 EL Tomatenmark**
**Salz, Zucker**
**250 ml Wasser**
**400 g beliebige Wurst**
**oder Selchfleisch**
**125 ml Sauerrahm**

Die gewaschenen Bohnen über Nacht einweichen. Mit Lorbeerblatt und Thymian aufkochen, bis sie weich sind. Im kleinwürfelig geschnittenen Speck fein gewiegte Zwiebeln rösten, den Paprika darin aufschäumen lassen, das geschnittene Sauerkraut und die geschälten Tomaten oder das Tomatenmark zugeben, salzen, ein wenig zuckern und das Kraut unter Zugabe von Wasser weich dünsten.

Dann die in Scheiben geschnittene Wurst oder das Selchfleisch und die Bohnen daruntermischen, mit Sauerrahm aufgießen und das Ganze zugedeckt 15 Minuten dünsten lassen.

Garzeit: ca. 1 Stunde.

## FLEISCHEINTOPF

**300 g Zwiebeln**
**3 EL Öl**
**1 EL Paprikapulver**
**Essig**
**400 g Fleisch**
**Salz, Kümmel**
**400 g verschiedene Gemüse (Weißkraut, Erbsen, Karotten, Kartoffeln)**
**250 ml Wasser**
**1 TL glattes Mehl**
**Süßrahm**

Zwiebeln in Öl goldbraun anrösten, Paprika, Essig, das kleinwürfelig geschnittene Fleisch, Salz und Kümmel zumengen. Das Ganze eine Weile dünsten lassen, dann das geschnittene Weißkraut, die würfelig geschnittenen Karotten und Kartoffeln sowie die Erbsen zugeben, aufgießen, fertig dünsten.

Zum Schluss stauben, vergießen und evtl. mit ein wenig Süßrahm verbessern.

Garzeit: ca. 1 Stunde.

**HINWEIS**
Der Fleischeintopf kann auch ohne Paprika zubereitet werden.

## RITSCHERT

**300 g Bohnen**
**200 g Rollgerste**
**300 g Selchfleisch**
**Majoran, Thymian**
**2 EL Öl**
**oder 40 g Schweinefett**
**10 g glattes Mehl**
**1 Zwiebel**
**Salz**
**1 Stange Lauch**

Bohnen und Rollgerste über Nacht einweichen, am nächsten Tag mit Selchfleisch, ein wenig Majoran und Thymian dick einkochen. Wenn das Fleisch weich ist, herausnehmen.

Eine Einbrenn aus Fett oder Öl, Mehl und fein gehackter Zwiebel vergießen, salzen und zu dem Gekochten mengen. Die Speise muss dicklich sein.

Fleisch in Stücke schneiden und vor dem Servieren mit dem fein geschnittenen Lauch über das fertige Gericht geben.

## TIROLER KNÖDEL

**4 Semmeln**
**oder 200 g Knödelbrot**
**60 g Butter**
**1 Zwiebel**
**Petersilie**
**125 ml Milch**
**2 Eier**
**Salz**
**150 g Selchfleisch**
**ca. 40 g glattes Mehl**

Die Semmeln kleinwürfelig schneiden und in Butter mit fein gehackter Zwiebel und Petersilie anrösten. Dann Milch, Eier und Salz versprudeln, damit die Semmeln übergießen und anziehen lassen.

Hierauf das gekochte, kleinwürfelig geschnittene Selchfleisch und Mehl nach Bedarf zugeben, leicht einmischen, Knödel formen, diese außen leicht bemehlen, dann in kochendes Salzwasser einlegen und ca. 10 Minuten kochen lassen.

## KARTOFFELKNÖDEL MIT FLEISCHFÜLLE

**400 g mehlige Kartoffeln, gekocht und passiert**
**50 g Topfen**
**50 g Grieß**
**100 g glattes Mehl**
**40 g Butter**
**1 Eidotter**
**Salz**

**Fleischfülle**
**150 g Faschiertes**
**1 Zwiebel**
**1–2 EL Öl**
**Petersilie, Salz**

Aus Kartoffeln, Topfen, Grieß, Mehl, Butter, Eidotter und Salz einen Kartoffelteig bereiten, der gleich weiterverarbeitet werden muss. Diesen zu einer Rolle (ca. 8 cm dick) formen und Scheiben abschneiden. Auf diese die Fleischfülle in Form von kleinen Kugeln legen. Der Teig muss die Fülle gleichmäßig dick umschließen.

Die Knödel in siedendem Salzwasser 5–10 Minuten kochen und mit gebräunter Butter anrichten (Bild S. 43).

### FÜLLE

Das Faschierte mit der gerösteten Zwiebel, Petersilie und Salz gut vermengen.

## TIROLER GRÖSTEL

**1 Zwiebel**
**2–3 EL Öl**
**200 g Rindfleisch, Selchfleisch oder Schweinefleisch, gekocht oder gebraten**
**600 g vorwiegend festkochende Kartoffeln, gekocht**
**Salz, Pfeffer**

Die fein gehackte Zwiebel in heißem Öl anlaufen lassen, das nudelig geschnittene Fleisch zugeben, kurz anrösten. Zuletzt die blättrig geschnittenen gekochten Kartoffeln darin fertig rösten und würzen.

Garzeit: 15–20 Minuten.

## PAPRIKA, GEFÜLLT

**8 grüne Paprika**
**Butter zum Befetten**

**Fülle – Art 1**
**80 g Reis**
**400 g Faschiertes**
**Petersilie**
**1 Zwiebel, Salz, Pfeffer**

**Fülle – Art 2**
**60 g Speck oder Schinken**
**100 g Vollreis**
**400 g Faschiertes**
**1–2 Eier**
**Salz, Pfeffer**
**Majoran, Knoblauch**

**Tomatensauce**
**1 Zwiebel**
**20 g Butter**
**500 g Tomaten oder**
**300 g Tomatenmark**
**Salz, glattes Mehl**

Paprika waschen, bei den Stängeln die Deckel abschneiden, aushöhlen, füllen, in eine befettete Kasserolle stellen. Im Rohr mit wenig Suppe bei 170 °C ca. 40 Minuten garen.

Mit Tomatensauce übergießen und ziehen lassen (Bild S. 161).

Garzeit: 40–60 Minuten.

### FÜLLE ART 1

Gedünsteten Reis mit rohem Faschierten, fein gehackter Petersilie und Zwiebel, Salz und Pfeffer vermischen.

### FÜLLE ART 2

Speck oder Schinken klein schneiden, mit dem gedünsteten Reis und den übrigen Zutaten vermischen.

### TOMATENSAUCE

Die fein gehackte Zwiebel in Butter anrösten, Tomaten blättrig schneiden oder das Mark zugeben, salzen, ein wenig stauben, über die gefüllten Paprika gießen und dünsten lassen.

## ZUCCHINI, GEFÜLLT

**Fülle**
**Menge und Zubereitung siehe Faschierter Braten, S. 120**

**4 Zucchini**
**Speckstreifen**
**Butterflocken**

Zucchini der Länge nach halbieren, aushöhlen, mit dem Faschierten füllen, mit Speckstreifen oder Butterflocken belegen und im Backrohr bei 170–180 °C 30–40 Minuten braten.

**HINWEIS**
Die Zucchini können auch in Stücke geschnitten, ausgehöhlt und gefüllt werden.

## TOMATEN, GEFÜLLT

**8 Tomaten**
**300 g Faschiertes**
**1 Zwiebel**
**Petersilie**
**1 Ei**
**Salz, Pfeffer**
**Knoblauch**
**2 EL Öl**
**30 g Reibkäse**
**20 g Semmelbrösel**
**30 g Butter**

Die mittelgroßen festen Tomaten aushöhlen, zuvor aber die Böden abschneiden. Faschiertes (oder faschierte Fleischreste) mit fein gehackter, gerösteter Zwiebel, Petersilie, Ei, Salz und Pfeffer vermischen.

Dieses Gemenge in die innen leicht gesalzenen und mit ein wenig Knoblauch eingeriebenen Tomaten füllen und diese in eine befettete Pfanne oder feuerfeste Schüssel stellen, mit geriebenem Käse und Semmelbröseln bestreuen, mit geschmolzener Butter beträufeln und ca. 20 Minuten im Rohr bei 200–220 °C braten.

## KRAUT IM SCHÖPFER

**Fülle**
**Menge und Zubereitung siehe Faschierter Braten, S. 120**

**Weißkraut- oder Chinakohlblätter, überbrüht**
**30 g Butter zum Befetten**
**Speckstreifen**

Schöpfer mit Weißkraut- oder Chinakohlblättern auslegen, Faschiertes fest hineindrücken, überstehende Blätter umbiegen und das Ganze in eine befettete Pfanne stürzen. Vor dem Braten im Backrohr Speckstreifen kreuz und quer auf die Krautkugeln legen. Bei 170–180 °C für 30–50 Minuten garen.

*Gefüllte Zucchini, Rezept links* Foto: Wilhelm Hufnagl

# OMELETTEN, GEFÜLLT

**250 ml Milch, 150 g glattes Mehl, 4 Eier**
**Salz, ein wenig Pfeffer**
**Butter oder Öl zum Ausbacken**

Milch und Mehl abrühren, die Eidotter beimengen, salzen und leicht pfeffern. Den steif geschlagenen Eischnee unterziehen, aus der Masse 4 Omeletten backen, füllen, zusammenschlagen und sofort zu Tisch bringen.

## Spinatfülle

**1 Zwiebel, 2 EL Öl**
**250 g Spinat**
**Salz, Pfeffer**
**Muskatnuss, Knoblauch**
**ein wenig Süßrahm**

## SPINATFÜLLE

Die fein gehackte Zwiebel in Öl anrösten, den blanchierten, gehackten Spinat beimengen, würzen, kurz dünsten und zum Schluss mit Süßrahm verbessern.

## Käsefülle

**160 g Käse, gerieben**
**Pfeffer**

## KÄSEFÜLLE

Während die Omeletten langsam stocken, die Oberseiten dick mit geriebenem Käse und Pfeffer bestreuen, dann zusammenschlagen und anrichten.

## Schinkenfülle

**250 g Schinken oder mageres Geselchtes, evtl. auch Schinkenwurst**

## SCHINKENFÜLLE

Omeletten mit fein gehacktem Schinken bestreuen, zusammenschlagen und anrichten.

## Champignonfülle

**1 Zwiebel**
**40 g Butter**
**200 g Champignons oder andere Pilze**
**Salz**
**Petersilie**
**2 EL Süßrahm**

## CHAMPIGNONFÜLLE

Die fein gehackte Zwiebel in Butter anlaufen lassen, blättrig geschnittene Pilze zugeben, salzen, dünsten lassen, zum Schluss gehackte Petersilie untermischen, mit Süßrahm verbessern.

Füllen wie oben.

*Foto: Wilhelm Hufnagl*

## OMELETTENMASSE, FEIN, PRO PERSON

**2 Eier**
**1 Prise Stärkemehl**
**Salz**
**20 g Butter**

Eier mit Stärkemehl verrühren, salzen und in heißer Pfanne mit Butter herausbacken. Pfanne schütteln, damit die Omelette nicht anklebt, goldgelb backen, nicht wenden, sondern die Fülle auf die gestockte Oberseite geben; Omelette vorsichtig zusammenschlagen und anrichten.

## KRAUTRÖLLCHEN

**1 Krautkopf**
**Salz**
**Suppe zum Aufgießen**

**Fülle**
**200 g Fleischreste oder Faschiertes**
**2 EL Öl**
**Salz, Pfeffer**
**1 Ei**
**4 EL Reis, gedünstet**

Einen Krautkopf im Ganzen in gesalzenes, kochendes Wasser legen (blanchieren), weil sich die Blätter dann leichter ablösen lassen. Die einzelnen Blätter füllen, zusammenrollen, in eine befettete Auflaufform schichten, mit Suppe übergießen und die Krautröllchen im Rohr bei 170 °C 40–50 Minuten garen.

### FÜLLE

Fleischreste oder Faschiertes in Öl rösten, mit Salz und Pfeffer würzen, mit einem Ei binden, allenfalls mit gedünstetem Reis verlängern.

## JÄGERAUFLAUF

**1 kg vorwiegend festkochende Kartoffeln**
**Salz**
**Muskatnuss**
**125 ml Milch**
**50 g Butter**

**Fülle**
**80 g Speck**
**2 Zwiebeln**
**200 g Faschiertes**
**Salz, Pfeffer**
**Senf**
**2 Tomaten**
**1 grüner Paprika**
**1 Essiggurkerl**
**Butterflocken**
**Petersilie**

Kartoffeln schälen, vierteln, in Salzwasser mit Muskatnuss kochen und anschließend mit Milch und Butter zu einem Brei abrühren.

### FÜLLE

Speck in einer Pfanne zerlassen, fein gehackte Zwiebeln darin anlaufen lassen, Faschiertes mit den Gewürzen zugeben, alles gut durchrösten, dann die blättrig geschnittenen Tomaten, den Paprika sowie das Gurkerl beigeben, alles kurz dünsten lassen.

Auflaufform befetten, die Hälfte des Kartoffelbreis einfüllen, Fülle daraufgeben und zum Schluss mit dem restlichen Kartoffelbrei abdecken. Oberseite mit der Gabel dekorativ verzieren, mit Butterflöckchen belegen, 30 Minuten bei 200 °C backen und vor dem Servieren mit Petersilie bestreuen.

## WURST IM BLÄTTERTEIG

**Blätterteig (gekauft)**
**4 Knackwürste oder Frankfurter**
**Ei zum Bestreichen**
**Küchenkräuter nach Wahl**

Teig ca. 3 mm dick auswalken, Quadrate (10 x 10 bis 15 x 15 cm) ausradeln, Würste von der Längsseite her mit dem Teig einschlagen, mit Ei bestreichen und bei 210 °C im Rohr ca. 20 Minuten backen.

Vor dem Servieren mit Kräutern bestreuen.

## SCHINKEN, GEFÜLLT

**8 Scheiben Schinken, 3 mm stark**
**8 Scheiben Käse**
**2 Gurkerln**
**Petersilie**

**Backteig oder Pariser Panier**
**100 g glattes Mehl**
**ca. 125 ml Milch**
**2 Eier**
**Salz, Pfeffer**

Schinkenscheiben auflegen, Käsescheiben darauflegen, blättrig geschnittene Gurkerln darübergeben, Schinkenscheiben zusammenklappen und mit Zahnstochern befestigen.

Entweder in Backteig tauchen und in heißem Fett herausbacken oder erst in Mehl, dann in Ei drehen und ebenfalls backen.

Mit Petersilie bestreuen.

### BACKTEIG

Mehl, Milch und Eier glatt rühren, würzen.

## PIZZA

**Germteig**
**300 g glattes Mehl**
**125 ml Wasser**
**20 g Germ**
**Salz**
**2 EL Olivenöl**

**Tomatensauce**
**200 ml Tomatenmark**
**1 EL Ketchup**
**1 Knoblauchzehe, fein geschnitten**
**Salz, Pfeffer**
**Basilikum**

Aus den Zutaten einen weicheren Germteig bereiten, gut gehen lassen. Dann in 4 Teile teilen und aus jedem einen runden Fleck von ca. 20 cm Durchmesser auswalken. Auf das befettete Backblech legen, mit Tomatensauce bestreichen und beliebig belegen.

Bei 210 °C ca. 20 Minuten backen, anrichten und sofort servieren.

### TOMATENSAUCE

Alle Zutaten gut miteinander vermengen.

## PIZZABELAG 1

**500 g Tomaten**
**Sardellenringerl, Kapern**
**Oliven, blättrig geschnitten**
**Pfeffer, Oregano**
**100 g Pizzakäse**
**oder Mozzarella**

Tomaten blättrig schneiden, auf den Teig legen, mit den übrigen Gewürzen und Zutaten bestreuen, zuletzt den geriebenen Käse darübergeben.

## PIZZABELAG 2

**4 Tomaten**
**200 g Schinken**
**8 EL Champignons**
**Pfeffer**
**Schnittlauch**
**150 g Käse, gerieben**

Tomaten in Spalten teilen und gleichmäßig auflegen. Schinken hacken, auf den Teig geben. Pilze, Gewürze und zuletzt den Käse darüberstreuen.

Man kann die Pizza auch mit zuvor gebratenen Speckstreifen und Wurstscheiben beliebig belegen.

## PIZZABELAG 3

**400 g Faschiertes**
**Salz, Pfeffer, Oregano**
**8 kleine Tomaten**
**1 Zwiebel**
**2 EL Öl**
**1 Schuss Weißwein**
**Hartkäse, gerieben**
**16 Perlzwiebeln, 16 Oliven**
**100 g Champignons**
**Küchenkräuter**

Das gewürzte Faschierte mit den geschälten Tomaten und der fein gehackten Zwiebel rösten, einen Schuss Weißwein zugeben und die Pizza kranzförmig belegen: In der Mitte Hartkäse, dann Perlzwiebeln, Oliven und Champignons auflegen. Backen und mit den Kräutern bestreuen.

## PIZZABELAG 4

**300 g Spinat**
**Salz, Pfeffer**
**Oregano, Knoblauch**
**100 g Hamburger Speck**
**150 g Käsestreifen**

Den gewürzten Blattspinat oder den passierten Spinat auf dem Teig verteilen. Hamburger Speck, feinst geschnitten, darübergeben und Käsestreifen in Gitterform darauflegen.

## PIZZABELAG 5

**300 g Blattspinat**
**Salz, Pfeffer, Knoblauch**
**2 Eier**
**100 g Speck, durchzogen**
**100 g Käsestreifen**

Den Spinat dünsten, würzen, auf dem Teig verteilen. Eier versprudeln und darübergießen. Speck und Käse in Streifen schneiden und darüberlegen.

## PIKANTER LAUCHKUCHEN

**Mürbteig**
**200 g glattes Mehl**
**100 g Butter**
**1 Ei**
**Salz**

**Fülle**
**1 Zwiebel**
**2 EL Öl**
**1 mittlere Stange Lauch**
**150 g Champignons**
**100 g Schinken**
**Kräuter, Salz, Pfeffer**
**250 ml Rahm, oder gemischt mit Joghurt**
**2 Eier**
**50 g Käse**

Mürbteig bereiten, rasten lassen, Tortenform damit auslegen, dabei den Rand ca. 2 cm hochdrücken, Boden einstechen und ca. 10 Minuten vorbacken.

Für die Fülle die gehackte Zwiebel anrösten, den Lauch in Ringe schneiden und mitrösten, Champignons und Schinkenwürfel beigeben, rösten, bis die Flüssigkeit verdampft ist, und würzen.

Alles auf dem vorgebackenen Teig verteilen, mit Rahm-Eiermilch übergießen und mit Käse bestreuen. Weitere 20 Minuten bei 200 °C backen.

## SCHINKENKARFIOL

**2 mittelgroße Karfiolrosen**
**Salz**
**200 g Selchfleisch**
**125 ml Sauerrahm**
**3 Eier**
**Petersilie**

Karfiol in Röschen teilen, in Salzwasser halb weich kochen. Mit gehacktem (gekochtem) Selchfleisch mischen, in eine Auflaufform geben. Sauerrahm und Eier, Salz und Petersilie versprudeln, über den Karfiol gießen und backen, bis die Eiermasse gestockt ist.

Bei 180 °C ca. 35 Minuten garen.

***Foto rechts: Forelle, gebraten*** ***(Rezept S. 178)***

*Foto: Archiv Kochen&Küche*

# FISCHGERICHTE

## FORELLE, BLAU

**4 Forellen**
**Salz**
**60 ml Weinessig**
**250 ml Wasser**
**Pfefferkörner**
**2 Lorbeerblätter**
**Petersilie**
**80 g Butter**

Die Forellen längs des Bauches aufschneiden, Eingeweide vorsichtig herausnehmen, dabei aber die Galle nicht zerdrücken, auch die Haut nicht verletzen. Nicht entschuppen, die Bauchhöhle auswaschen und salzen. Dann die Fische in einer Pfanne nebeneinander legen, mit siedendem, gewürztem Essigsud übergießen und sie darin zugedeckt etwa 15 Minuten ziehen lassen. Die Forellen sollten nicht kochen.

Mit der gehackten Petersilie bestreuen, mit gebräunter Butter servieren.

## FORELLE, GEBRATEN

**4 Forellen**
**Salz**
**Zitronensaft**
**evtl. Knoblauch**
**100 g Butter oder Öl**
**Petersilie**

Die geputzten, gewässerten Forellen einsalzen, mit Zitronensaft säuern, evtl. mit Knoblauch einreiben und 15–20 Minuten, je nach Größe, in heißer Butter oder in Öl braten.

Mit gehackter Petersilie bestreuen und servieren (Bild S. 177).

## FORELLE, GEBACKEN

**4 Forellen**
**Salz**
**glattes Mehl**
**2 Eier**
**Semmelbrösel**
**Öl zum Ausbacken**

Die Forellen ausnehmen. Dabei aber nicht den ganzen Fisch aufschneiden, sondern nur so weit, dass die Eingeweide entnommen werden können. Die Flossen mit der Schere abschneiden.

Die Fische salzen, panieren und ausbacken.

Backzeit: 10 Minuten.

## FISCHFILET, GEBRATEN

**600 g Fischfilet**
**Zitronensaft**
**Salz, Pfeffer**
**40 g glattes Mehl**
**60 g Butter oder Öl**

Kabeljau-, Dorsch- oder Goldbarschfilets in Stücke teilen (gefrorene Filets nicht auftauen, sondern gleich verarbeiten), mit Zironensaft, Salz und Pfeffer einreiben, in Mehl drehen und beiderseits in heißem Fett braten.

Garzeit: 6–8 Minuten.

## FISCH, GEGRILLT

**4 Fischfilets oder 4 Forellen**
**Pfeffer, Salz**
**Zitronensaft**
**Küchenkräuter**

Den gewürzten, mit Zitronensaft beträufelten Fisch mit Kräutern bestreuen und auf dem Rost oder Grill grillen.

## FISCH IM BACKTEIG

**600 g Fischfilet**
**Salz**
**Zitronensaft**
**250 ml Öl zum Ausbacken**

Die Fischfilets in Stücke teilen, mit Salz und Zitronensaft einreiben, in Backteig tauchen und in heißem Öl herausbacken.

Backzeit: 8 Minuten.

### Backteig

**80–100 g glattes Mehl**
**2 Eier**
**1 EL Öl**
**60 ml Milch**
**oder helles Bier, Wein**
**Salz**

### BACKTEIG

Mehl mit Eidottern, Öl, Milch (Bier, Wein) und Salz versprudeln, 30 Minuten stehen lassen und dann mit dem festen Eischnee vermischen. Der Backteig muss dick genug sein, damit er nicht zu stark abrinnt. Eventuell noch Mehl zugeben.

Foto: Andrea Jungwirth

## FISCH, GRATINIERT

**4 Fischfilets à 200 g**
**Zitronensaft**
**Salz**
**2 EL Öl**
**Semmelbrösel**

**Béchamelsauce**
**30 g Butter**
**1 EL glattes Mehl**
**125–250 ml Milch**
**1 Ei**
**4 EL Käse, gerieben**
**1 EL Semmelbrösel**
**evtl. Zwiebelringe**
**Küchenkräuter**

Filets mit Zitronensaft beträufeln, salzen und in heißem Öl anbraten. Dann in eine befettete, bebröselte Auflaufform legen.

Béchamelsauce bereiten (gemäß S. 190), in diese Ei und die halbe Käsemenge geben, sodass eine cremige Masse entsteht. Über die Fischfilets gießen, die restliche Käsemenge und die Semmelbrösel darüberstreuen, evtl. mit Zwiebelringen belegen, bei starker Oberhitze (230 °C) auf oberer Schiene überbacken.

Gratinierter Fisch kann durch verschiedene Geschmackszutaten abgeändert werden (Pfeffer, Curry, Senf, Knoblauch, Thymian, Oregano, Petersilie, Rosmarin, Tomatenmark).

## FISCHFILET, GEBACKEN

**600 g Fischfilet**
**Salz**
**Zitronensaft**
**glattes Mehl**
**2 Eier**
**Semmelbrösel**
**Öl zum Ausbacken**

Die entsprechenden Fischstücke salzen, mit Zitronensaft beträufeln, in Mehl, Eiern und feinen Semmelbröseln panieren und in Öl ausbacken.

Backzeit: 8–10 Minuten.

Foto: Wilhelm Hufnagl

## FISCHGULASCH

**600 g Fischfilet**
**Salz**
**Zitronensaft**
**20 g glattes Mehl**
**2–3 EL Öl**

**Sauce**
**60 g Speck**
**1 Zwiebel**
**1 EL Paprikapulver**
**1 EL Tomatenmark**
**10–20 g glattes Mehl**
**Suppe oder Wasser**
**1 EL Sauerrahm**

Die in Stücke geschnittenen Fischfilets mit Salz und Zitronensaft einreiben, in Mehl tauchen und in einer Pfanne rasch anbraten. Dann in eine feuerfeste Schüssel geben, die fertige Paprikasauce darübergießen und das Gericht 15 Minuten im Rohr bei ca. 180 °C ziehen lassen.

### SAUCE

Fein geschnittenen Speck und Zwiebel goldgelb rösten, Paprika und Tomatenmark zugeben, stauben, mit Suppe oder Wasser aufgießen, kurz aufkochen und mit Tomatenmark und Sauerrahm verbessern.

## PARMAFISCH

**600 g Fischfilet**
**Salz**
**Zitronensaft**

**Parma-Panier**
**glattes Mehl**
**3 Eier**
**Petersilie**
**6 TL Käse, gerieben**
**Fett zum Ausbacken**

Filets mit Salz und Zitronensaft würzen, dann in Parma-Panier tauchen. Dazu erst in Mehl, dann in einem Gemisch aus Eiern, Petersilie und Käse drehen und in heißem Fett herausbacken.

Garzeit: 8–10 Minuten.

### HINWEIS

Dorsch- oder Schollenfilet halb aufgetaut verwenden.

### BEILAGE

Sauce Tatar (S. 158) oder Kartoffelsalat.

## SCHOLLENFILET MIT MANDELN

**80 g Mandeln, gerieben**

Zubereitung siehe Parmafisch.

In die Panier statt Käse Mandeln geben.

*Foto rechts:* ***Bohnschoten***
***(Rezept S. 185)***
*Foto: Mona Lorenz*

# GEMÜSEGERICHTE

# GEMÜSE

Gemüse kann durch Stauben, Einmach oder Einbrenn gebunden werden.
**Stauben:** Mehl vorsichtig über das gegarte Kochgut streuen.
**Einmach:** Mehl in heißer Butter licht anschwitzen, mit kalter Flüssigkeit aufgießen, knotenfrei mit der Schneerute verrühren und aufkochen.
**Einbrenn:** Mehl in heißem Fett oder Butter braun anrösten, mit kalter Flüssigkeit aufgießen, knotenfrei mit der Schneerute verrühren und aufkochen.

**HINWEIS**
Butter und andere tierische Fette können nach Belieben durch pflanzliche Fette (Öle etc.) ersetzt werden. Dann eignen sich die Gemüserezepte auch für die vegetarische bzw. vegane Ernährungsweise.

## SPINAT

**400 g Spinat**
**40 g Butter**
**20 g glattes Mehl**
**Salz**
**Knoblauch**
**Muskatnuss**
**Flüssigkeit zum Aufgießen**

Spinat putzen, waschen, in gesalzenem, kochendem Wasser zustellen und kurz kochen. Den Topf während des Kochens nicht zudecken.

Spinat abseihen, faschieren oder mixen und in eine mit Butter und Mehl bereitete Einmach geben, würzen, mit Suppe, Spinatbrühe oder Milch vergießen und kurz aufkochen.

Spinat kann auch kurz in Salzwasser gekocht, mit Butter und Bröseln abgeschmalzen und so serviert werden.

## KAROTTEN

**400 g Karotten**
**40 g Butter**
**Salz**
**ein wenig Zucker**
**Petersilie**

Karotten mit einem Gemüsehobel nudelig schneiden, in heißer Butter und wenig Wasser dünsten. Wenn sie weich sind, würzen und mit gewiegter Petersilie bestreuen.

Garzeit: 20–30 Minuten.

## ERBSEN

**400 g Erbsen**
**40 g Butter**
**Salz**
**Petersilie**
**ein wenig Zucker**

Ausgelöste grüne Erbsen in heißer Butter und wenig Wasser wie Karotten weich dünsten.

Garzeit: ca. 20 Minuten.

## KARFIOL, ABGESCHMALZEN

**750 g Karfiol**
**50 g Butter**
**50 g Semmelbrösel**

In Salzwasser gekochten Karfiol noch heiß auf eine Platte oder in eine Schüssel legen und mit in Butter gerösteten Bröseln bestreuen.

Garzeit: ca. 20 Minuten.

## KARFIOL, GEBACKEN

**750 g Karfiol**
**glattes Mehl**
**1–2 Eier**
**Semmelbrösel**
**Öl zum Backen**

Karfiol in gut gesalzenem Wasser halbweich kochen, dann teilen und auf einem Tuch abtropfen lassen. Die Karfiolrosen in Mehl, Ei und Semmelbrösel tauchen und in Öl schwimmend 8–12 Minuten backen.

Karfiol kann auch in Backteig getaucht und herausgebacken werden.

## BOHNSCHOTENGEMÜSE

**500 g Bohnschoten**
**2–3 EL Öl**
**10–20 g glattes Mehl**
**Salz, Pfeffer**
**Petersilie**
**Bohnenkraut**
**Basilikum**
**Estragon**
**Sauerrahm**

Junge grüne oder gelbe Bohnschoten fein schneiden und in wenig Salzwasser weich kochen. Eine Einbrenn aus Öl und Mehl mit Bohnenwasser aufgießen, zu den gekochten Bohnen geben, etwas weiterkochen, mit den restlichen Zutaten und etwas Sauerrahm würzen.

Garzeit: 20–30 Minuten.

### HINWEIS

Die Bohnschoten können auch in Salzwasser gekocht und mit in Fett gerösteten Bröseln, Grau- oder Steirerkäs oder zerlassenem Speck abgeschmalzen werden (Bild S. 183).

## KOHLRÜBEN

**500 g Kohlrüben**
**40 g Butter**
**Salz**
**10–20 g glattes Mehl**
**Petersilie**

Die Kohlrüben würfelig schneiden, mit den fein geschnittenen, zarten Kohlrübenblättern in die heiße Butter geben, salzen, ein wenig aufgießen und dünsten. Stauben und zum Schluss die gehackte Petersilie beimengen.

Garzeit: 20–30 Minuten.

## KOHLSPROSSEN

**500 g Kohlsprossen**
**Salz**
**40 g Butter**
**30 g Semmelbrösel**
**Petersilie**

Kohlsprossen putzen (die einzelnen Röschen ganz lassen) und in Salzwasser kochen. Die abgeseihten Kohlsprossen in heißer Butter schwenken oder mit in Butter gerösteten Bröseln und Petersilie bestreuen.

Garzeit: 10–20 Minuten.

## KÜRBIS

**500 g Kürbis**
**Salz**
**2–3 EL Öl**
**1 Zwiebel**
**Paprikapulver, Essig**
**Kümmel**
**Tomaten oder Tomatenmark**
**20 g glattes Mehl**
**125 ml Sauerrahm**

Kürbis schälen, schneiden oder schaben und salzen. In Öl die gewiegte Zwiebel gelblich rösten, ein wenig Paprika zugeben, mit Essig ablöschen, den Kürbis, Kümmel und Tomaten oder Tomatenmark zugeben und dünsten, bis er weich ist.

Mehl mit Sauerrahm versprudeln, daruntermengen und einmal aufkochen lassen.

Garzeit: 30–40 Minuten.

## SELLERIE, GEBACKEN

**500 g Sellerie**
**Salz**
**Zitronensaft**
**Öl zum Ausbacken**

**Bierteig**
**ca. 125 ml Bier**
**ca. 100 g glattes Mehl**
**Salz**
**1 Ei**

Sellerieknollen schälen und im Ganzen in Salzwasser mit Zitronensaft kochen. Sind sie halbweich, die Knollen in 1 cm dicke Scheiben schneiden, in Bierteig tauchen und, in Fett schwimmend, 8–12 Minuten herausbacken.

### BIERTEIG

Bier, Mehl, Salz und Eidotter verrühren, Eischnee unterheben.

## KRAUT, GEKOCHT

**600 g Weißkraut**
**Salz**
**Kümmel**
**festkochende Kartoffeln, roh**
**Knoblauch**
**2–3 EL Butter**
**20–30 g glattes Mehl**
**Selchspeck und Grammeln nach Geschmack**
**Essig**
**Paprikapulver**
**Pfeffer**

### ART 1

Weißkraut putzen, fein schneiden, mit heißem Wasser abbrühen, abseihen, mit Salz, Kümmel und geschälten, geschnittenen rohen Kartoffeln sowie etwas Knoblauch weich kochen. Nicht zu viel Wasser nehmen!

Mit einer lichten Einbrenn aus Butter und Mehl vermengen. Man kann geschnittenen, zerlassenen Selchspeck darunterrühren oder mit Essig, Paprika, Pfeffer und Knoblauch würzen.

### ART 2

Kraut schneiden, in Essigwasser mit Salz und Kümmel weich kochen, abseihen, mit Grammeln und zerlassenem Selchspeck abschmalzen oder eine helle Einbrenn bereiten.

Garzeit: 40–60 Minuten.

## KRAUT, GEDÜNSTET

**20 g Zucker**
**3–4 EL Butter oder 100 g Speck**
**2 Zwiebeln**
**900 g Weißkraut**
**Salz**
**Kümmel**
**Knoblauch**
**Essig**
**20 g glattes Mehl**

Zucker in Butter gelblich anlaufen lassen, fein gewiegte Zwiebeln zugeben und beides bräunlich werden lassen. Das fein geschnittene, gewaschene Kraut sowie Salz, Kümmel, Knoblauch und ein wenig Essig in die Butter geben und alles ein wenig dünsten lassen. Hierauf mit kochendem Wasser vergießen und das Kraut weiter dünsten, bis es weich ist.

Dann mit Mehl stauben und vergießen oder naturbelassen servieren.

Garzeit: 40–60 Minuten.

## SAUERKRAUTAUFLAUF

**600 g Sauerkraut**
**2–3 EL Öl**
**150 g Zwiebeln**
**80 g Selchspeck**
**Fett**
**Semmelbrösel**
**600 g vorwiegend festkochende Kartoffeln**
**250 g Selchfleisch**
**125 ml Sauerrahm**

Sauerkraut kochen und mit leicht gerösteten Zwiebeln und würfelig geschnittenem, zerlassenem Selchspeck vermengen.

Eine Auflaufform gut befetten und mit Bröseln bestreuen. Nun lagenweise Sauerkraut, gekochte, blättrig geschnittene Kartoffeln, gekochtes, fein geschnittenes oder faschiertes Selchfleisch, wieder Sauerkraut, Kartoffeln und Fleisch einfüllen. Die oberste Lage sollte Sauerkraut sein. Das Gericht mit Sauerrahm begießen und bei 170–180 °C 20–30 Minuten backen.

Foto: Wilhelm Hufnagl

## SAUERKRAUT

**Art 1**
**500 g Sauerkraut**
**3 EL Öl**
**20 g glattes Mehl**

### ART 1

Sauerkraut in wenig Wasser weich kochen, mit einer Einbrenn aus Öl und Mehl verrühren, gut aufkochen. Ist das Sauerkraut recht sauer, vor dem Kochen durchwaschen.

**Art 2**
**500 g Sauerkraut**
**3 EL Öl und Grammeln zum Abschmalzen – ohne Mehl**

### ART 2

Es kann auch ohne Einbrenn zubereitet und nach dem Kochen nur mit Öl und Grammeln abgeschmalzen werden.

Garzeit: 40–60 Minuten.

## TOMATENSAUERKRAUT

**150 g Selchspeck**
**1 Zwiebel**
**600 g Sauerkraut**
**1 Tasse Tomatenmark**
**1 Prise Zucker**
**Essig, Salz, Kümmel**

Den würfelig geschnittenen Selchspeck und die fein gehackte Zwiebel anrösten, Sauerkraut, Tomatenmark, einen Schuss Essig und die Gewürze zugeben, mit wenig Wasser aufgießen und weich dünsten.

Garzeit: 40–60 Minuten.

## BLAUKRAUT (ROTKRAUT)

**900 g Blaukraut**
**Essig**
**20 g Zucker**
**5 EL Öl**
**2 Zwiebeln**
**125 ml Rotwein**
**Salz, Kümmel**
**1–2 Äpfel, geschält, geschnitten**
**glattes Mehl**

Das Blaukraut fein schneiden und dabei mit Essig bespritzen, damit es die Farbe behält. Zucker in Öl gelblich anlaufen lassen, fein gewiegte Zwiebeln zugeben und beides bräunlich werden lassen, mit Rotwein ablöschen. Das fein geschnittene, gewaschene Kraut sowie Salz, Kümmel und die Äpfel dazugeben, mit etwas Wasser oder Suppe aufgießen und dünsten lassen. Mit etwas Mehl stauben.

Garzeit: 40–60 Minuten.

## KOHL – CHINAKOHL

**750 g Kohl**
**Salz, Kümmel**
**2 mehlige Kartoffeln**
**3 EL Öl**
**20 g glattes Mehl**
**1 Zwiebel**
**Knoblauch**
**Pfeffer**

Kohl putzen, Blätter grobnudelig schneiden, mit kochendem Wasser abbrühen, abseihen. In Salzwasser kochen, Kümmel und geschnittene Kartoffeln zugeben. Sobald das Ganze weich ist, eine Einbrenn aus Öl, Mehl, gehackter Zwiebel und zerdrücktem Knoblauch beimengen und noch ein wenig kochen lassen. Bei der Verwendung von Chinakohl entfällt das Überbrühen.

Garzeit: 40–60 Minuten.

## WEISSE RÜBEN

**500 g Weiße Rüben**
**Salz, Kümmel**
**3 EL Öl**
**20 g glattes Mehl**
**3 EL Milch**
**Essigwasser**

### EINGEBRANNT

Weiße Rüben schälen, blättrig oder würfelig schneiden, mit Salz und Kümmel kochen und mit einer Einbrenn aus Öl und Mehl vermengen. Milch zufügen, wodurch der ein wenig bittere Geschmack der Rüben gemildert wird.

### GESÄUERT

Die Rüben wie Kürbis schaben, mit Salz und Kümmel in Essigwasser weich kochen und mit einer Einbrenn aus Öl und Mehl vermengen.

Garzeit: 40–45 Minuten.

## GEMÜSEPLATTE

**1 kg Gemüse (Karfiol, Karotten, Bohnschoten, grüne Erbsen, Kohl, Spargel, Kohlrüben, Kohlsprossen, Brokkoli)**
**Salz**
**Butter**
**Semmelbrösel**

Das gewaschene, geputzte und geschnittene Gemüse in Salzwasser kochen, dämpfen oder dünsten und auf einer Platte anrichten.

Man kann es mit heißer Butter übergießen oder mit in Butter gerösteten Bröseln überstreuen.

Garzeit: 20–30 Minuten.

### BEILAGE

Als Beilage empfehlen sich Petersilienkartoffeln.

*Foto: Wilhelm Hufnagl*

## GEMÜSE, GRATINIERT

**800 g Gemüse (Karfiol, Kohlsprossen, Karotten, Zucchini, Melanzani, Artischocken, Brokkoli, Erbsen, frische Bohnen, Spargel)**
**Salz**
**Butter zum Befetten**
**Semmelbrösel**
**Käse**

**Béchamelsauce**
**40 g Butter**
**30 g glattes Mehl**
**250 ml Milch**
**2 Eier**
**40 g Käse**
**Salz**
**Zitronensaft**
**Pfeffer**
**½ TL Suppenwürze**
**Butterflocken**
**Petersilie**

Geschnittenes Gemüse nach Belieben verwenden. Besonders Karfiol eignet sich zum Gratinieren sehr gut. Brokkoli kann ebenfalls allein oder mit Schinken gratiniert werden. Das gilt auch für Fenchelknollen.

Das Gemüse in Salzwasser kochen, abseihen, in eine bebutterte, ausgebröselte, flache, feuerfeste Form legen, mit Béchamelsauce übergießen und mit geriebenem Käse überstreuen. Die Form bei guter Oberhitze (220 °C, hoch einschieben) so lange im Rohr belassen, bis das Béchamel ein wenig Farbe angenommen hat und sich eine Kruste bildet (15–20 Minuten).

### BÉCHAMELSAUCE

Eine lichte Einmach aus Butter und Mehl mit so viel Milch vergießen, bis eine dickliche Sauce entsteht. Die Eidotter in die überkühlte Sauce rühren, die Masse mit ein wenig geriebenem Käse, Salz, Zitronensaft sowie den übrigen Gewürzen abschmecken und den Eischnee leicht darunterziehen.

Zum Schluss Butterflöckchen darübergeben und mit Petersilie bestreuen.

## LAUCH, ÜBERBACKEN

**8 Stangen Lauch**
**Salz**
**1 EL Butter**
**Béchamelsauce (siehe oben)**
**50 g Käse**

Lauch in 10 cm lange Stücke schneiden, je 3 zusammenbinden, in Salzwasser überkochen, in einer Auflaufform in Butter anrösten, Béchamelsauce und geriebenen Käse darübergeben, bei ca. 220 °C etwa 10 Minuten überbacken.

## FENCHELKNOLLEN, ÜBERBACKEN

**4 Fenchelknollen**
**Fett**
**40 g Speck oder Schinken**
**250 ml Milch**
**Salz, Pfeffer**
**1 EL glattes Mehl**
**50 g Käse**

Fenchel in Scheiben schneiden oder halbieren, blanchieren. In eine befettete Auflaufform legen. Speck oder Schinken würfelig schneiden, mit Milch und Gewürzen aufkochen und mit Mehl binden.

Sauce über den Fenchel gießen, mit geriebenem Käse bestreuen und im heißen Rohr bei ca. 220 °C etwa 10 Minuten überbacken.

## MELANZANI – ZUCCHINI

**500 g Melanzani oder Zucchini**
**Zitronensaft**
**Salz, Pfeffer**
**Küchenkräuter**
**glattes Mehl**
**Fett zum Backen**
**Ei, glattes Mehl und Brösel zum Panieren**

Melanzani oder Zucchini in 1–2 cm dicke Scheiben schneiden, mit Zitronensaft beträufeln, würzen, in Mehl wenden, in heißem Fett backen. Die Scheiben können auch paniert gebacken werden.

Beide Fruchtarten können auch ausgehöhlt, mit Fleischfülle gefüllt und gebraten oder, mit Käse bestreut, gegrillt werden.

## BOHNSCHOTENGULASCH

**100 g Hamburger Speck**
**1 EL Öl**
**1 Zwiebel**
**1 EL Paprikapulver**
**Essig**
**600 g Bohnschoten**
**Salz, Küchenkräuter**
**100 g Tomaten**
**oder 20 g Tomatenmark**
**1 EL glattes Mehl**

Hamburger Speck klein schneiden, mit Öl und ringelig geschnittener Zwiebel anlaufen lassen. Dann Paprika und einen Schuss Essig sowie die in Stücke geschnittenen Bohnschoten hinzufügen, ein wenig aufgießen, würzen und weich dünsten lassen.

Zur Verbesserung können geschälte, geviertelte Tomaten oder Tomatenmark mitgedünstet werden. Das Gulasch nur ganz wenig stauben und aufgießen.

Garzeit: 30–40 Minuten.

## GEMÜSEGULASCH

**1 große Zwiebel**
**3 EL Öl**
**1 EL Paprikapulver**
**Essig**
**2 Kohlrabi**
**4 Karotten**
**1 Petersilienwurzel**
**¼ Sellerieknolle**
**200 g Bohnschoten**
**3 Tomaten**
**2 grüne Paprikaschoten**
**2 mehlige Kartoffeln**
**Salz, Pfeffer**
**1 EL glattes Mehl**

Gehackte Zwiebel in Öl glasig anlaufen lassen, Paprika und einen Schuss Essig sowie das würfelig geschnittene Gemüse zugeben, aufgießen, dünsten.

Bohnschoten 1 cm lang schneiden, Tomaten und Paprikaschoten in Streifen schneiden, mitdünsten. Zur halben Garzeit die würfelig geschnittenen Kartoffeln beigeben und würzen. Zum Schluss stauben.

Garzeit: 30–40 Minuten.

## KARTOFFELGULASCH

**150 g Zwiebeln**
**5 EL Öl oder 100 g Speck**
**1 EL Paprikapulver**
**Essig**
**800 g festkochende Kartoffeln**
**Salz**
**1 Lorbeerblatt**
**Kümmel**
**Knoblauch**
**30 g Tomatenmark**
**Sauerrahm**

Die fein gehackten Zwiebeln in Öl oder Speck goldbraun anrösten, mit Paprika und einem Schuss Essig verrühren. Die geschälten, großwürfelig geschnittenen Kartoffeln und die restlichen Gewürze zugeben. Dann mit etwa 1,3 l Wasser aufgießen und das Ganze weich dünsten. Mit Tomatenmark und Sauerrahm verbessern.

Es können auch würfelig geschnittene Wurst (Braunschweiger) und geschnittene Essiggurkerln hinzugefügt werden.

Garzeit: 40–60 Minuten.

### TIPP

Mit mehligen Kartoffeln wird das Gulasch sämiger.

## SCHWAMMERLGULASCH (PILZGULASCH)

**150 g Zwiebeln**
**3 EL Öl**
**500 g Pilze**
**1 EL Paprikapulver**
**200 g festkochende Kartoffeln**
**Salz, Pfeffer**
**20 g glattes Mehl**
**Süßrahm**
**Petersilie**
**Küchenkräuter**

Die fein geschnittenen Zwiebeln in Öl anrösten, gewaschene, geputzte und geschnittene Pilze, ein wenig Paprika und einige geschälte, kleinwürfelig geschnittene Kartoffeln zugeben. Das Ganze salzen, pfeffern und zugedeckt dünsten lassen.

Sind die Pilze weich, mit Mehl stauben, mit Süßrahm und viel Petersilie verbessern und mit den Küchenkräutern würzen.

Garzeit: 30–40 Minuten.

## GEMÜSEPUDDING

**80 g Butter**
**3–4 Eier**
**500 g Gemüse**
**125 ml Milch**
**Salz**
**40 g glattes Mehl**
**40 g Semmelbrösel**
**1 Msp. Backpulver**
**Fett**
**Petersilie**

Butter und Eidotter abtreiben, das Gemüse (Karotten, Kohlrabi, Bohnschoten, Karfiol, Erbsen, Zucchini, Melanzani, Fenchel, Artischocken) zerkleinert und kurz überkocht zugeben, die Milch einrühren, salzen.

Mehl und Semmelbrösel mit dem steifen Eischnee und dem Backpulver einheben. In einer gut befetteten und bebröselten Puddingform 1 Stunde kochen lassen, dann stürzen, mit Petersilie bestreuen und zu Tisch bringen.

## GEMÜSESCHNITZEL MIT KRÄUTERSAUCE

**900 g Gemüse**
**Salz**
**2 Eier**
**5 EL Vollkornmehl**
**Petersilie, Muskatnuss**
**Semmelbrösel**
**ca. 2 EL Butter**

**Kräutersauce**
**20 g Butter**
**20 g glattes Mehl**
**250 ml Gemüsekochwasser**
**125 ml Schlagobers**
**Küchenkräuter der Saison**

Etwa ein Drittel des Gemüses (Karotten, Sellerie, Bohnschoten, Erbsen, Zucchini, Kohlrabi usw.) zerkleinern, kurz dünsten und abseihen, Kochwasser für die Zubereitung der Sauce aufheben. Restliches Gemüse roh reiben, einsalzen, ca. 10 Minuten ziehen lassen, ausdrücken und mit dem Gemüse, Eiern und Mehl vermischen.

Mit Petersilie und Muskatnuss würzen und die fertige Masse rasten lassen. Daraus anschließend Schnitzel formen, in Semmelbrösel drücken und in heißer Butter ca. 6–8 Minuten herausbraten. Mit Kräuter- oder Schnittlauchsauce (siehe Bild) servieren.

### KRÄUTERSAUCE

Einmach bereiten, mit Gemüsekochwasser aufgießen, kurz aufkochen, Schlagobers beifügen und mit frischen Kräutern würzen.

*Foto: Wilhelm Hufnagl*

## LAUCH MIT EIERN, GEDÜNSTET

**2 Stangen Lauch**
**40 g Butter**
**4–5 Tomaten**
**4 Scheiben Schmelzkäse**
**Salz, Pfeffer**
**3–4 Eier**

Den gewaschenen Lauch fein schneiden und in heißer Butter halbweich dünsten. Dazu die geschnittenen Tomaten geben und weich dünsten. Den Käse über das Gemüse geben, zum Schluss die gewürzten, abgesprudelten Eier darübergießen und in der Pfanne stocken lassen.

Garzeit: 30–40 Minuten.

## LETSCHO

**100 g Zwiebeln**
**4 EL Öl**
**300 g Paprikaschoten**
**400 g Tomaten**
**Salz, Pfeffer**
**Süßrahm**
**1 Ei**

Die blättrig geschnittenen Zwiebeln in heißem Öl goldgelb anlaufen lassen. Dann die nudelig geschnittenen Paprika und die in Scheiben geschnittenen Tomaten zugeben, würzen und alles zusammen weich dünsten.

Das Gemüse kann im Natursaft belassen oder, nach Geschmack, mit Süßrahm und Ei verbessert werden.

Garzeit: 30–40 Minuten.

## SPARGEL, GEKOCHT

**800 g Spargel, weiß oder grün**
**Salz**
**Zucker**
**etwas Zitronensaft oder Wein**
**etwas Butter**

**Sauce Hollandaise**
**250 g Butter**
**2 Dotter**
**1 EL Joghurt**
**3 EL Wein oder Zitronensaft**
**etwas Salz und Cayennepfeffer**

Weißer Spargel muss geschält werden. Dazu 2–3 cm unterhalb des Kopfes dünn beginnen und bis zum Ende hin dicker schälen, bei grünem Spargel wird nur das untere Drittel geschält.

Wasser mit Salz, etwas Zucker, Zitronensaft und Butter aufkochen, den Spargel darin stehend oder liegend je nach Dicke der Stangen 10–20 Minuten kochen. Grünspargel etwas kürzer.

Man kann den gekochten Spargel je nach Belieben mit Butterbröseln oder Sauce Hollandaise servieren.

### SAUCE HOLLANDAISE

Für die Sauce die Butter zerlassen, die übrigen Zutaten in ein schlankes Gefäß geben, die zerlassene Butter unter ständigem Rühren mit dem Mixstab beifügen, bis zum Servieren im Wasserbad warm halten.

## BOHNENLAIBCHEN

**30 g Haferflocken**
**30 g geriebene Walnüsse**
**½ Zwiebel**
**1 Zehe Knoblauch**
**1 Karotte**
**ca. 50 g Sellerie**
**2 EL Tomatenmark**
**300 g Käferbohnen (sehr weich gekocht)**
**Salz, Pfeffer**
**Petersilie**
**Öl zum Braten**

Haferflocken und Walnüsse zerkleinern und in eine Schüssel geben.

Die gehackten Zwiebeln, den gehackten Knoblauch sowie die fein geriebenen Karotten und den fein geriebenen Sellerie in 2–3 EL Öl bei mäßiger Temperatur 2–3 Minuten braten. Mit dem Tomatenmark zur Haferflocken-Nussmischung geben.

Bohnen zerkleinern, zu den übrigen Zutaten geben, gut würzen und vermengen.

Aus der Masse acht Kugeln formen, plattdrücken (ca. 1 cm dick) und in einer Pfanne in mäßig heißem Öl beidseitig braten.

Dazu passt Sauerrahm- oder Joghurtdip mit frischen Kräutern.

## BUCHWEIZENBLINIS GEFÜLLT

**120 g Buchweizenmehl**
**2 Dotter**
**20 g zerlassene Butter**
**Salz**
**ca. 1/8 l lauwarme Milch**
**10 g Germ**
**2 Eiklar**
**etwas Öl zum Backen**

**Fülle:**
**6 EL Chutney**
**Kräuterfrischkäse od. Topfen-Kräuteraufstrich**
**Blanchierte Karottenscheiben**
**Salatblätter**
**Tomatenspalten**
**Kernöl**
**Balasamico**

**Kürbis-Chutney:**
**200 g Kürbis**
**50 g Zwiebel**
**1 Knoblauchzehe**
**20 g Honig**
**60 ml Apfelessig**
**Stärke**
**Salz, Pfeffer, Currypulver**

Mehl mit den Dottern, zerlassener Butter, Salz, Germ mit der lauwarmen Miilch vermengt zu einem Tropfteig verrühren, Eiklar zu Schnee schlagen und untermengen.

Etwas Öl in einer beschichteten Pfanne erhitzen, mit einem Esslöffel kleine Blinis (ca. 5 cm Durchmesser) formen, beidseitig backen.

Kürbis, Zwiebel und Knoblauch für das Chutney in sehr kleine Würfel schneiden. Honig in einer Pfanne karamellisieren, Zwiebel und Knoblauch dazugeben, mit Essig ablöschen und mit etwas Stärke eindicken. Kürbiswürfel dazugeben und ca. 5 Minuten leicht köcheln lassen, mit Salz, Pfeffer und Currypulver abschmecken.

Aus Blinis, Chutney und Frischkäse „Türmchen“ schichten, mit Karotte toppen, mit Salat, Tomaten und Kernöl/Balsamico anrichten.

Chutney ist eine würzige, süß-saure bis scharfe Sauce. Sie besteht in der Regel aus Obst, Gemüse, Zucker, Essig und Gewürzen. Heiß in sterile Gläser abgefüllt hält sich Chutney mehrere Monate, wobei sich der Geschmack durch die Lagerung noch abrundet.

## COUSCOUS-AUFLAUF MIT GEMÜSE

**400 g Couscous**
**200 g Erbsen**
**150 g Brokkoli**
**1 Stk. Zwiebel**
**3 Zehen Knoblauch**
**3 Eier**
**50 g Butter**
**Salz, Pfeffer, Muskatnuss**
**Kräuter nach Belieben**

Couscous nach Anleitung mit Salz kochen. Erbsen und Brokkoli bissfest kochen. Die gehackten Zwiebeln mit dem gehackten Knoblauch in etwas Butter anbraten, das Gemüse dazu geben und kurz mitrösten. Eier trennen, die restliche Butter mit den Dottern schaumig rühren, mit Couscous und Gemüse vermengen, würzen und zum Schluss den Eischnee untermengen. Masse in eine befettete Form füllen und bei 200 °C ca. 30 Minuten backen.

## GEFÜLLTES GEMÜSE MIT COUSCOUS UND SCHAFKÄSE

**120 g Couscous**
**1/8 l Gemüsesuppe**
**1 TL Butter**
**Salz**
**4 Tomaten**
**8 mittlere Champignons**
**1 Zucchini**
**1 Zwiebel**
**1 Knoblauchzehe**
**Petersilie, fein gehackt**
**100 g Schafkäse, gewürfelt**
**2 EL Creme fraiche**
**Salz, Pfeffer**
**1 Msp. Cayennepfeffer**
**1 Ei**

Gemüsesuppe mit Butter aufkochen, Couscous dazu geben, Topf vom Herd nehmen, Couscous ausquellen lassen.

Champignons putzen, Stiele herausdrehen. Von den Tomaten flache Deckel abschneiden uns aushöhlen.

Zucchini in 3–4 cm dicke Stücke schneiden, aushöhlen.

Füllung: Pilzstiele, Tomatendeckel und Zucchinifruchtfleisch klein würfeln, Zwiebel und Knoblauch hacken, anrösten, Gemüsewürfel und Petersilie dazu geben, kurz durchbraten, vom Herd nehmen. Mit Couscous, Creme fraiche und 2/3 vom Schafkäse vermengen, sehr pikant abschmecken, mit Ei binden.

Tomaten und Zucchini innen salzen. Gemüse füllen, restlichen Schafkäse darauf verteilen.

Im vorgeheizten Rohr bei 200 °C ca. 30 min garen, mit grünem Salat servieren.

## GEMÜSETARTE

**Mürbteig:**
**200 g Mehl**
**100 g Butter**
**1 Ei**
**1 Prise Salz**

**Belag:**
**1 Stk. Zwiebel**
**2 Zehen Knoblauch**
**2–3 EL Öl**
**150 g Brokkoli**
**150 g Karotten**
**150 g Erbsen**
**150 g Karfiol**
**150 g Kartoffeln**

**Überguss:**
**150 ml Schlagobers**
**3 Eier**
**6 EL Parmesan**
**Salz, Pfeffer**

**Bärlauchdip:**
**200 g Sauerrahm**
**1 Zehe Knoblauch**
**Bärlauch nach Geschmack**
**Salz**

Aus Mehl, Butter, Ei und Salz einen Mürbteig herstellen und kalt rasten lassen.

Das Gemüse putzen, waschen und in kleine Würfel schneiden, kurz blanchieren und kalt abschrecken. Zwiebel und Knoblauch fein hacken und anrösten. Restliches Gemüse zugeben und würzen.

Mürbteig ausrollen und eine Form damit auslegen, am Rand hochziehen und mit einer Gabel mehrmals anstechen. Das Gemüse darauf verteilen. Im Rohr bei 170 °C ca. 5 Minuten vorbacken.

Für den Überguss alle Zutaten gut verrühren und mit Salz und Pfeffer würzen.

Den Guss auf der Tarte verteilen und mind. 25 Minuten im Rohr backen.

Für den Dip Sauerrahm mit gepresstem Knoblauch verrühren. Bärlauch waschen, abtupfen und fein nudelig schneiden, unterheben und mit Salz abschmecken.

## HERBSTROLLE MIT GEMÜSEFÜLLE

**Strudelteig:**
**150 g Weizenmehl (glatt)**
**15 g Öl**
**80 ml Wasser (lauwarm)**
**½ TL Essig**
**1 Prise Salz**
**Mehl und Öl zum Ausarbeiten**

**Gemüsefülle:**
**700 g rohes Gemüse**
**Öl**
**½ Zwiebel**
**10 cm Lauch**
**2–3 Karotten**
**Spalte Kürbis zum Raspeln**
**2 Stangen Sellerie**
**¼ Chinakohl**
**250 g Käferbohnen gekocht**
**2–3 Zehen Knoblauch**
**3 EL geröstete Kürbiskerne**
**Salz, Pfeffer**

Strudelteig: Die Zutaten zu einem weichen und glatten Teig kneten. Mit Öl bestreichen und rasten lassen.

Gemüse je nach Art hacken, in Ringe oder feine Streifen schneiden. Danach in kleineren Einheiten bei starker Hitze in einer Pfanne rösten, bis es bissfest ist bzw. die Eigenflüssigkeit verdampft ist.

Bereitstellen, bis alles geröstet ist. Gemüsemischung kräftig würzen und abkühlen.

Käferbohnen abtropfen lassen, waschen und bereitstellen – Sud für die Mayonnaise auffangen.

Ein Tuch bemehlen, den Teig darauf ausrollen, in zwölf Rechtecke zerteilen – Fülle auftragen, Käferbohnen auflegen, seitlichen Rand ca. 2 cm einschlagen, mit Wasser bestreichen und zu festen Rollen drehen und in in heißem Öl frittieren.

Werden Herbstrollen nicht gleich frittiert, eigenen sie sich gut zum Einfrieren als schnelles Gericht.

## DINKELREIS GEBRATEN MIT GEMÜSE

**2 Tassen Dinkelreis**
**1 Zwiebel**
**3 Zehen Knoblauch**
**4–5 Karotten**
**½ Stange Lauch**
**6 Blätter Chinakohl**
**Salz, Pfeffer**
**Petersilie**

Den Dinkelreis in reichlich Salzwasser weichkochen, abseihen und zur Seite stellen.

Zwiebel halbieren und in feine Ringe schneiden, Knoblauch fein hacken. Karotten schälen und in feine Streifen schneiden, Lauch und Chinakohl ebenfalls. Etwas Öl in die heiße Pfanne geben und die Zwiebel goldbraun anrösten. Das restliche Gemüse zugeben und so lange braten, bis die Karotten bissfest sind.

Den gekochten Dinkelreis unterrühren. Mit Salz und Pfeffer abschmecken und mit Petersilie bestreuen.

## KARTOFFEL-BROKKOLI-LAIBCHEN

**500 g mehlige Kartoffeln**
**250 g Brokkoli**
**80 g Mehl**
**1 Ei**
**Salz, Pfeffer, Muskatnuss**
**Petersilie**
**Öl zum Braten**

Kartoffeln schälen, vierteln und in Salzwasser weichkochen. Anschließend mit einem Siebschöpfer aus dem Kochwasser nehmen. Brokkoli putzen, waschen, teilen, nach den Kartoffeln im gleichen Kochwasser ca. 5 min kochen, abseihen.

Kartoffeln zerdrücken, in eine große Schüssel geben, Brokkoli hacken, mit übrigen Zutaten zu den Kartoffeln geben, gut vermenge und abschmecken.

Mit einem Eisportionierer Kugeln formen, auf einem bemehltem Brett flachdrücken, in wenig Öl bei mäßiger Temperatur beidseitig braten.

Dazu passt: Jogurt-Sauerrahmdip mit Kräutern.

## KARTOFFELCURRY MIT ERBSEN

**½ Stange Lauch oder ½ Zwiebel**
**2–3 EL Öl**
**½ TL Currypulver**
**250 ml Kokosmilch**
**125–250 ml Gemüsesuppe**
**700 g Kartoffeln**
**200 g Erbsen**
**Koriander (frisch oder gemahlen)**
**Zitronengras oder**
**Zitronenschale**
**Zitronensaft**
**Salz**
**etwas Obers**

Lauch bzw. Zwiebel fein schneiden, in wenig Öl kurz anrösten, Curry, Kokosmilch und Gemüsesuppe dazugeben, aufkochen – durchrühren, damit eine Sauce entsteht.

Kartoffeln schälen, in 1 cm große Würfel schneiden, Kartoffeln in der Currysauce mit Zitrone weichdünsten, würzen.

Gegen Ende der Garzeit Erbsen und Koriander dazugeben, kurz dünsten, Obers beifügen, abschmecken. Ev. mit Mehl stauben, damit die Soße cremig wird.

Mit gedünstetem Reis servieren.

## KÜRBISLASAGNE ST. MARTINER ART

**1 Zwiebel, gehackt**
**2 Knoblauchzehen, gehackt**
**3 EL Olivenöl**
**500 g Tomaten, gewürfelt**
**1 TL Paprikapulver**
**1 TL Kümmel**
**½ TL Muskatnuss**
**Salz und Pfeffer**
**500 g Ricotta-Käse**
**200 g Vollkornlasagne-Blätter**
**500 g Kürbis (z. B. Hokkaido oder Muskatkürbis)**
**50 g Parmesan, gerieben**

Olivenöl in einem Topf erhitzen und fein geschnittene Zwiebel und den Knoblauch darin anrösten.

Die gewürfelten Tomaten und das Paprikapulver hinzufügen, Kümmel und Muskatnuss untermischen. Mit Salz und Pfeffer würzen und für ca. 10 Minuten köcheln lassen.

In der Zwischenzeit den Ricotta in eine Schüssel geben und mit Salz und Pfeffer würzen. Kürbis schälen und in dünne Scheiben schneiden.

Die Auflaufform einfetten, mit einer Schicht Lasagne-Blätter bedecken. Eine Schicht Ricotta darauf verteilen, gefolgt von einer Schicht Kürbis-Scheiben und dann einer Schicht Tomatensauce. Den Schichtvorgang wiederholen, bis alle Zutaten aufgebraucht sind. Mit einer Schicht geriebenem Parmesan abschließen.

Die Lasagne für 40–45 Minuten im Backofen bei 180°C backen, bis der Kürbis weich und die Oberfläche goldbraun ist. Die Lasagne vor dem Servieren für einige Minuten ruhen lassen.

Dazu Blattsalat mit steirischem Kernöl servieren.

## GEMÜSETOPF MEDITERRAN

**1 Aubergine**
**2 EL Mehl**
**2–3 EL Olivenöl**
**½ Stange Porree**
**2 Karotten**
**1 Zucchini**
**4 Tomaten od. 1 kl. Pkg. Tomatenmark mit Stücken**
**1 Stangensellerie**
**Salz, Pfeffer, Zucker, Basilikum, Oregano**
**ev. Zitronenthymian**
**50 g schwarze Oliven, entsteint, gehackt**
**50 g Schafkäse**

Gemüse putzen, waschen, Aubergine würfelig schneiden, mit dem Mehl vermischen, in Olivenöl einige Minuten braten, aus der Pfanne nehmen, beiseite stellen.Übriges Gemüse kleinwürfelig schneiden.

Porree anrösten, Karotten dazu geben, kurz braten, Zucchini, Tomaten und Sellerie dazu, würzen, kurz köcheln lassen. Auberginen und Oliven dazu, abschmecken, ev. mit 1 TL Mehl binden.

In eine befettete Auflaufform füllen, mit dem zerbröckelten Schafkäse bestreuen, bei 200 °C im Rohr ca. 20 min backen.

Mit gebratenen Kartoffeln servieren.

## KÜRBISPRALINEN MIT SCHAFKÄSE

**300 g Kürbis (Butternuss, Hokkaido, Muskat)**
**1 mittlere mehlige Kartoffel**
**1 kleine Zwiebel**
**1 Knoblauchzehe**
**50 g Schafkäse oder geriebener Käse**
**1 Ei**
**Petersilie**
**Salz, Pfeffer**
**Mehl und Brösel zum Binden der Masse**

**Panier:**
**3 EL Brösel**
**3 EL geriebene Kürbiskerne**

**Öl zum Backen**

Kürbis und Kartoffel schälen, entkernen, reiben, sehr gut ausdrücken, damit die Masse nicht zu weich wird.

Zwiebel und Knoblauch fein hacken, Schafkäse mit der Gabel grob zerdrücken.

Alle Zutaten vermengen, abschmecken, etwas anziehen lassen. Sollte die Masse zu weich sein, mit mehr Brösel bzw. Mehl binden.

Aus der Masse kleine Bällchen formen, in Brösel-Kürbiskernmischung drehen, gleich in heißem Öl schwimmend goldgelb ausbacken.

Mit Kräuter-Dip (S. 160) und grünem Salat servieren.

*Foto: FS Schloss Stein*

## FRISCHKÄSE-KAROTTEN-RAVIOLI

**Nudelteig:**
**250 g griffiges Mehl**
**2 Eier**
**2 EL OLivenöl**
**Salz**
**Wasser (je nach Festigkeit des Teiges)**
**Fülle:**
**150 g Frischkäse/Ricotta**
**50 g Karotten**
**Abrieb von einer Zitrone**
**Öl**
**Thymian**
**Salz, Pfeffer, Kümmel**

Den Teig am besten am Vortag zubereiten, dafür werden alle Zutaten miteinander zu einem geschmeidigen Teig verknetet, in Frischhaltefolie einwickeln und in den Kühlschrank geben.

Für die Fülle die Karotten schälen, grob raspeln und in etwas Öl anbraten. Anschließend mit den anderen Zutaten vermengen und in einen Spritzbeutel füllen. Dünne Teigplatten ausrollen, mit Ei oder Wasser bepinseln, Fülle aufdressieren, einklappen und festdrücken

die Ravioli können entweder mit dem Messer oder mit einem runden Ausstecher portioniert werden. Anschließend in Wasser bissfest kochen, in etwas Nussbutter schwenken und mit Salz abschmecken.

**HINWEIS**
Dazu passen: Kräuteröl und Salat

Foto: FS Schloss stein

## PASTA ASCIUTTA MIT LINSEN

**1 Zwiebel**
**40 g Fett**
**Knoblauch**
**Paprikapulver**
**150 g Wurzelwerk (Karotten, Sellerie, Petersilienwurzel etc.)**
**250 ml Gemüsebrühe**
**250 g passierte Tomaten**
**150 g rote Linsen**
**Italienische Kräuter**
**Salz, Pfeffer**
**100 g Parmesan**
**500 g Vollkornspaghetti**
**Salzwasser**

Wurzelwerk waschen, schälen und reiben. Zwiebel feinwürfelig schneiden und in Fett goldbraun anlaufen lassen. Knoblauch pressen und dazu geben. Paprikapulver und geriebenes Wurzelwerk beifügen und kurz anrösten.

Mit Gemüsebrühe und passierten Tomaten aufgießen, gewaschene Linsen, Kräuter und Gewürze dazugeben und weich dünsten lassen. Gegebenenfalls etwas Flüssigkeit nachgießen und kräftig abschmecken.

Spaghetti im Salzwasser kochen. Parmesan reiben und dazu reichen.

## POLENTA-PIZZA

**500 ml Wasser**
**125 ml Milch**
**200 g Polenta**
**1 Prise Salz**
**2 TL Butter**

**Soße:**
**500 ml Tomatenmark**
**½ Zwiebel**
**2 Zehen Knoblauch**
**Basilikum, Oregano**
**Pizzagewürz**
**Salz**

**Belag:**
**Gemüse nach Wahl**
**Geriebener Käse**

Für den Polentaboden Wasser, Milch, Salz und Butter zum Kochen bringen, Polenta einrieseln lassen und ständig rühren, bis die Masse fest ist.

Polentamasse in eine runde Springform streichen oder eckig am Blech zubereiten.

Für die Tomatensoße Zwiebel und Knoblauch fein hacken, in Olivenöl anschwitzen, mit Tomatenmark aufgießen und köcheln lassen. Mit Salz und den Kräutern abschmecken.

Für den Belag Gemüse waschen, putzen und in dünne Scheiben schneiden, in etwas Olivenöl anrösten.

Die Tomatensauce auf dem Polentaboden verteilen.

Mit Gemüsescheiben belegen und mit geriebenen Käse bestreuen, im Rohr bei 170 °C 30 Minuten goldbraun backen.

## LINSENCURRY ST. MARTINER ART

**250 g braune steirische Linsen**
**2 Karotten**
**2 Kartoffeln**
**1 Zwiebel**
**2 Knoblauchzehen**
**1 roter Paprika**
**400 g gehackte Tomaten**
**3 EL Olivenöl**
**2 EL Currypulver**
**1 TL Kreuzkümmel**
**1 TL Kurkuma**
**1 TL Paprikapulver**
**1 TL Salz**
**500 ml Gemüsebrühe**
**400 ml Hafermilch (oder Kokosmilch)**
**Frische Petersilie zum Garnieren**

Die Linsen gründlich waschen und abtropfen lassen. Karotten und Kartoffeln schälen und in kleine Würfel schneiden. Die Zwiebel und den Knoblauch schälen und fein hacken. Die Paprika in kleine Streifen schneiden.

Olivenöl im Topf erhitzen und die Zwiebel und den Knoblauch darin glasig dünsten. Currypulver, Kreuzkümmel, Kurkuma und Paprikapulver hinzufügen und unter Rühren anbraten, bis es duftet.

Karotten, Kartoffeln, Paprika und die Linsen in den Topf geben und unter Rühren anbraten. Die gewürfelten Tomaten und die Gemüsebrühe hinzufügen und alles zum Kochen bringen.

Die Hitze reduzieren und das Curry 25–30 Minuten köcheln lassen, bis die Linsen und das Gemüse weich sind.

Hafermilch hinzufügen und gut verrühren. Das Curry noch weitere fünf Minuten köcheln lassen.

Mit Salz abschmecken und mit frischer Petersilie garnieren.

Mit Reis und Blattsalat servieren.

***Foto rechts: Schwammerlreis, Erbsenreis und gedünsteter Reis (Rezepte S. 209)***

*Foto: Andrea Jungwirth*

# BEILAGEN, SAUCEN, SALATE UND KOMPOTTE

# BEILAGEN MIT KARTOFFELN

## SALZKARTOFFELN

**600 g festkochende Kartoffeln**
**Salz, Kümmel**

Rohe Kartoffeln schälen, in kaltem Wasser mit Salz und Kümmel zum Kochen bringen, abseihen, wenn sie weich sind.

## PETERSILIENKARTOFFELN

**600 g festkochende Kartoffeln**
**60 g Butter**
**Salz, Petersilie**

Die Kartoffeln waschen, dämpfen oder kochen, schälen, vierteln und in Butter, Salz und fein gehackter Petersilie schwenken.

## KARTOFFELN, GERÖSTET

**600 g festkochende Kartoffeln**
**100 g Zwiebeln**
**3 EL Öl**
**Salz**

Kartoffeln kochen und schälen, Zwiebeln in Öl gelblich anlaufen lassen. Die geblätterten oder zerdrückten Kartoffeln zugeben, salzen und rösten.

## BRATKARTOFFELN

**600 g festkochende Kartoffeln**
**Salz**
**4 EL Öl**
**Kräuter zum Bestreuen**

### ART 1

Die Kartoffeln waschen, dämpfen, schälen, vierteln, salzen und in heißem Öl anbraten. Mit Kräutern bestreuen.

### ART 2

Die Kartoffeln waschen, schälen, in fingerdicke Scheiben schneiden, salzen, mit Öl bestreichen und im Rohr bei ca. 200 °C braten. Mit Kräutern bestreuen.

### ART 3

Kartoffeln waschen, schälen, vierteln, in heißem Öl anbraten; dann etwa mit 250 ml Wasser aufgießen, salzen und zugedeckt dämpfen lassen, bis das Wasser verdunstet ist und die Kartoffeln gar sind. Mit Kräutern bestreuen.

## KÜMMELKARTOFFELN

**4–8 festkochende Kartoffeln, mittelgroß**
**Salz, Kümmel**
**ein wenig Öl**

Kartoffeln waschen, der Länge nach durchschneiden, ein wenig fächerförmig einschneiden, mit Salz und Kümmel bestreuen. Auf einem gut beölten Backblech mit der Schnittfläche nach unten auflegen. Im Backrohr bei ca. 200 °C weich braten.

## KARTOFFELPÜREE

**600 g mehlige Kartoffeln**
**Salz**
**125–250 ml Milch**
**1 Zwiebel**
**2 EL Öl**
**Muskatnuss**

Rohe Kartoffeln schälen und in gesalzenem Wasser zum Kochen bringen. Sobald sie weich sind, das Wasser abgießen, die Kartoffeln mit dem Kartoffelstampfer fein zerdrücken, mit der kochenden Milch verrühren und mit der Schneerute fest abschlagen.

Vor dem Anrichten in Öl geröstete, geringelte und mit Muskatnuss gewürzte Zwiebelscheiben obenauf geben.

## POMMES FRITES

**800 g vorwiegend festkochende Kartoffeln**
**300 g Öl**
**Salz**

Die Kartoffeln waschen, schälen, in bleistiftdicke Stifte schneiden und in einem Tuch gut abtrocknen. In heißem Öl blanchieren und vor dem Servieren darin fertigbacken. Mit Salz bestreuen.

Tiefgefrorene Pommes frites laut Packungsanweisung zubereiten.

## POMMES CHIPS

**800 g festkochende Kartoffeln**
**300 g Öl**
**Salz**

Die Kartoffeln waschen, schälen, blättrig schneiden, in einem Tuch abtrocknen und in heißem Öl ausbacken. Mit Salz bestreuen.

Foto: Werner Krug

## KÄSEKARTOFFELN

**600 g vorwiegend festkochende Kartoffeln**
**250 ml Milch**
**Salz**
**50 g Hartkäse**
**50 g Butter**

Die rohen Kartoffeln schälen, blättrig schneiden und in eine Kasserolle oder flache Auflaufform schichten. Dann die gesalzene Milch, den geriebenen Hartkäse und Butterflöckchen daraufgeben und das Gericht im Rohr bei 180–200 °C 45–60 Minuten backen (Oberfläche mit Alufolie abdecken).

## PRINZESSKARTOFFELN – KROKETTEN

**500 g mehlige Kartoffeln**
**Salz**
**1 gehäufter EL glattes Mehl**
**20 g Butter**
**2 Eidotter**
**Muskatnuss**

**Panier**
**60 g glattes Mehl**
**2 Eier**
**Semmelbrösel**
**Fett zum Backen**

Kartoffeln schälen, vierteln, in Salzwasser auf den Punkt garen, abseihen, heiß pressen. Mehl darüberstreuen, Butter, Eidotter, Muskatnuss beifügen und kurz mixen.

Für Prinzesskartoffeln die Masse in einen Spritzsack mit Sterntülle geben, kleine Häufchen auf ein befettetes oder mit Backpapier ausgelegtes Blech dressieren und ca. 15 Minuten bei 200 °C im Rohr überbacken.

**HINWEIS**
Für Kroketten aus der Masse daumendicke Rollen formen, in Mehl, Eiern und Bröseln drehen und in heißem Fett backen.

# | REIS ALS BEILAGE

Bei den folgenden Rezepten kann auch der gesunde Vollreis verwendet werden.

## REIS, GEDÜNSTET

**200 g Reis**
**2 EL Öl**
**400 g Wasser oder Suppe**
**Salz**
**½ Zwiebel**
**1 TL Gewürznelken**

Den Reis waschen, kurz in Öl glasieren, mit kochendem, gesalzenem Wasser oder Suppe vergießen. Dann die halbe Zwiebel mit den Gewürznelken beifügen und im Rohr oder auf dem Herd bei Stufe 1 zugedeckt dünsten.

Die Flüssigkeitsmenge richtet sich nach der Qualität des Reises. Im Allgemeinen nimmt man doppelt so viel Wasser wie Reis. Die Gewürznelken nicht mitessen!

Garzeit: 30–40 Minuten.

## SCHWAMMERLREIS

**1 Zwiebel**
**40 g Butter**
**100 g Pilze**
**200 g Reis**
**schwach 500 ml Wasser**
**Küchenkräuter, Salz, Pfeffer**

Die gehackte Zwiebel in Butter anlaufen lassen, dazu die blättrig geschnittenen Pilze geben. Den Reis beimengen, aufgießen, würzen und dünsten lassen.

Garzeit: 30–40 Minuten.

## GEMÜSEREIS

**½ Zwiebel**
**Petersilie**
**40 g Butter**
**je 100 g Karotten, Bohnschoten, Erbsen**
**200 g Reis**
**400 g Wasser**
**Salz**

Die fein gehackte Zwiebel und Petersilie in Butter anlaufen lassen. Das gewaschene, geputzte und würfelig geschnittene Gemüse zugeben, ebenso den Reis. Dann mit kochendem Salzwasser aufgießen, kurz aufkochen und auf kleiner Stufe weich dünsten.

Garzeit: 30–40 Minuten.

## ERBSENREIS (RISIPISI)

**200 g Reis**
**40 g Butter**
**400 g Wasser**
**Salz**
**150 g Erbsen**

Den Reis in Butter kurz anlaufen lassen, mit kochendem Salzwasser vergießen und nach Zugabe von Erbsen auf niedriger Stufe weich dünsten.

Garzeit: 20–30 Minuten.

## RISOTTO

**½ Zwiebel**
**60 g Butter**
**200 g Rundkornreis**
**etwas Weißwein**
**500 ml Suppe**
**60 g Parmesan**
**Salz, Pfeffer**

Die würfelig geschnittene Zwiebel in 40 g Butter glasig dünsten, den Reis dazugeben, kurz anlaufen lassen und mit Weißwein ablöschen. Nach und nach immer etwas Suppe zum Reis geben, oft umrühren, würzen und nicht zugedeckt ca. 25 Minuten garen.

Zum Schluss mit der restlichen Butter und Parmesan vermengen und anrichten.

**HINWEIS**
Risotto kann mit Kräutern oder auch Brennnesseln verfeinert werden.

*Foto: Wilhelm Hufnagl*

# | SAUCEN

## SEMMELKREN

**3 Semmeln oder Weißbrot**
**Suppe**
**2 EL Kren**
**Salz, Pfeffer**
**Süßrahm**

Semmeln oder Weißbrot blättrig schneiden, in kochender Suppe versprudeln. Vor dem Anrichten geriebenen Kren, Salz und Pfeffer darunterrühren.

Zur Verbesserung kann Süßrahm beigefügt werden.

## APFELKREN

**1 EL Essig, Wasser**
**ein wenig Salz, Zucker**
**500 g Äpfel**
**3 EL Kren**

Verdünnten Essig mit Salz und Zucker vermengen, die geschälten Äpfel in das Essiggemisch reiben und schließlich den fein geriebenen Kren darunterrühren.

## KARTOFFELKREN

**400 g mehlige Kartoffeln**
**Salz**
**2 EL Öl**
**10 g glattes Mehl**
**Suppe**
**Essig**
**Kren**

Geschälte rohe Kartoffeln würfelig schneiden, in Salzwasser kochen, bis sie weich sind. Dann abseihen, zerdrücken, zu einer Einbrenn aus Öl und Mehl mengen, mit Suppe zu einem dicken Brei vergießen und mit ein wenig Essig säuern. Den geriebenen Kren darunterrühren und sofort anrichten.

## KARTOFFELSAUCE

**600 g mehlige Kartoffeln**
**Salz**
**1 Lorbeerblatt, Majoran**
**2 EL Öl**
**20 g glattes Mehl**
**1 Zwiebel**

Rohe Kartoffeln schälen, würfelig schneiden, in Salzwasser kochen, Lorbeerblatt und Majoran beifügen. Eine dunkle Einbrenn aus Öl, Mehl und fein gehackter Zwiebel zu den Kartoffeln mengen und alles gut verkochen.

Garzeit: 30–40 Minuten.

**Zitronensaft, Essig**
**Sauerrahm**
**Küchenkräuter**
**Petersilie**

### VERBESSERUNG

Zitronensaft, Essig, Sauerrahm, Petersilie, Küchenkräuter nach Geschmack.

## DILLSAUCE

**20 g glattes Mehl**
**40 g Butter**
**Suppe**
**Salz**
**frisches Dillkraut**

Das Mehl in Butter anrösten, mit so viel Suppe aufgießen, dass eine dickliche Sauce entsteht, salzen, gut aufkochen. Das fein gehackte Dillkraut zugeben.

## SCHWAMMERLSAUCE (PILZSAUCE)

**500 g Pilze**
**1 Zwiebel**
**2 EL Öl**
**Salz**
**20 g glattes Mehl**
**Suppe oder Wasser**
**3 EL Süßrahm**
**Petersilie**
**Küchenkräuter**

Die Pilze putzen, schneiden, mit der Zwiebel in Öl dünsten, bis sie weich sind, und salzen. Dann mit Mehl stauben, mit Suppe oder Wasser vergießen und aufkochen lassen.

Vor dem Anrichten Süßrahm darunterrühren und mit gewiegter Petersilie sowie anderen Kräutern würzen.

Garzeit: 30–35 Minuten.

## LAUCHSAUCE

**500 g Lauch**
**2 EL Öl**
**Salz, Pfeffer**
**glattes Mehl**
**200 g mehlige Kartoffeln**
**Küchenkräuter**
**Suppe**

Nudelig geschnittenen Lauch in Öl mit Salz und Pfeffer im eigenen Saft halbweich dünsten, stauben, die Kartoffeln hineinreiben, aufgießen, mit Kräutern würzen und langsam kochen.

Garzeit: 30–40 Minuten.

## GURKENSAUCE

**500 g Gurken**
**2 EL Öl**
**1 Zwiebel**
**Salz, Pfeffer, Essig**
**20 g glattes Mehl**
**125 ml Süßrahm**
**Petersilie, Dill, Knoblauch**

Gurken schneiden oder schaben, in Öl mit gehackter Zwiebel dünsten, würzen. Zum Schluss mit Mehl und Süßrahm binden, Kräuter zugeben.

Garzeit: 30–40 Minuten.

## ZWIEBELSAUCE

**20 g Zucker**
**4 EL Öl**
**2 Zwiebeln**
**20 g glattes Mehl**
**Salz, Pfeffer**
**Wasser, Essig**

Zucker in Öl gelblich anlaufen lassen, die fein geschnittenen Zwiebeln und das Mehl zugeben, salzen, pfeffern und alles bräunlich werden lassen. Mit kaltem Wasser und Essig vergießen und alles gut verkochen lassen, dann mixen.

Garzeit: 30–35 Minuten.

## SAUCE BÉARNAISE

**6 EL Weißwein**
**1 TL Weinessig, gezuckert**
**1 TL Kerbelkraut**
**1 TL Estragonkraut**
**3 Pfefferkörner**
**2 Schalotten**
**3 Eidotter**
**Salz**
**6 EL Suppe**
**100 g Butter**

Wein, Weinessig, Kräuter, Pfefferkörner und gehackte Schalotten kurz überkochen und abseihen. Eidotter, Salz und Suppe verrühren und den erkalteten Gewürzabsud zumengen. Im Wasserbad das Ganze erhitzen und dick schlagen. Die geschmolzene lauwarme Butter tropfenweise unter wenig Schlagen zufügen.

**HINWEIS**
Diese Sauce wird zu feinem Rindfleisch und Gemüse gereicht.

## SCHNITTLAUCHSAUCE, WARM

**40 g Butter**
**40 g glattes Mehl**
**Knochen-, Fleisch- oder Gemüsesuppe**
**Schnittlauch**
**Salz, Pfeffer**
**Sauerrahm**

Aus Butter, Mehl und Suppe eine Einmach bereiten. So viel Flüssigkeit aufgießen, dass eine dickliche Sauce entsteht. Die Einmach mit viel fein geschnittenem Schnittlauch sowie den übrigen Gewürzen vermengen und mit Sauerrahm verbessern.

## KRÄUTERSAUCE, WARM

**1 Zwiebel**
**80 g Champignons**
**40 g Öl**
**Wasser oder Suppe**
**Knoblauch**
**Majoran, Thymian**
**Oregano, Rosmarin**
**Sojasauce, Maizena**
**Petersilie**

Die fein gehackte Zwiebel und die Champignons in Öl rösten, mit Suppe oder Wasser aufgießen, alle Gewürze zumengen. Leicht dünsten lassen, mit ein wenig Sojasauce und Maizena binden.

Zum Schluss Petersilie hineinstreuen.

## SENFSAUCE

**30 g glattes Mehl**
**40 g Butter**
**Knochen-, Fleisch- oder Gemüsesuppe**
**Zitronensaft**
**Senf, Salz**
**Sauerrahm**

Das Mehl in Butter goldbraun anrösten, mit so viel Suppe aufgießen, dass eine dickliche Sauce entsteht, gut aufkochen lassen. Zitronensaft, Senf, Salz und Sauerrahm beigeben.

# SALATE

## RETTICHSALAT

**500 g Rettich**
**Öl, Essig**
**Salz**
**Sauerrahm**

Den Rettich waschen, schälen, raspeln, mit Öl, Essig und Salz abmengen, mit Sauerrahm verbessern.

## SELLERIESALAT

**400 g Sellerie**
**Öl, Essig**
**Salz**

Den gewaschenen, gedämpften Sellerie schälen, in dünne Scheiben oder stiftelig schneiden und mit Öl, Essig und Salz abmengen.

**HINWEISE**
Die Selleriemenge kann auch zur Hälfte durch gedämpfte, geschälte und in Scheiben geschnittene Kartoffeln ersetzt werden.
Den Sellerie kann man auch roh und fein geraspelt als Salat zubereiten.

*Foto: Wilhelm Hufnagl*

## KAROTTENSALAT

**400 g Karotten**
**1 TL Zucker**
**Salz**
**Essig, Öl**

Die Karotten waschen, putzen, fein aufraspeln oder stiftelig schneiden, mit Zucker, Salz, Essig und Öl vermengen.

## ROTE-RÜBEN-SALAT, GEKOCHT

**500 g Rote Rüben**
**Essig, Wasser**
**Salz**
**Kümmel**
**Zucker**
**Kren**

Die Roten Rüben waschen, dämpfen und schälen. Nach dem Erkalten feinblättrig aufschneiden. Verdünnten Essig, Salz, Kümmel sowie ein wenig Zucker aufkochen und heiß über die Roten Rüben gießen.

Den angerichteten Salat mit geriebenem Kren bestreuen.

## ROTE-RÜBEN-SALAT MIT RETTICH, ROH

**400 g Rote Rüben**
**150 g Rettich**
**Zucker**
**Essig, Salz, Kümmel**

Rote Rüben und Rettiche waschen, schälen, fein aufraspeln, mit ein wenig Zucker, Essig, Salz und fein gehacktem Kümmel würzen.

## KARTOFFELSALAT

**600 g festkochende Kartoffeln**
**1 Zwiebel**
**Salz, Pfeffer**
**Öl, Essig**
**Senf**
**Schnittlauch**

Die gewaschenen, gedämpften, geschälten und noch warmen Kartoffeln dünnblättrig schneiden, mit der ringelig geschnittenen Zwiebel, Salz, Pfeffer, Öl, Essig und Senf vermischen.

Nach Geschmack mit fein gehacktem Schnittlauch bestreuen.

## SPINATSALAT

**200 g Blattspinat**

Kartoffelsalat bereiten (s. oben).

Den gewaschenen Spinat in 1 cm breite Streifen schneiden, unter die Kartoffeln mischen.

## KRESSESALAT

**200 g Garten- oder Brunnenkresse**

Kartoffelsalat bereiten (s. oben).

Die gewaschene Kresse untermischen.

## KRAUTSALAT, WARM

**1 kleiner Kopf Weißkraut**
**Salz**
**Kümmel**
**Essig**
**Speck**

Kraut feinnudelig schneiden, mit kochendem, gesalzenem Kümmelwasser übergießen und eine Weile stehen lassen. Abseihen, mit Essig und würfelig geschnittenem, zerlassenem Speck abmachen und lauwarm anrichten.

## KRAUTSALAT, KALT

**½ kleiner Kopf Weißkraut**
**Salz**
**Essig, Öl**
**Kümmel**

Kraut feinnudelig schneiden, einsalzen und einige Stunden stehen lassen, wodurch es weicher wird. Abseihen, mit Essig, Öl und Kümmel abmachen.

## KARFIOLSALAT

**1–2 Karfiolrosen**
**Öl, Essig**
**Salz**

Die Karfiolrosen einige Zeit in Salzwasser legen, dann darin weich kochen, abseihen und kalt stellen. In kleinere Röschen teilen, mit Öl, Essig und Salz würzen.

## GURKENSALAT

**600 g Gurken**
**Salz**
**Essig und Öl**
**oder Süß- und Sauerrahm**
**Pfeffer**

**Kümmel**
**Dill**
**Knoblauch**
**Schnittlauch**

### ART 1

Gurken schälen, jede an beiden Enden kosten und die bitteren Stellen entfernen, hobeln und salzen. Nicht ausdrücken, da dadurch wertvolle Nährsalze verloren gehen und die Gurken schwerer verdaulich sind. Mit Essig und Öl oder auch mit Sauerrahm abmachen und mit Pfeffer bestreuen.

### ART 2

Gurken der Länge nach durchschneiden, Kerngehäuse ausschaben. Gurken in Scheiben schneiden und mit Rahm, Dill, zerdrücktem Knoblauch und gehacktem Schnittlauch marinieren, salzen, pfeffern.

## TOMATENSALAT

**700–800 g Tomaten**
**Öl, Essig**
**Salz**
**Zucker**
**Petersilie**

Die gewaschenen Tomaten in dünne Scheiben schneiden, mit Öl, Essig, Salz und etwas Zucker nach Geschmack übergießen, mit gewiegter Petersilie bestreuen. Der Salat kann auch mit in Streifen geschnittenem grünen Paprika garniert werden.

## BOHNENSALAT

**200 g Bohnen**
**1 Zwiebel**
**Essig, Öl**
**Salz**

Bohnen über Nacht in Wasser quellen lassen. Dann weich kochen, abseihen, kalt abschwemmen und mit fein gehackter Zwiebel, Essig, Öl und Salz abmengen.

## BOHNSCHOTENSALAT

**600 g Bohnschoten**
**1 Zwiebel**
**Öl, Essig**
**Salz**
**Petersilie**
**Schnittlauch**
**Knoblauch**

Die gewaschenen, geputzten und gekochten Bohnschoten mit fein gehackter Zwiebel, Öl, Essig und Salz abmengen.

Mit fein gewiegter Petersilie, Schnittlauch und gepresstem Knoblauch bestreuen.

## GEMÜSEMAYONNAISE (FRANZÖSISCHER SALAT)

**250 g festkochende Kartoffeln, gekocht**
**250 g Karotten, gekocht**
**5 Essiggurkerln**
**1 Apfel**
**200 g Erbsen, gekocht**
**250 g weiße Bohnen, gekocht**
**Essig, Senf, Salz**
**Mayonnaise**
**grüner Salat zum Anrichten**

Kartoffeln, Karotten, Essiggurkerln und Äpfel kleinwürfelig schneiden, Erbsen und die weißen Bohnen zumengen und mit ein wenig Essig, Senf und Salz abmachen. Hierauf alles mit Mayonnaise vermengen, anrichten und mit grünem Salat garnieren.

Es empfiehlt sich, die Gemüsemayonnaise vor dem Essen einige Stunden durchziehen zu lassen. Die Bohnen können auch wegbleiben.

Foto: Wilhelm Hufnagl

## SAUERKRAUTSALAT

**400 g Sauerkraut**
**1 Zwiebel**
**Knoblauch**
**Öl, Wasser**

Das Sauerkraut mit der fein gehackten Zwiebel und dem gepressten Knoblauch vermengen. Mit Öl und ein wenig Wasser abrühren.

## KARTOFFELSALAT MIT MAYONNAISE

**700 g festkochende Kartoffeln**
**Salz, Essig**

**Mayonnaise**
**1 Eidotter**
**Senf**
**125 ml Öl**
**Salz, Pfeffer, Zucker**
**ein wenig Suppenwürze**
**Saft von ½ Zitrone**

**siehe Grundrezept, S. 60, Art 1**
**oder Fertigmayonnaise**

Gedämpfte Kartoffeln feinblättrig schneiden, mit Salz und ein wenig Essig abmachen und dann mit der Mayonnaise vermengen.

### ART 1

Zu Eidotter und Senf das Öl schussweise rasch mit der Schneerute oder dem Mixer einrühren. Salz, Pfeffer, Zucker, Suppenwürze und Zitronensaft zugeben.

### ART 2

Zum Eidotter das Öl langsam nach und nach einrühren und die Gewürze zum Schluss beimengen. Eventuell mit Joghurt strecken.

## BUNTER SOMMERSALAT

**4 kleine Tomaten**
**2 große Paprika**
**½ Salatgurke**
**1 Häuptel grüner Salat**
**(Butter- oder Krautsalat)**
**Schnittlauch, Küchenkräuter**

**Marinade**
**4 EL Öl**
**125 ml verdünnter Essig**
**Salz, Zucker, Pfeffer**
**Knoblauch, zerdrückt**
**1 Zwiebel, fein gehackt**

Gemüse waschen, putzen, schneiden (Tomaten geviertelt, Paprika ringelig geschnitten, Gurken in Scheiben halbiert, Salat in kleinere Blätter zerpflückt). Alles in eine Schüssel geben, mit der Marinade übergießen und vorsichtig mischen.

Mit Schnittlauch und Küchenkräutern bestreuen.

### MARINADE

Für die Marinade einfach alle Zutaten gut vermengen.

## LOLLO ROSSO MARINIERT

**½ Kopf Lollo Rosso (Blattsalat)**
**2 EL Apfelessig**
**2 EL ÖL**
**1TL Senf**
**1TL Zucker**
**Salz, Pfeffer**

Lollo Rosso waschen und in mundgerechte Stücke zupfen.

Essig, Öl, Senf, Zucker und Gewürze verrühren, abschmecken und den Lolo Rosso damit marinieren und in Schüsseln anrichten.

## RADIESCHENSALAT

**Radieschen je nach Größe**
**Schnittlauch**
**1 Ei, hart gekocht**
**125 ml Sauerrahm**
**1 EL Öl**
**Salz, Pfeffer, Senf**
**1 Prise Zucker**

Radieschen feinblättrig schneiden, Schnittlauch fein hacken, dazu das fein gehackte Ei mengen. Aus den übrigen Zutaten eine Sauce bereiten, alles vermengen, ziehen lassen.

# | KOMPOTTE

## MARILLEN- UND PFIRSICHKOMPOTT

**600 g Früchte**
**1 l Wasser**
**60 g Kristallzucker**

Die Früchte waschen, evtl. schälen, halbieren, entkernen und in das kochende Zuckerwasser legen.

Kurze Garzeit.

## KIRSCHEN- UND ZWETSCHKENKOMPOTT

**750 ml Wasser**
**Gewürznelken**
**Zitronenschale, unbehandelt**
**60 g Kristallzucker**
**600 g Früchte**

Das Wasser mit den Gewürzen zum Kochen bringen, zuckern und die Früchte als Ganzes einlegen.

Kurze Garzeit.

*Foto: Günther Hauer*

## APFELKOMPOTT

**750 ml Wasser**
**Saft und Schale von**
**1 unbehandelten Zitrone**
**Gewürznelken**
**Zimtrinde**
**60 g Kristallzucker**
**600 g Äpfel**

Das Wasser mit den Gewürzen zum Kochen bringen und zuckern. Gewürze entfernen, die gewaschenen, geschälten und gespaltenen Äpfel in die kochende Flüssigkeit geben und weich kochen. (Die geschälten Äpfel mit ein wenig Zitronensaft beträufeln, damit sie nicht braun werden.)

Garzeit: 20–30 Minuten.

## BIRNENKOMPOTT

**750 ml Wasser**
**Saft und Schale von**
**1 unbehandelten Zitrone**
**Gewürznelken**
**60 g Kristallzucker**
**600 g Birnen**

Birnenkompott wird genauso hergestellt wie Apfelkompott.

## APFELMUS

**500 ml Wasser**
**Gewürznelken**
**Zimtrinde**
**Zitronensaft**
**100 g Kristallzucker**
**600 g Äpfel**

Das Wasser mit den Gewürzen zum Kochen bringen und zuckern. Gewürze entfernen, die gewaschenen und zerkleinerten Äpfel in die kochende Flüssigkeit geben, weich kochen und passieren.

**TIPP**
Wer süßere Äpfel verwendet, kann den Zucker auch weglassen.

## FRUCHTSALAT

**3 Orangen**
**3 Äpfel**
**1–2 Bananen**
**evtl. 2 Ananasscheiben**

**Marinade:**
**Saft von ½ Zitrone**
**1–2 EL Rum oder Cognac**
**1–2 EL Kristallzucker**
**Schlagobers zum Verzieren oder Grillage**

Zitronensaft, Rum und Zucker vermischen (Marinade). Die Früchte blättrig schneiden, mit der Marinade übergießen, ziehen lassen, mit Schlagobers garnieren, evtl. mit Grillage (= Kristallzucker-Krokant; gebräunten Zucker mit Mandeln vermengen, erkalten lassen und zerstoßen; lt. S. 325) bestreuen.

Zu Fruchtsalat können alle Früchte, auch Kompottfrüchte, verwendet werden.

*Foto rechts: Obstknödel (Rezept S. 230)*

Foto: Archiv Kochen&Küche

# EINFACHE SPEISEN

Alle Speisen in diesem Kapitel können als Hauptspeisen oder als Beilagen verwendet werden. Bei den Rezepten kann Weißmehl nach Belieben durch Vollkornmehl ersetzt werden.

## WASSERSPATZEN

**300 g griffiges Mehl**
**Salz**
**250 ml Wasser**
**60 g Selchspeck oder 3 EL Öl**

Mehl salzen, mit Wasser in einer Schüssel rasch zu einem weichen Teig verrühren, diesen kurz abschlagen und durch das Nockerlsieb oder mit dem Brett Nockerln in kochendes Salzwasser einkochen, wenn sie obenauf schwimmen, abseihen, mit kaltem Wasser abschrecken und in das heiße Öl geben oder in geröstetem Speck schwenken.

## EIERNOCKERLN

**300 g griffiges Mehl**
**Salz**
**250 ml Milch**
**1 Ei**
**50 g Butter**

**50 g Butter**
**2 Eier**
**Salz**
**Petersilie oder Schnittlauch**

Mehl, Salz, Milch, Ei und zerlassene Butter in einer Schüssel rasch zu einem weichen Teig verrühren und durch das Nockerlsieb oder mit dem Brett Nockerln in kochendes Salzwasser einkochen, wenn sie obenauf schwimmen, abseihen und mit kaltem Wasser abschrecken.

Die gekochten abgeschreckten Nockerln mit Butter abschmalzen. Hierauf die Eier versprudeln, über die Nockerln schlagen, salzen, alles ein wenig rösten und mit gewiegter Petersilie oder Schnittlauch bestreuen.

### ALTERNATIVE

Aus Eiern, Butter und Salz eine weiche Eierspeise bereiten, die gekochten abgeschreckten Nockerln dazugeben und leicht rösten.

### BEILAGE

Dazu empfiehlt sich grüner Salat.

## ZWIEBELNOCKERLN

**300 g griffiges Mehl**
**Salz**
**250 ml Milch**
**1 Ei**
**1 Zwiebel**
**2 EL Öl**

Aus Mehl, Salz, Milch und Ei Nockerln bereiten (siehe Wasserspatzen).

Zwiebel fein schneiden, im Öl gelblich rösten und die Nockerln damit abschmalzen.

## APFELNOCKERLN

**wie Eiernockerln**

**4 Äpfel**
**50 g Butter**
**1 EL Kristallzucker**
**Zimt**

Geschälte, blättrig geschnittene Äpfel in Butter dünsten, bis sie weich sind. Abgeseihte, abgeschreckte Nockerln zugeben und alles noch eine Weile zusammen dünsten.

Mit Zucker und Zimt bestreuen und servieren.

## KÄSENOCKERLN

**300 g griffiges Mehl**
**Salz**
**125 ml Milch**
**2 Eier**
**1 Zwiebel**
**60 g Butter**
**200 g Käse, gerieben**

Aus Mehl, Salz, Milch und Eiern Nockerln bereiten (siehe Wasserspatzen). Gehackte Zwiebel in Butter rösten.

Lagenweise Nockerln und den geriebenen Käse in einer Auflaufform oder einer Pfanne anrichten, mit der gerösteten Zwiebel und etwas geriebenem Käse bestreuen. Ins Backrohr bei 100 °C geben, bis der Käse schmilzt.

**HINWEIS**
Mit einigen Speckwürfeln wird das Gericht pikanter.

*Foto: Wilhelm Hufnagl*

## SPINATNOCKERLN

**300 g Weizenvollkornmehl**
**125 ml Milch**
**1–2 Eier**
**160 g Spinat, passiert**
**Salz, Muskatnuss**
**Knoblauch**
**50 g Butter zum Abschmalzen**

Aus allen Zutaten einen Teig abrühren, Nockerln mit dem Löffel in kochendes Salzwasser einlegen oder mit dem Spätzlesieb einkochen.

Wenn sie obenauf schwimmen, abseihen, kalt abschwemmen und in der zerlassenen Butter schwenken (Bild S. 37).

## BLUTTOMMERL

**500 ml frisches Schweineblut**
**250 ml Milch**
**30 g glattes Mehl**
**Salz, Pfeffer, Knoblauch**
**120 g Schweinefett oder 6 EL Öl**
**1 Zwiebel**
**Grammeln**

Schweineblut mit Milch, Mehl, Salz, Pfeffer und zerdrücktem Knoblauch vermischen. Öl oder Fett in einer Pfanne erhitzen, gewiegte Zwiebel darin anlaufen lassen und Grammeln zugeben. Die Schweineblutmasse kleinfingerdick hineingießen und bei 200–250 °C ca. 20 Minuten im Rohr backen.

## WEIZENTOMMERL

**100 g glattes Weizenmehl**
**3 Eier**
**250 ml Milch**
**Salz**
**100 g Schweinefett oder 5 EL Öl**

Aus Mehl, Eiern, Milch, Salz einen Tropfteig bereiten. Öl oder Fett in einer großen Pfanne erhitzen, die Masse kleinfingerdick hineingießen, im vorgeheizten Rohr 15 Minuten bei 250 °C backen. In Stücke schneiden und anrichten.

### BEILAGE

Dazu Salat oder Marmelade reichen.

## POLENTATOMMERL

**150 g Maisgrieß**
**500 ml Milch**
**50 g Kristallzucker**
**250 g Äpfel**
**100 g Butter**
**Salz, Staubzucker**

Maisgrieß, kalte Milch, Zucker, Salz, geschälte, geschnittene Äpfel vermengen, in eine Pfanne mit heißer Butter gießen, im Rohr bei 220–250 °C ca. 20 Minuten backen und in Stücke schneiden.

Man kann den Tommerl auch bezuckern.

## HEIDENTOMMERL

**150 g Heidenmehl**
**Salz**
**100 g Schweinefett oder 5 EL Öl**
**50 g Grammeln**

Heidenmehl salzen und mit kaltem Wasser zu einem Teig in der Dicke eines Schmarrenteiges verrühren. In einer großen Pfanne Fett oder Öl und Grammeln heiß werden lassen, den Teig sehr dünn eingießen und im heißen Rohr bei 220–250 °C ca. 20 Minuten backen.

## BRENNSTERZ

**210 g glattes Weizenmehl**
**250 ml Salzwasser**
**50 g Schweinefett**
**oder 2,5 EL Öl**

Mehl mit kochendem Salzwasser abbrühen, in großen Brocken in das heiße Fett oder Öl geben, zugedeckt kurz dünsten lassen, zerstechen, bis die Masse fein bröckelig ist.

## HEIDENSTERZ – ART 1

**250 g Heidenmehl**
**1,5 l Salzwasser**
**100 g Schweinefett oder 3 EL Öl**
**30–50 g Grammeln**

Das Heidenmehl ins kochende Salzwasser auf einmal so rasch hineinschütten, dass es einen großen Knödel bildet. 10–15 Minuten kochen lassen, dann in der Mitte mit dem Kochlöffel vorsichtig ein Loch machen, damit das Wasser hindurchsiedet, weitere 10 Minuten kochen und dann das überflüssige Wasser weggießen.

Hierauf die Masse zu kleinen Bröckchen verrühren, dann das heiße Schweinefett oder Öl mit den Grammeln darübergießen und eine Weile zugedeckt dünsten lassen.

Sodann fein verbröseln und, mit heißen Grammeln bestreut, anrichten.

## HEIDENSTERZ – ART 2

**250 ml Salzwasser**
**200 g Heidenmehl**
**100 g Schweinefett oder 3 EL Öl**
**30–50 g Grammeln**

Mit Wasser und Mehl einen dickeren Omelettenteig bereiten, in einer mit Schweinefett oder Öl erhitzten Pfanne auf beiden Seiten kurz backen, dann mit der Gabel zerkleinern, aufbröseln und zugedeckt ein wenig dünsten lassen.

Vor dem Servieren mit heißen Grammeln bestreuen.

## HEIDENSTERZ – ART 3

Zubereitung siehe Brennsterz

## GRIESSSTERZ

**250 g Weizengrieß**
**50 g Schweinefett**
**oder 2,5 EL Öl**
**500 ml Salzwasser**
**Grammeln**

Den Grieß im Schweinefett oder Öl rösten, bis er gelblich ist. Dann mit kochendem Salzwasser aufgießen, ins heiße Backrohr bei ca. 160 °C stellen oder auf dem Herd auf kleiner Stufe ausdünsten, mit der Gabel aufbröseln und mit heißen Grammeln bestreuen.

## KARTOFFELSTERZ

**500 g festkochende Kartoffeln**
**Salz**
**150 g glattes Mehl**
**5 EL Öl**

Gekochte, geschälte und ausgekühlte Kartoffeln reiben und mit Salz und Mehl leicht vermengen.

Das Öl in einer großen Pfanne heiß werden lassen, die Masse zugeben und durchrösten.

## TÜRKENSTERZ (POLENTA)

**150 g Maisgrieß**
**500 ml Salzwasser**
**50 g Butter**

### ART 1

Maisgrieß in kochendes Salzwasser einkochen und bei kleinster Stufe auf dem Herd oder im Rohr ausdünsten lassen. Dann heiße Butter darübergießen und den Sterz verbröseln.

### ART 2

Die Butter gleich in das kochende Salzwasser geben und den Grieß, wie oben angeführt, ausdünsten lassen. Dann verbröseln.

### ART 3

Maisgrieß in heißer Butter so lange rösten, bis er heiß ist. Anschließend mit kochendem Salzwasser aufgießen, zudecken, am Herd auf kleinster Stufe ausdünsten lassen, dann aufbröseln.

## ABGESCHMALZENE NUDELN

**200 g Bandnudeln**
**Salz**
**50 g Butter**
**Semmelbrösel**
**evtl. Fleischreste**

Nudeln in reichlich kochendes Salzwasser einkochen, abseihen, mit kaltem Wasser abspülen und mit Butter oder in Butter gerösteten Semmelbröseln abschmalzen.

Man kann auch gewiegte Fleischreste daruntermengen.

## TOPFENFLECKERLN

**200 g Fleckerln**
**Salz**
**100 g Selchspeck**
**100 g Topfen**
**40 g Grammeln**

Fleckerln in Salzwasser kochen, abseihen und kalt abschrecken. Würfelig geschnittenen Selchspeck zerlassen und die gekochten Fleckerln in das heiße Fett geben. Fein zerbröselten Topfen daruntermengen und die heißen Grammeln darüberstreuen (siehe Bild S. 39).

## GRENADIERMARSCH

**200 g festkochende Kartoffeln**
**150 g Fleckerln**
**evtl. 1 Semmelknödel, gekocht**
**1 Zwiebel**
**3 EL Öl**
**Paprikapulver, Salz**
**evtl. Wurst- oder Fleischreste**
**1 Spiegelei**
**Petersilie**

Kartoffeln kochen und blättrig schneiden, mit den gekochten Fleckerln und evtl. mit dem in Streifen geschnittenen Semmelknödel vermischen. Zwiebel fein schneiden, in Öl goldgelb rösten. Paprika zugeben, die Fleckerln und Kartoffeln untermischen, salzen und ein wenig durchziehen lassen.

Nach Belieben können auch Wurst- oder gekochte Fleischreste beigemengt werden.

Mit dem Spiegelei und der gehackten Petersilie garnieren.

## KRAUTFLECKERLN

**500 g Weißkraut**
**1 Zwiebel**
**1 TL Zucker**
**3 EL Öl**
**Salz**
**Pfeffer, Kümmel**
**150 g Fleckerln**
**50 g Speck**

Kraut waschen, fein schneiden, abbrühen und abseihen. Fein gehackte Zwiebel und Zucker in Öl bräunlich rösten, das Kraut zugeben, vergießen, würzen und dünsten, bis es weich ist.

Die gekochten Fleckerln daruntermischen, alles kurz im Rohr ziehen lassen und den zerlassenen Speck darunterrühren.

Foto: Wilhelm Hufnagl

## NUSS- ODER MOHNNUDELN

**200 g Nudeln**
**40 g Butter**
**40 g Mohn oder Nüsse**
**40 g Staubzucker**

Nudeln in Wasser kochen, abseihen, abschrecken, in Butter schwenken, ein wenig dünsten und mit geriebenen Nüssen oder geriebenem Mohn und Zucker bestreuen.

## KARTOFFELNUDELN – KARTOFFELKNÖDEL

**400 g mehlige Kartoffeln, gekocht**
**100 g griffiges Mehl**
**50 g Grieß**
**1 Ei**
**Salz**
**Semmelbrösel**
**80 g Butter**
**Staubzucker zum Bestreuen**

Aus den passierten Kartoffeln, Mehl, Grieß, Ei und Salz einen Teig machen, zu einer daumendicken Wurst rollen, gleich große Stücke herunterschneiden, diese zu fingerdicken Nudeln rollen und in Salzwasser kochen. Sobald sie obenauf schwimmen, abseihen und abschrecken.

Semmelbrösel in Butter anrösten und die Nudeln in der Pfanne damit vermischen.

Mit Staubzucker bestreuen.

## KARTOFFELLAIBCHEN

**400 g mehlige Kartoffeln**
**70 g griffiges Mehl**
**1 Ei**
**Salz**

Kartoffelteig herstellen.

**150 g Selchfleisch oder Wurst**
**Fett zum Ausbacken**

Fleisch hacken, untermischen und Laibchen formen; in Fett auf beiden Seiten goldgelb ausbacken.

### BEILAGE

Dazu passt grüner Salat.

## KARTOFFELROLLE

**Teig wie Kartoffelnudeln**

Teig wie für Kartoffelnudeln herstellen, 0,5 cm dick ausrollen.

**60 g Speck**
**Semmelbrösel**
**60 g Butter**
**Salz**
**Petersilie**

Den Speck zerlassen, die Semmelbrösel in Butter rösten, den Teig mit Speck und Bröseln bestreuen und zusammenrollen. Dann in ein feuchtes Tuch oder Frischhaltefolie einrollen und 30 Minuten in Salzwasser kochen.

Die Rolle in Scheiben schneiden und mit Petersilie bestreuen.

## HIRSELAIBCHEN

**200 g Hirse**
**30 g Butter**
**500 ml Suppe**
**250 g Gemüse der Saison (Lauch, Karotten, Mischgemüse)**
**Salz, Pfeffer, Muskat**
**2 kleine Eier**
**50 g Käse, gerieben**
**Kräuter**
**Semmelbrösel zum Drehen**
**Öl zum Braten**

Hirse unter kaltem Wasser abspülen, in der Butter anrösten, mit Suppe aufgießen, aufkochen lassen, zudecken, zurückschalten und wie Reis dünsten lassen.

Das Gemüse reiben, Hirse, Gewürze, Eier, Käse und Kräuter in eine Schüssel geben und gut verrühren. Aus der Masse Laibchen formen, diese in Brösel wenden und in Öl goldgelb braten.

## HEIDENMEHLKNÖDEL

**80 g Speckwürfel**
**4 EL Öl**
**150 g Knödelbrot**
**200 g Heidenmehl**
**2 Eier**
**Salz**
**Petersilie**

Speckwürfel in Öl anrösten, zum Knödelbrot und Mehl geben, mit 500 ml kochendem Wasser verrühren, sodass eine feste Masse entsteht.

Eier beifügen, Knödel formen, im kochenden Salzwasser ca. 20 Minuten garen. Mit Petersilie bestreuen.

### HINWEIS

Auch als Suppeneinlage geeignet, dann aber kleinere Mengen nehmen.

## GEMÜSEKNÖDEL

**200 g Knödelbrot**
**125 ml Milch**
**3 Eier**
**50 g Butter**
**50 g Zwiebeln**
**Petersilie**
**Salz, Muskatnuss**
**250 g gekochtes Gemüse (Karotten, Erbsen, Kohlrabi, Bohnschoten)**
**150 g Champignons, geschnitten**
**50 g Käse, gerieben**
**40 g Semmelbrösel**
**40 g glattes Mehl**

Knödelbrot mit Eiermilch übergießen, ziehen lassen. Angeröstete Zwiebeln mit fein gehackter Petersilie und allen übrigen Zutaten unter das weiche Knödelbrot mischen. Knödel oder Rolle (feuchtes Tuch oder Frischhaltefolie) formen und ca. 20 Minuten in kochendem Salzwasser oder im Dampf garen.

### BEILAGE

Dazu reicht man warme Kräutersauce und Salat.

## OBSTKNÖDEL

**400 g mehlige Kartoffeln, gekocht**
**100 g griffiges Mehl**
**50 g Grieß**
**1 Ei**
**Salz**

**Obst**
**60 g Butter**
**40 g Kristallzucker**
**40 g Semmelbrösel**

Aus den passierten Kartoffeln, Mehl, Grieß, Ei und Salz einen Teig bereiten (s. Kartoffelnudeln).

Auswalken, in viereckige Stücke schneiden und in die Mitte je eine Frucht legen (Zwetschken, Marillen, Ringlotten oder auch Preiselbeerkompott). Knödel formen und in kochendes Wasser legen, etwa 10 Minuten kochen lassen.

Vorsichtig herausheben und in mit Butter und Zucker gerösteten Bröseln drehen.

## OBSTKNÖDEL AUS TOPFENTEIG

**80 g Butter**
**1 Ei**
**250 g Topfen**
**Salz**
**150 g griffiges Mehl**
**60 g Butter, 40 g Kristallzucker, 40 g Semmelbrösel**

Aus Butter, Ei, Topfen, Salz und Mehl einen Teig bereiten. Weitere Zubereitung wie Obstknödel (Bild S. 221).

### HINWEIS

Dieser Teig eignet sich besonders gut für Marillenknödel.

## OBSTKNÖDEL AUS BRANDTEIG

**125 ml Wasser**
**½ TL Salz**
**50 g Butter**
**100 g griffiges Mehl**
**3 kleine Eier**

**Marillen oder Zwetschken**
**Salz**
**40 g Semmelbrösel**
**60 g Butter**
**40 g Zucker**

Wasser, Salz und Butter zum Kochen bringen. Dann das Mehl zugeben und glatt rühren. Wenn sich der Teig vom Kochlöffel löst, überkühlen lassen und ein Ei nach dem anderen einrühren.

Aus dem Teig eine Rolle formen. Von dieser gleich große Stücke herunterschneiden, platt drücken, je eine Marille oder Zwetschke einlegen und Knödel formen.

Diese in kochendes Salzwasser legen und langsam etwa 8 Minuten kochen. Aus dem Wasser nehmen und mit Bröseln, die in Butter geröstet wurden, eindrehen und zuckern.

## TOPFEN-GRIESS-KNÖDEL

**100 g Grieß**
**100 g griffiges Mehl**
**2 Eier**
**Salz**
**500 g Topfen**
**100 g Butter**

Alle Zutaten in die zerlassene Butter einrühren, Teig ziehen lassen (damit er fester wird). Knödel formen, in Salzwasser kochen oder im Dampf garen. Kochzeit: 15–20 Minuten.

### BEILAGE

Salate oder Kompotte passen gut.

## GRIESSSCHMARREN

**250 g Weizengrieß**
**100 g Butter**
**ca. 500 ml Milch**
**Salz**
**1 Ei**
**Rosinen**

Grieß in heißer Butter ein wenig rösten, hierauf mit kalter, gesalzener Milch verrühren, aufkochen lassen, ins heiße Rohr bei ca. 200 °C stellen und nach 30 Minuten verbröseln.

Man kann der Milch 1 Ei und Rosinen zugeben.

## KAISERSCHMARREN

**375 ml Milch**
**200 g glattes Mehl**
**3 Eier**
**Salz**
**100 g Butter**
**Rosinen nach Geschmack**

Milch und Mehl versprudeln, die Eidotter zugeben, Salz und Schnee von den Eiklar leicht einrühren.

Den Teig in eine Pfanne mit heißer Butter fingerdick eingießen, backen, umdrehen und auf der anderen Seite backen. Mit zwei Gabeln in Stücke reißen und fertig rösten.

Bei einer größeren Teigmenge den Vorgang wiederholen.

### BEILAGE

Als Beilagen empfehlen sich Preiselbeeren, Apfelmus oder Kompotte.

*Foto: Wilhelm Hufnagl*

## SEMMELSCHMARREN

**6 Semmeln**
**250 ml Milch**
**2 Eier, Salz**
**30 g Rosinen**
**100 g Butter**

Semmeln (oder altes Weißbrot) blättrig schneiden, Milch, Eier und Salz versprudeln, darübergießen und ziehen lassen.

Die Rosinen daruntermischen und den Schmarren in heißer Butter backen.

## PALATSCHINKEN

**250 ml Milch**
**150 g glattes Mehl**
**2 Eier**
**Salz**
**Fett zum Ausbacken**

Milch, Mehl, Eier und Salz glatt rühren, sodass ein dünnflüssiger Teig entsteht.

In einer Pfanne ein wenig Fett erhitzen, vom Teig einen Schöpfer voll hineingießen und auseinanderlaufen lassen, sodass der Boden der Pfanne bedeckt wird. Wenn die untere Seite der Frittate gebacken ist, umdrehen und die andere Seite fertig backen lassen.

**HINWEIS**
Diese können süß (z. B. mit Marmelade) oder pikant (z. B. mit Spinat) gefüllt werden.

## APFELKRAPFERLN

**100 g glattes Mehl**
**Flüssigkeit (Milch, Wein oder Bier nach Belieben)**
**2 Eier, 4 Äpfel, Salz**
**Fett zum Ausbacken**

Aus Mehl, Flüssigkeit, Eiern und Salz einen dickeren Backteig bereiten. Die entkernten Äpfel in Scheiben schneiden, in den Teig tauchen und rasch aus dem heißen Fett herausbacken.

*Foto: Thomas Böhm*

## TOPFENPALATSCHINKEN

**250 ml Milch**
**150 g glattes Mehl**
**Salz**
**2 Eier**
**Fett zum Ausbacken**
**Eiermilch und/oder Süßrahm zum Überbacken**

**Fülle**
**50 g Butter**
**50 g Zucker**
**2 Eier**
**250 g Topfen, 2 EL Süßrahm**
**Zitronenschale, unbehandelt**
**Salz**
**20 g Rosinen**

Aus Milch, Mehl, Salz und Eiern einen dünnen Tropfteig bereiten und daraus Palatschinken backen.

Die fertig gebackenen Palatschinken mit der Fülle bestreichen, in eine Pfanne legen, mit in Milch oder Süßrahm versprudelten Eiern übergießen und bei 220 °C ca. 15 Minuten überbacken.

### FÜLLE

Für die Fülle Butter abtreiben, mit Zucker, Eiern, passiertem Topfen, Süßrahm, Zitronenschale, ein wenig Salz und den Rosinen vermengen.

## SCHEITERHAUFEN

**200 g Weißbrot**
**2 Eier**
**500 ml Milch**
**50 g Butter**
**750 g Äpfel oder Birnen oder Zwetschken**
**60 g Zucker**
**50 g Rosinen**

Weißbrot (oder Semmeln) blättrig schneiden, mit der Eiermilch übergießen und ein wenig ziehen lassen.

In einer Backform Butter heiß machen und eine Lage Milch-Brot-Gemisch zugeben, dann eine Lage geschälte, geschnittene Äpfel, die mit Zucker und Rosinen bestreut werden, und wieder eine Lage Milch-Brot-Gemisch daraufgeben.

Obenauf Äpfel, Birnen oder Zwetschken geben und bei 200 °C ca. 30 Minuten backen.

## TOPFENAUFLAUF

**70 g Butter**
**3 Eier**
**50 g Staubzucker**
**500 g Topfen, passiert**
**100 g Staubzucker**
**80 g Maizena oder glattes Mehl**
**50 g Rosinen**
**Butter für die Form**
**250 g Äpfel**
**30–50 g Nüsse, gehackt**

Butter, Eidotter und 50 g Zucker abtreiben, Topfen zugeben, Eischnee und 100 g Zucker mit Maizena und Rosinen einrühren.

Auf den Boden einer gut befetteten Auflaufform die geschälten, blättrig geschnittenen Äpfel legen, Nüsse darüberstreuen, darauf die Topfenmasse geben, bei ca. 190 °C 45 Minuten backen.

### HINWEIS

Statt Äpfeln kann auch anderes Obst verwendet werden (Kirschen, Marillen, Schwarzbeeren, Weichseln).

## KAKAO-SEMMEL-PUDDING MIT VANILLECREME

**2 Semmeln**
**Milch**
**60 g Butter**
**100 g Staubzucker**
**3 Eier**
**2 EL Kakao**
**60–80 g Semmelbrösel**
**50 g Nüsse**
**Fett**

Semmeln würfelig schneiden, mit Milch befeuchten, dann ausdrücken.

Abtrieb aus Butter, Zucker, Eidotter und Kakao herstellen, Semmelmasse unterziehen, Eischnee, Semmelbrösel und geriebene Nüsse einheben.

In gut befetteter, mit Bröseln ausgestaubter Dunstform 1 Stunde im Wasserbad kochen. Stürzen, warm servieren.

**Vanillecreme**

**500 ml Milch**
**20 g Kristallzucker**
**½ P. Vanillepuddingpulver oder**
**20 g Vanillezucker**
**1 Eidotter**

### VANILLECREME

Für die Vanillecreme Milch aufkochen, Zucker zugeben, Puddingpulver und Eidotter in ein wenig kalter Milch anrühren, einlaufen lassen, einmal aufkochen, dabei fest rühren.

## SCHNEENOCKERLN

**3 Eiklar**
**60 g Kristallzucker**
**500 ml Milch**

Vanillecreme wie oben zubereiten.

Für die Nockerln in den festen Eischnee Kristallzucker löffelweise einschlagen.

In einer Pfanne zweifingerhoch Milch aufkochen, von der Schneemasse mit einem Löffel große Nockerln abstechen, einlegen und ziehen lassen, vorsichtig umdrehen und auf der anderen Seite ziehen lassen. Hierauf die Nockerln herausfassen und in eine Schüssel legen.

Vanillecreme bereiten und über die Schneenockerln gießen.

## REISAUFLAUF

**150 g Reis**
**500 ml Milch**
**Salz**
**50 g Butter**
**60 g Staubzucker**
**2–3 Eier**
**Zitronenschale, unbehandelt**
**evtl. 2 Äpfel**
**Fett**
**Staubzucker**

Reis in die Milch dick einkochen, salzen und auskühlen lassen.

Butter mit Zucker und Eidottern abtreiben, mit Zitronenschale würzen. Den ausgekühlten Reis zum Abtrieb mengen, den festen Eischnee dazurühren. Nach Geschmack können auch blättrig geschnittene Äpfel untergehoben werden.

Die Masse in eine gut befettete Auflaufform füllen, 30–45 Minuten bei ca. 190 °C backen, mit Zucker bestreuen und rasch anrichten.

## ROGGENBLATTLN ODER ENNSTALER KRAPFEN

**400 g Roggenmehl**
**Salz**
**Wasser**
**Fett zum Ausbacken**

**Fülle**
**Marmelade oder Fleischfülle**

Roggenmehl salzen und mit kaltem Wasser zu einem Teig in der Festigkeit von Nudelteig verarbeiten. Kleine Laibchen daraus formen. Diese möglichst dünn auswalken und in sehr heißem Fett rasch ausbacken. Man kann auch Weizenmehl verwenden oder beide mischen.

### FÜLLE

Die Roggenblattln können auch gefüllt werden. Auf die eine Hälfte des ausgewalkten Teigfleckes Marmelade oder Fleischfülle geben, die andere Hälfte darüberschlagen, die Ränder fest zusammendrücken und in heißem Fett backen.

*Foto: Werner Krug*

# APFEL-, ZWETSCHKEN-, KIRSCHEN-, RHABARBERSTRUDEL

**Strudelteig**

**200 g glattes Mehl**
**1 EL Öl**
**Salz**
**125 ml lauwarmes Wasser**

**Fülle**

**1 kg Äpfel**
**80 g Semmelbrösel**
**50 g Zucker**
**Zimt**
**50 g Butter**
**80 g Rosinen**

**50 g Butter oder Öl zum Bestreichen**

Die Zutaten für den Teig auf dem Brett, in einer Schüssel oder der Küchenmaschine zu einem weichen, glatten Teig kneten. Vor dem Rasten (30 Minuten) mit Öl bestreichen und mit einer warmen Schüssel zudecken.

Den Teig auf einem bemehlten Tuch ausrollen, mit Öl bestreichen, dann ausziehen, zwei Drittel davon mit den gerösteten Bröseln, den Äpfeln und Rosinen bestreuen, ein Drittel mit zerlassener Butter oder Öl bestreichen.

Den Strudel mit Hilfe des Tuches von der mit Fülle bestrichenen Seite her zusammenrollen, auf ein befettetes oder mit Backpapier belegtes Blech geben, mit zerlassener Butter oder Öl bestreichen, im Rohr bei 170–190 °C ca. 40 Minuten backen. (Dasselbe gilt für Zwetschken-, Kirschen-, Rhabarberstrudel.)

## FÜLLE

Äpfel schälen, blättrig schneiden oder grob reiben, die Semmelbrösel mit Zucker und Zimt in Butter rösten.

*Foto: Mona Lorenz*

## TOPFENSTRUDEL

**Strudelteig**
**200 g glattes Mehl**
**1 EL Öl**
**Salz**
**125 ml lauwarmes Wasser**

**Fülle**
**100 g Butter**
**150 g Zucker**
**3 Eier**
**500 g Topfen**
**Salz**
**2 EL Rahm**
**40 g Grieß**
**Zitronenschale, unbehandelt**
**80 g Rosinen**

**50 g Butter oder Öl zum Bestreichen**
**evtl. 250 ml Milch, 1 EL Zucker**

Die Zutaten für den Teig auf dem Brett, in einer Schüssel oder der Küchenmaschine zu einem weichen, glatten Teig kneten. Vor dem Rasten (30 Minuten) mit Öl bestreichen und mit einer warmen Schüssel zudecken.

Den Teig auf einem bemehlten Tuch ausrollen, mit Öl bestreichen, dann ausziehen, drei Viertel davon mit der Fülle bestreichen, die Rosinen darüberstreuen, das letzte Viertel mit zerlassener Butter oder Öl beträufeln.

Den Strudel mit Hilfe des Tuches von der mit Fülle bestrichenen Seite her zusammenrollen, auf ein befettetes oder mit Backpapier belegtes Blech geben, mit zerlassener Butter oder Öl bestreichen, im Rohr bei 170–190 °C ca. 40 Minuten backen.

### FÜLLE

Butter, Zucker und Eier abtreiben, zerdrückten oder passierten Topfen, ein wenig Salz, Rahm, Grieß und gewiegte Zitronenschale daruntermengen.

**HINWEIS**
Man kann den Strudel auch in einer Auflaufform backen und während des Backens mit 250 ml gezuckerter Milch begießen und so lange im Rohr lassen, bis die Milch eingedünstet ist.

## SCHWARZBEER- ODER KIRSCHENSTRUDEL

**Strudelteig**
**200 g glattes Mehl**
**1 EL Öl**
**Salz**
**125 ml lauwarmes Wasser**

**Fülle: Biskuitteig**
**3 Eier**
**120 g Kristallzucker**
**90 g glattes Mehl**
**500 g Kirschen oder Schwarzbeeren**

**50 g Butter oder Öl zum Bestreichen**

Die Zutaten für den Teig auf dem Brett, in einer Schüssel oder der Küchenmaschine zu einem weichen, glatten Teig kneten. Vor dem Rasten (30 Minuten) mit Öl bestreichen und mit einer warmen Schüssel zudecken.

Den Teig auf einem bemehlten Tuch ausrollen, mit Öl bestreichen, dann ausziehen, die Hälfte davon mit Biskuitteig bestreichen, darüber Schwarzbeeren oder ausgelöste Kirschen streuen. Den übrigen Strudelteig mit Butter oder Öl beträufeln.

Den Strudel mit Hilfe des Tuches von der mit Fülle bestrichenen Seite her zusammenrollen, auf ein befettetes oder mit Backpapier belegtes Blech geben, mit zerlassener Butter oder Öl bestreichen, im Rohr bei 170–190 °C ca. 40 Minuten backen.

## RAHMSTRUDEL

**Strudelteig**
**200 g glattes Mehl**
**1 EL Öl**
**Salz**
**125 ml lauwarmes Wasser**

**Fülle**
**500 ml Süßrahm**
**50 g Grieß**
**5 Eier**
**150 g Zucker**
**Zitronenschale, unbehandelt**
**100 g Rosinen**

**Butter oder Öl zum Bestreichen**
**Milch zum Begießen**

Die Zutaten für den Teig auf dem Brett, in einer Schüssel oder der Küchenmaschine zu einem weichen, glatten Teig kneten. Vor dem Rasten (30 Minuten) mit Öl bestreichen und mit einer warmen Schüssel zudecken.

Den Teig auf einem bemehlten Tuch ausrollen, mit Öl bestreichen, dann ausziehen, drei Viertel davon mit der Fülle bestreichen, Rosinen daraufstreuen. Das letzte Viertel mit zerlassener Butter oder Öl beträufeln oder bestreichen.

Den Strudel zusammenrollen und im Rohr bei ca. 190 °C backen. Während des Backens mit 2 kleinen Schöpfern heißer Milch begießen.

### FÜLLE

Süßrahm mit Grieß vermengen und 30 Minuten stehen lassen. Eidotter, Zucker, gewiegte Zitronenschale und den Schnee der Eiklar zumengen.

# FEHRINGER STRUDEL AUF VANILLECREME
## MIT ZWETSCHKENRÖSTER

**Strudelteig**
**200 g glattes Mehl**
**ca. 125 ml warmes Wasser**
**½ TL Salz**
**2 EL Öl**

**Fülle**
**100 g Butter**
**3 Eier**
**150 g Staubzucker**
**500 g Topfen**
**1 Prise Salz**
**125 ml Schlagobers**
**50 g Puddingpulver**
**Zitronensaft**
**Vanillezucker**
**150 g Zwetschken**
**1 mittlere Weintraube**
**40 g gehackte Nüsse**

**Vanillecreme**
**500 ml Milch**
**30 g Puddingpulver**
**50 g Kristallzucker**
**125 ml geschlagenes Obers**

**Zwetschkenröster**
**Zwetschken**
**Wasser**
**Zucker**
**Nelken**
**Zimtrinde**
**Rum**

**Öl oder Butter zum Bestreichen**

Die Zutaten für den Teig auf dem Brett, in einer Schüssel oder der Küchenmaschine zu einem weichen, glatten Teig kneten. Vor dem Rasten (30 Minuten) mit Öl bestreichen und mit einer warmen Schüssel zudecken.

Auf einem bemehlten Tuch ausziehen, mit zerlassener Butter oder Öl bepinseln, die Fülle auf ein Drittel der Fläche aufstreichen, mit Früchten und Nüssen bestreuen, einrollen, auf ein Blech geben, mit Butter bestreichen und ca. 40 Minuten bei Ober- und Unterhitze mit 200 °C, bei Heißluft mit 180 °C backen.

Den geschnittenen Strudel mit der Vanillecreme und dem Zwetschkenröster auf einem Teller anrichten (Bild S. 41).

### FÜLLE
Für die Fülle Butter cremig rühren, Eier und Zucker einrühren, Topfen, Salz, Rahm und Puddingpulver daruntermengen. Mit Zitronensaft und Vanillezucker verfeinern. Für eine besonders flaumige Fülle die Eier trennen und aus dem Klar einen cremigen Schnee schlagen, mit 2 EL Zucker ausschlagen und zum Schluss in die Topfenmasse einheben.

### VANILLECREME
Für die Creme Milch mit Puddingpulver und Zucker kochen, überkühlen, Obers cremig schlagen und unterziehen.

### ZWETSCHKENRÖSTER
Für den Zwetschkenröster die Zwetschken entkernen, mit wenig Wasser zum Kochen bringen, zuckern, Nelke und Zimtrinde dazugeben und so lange kochen, bis die Masse cremig wird. Bei Bedarf Wasser dazugeben.

Mit Rum abschmecken, Zimt und Nelken entfernen.

## GRIESSSTRUDEL

**Strudelteig**
**200 g glattes Mehl**
**1 EL Öl**
**Salz**
**125 ml lauwarmes Wasser**

**Fülle**
**250 g Grieß**
**100 g Butter**
**500 ml Milch**
**Salz, Pfeffer, Muskatnuss**
**3 Eier**
**100 ml Sauerrahm**
**100 g Käse, gerieben**
**1 große Karotte**
**1 mittlere Stange Lauch**

**Öl oder Butter**
**zum Bestreichen**

Die Zutaten für den Teig auf dem Brett, in einer Schüssel oder der Küchenmaschine zu einem weichen, glatten Teig kneten. Vor dem Rasten (30 Minuten) mit Öl bestreichen und mit einer warmen Schüssel zudecken.

Den Teig auf einem bemehlten Tuch ausrollen, mit Öl bestreichen, dann ausziehen, die Fülle auf den ausgezogenen Strudelteig streichen, einrollen, mit Butter bestreichen und bei 180–200 °C etwa 40 Minuten backen.

### FÜLLE

Grieß in der Hälfte der Butter rösten, mit Milch aufgießen, würzen und dick einkochen lassen, überkühlen. Die Eier trennen, Schnee schlagen, Dotter, Sauerrahm und Käse zur Grießmasse rühren.

Die Karotte in dünne Stifte schneiden, Lauch in Ringe schneiden und in der restlichen Butter andünsten. Alles zur Grießmasse geben und abschmecken. Zuletzt den Schnee einheben.

## KRAUTSTRUDEL

**Strudelteig**
**200 g glattes Mehl**
**1 EL Öl**
**Salz**
**125 ml lauwarmes Wasser**

**Fülle**
**100 g Zwiebeln**
**100 g Speck**
**2–3 EL Öl oder Schweinefett**
**1 EL Zucker**
**500 g Weißkraut**
**Salz, Kümmel, Pfeffer**

**Öl oder Butter**
**zum Bestreichen**

Die Zutaten für den Teig auf dem Brett, in einer Schüssel oder der Küchenmaschine zu einem weichen, glatten Teig kneten. Vor dem Rasten (30 Minuten) mit Öl bestreichen und mit einer warmen Schüssel zudecken.

Den Teig auf einem bemehlten Tuch ausrollen, mit Öl bestreichen, dann ausziehen, die Fülle auf dem ausgezogenen Strudelteig verteilen. Zusammenrollen, mit Öl bestreichen und bei 180–200 °C ca. 40 Minuten backen.

### FÜLLE

Zwiebeln und würfelig geschnittenen Speck in heißem Öl oder Schweinefett rösten, den Zucker darin karamellisieren, das geschnittene, gewürzte Kraut dünsten, würzen und auskühlen lassen.

## CHINAKOHL-LAUCHSTRUDEL

**Strudelteig:**
**200 g Mehl glatt**
**1 EL Öl**
**Salz**
**1/8 l lauwarmes Wasser**

**Fülle:**
**200 g Zwiebel**
**2 Zehen Knoblauch**
**Butter zum Braten und Bestreichen**
**250 g Chinakohl**
**250 g Lauch**
**150 g Bergkäse**
**250 g Topfen**
**2 Eier**
**Salz, Pfeffer, Majoran**

Die Zutaten für den Strudelteig auf dem Brett, in einer Schüssel oder der Küchenmaschine zu einem weichen, glatten Teig kneten.

Vor dem Rasten (½ Stunde) mit Öl bestreichen und mit einer warmen Schüssel zudecken.

Die gehackten Zwiebeln mit dem gehackten Knoblauch in Butter anbraten, den in Streifen geschnittenen Chinakohl und den in Streifen geschnittenen Lauch kurz mitrösten, überkühlen lassen. Geriebenen Käse, Topfen und die Eier dazugeben und mit Salz, Pfeffer und Majoran würzen.

Masse auf ca. 1/3 des ausgezogenen Strudelteiges geben, restlichen Teig mit Öl bestreichen, einrollen, auf ein befettetes oder mit Backpapier belegtes Blech geben, mit zerlassener Butter oder Öl bestreichen und bei 180 °C ca. 45 Min. backen.

Foto: Andrea Jungwirth

## GEMÜSE-TOPFENMÜRBTEIGSTRUDEL MIT DIP

**Topfenmürbteig:**

**125 g Weizenvollkornmehl**
**125 g Weizenmehl glatt**
**150 g Butter**
**200 g Topfen**
**Prise Salz**

**Füllung:**

**100 g Karotten**
**100 g gelbe Rüben**
**1 Stange Lauch**
**1 EL Öl**
**50 g Erbsen**
**150 g Mozzarella**
**2 Eier**
**2 EL Sauerrahm**
**4 EL Haferflocken fein**
**Salz, Pfeffer**
**2 EL Petersilie**
**1 EL Thymian**

Für den Topfen-Mürbteig die kalte Butter mit Mehl abbröseln und zusammen mit dem Topfen zu einem glatten Teig verkneten. Daraus eine Kugel formen, flach drücken und mindestens 30 Minuten im Kühlschrank kaltstellen.

Für die Fülle die Karotten und die gelben Rüben waschen, schälen und in kleine Würfel schneiden. Lauch halbieren, waschen und in feine Ringe schneiden. Das Gemüse in Öl kurz anschwitzen. Erbsen hinzufügen und überkühlen lassen. Mozzarella in Würfel schneiden. Eier trennen.

Einen Eidotter mit dem Gemüse, Käse, Sauerrahm, Haferflocken, Gewürzen und Kräutern vermengen. Eiklar zu steifem Schnee schlagen und unterheben.

Das Backrohr auf 200°C Ober- und Unterhitze vorheizen.

Teig etwa 5mm dick zu einem Rechteck ausrollen.

Füllung in der Mitte des Teiges auftragen, die Teigränder mit dem restlichen Dotter bestreichen. Teig über der Füllung zusammenschlagen und den Strudel mit der zusammengeschlagenen Seite nach unten auf ein mit Backpapier belegtes Backblech geben. Strudel mit dem restlichen Dotter bestreichen.

Im Rohr etwa 50 Minuten backen.
Dazu passt z. B. Curry-Dip (S. 160).

## KARTOFFELSTRUDEL

**Strudelteig**

**200 g glattes Mehl**
**1 EL Öl**
**Salz**
**125 ml lauwarmes Wasser**

**Fülle**

**750 g mehlige Kartoffeln**
**100 g Schweinefett oder 5 EL Öl**
**100 g Zwiebeln**
**Salz, Pfeffer**
**Süßrahm**

Die Zutaten für den Teig auf dem Brett, in einer Schüssel oder der Küchenmaschine zu einem weichen, glatten Teig kneten. Vor dem Rasten (30 Minuten) mit Öl bestreichen und mit einer warmen Schüssel zudecken.

### FÜLLE

Die rohen, geschälten Kartoffeln grob reiben und auf den ausgezogenen Strudelteig streuen. Darauf kommen die gerösteten Zwiebeln, die Gewürze und der Süßrahm.

Zusammenrollen und sofort bei 180–200 °C ca. 40 Minuten backen, da die Fülle sonst schwarz wird!

## KARTOFFELTEIGSTRUDEL

**600 g mehlige Kartoffeln**
**200 g Weizenvollkornmehl**
**100 g Vollkorngrieß**
**1 Ei, 30 g Butter**
**1 TL Sojamehl, Muskatnuss**
**1 TL Kräutersalz**

**Fülle**
**2 Zwiebeln**
**300 g Blattspinat**
**40 g Butter**
**Salz, Pfeffer, Knoblauch**
**250 g Schafskäse**

Die Kartoffeln in der Schale kochen, heiß pressen, Mehl, Grieß, Ei, Sojamehl, Muskatnuss, Kräutersalz und Butter rasch zumengen. Kurz kneten, da der Teig sonst zäh wird.

Kartoffelteig 1,5 cm dick ausrollen, mit der Spinat-Käse-Fülle füllen, zusammenrollen. Den Strudel auf ein Blech geben und im Rohr bei 180–200 °C ca. 40 Minuten backen.

### FÜLLE

Die fein geschnittenen Zwiebeln und den Blattspinat kurz in Butter dünsten, würzen. Den Käse würfelig schneiden und dazumengen.

## GRAMMELSTRUDEL

**Strudelteig**
**200 g glattes Mehl**
**1 EL Öl**
**Salz**
**125 ml lauwarmes Wasser**

**Fülle**
**400 g Grammeln**
**100 g Knödelbrot**
**Salz, Pfeffer, Knoblauch**
**Küchengewürze**
**30 g Öl**
**250 g Zwiebeln**
**Petersilie, gehackt**
**Öl**

**1 Ei zum Bestreichen**

Die Zutaten für den Teig auf dem Brett, in einer Schüssel oder der Küchenmaschine zu einem weichen, glatten Teig kneten. Vor dem Rasten (30 Minuten) mit Öl bestreichen und mit einer warmen Schüssel zudecken.

Den Teig auf einem bemehlten Tuch ausrollen, mit Öl bestreichen, dann ausziehen, die Hälfte des Teiges mit der Fülle bestreichen. Die restliche Teigfläche mit Öl beträufeln, Teig zusammenrollen, mit zerklopftem Ei bestreichen und bei 180–200 °C etwa 40 Minuten backen.

### FÜLLE

Grammeln, Knödelbrot und Gewürze, in Öl angeröstete Zwiebeln und Petersilie gut vermischen.

## SPARGELSTRUDEL

**Strudelteig**
**150 g glattes Mehl**
**Salz**
**1 EL Öl**
**100 ml Wasser**

**50 g Butter zum Beträufeln**

**Fülle**
**50 g Weißbrotwürfel**
**20 g Butter**
**250 g Spargel**
**100 g Blattspinat**
**100 g gekochter Schinken**
**125 ml Sauerrahm**
**3 Eidotter**
**Salz und Muskat**

**1 Ei**
**3 EL Milch**

Die Zutaten für den Teig auf dem Brett, in einer Schüssel oder der Küchenmaschine zu einem weichen, glatten Teig kneten. Vor dem Rasten (30 Minuten) mit Öl bestreichen und mit einer warmen Schüssel zudecken.

Den Teig auf einem bemehlten Tuch ausrollen, mit Butter bestreichen, dann ausziehen, die gerösteten Weißbrotwürfel sowie Spinat, Spargel und Schinken darauf verteilen, Rahmmischung darübergießen und würzen, einrollen.

Auf ein Blech geben, Ei und Milch versprudeln, den Strudel damit bestreichen und bei 180–200 °C ca. 40 Minuten backen.

### FÜLLE

Weißbrot in Würfel schneiden und in Butter hellbraun rösten. Spargel schälen und in 3 cm lange Stücke schneiden. Den Blattspinat blanchieren, den Schinken in Streifen schneiden, Rahm und Dotter verquirlen.

*Foto rechts: Osterpinzen* *(Rezept S. 262)*
*Foto: Wilhelm Hufnagl*

# GERM- UND VOLLKORNGEBÄCK

# GERMGEBÄCK

## Backtemperaturen bei Germgebäck

- Kleingebäck wie Kipferln, Stangerln, Kronen, Schnecken bei 200 °C Ober- und Unterhitze für ca. 20 Minuten
- Striezel, Gebäck in Formen bei 160–180 °C Ober- und Unterhitze für 30–45 Minuten
- Bei Heißluftrohren die Temperatur
- gegenüber Ober- und Unterhitze um 10–20 °C reduzieren (siehe Schalttabelle S. 15)!

### HINWEISE

- Bei Heißluftrohren ein Wassergefäß ins Rohr stellen.
- Man kann Germgebäck vor dem Bestreichen mit Wasser besprühen oder dem verquirlten Ei etwas Wasser beimengen, um eine schönere Oberfläche zu erzielen.
- Grundsätzlich kann man alle angegebenen Rezepte mit Vollmehl zubereiten und dadurch gesundheitlich aufwerten.

## GERMKIPFERLN

**20 g Germ**
**500 g glattes Mehl**
**1 TL Salz**
**50 g Kristallzucker**
**1 TL Vanillezucker**
**geriebene Zitronenschale**
**250 ml Milch, 2 Eier**
**50 g Butter**

### Fülle

**Marmelade**
**Mohn, Nuss, Topfen (wie bei Patzerlgugelhupf, S. 248)**
**1 Ei zum Bestreichen**
**Hagelzucker**

Die frische fein verbröselte Germ sowie alle trockenen Zutaten unter das Mehl mengen. Die lauwarme Milch mit den Eiern verquirlen und mit der zerlassenen Butter zum Mehl mischen. Den Teig gut kneten. Zudecken und zum Gehen warm stellen, bis sich sein Volumen verdoppelt hat. Den Teig in 2 Teile teilen. Jeden Teil kreisförmig auswalken und wie eine Torte in 8 Portionen teilen. Am äußeren Rand füllen und zur Spitze hin einrollen. Dabei ein wenig dehnen und leicht andrücken.

Kipferln formen, auf einem befetteten Backblech gehen lassen, mit Ei bestreichen, mit Hagelzucker bestreuen, dann bei 200 °C Ober- und Unterhitze ca. 20 Minuten backen.

## BUCHTELN, DUKATENBUCHTELN

**20 g Germ**
**500 g glattes Mehl**
**1 TL Salz**
**50 g Kristallzucker**
**1 TL Vanillezucker**
**1 Prise Zitronenschale**
**250 ml Milch**
**2 Eier**
**50 g Butter**

**100 g Fett für die Pfanne**

### Fülle

**Marmelade**
**Nuss- oder Mohnfülle siehe Patzerlgugelhupf, S. 248**

### Vanillecreme

**1 P. Vanillepuddingpulver**
**150 g Kristallzucker**
**750 ml Milch**

Die frische fein verbröselte Germ sowie alle trockenen Zutaten unter das Mehl mengen. Die lauwarme Milch mit den Eiern verquirlen und mit der zerlassenen Butter zum Mehl mischen. Den Teig gut kneten. Zudecken und zum Gehen warm stellen, bis sich sein Volumen verdoppelt hat.

Den aufgegangenen Teig auswalken, in kleine Vierecke schneiden, 1 TL Marmelade, Nuss- oder Mohnfülle auf jedes Stück geben und den Teig zusammendrücken. In einer Pfanne Fett schmelzen, die Buchteln darin nebeneinander legen, zuvor aber im Fett umdrehen (damit sie sich nach dem Backen leichter voneinander lösen), nochmals gehen lassen und etwa 45 Minuten bei 170 °C backen.

Man kann Buchteln auch ungefüllt lassen und Vanillecreme dazu reichen. In diesem Fall aus dem Teig eine daumendicke Rolle formen, etwa 1 cm lange Stücke abschneiden, in zerlassene Butter eintauchen, in einer Pfanne nebeneinanderlegen, aufgehen lassen und im Rohr hell backen. Noch warm voneinander lösen.

### VANILLECREME

Vanillepuddingpulver mit dem Kristallzucker verrühren, mit einigen Esslöffeln kalter Milch glatt rühren. Den Rest der Milch zum Kochen bringen und den angerührten Vanillepuddingpulver einkochen. Unter ständigem Rühren einmal aufkochen lassen. In einer Schüssel kalt rühren.

## GUGELHUPF

**15 g Germ**
**350 g glattes Mehl**
**ca. 250 ml Milch**
**60 g Butter**
**2–3 Eidotter**
**60 g Kristallzucker**
**1 TL Salz**
**1 TL Vanillezucker**
**etwas Zitronenschale**
**50 g Rosinen**

Frische Germ in das Mehl bröseln, Milch mit Butter erwärmen, Dotter, Zucker, Salz, Vanillezucker, Zitronenschale und Mehl zu einem weichen Teig verarbeiten, Rosinen beifügen und gut kneten.

Dann gehen lassen, nochmals kneten, in eine befettete Gugelhupfform geben und noch einmal gehen lassen. Bei 160 °C ca. 45 Minuten backen. Anzuckern nach Belieben.

## PATZERLGUGELHUPF

**30 g Germ**
**500 g glattes Mehl**
**1 TL Salz**
**80 g Kristallzucker**
**1 TL Vanillezucker**
**250 ml Milch**
**3 Eidotter**
**80 g Butter**

### Topfenfülle

**100 g Topfen**
**1 EL Staubzucker**
**1 Eidotter, 1 Prise Salz**
**1 TL Vanillepuddingpulver**
**etwas Vanillezucker**
**30 g Rosinen**
**¼ Zitrone (Saft und unbehandelte Schale)**

### Mohnfülle

**150 g Mohn, gemahlen**
**1 EL Honig**
**1 EL Staubzucker**
**1 Prise Zimt**
**½ Zitrone (Saft und unbehandelte Schale)**
**1 EL Marillenmarmelade**
**125 ml Milch**

### Nussfülle

**150 g Nüsse, gerieben**
**1 EL Staubzucker**
**1 EL Semmelbrösel**
**1 Prise Zimt**
**2 EL Rum**
**ca. 125 ml heiße Milch**

### Powidlfülle

**150 g Powidl**
**Wasser**
**Rum nach Belieben**

Die frische fein verbröselte Germ sowie alle trockenen Zutaten unter das Mehl mengen. Die lauwarme Milch mit den Eidottern verquirlen und mit der zerlassenen Butter zum Mehl mischen. Den Teig gut kneten.

Zudecken und zum Gehen warm stellen, bis sich sein Volumen verdoppelt hat.

Den aufgegangenen Teig auf dem Brett zu einer langen Rolle formen. In 24 gleiche Teile schneiden. Diese wie Buchteln nacheinander verschiedenartig füllen und in eine befettete Gugelhupfform legen, sodass die „Patzerln" abwechselnd neben- und übereinanderliegen.

Nochmals gehen lassen, bei 170 °C Ober- und Unterhitze 40–50 Minuten backen. Diese Teigmenge reicht für zwei Gugelhupfe.

### TOPFENFÜLLE

Alle Zutaten miteinander verrühren.

### MOHNFÜLLE

Alle Zutaten mit warmer Milch verrühren.

### NUSSFÜLLE

Alle Zutaten mit Milch verrühren.

### POWIDLFÜLLE

Powidl mit warmem Wasser und Rum glatt rühren.

# POTITZE

20 g Germ
500 g glattes Mehl
1 TL Salz
60 g Kristallzucker
1 TL Vanillezucker
etwas geriebene Zitronenschale
250 ml Milch
2 Eidotter
60 g Butter

**Mohnfülle**
2 EL Honig
125 ml Milch
150 g Mohn, gemahlen
2 EL Marillenmarmelade
1 Prise Zimt
etwas Rum, Zitronenschale, unbehandelt

**Nussfülle**
2 EL Honig
125 ml Milch
150 g Nüsse
2 EL feine Semmelbrösel
1 Prise Zimt
2 EL Rum

Die frische fein verbröselte Germ sowie alle trockenen Zutaten unter das Mehl mengen. Die lauwarme Milch mit den Eidottern verquirlen und mit der zerlassenen Butter zum Mehl mischen. Den Teig gut kneten, zudecken und zum Gehen warm stellen, bis sich sein Volumen verdoppelt hat.

Dann dünn auswalken, mit der Fülle bestreichen, zusammenrollen, in 2 Teile teilen und jeden Teil in eine gut befettete Kastenform geben.

Gehen lassen, anstechen und dann langsam bei 170 °C (Ober- und Unterhitze) 40–50 Minuten goldbraun backen.

## MOHNFÜLLE

Honig in warmer Milch auflösen. Mohn und Marmelade zugeben, mit Zimt, Rum und Zitronenschale abschmecken.

## NUSSFÜLLE

Honig in warmer Milch auflösen. Die geriebenen Nüsse und die Semmelbrösel zugeben, mit Zimt und Rum abschmecken.

Foto: Wilhelm Hufnagl

## GERMTEIGSCHNECKEN (ROSENKUCHEN)

**Teig wie Potitze (siehe S. 249)**

**Fülle**
**40 g Butter**
**50 g Staubzucker**
**1 Prise Zimt oder Kakao**
**50 g Rosinen**
**50 g Nüsse (auch Mohn- oder Marmeladefülle möglich)**
**Milch zum Bestreichen**

**Glasur**
**3 EL Staubzucker mit Rum (oder Zitronensaft) glatt rühren**

Den Teig wie für eine Potitze bereiten, gehen lassen, dünn auswalken, mit zerlassener Butter, Zucker, Zimt oder Kakao, Rosinen und gehackten Nüssen oder mit einer Mohnfülle bzw. Marmelade bestreichen und zusammenrollen. Dann in zweifingerbreite Stücke schneiden und in größeren Abständen auf das befettete Backblech legen. Gehen lassen, mit lauwarmer Milch bestreichen, bei 200 °C goldbraun backen und noch heiß mit der Glasur bestreichen. Man kann die Schnecken auch nebeneinander in eine gut ausgefettete Form legen, aufgehen lassen und bei 170 °C ungefähr 45 Minuten backen. Danach noch heiß mit der Glasur bestreichen.

## NUSSKRONEN

**Teig wie Potize (siehe S. 249)**

**Nussfülle**
**150 g Nüsse**
**1 EL Staubzucker**
**1 EL Semmelbrösel**
**1 Prise Zimt**
**1 EL Rum**
**ca. 125 ml heiße Milch**

Den Teig teilen und dünn ausrollen. Aus dem Teig 11 cm breite Streifen schneiden und auf die Mitte der Streifen einen Teil der Nussfülle gleichmäßig verteilen. Teig von oben auf die Nussfülle legen, Teig von unten darüberklappen und andrücken. Teigstreifen in 11 cm lange Teile portionieren und je fünfmal ca. 1 cm tief einschneiden. Die Kronen leicht gebogen auf ein befettetes (oder mit Backpapier ausgelegtes) Blech legen, mit Ei bestreichen, ein wenig aufgehen lassen und bei 200 °C ca. 15 Minuten backen.

Nach dem Backen noch heiß mit Rum-Staubzucker-Glasur bestreichen (siehe Rosenkuchen) oder anzuckern.

## MILCHBROT

**20 g Germ**
**500 g glattes Mehl**
**1 TL Salz**
**250 ml Milch**
**50 g Butter**
**50 g Kristallzucker**

Germ mit dem gesalzenen Mehl fein verbröseln. Lauwarme Milch, zerlassene Butter und Zucker unter das Mehl mengen, den Teig gut kneten und zum Gehen warm stellen.

Ist er um das Doppelte aufgegangen, auf der bemehlten Arbeitsfläche einen länglichen Wecken oder einen Striezel daraus formen, auf einem befetteten oder mit Backpapier ausgelegten Backblech nochmals aufgehen lassen, mit Milch bestreichen und bei 180 °C ca. 30 Minuten im Rohr backen.

## KRANZKUCHEN

**Teig wie Potitze (siehe S. 249)**

**Fülle**
**70 g Butter**
**50 g Staubzucker**
**1 Prise Zimt**
**Rosinen oder Nüsse, grob gehackt**

**Glasur**
**3 EL Staubzucker**
**etwas Rum oder Zitronensaft**

Einen Teig wie für eine Potitze bereiten, aufgehen lassen, auf dem bemehlten Nudelbrett dünn auswalken, Butter mit Zucker abtreiben und auf den Teig streichen. Man kann ein wenig Zimt zugeben und Rosinen oder Nüsse daraufstreuen.

Den Teig zusammenrollen, flach drücken und der Länge nach in der Mitte durchschneiden. Die beiden Hälften mit den Schnittflächen nach oben zusammendrehen, zu einem Kranz formen, auf ein befettetes oder mit Backpapier ausgelegtes Blech geben (oder in eine befettete Kastenform), aufgehen lassen und bei 170 °C ca. 40 Minuten backen. Nach dem Backen rasch mit Glasur bestreichen.

Für die Glasur den Staubzucker mit etwas Rum oder Zitronensaft glatt rühren.

## KÄRNTNER REINDLING

**30 g Germ**
**500 g glattes Mehl**
**1 TL Salz**
**50–100 g Kristallzucker**
**Zitronenschale, unbehandelt**
**250 ml Milch**
**2–3 Eidotter**
**50 g Butter**

**Fülle**
**150 g Kristallzucker**
**1–2 EL Zimt oder Kakao**
**100 g Butter**
**in Rum eingeweichte Rosinen**

Die frische fein verbröselte Germ sowie alle trockenen Zutaten unter das Mehl mengen. Die lauwarme Milch mit den Eidottern verquirlen und mit der zerlassenen Butter zum Mehl mischen. Den Teig gut kneten. Zudecken und zum Gehen warm stellen, bis sich sein Volumen verdoppelt hat.

Den Teig fingerdick ausrollen, mit den Zutaten der Fülle bestreuen. Den Teig einrollen. Die Rolle in einer gut befetteten Reindling- oder Gugelhupfform bei 170 °C 35–40 Minuten backen.

Noch heiß aus der Form lösen und auskühlen lassen.

## STREUSELKUCHEN

**15 g Germ**
**350 g glattes Mehl**
**1 TL Salz**
**80 g Kristallzucker**
**125 ml Milch**
**2 Eier**
**80 g Butter**

**Marmelade oder geraspelte Äpfel, Zwetschken, Marillen**

### Streusel

**100 g glattes Mehl**
**100 g Nüsse**
**100 g Staubzucker**
**1 Prise Zimt**
**80–100 g Butter**

Die frische fein verbröselte Germ sowie alle trockenen Zutaten unter das Mehl mengen. Die lauwarme Milch mit den Eiern verquirlen und mit der zerlassenen Butter zum Mehl mischen. Den Teig gut kneten. Zudecken und zum Gehen warm stellen, bis sich sein Volumen verdoppelt hat.

Den aufgegangenen Germteig daumendick auswalken, auf ein befettetes Backblech (oder auf Backpapier) legen. Mit Marmelade bestreichen oder mit geraspelten Äpfeln (Zwetschken, Marillen) belegen und den Streusel darauf verteilen.

Das Ganze nochmals aufgehen lassen und dann je nach Dicke des Teiges bei 180 °C (Ober- und Unterhitze) 30–45 Minuten backen.

### STREUSEL

Mehl, geriebene Nüsse, Zucker und ein wenig Zimt gut vermengen, mit der zerlassenen Butter beträufeln und zu kleinen Bröckchen verarbeiten.

## OBSTFLECK

**350 g glattes Mehl**
**60 g Kristallzucker**
**2 Eier**
**15 g Germ**
**Salz**
**125 ml Milch**
**50 g Fett**

### Fülle

**30 g Semmelbrösel**
**500 g Äpfel oder Zwetschken**
**60 g Kristallzucker**
**50 g Rosinen**
**50 g Fett**
**Zimt, Piment (Neugewürz)**
**Zitronenschale, unbehandelt**

Aus Mehl, Zucker, Eiern, Germ, Salz und der warmen Milch mit dem zerlassenen Fett einen mittelfesten Teig bereiten, aufgehen lassen, dann in zwei Teile teilen. Die eine Hälfte auswalken, auf ein mit Backpapier belegtes Backblech geben und mit der Fülle bestreichen.

Für diese die Semmelbrösel, die geschälten, blättrig geschnittenen Äpfel (oder Zwetschken), den Zucker und die Rosinen in heißes Fett geben und alles dünsten lassen, bis die Äpfel weich sind. Mit Zimt, Neugewürz und Zitronenschale würzen. Die andere Hälfte des Teiges auswalken, in Streifen schneiden und ein Gitter über die Fülle legen.

Der Kuchen muss nochmals gehen, dann bei 170 °C 30–45 Minuten backen.

## KLETZENBROT

**400 g Dörrzwetschken**
**250 g Rosinen**
**250 g Haselnüsse, 250 g Mandeln**
**100 g Zitronat, 100 g Aranzini**
**250 g Honig**
**1 kg Roggenmehl**
**60 g Germ**
**1 EL Salz**
**60 ml Rum, 500 ml Wasser**
**2 P. Lebkuchengewürz**

Die geschnittenen Früchte und Nüsse mit Honig und Rum vermischen und ziehen lassen. Aus Mehl, Germ, Salz, Wasser und dem Lebkuchengewürz einen Teig bereiten und gehen lassen. Die Fülle mit dem aufgegangenen Teig verkneten. Aus der Masse zwei nicht zu dicke längliche Wecken formen, auf ein mit Backpapier ausgelegtes Blech geben und nochmals gehen lassen.

Bei 180–200 °C ca. 50 Minuten backen.

## APFELBROT

**750 g Äpfel, geraspelt**
**150 g Feigen, grob geschnitten**
**50 g Dörrzwetschken, geschn.**
**Aranzini, Zitronat**
**150 g Nüsse, grob gehackt**
**250 g Rohzucker**
**Zitronenschale, unbehandelt**
**1 TL Zimt, Rum**
**1 Msp. Gewürznelkenpulver**
**1 TL Lebkuchengewürz**
**500 g Weizenvollkornmehl**
**1 P. Backpulver**
**ein wenig Milch zum Bestreichen**

Aus den geschnittenen Früchten und Geschmackszutaten einen Teig bereiten und über Nacht ziehen lassen. Am nächsten Tag das Vollmehl und das Backpulver einkneten.

In einer befetteten Kastenform bei 180 °C 60–75 Minuten backen.

**HINWEIS**
Nach Bedarf zwei kleine Brote backen.

*Foto: Andrea Jungwirth*

## FRÜCHTEBROT

**Milchbrotteig, siehe S. 250**

**Fülle**

**100 g Dörrbirnen (Kletzen)**
**100 g Dörrzwetschken**
**100 g Nüsse**
**100 g Rosinen**
**100 g Feigen**
**60 g Aranzini**
**5 EL Staubzucker**
**1 TL Zimt**
**1 Msp. Piment (Neugewürz)**
**3 EL Rum**
**Zitronenschale, unbehandelt**

**Milch oder Ei zum Bestreichen**

Gedörrte Birnen und Zwetschken weich kochen, nudelig schneiden. Dazu geschnittene Nüsse, Rosinen, geschnittene Feigen, Aranzini, Zucker, Zimt, Neugewürz, Rum und Zitronenschale mischen und einige Stunden bei Raumtemperatur stehen lassen.

### TEIG

Einen Teig wie für Milchbrot bereiten, gehen lassen, eine Hälfte klein zerzupfen, unter die lauwarme Fülle kneten und nochmals gehen lassen. Die andere Hälfte des Teiges 0,5 cm dick auswalken und den zu einem länglichen Wecken geformten Früchteteig darauflegen. Dann den ausgewalkten Teig darüberschlagen und mit der übereinandergeschlagenen Seite nach unten auf ein befettetes Backblech (oder auf Backpapier) legen. Die Oberseite mehrmals mit einer Gabel anstechen und den Teig nochmals gehen lassen.

Bei 170 °C 1 Stunde backen, zuvor nochmals anstechen, vor und nach dem Backen mit lauwarmer Milch oder mit Ei bestreichen.

## BIENENSTICH

**Teig**

**500 g glattes Mehl**
**1 P. Trockengerm**
**50 g Kristallzucker**
**2 Eier**
**50 g Butter**
**Salz**

**Fülle**

**750 ml Milch**
**2 P. Puddingpulver**
**6 EL Kristallzucker**
**125 ml Schlagobers**

**Belag**

**90 g Butter**
**140 g Kristallzucker**
**4 EL Honig**
**60 ml Schlagobers**
**200 g gehobelte Mandeln**

Germteig bereiten und rasten lassen.

Pudding kochen, überkühlen und geschlagenes Obers in den erkalteten Pudding einrühren.

Eine Hälfte des Germteiges auf Blechgröße auswalken und auf ein Backblech geben. Puddingcreme darauf verteilen. Die zweite Hälfte des Teiges auswalken, auf die Puddingcreme legen, etliche Male mit einer Gabel einstechen. Den Mandelbelag gleichmäßig auftragen.

Bei 180 °C 30–45 Minuten backen (auf die Farbe der Mandelmasse achten).

### MANDELBELAG

In die zerlassene Butter Zucker, Honig und Schlagobers geben, zuletzt die Mandeln einrühren.

## GEFLOCHTENER STRIEZEL

**30 g Germ**
**500 g glattes Mehl**
**1 TL Salz**
**60 g Kristallzucker**
**1 TL Vanillezucker**
**etwas Zitronenschale**
**Rosinen nach Geschmack**
**schwach 250 ml Milch**
**60 g Butter**

**1 Ei zum Bestreichen**
**Hagelzucker**

Die frische fein verbröselte Germ sowie alle trockenen Zutaten unter das Mehl mengen. Eventuell Rosinen beigeben. Die lauwarme Milch mit der zerlassenen Butter zum Mehl mischen. Den Teig gut kneten, zudecken und zum Gehen warm stellen, bis sich sein Volumen verdoppelt hat. 4 oder 6 gleich große Laibchen formen, diese nochmals rasten lassen. Aus den Laibchen gleichmäßige Rollen formen, die an den Enden spitz zusammenlaufen. Striezel flechten, auf ein mit Backpapier belegtes Backblech legen, kurz gehen lassen, mit verquirltem Ei bestreichen, mit Hagelzucker bestreuen und bei 170 °C ca. 30 Minuten backen.

## BRIOCHES (FRANZÖSISCHES KLEINGEBÄCK)

**40 g Germ**
**500 g glattes Mehl**
**1 TL Salz**
**100 g Kristallzucker**
**250 ml Milch**
**2 Eidotter**
**120 g Butter**
**120 g Butter zum Einkneten**
**1 Ei zum Bestreichen**
**Hagelzucker**

Aus den angegebenen Zutaten einen Teig bereiten, über Nacht sehr kalt stellen. Am nächsten Tag 120 g kalte, geriebene Butter einkneten, wieder kühl stellen, gehen lassen.

Kleine Laibchen formen, ein wenig gehen lassen, aus ihnen verschiedenes Kleingebäck formen (Brezerln, Kipferln usw.), mit Ei bestreichen, mit Hagelzucker bestreuen, gehen lassen, bei 200 °C ca. 25 Minuten auf einem mit Backpapier belegten Blech backen.

## TIROLER KÜCHELCHEN

**wie Faschingskrapfen**
**Art 1 oder Art 2 (siehe S. 257)**

**Marillenmarmelade**

Den gegangenen Teig daumendick auswalken, Scheiben ausstechen und zugedeckt gehen lassen. Dann in der Mitte dünn auseinanderziehen, mit der Oberseite nach unten ins heiße Fett legen. Backen siehe praktische Hinweise!

Abtropfen lassen, bezuckern und in die Grube Marmelade füllen.

## STRAUBEN

**wie Faschingskrapfen Art 1 oder Art 2 (siehe S. 257)**

Aus dem Krapfenteig können auch Strauben gemacht werden. Dazu den Teig fingerdick ausrollen, dann Vierecke ausradeln, in diese ca. 1 cm dicke Streifen einradeln.

Wenn die Vierecke gut gegangen sind, in heißem Fett backen, auf Küchenpapier zum Abtropfen legen und vor dem Servieren bezuckern.

## GEBACKENE MÄUSE

**20 g Germ**
**500 g glattes Mehl**
**1 TL Salz**
**60 g Kristallzucker**
**1 TL Vanillezucker**
**250 ml Milch**
**2 Eidotter**
**60 g Butter**
**2 EL Rum**
**50 g Rosinen**
**Fett zum Ausbacken**
**1 Prise Zimt**
**ein wenig Staubzucker**

Die frische fein verbröselte Germ sowie alle trockenen Zutaten unter das Mehl mengen. Die lauwarme Milch mit den Eidottern verquirlen, mit der zerlassenen Butter und dem Rum zum Mehl mischen. Den Teig gut kneten und die Rosinen einkneten. Zudecken und zum Gehen warm stellen, bis sich sein Volumen verdoppelt hat.

Nach dem Gehenlassen mit in Fett getauchtem Löffel Nockerln ausstechen und diese in heißem Fett goldbraun backen. Auf Küchenpapier abtropfen lassen und in Zimt- und Staubzuckergemisch wälzen.

*Faschingskrapfen (Rezept rechte Seite)* Foto: Günther Hauer

# FASCHINGSKRAPFEN

## Art 1

**40 g Germ**
**500 g glattes Mehl**
**1 TL Salz**
**60 g Kristallzucker**
**1 P. Vanillezucker**
**Zitronen-, Orangenschalen, unbehandelt**
**ca. 250 ml Milch**
**3 Eidotter**
**1 Ei**
**2 EL Rum**
**40 g Butter**

## Art 2

**5 Eidotter**
**70 g Kristallzucker**
**1 TL Salz**
**1 P. Vanillezucker**
**2 EL Rum**
**250 ml Milch**
**500 g griffiges Mehl**
**35 g Germ**
**70 g Butter**

**Marmelade zum Füllen**

## ART 1

Die frische fein verbröselte Germ sowie alle trockenen Zutaten unter das Mehl mengen. Die lauwarme Milch mit den Eidottern und dem Ei sowie dem Rum verquirlen und mit der zerlassenen Butter zum Mehl mischen. Den Teig gut kneten. Zudecken und zum Gehen warm stellen, bis sich sein Volumen verdoppelt hat.

2 cm dick auswalken, Kreise ausstechen (oder mit der flachen Handfläche auf der Arbeitsfläche Kugeln schleifen). Weitere Behandlung siehe praktische Hinweise!

## ART 2

Eidotter, Zucker, Salz, Vanillezucker, Rum und ca. 125 ml Milch über Dunst aufschlagen, dann bis zum Erkalten weiterschlagen. In das vorgewärmte Mehl die Germ bröseln, die Schaummasse, die restliche Milch und die zerlassene Butter einrühren. Gut kneten, rasten lassen, Teig portionieren (60 g), rund schleifen, gehen lassen, einmal mit der Hand flach drücken, noch einmal aufgehen lassen.

Im heißen Fett (160 °C) 3 Minuten zugedeckt (schöne Seite nach unten!) backen, umdrehen und dann weitere 3 Minuten offen backen.

Leicht abgekühlt mit Marmelade füllen.

### PRAKTISCHE HINWEISE FÜR GUTES GELINGEN

Weicherer Teig. Keine Zugluft, warme Küche, Backblech mit bemehltem Tuch. Teig gut kneten, 2 cm dick auswalken oder Kugeln (60 g) schleifen. Mit einem Tuch zudecken und langsam gehen lassen (bis federleicht). Während des Gehens die Krapfen einmal flach drücken, gehen lassen. Dann verkehrt in das heiße Backfett (150–160 °C) einlegen. 3 Minuten zugedeckt backen, umdrehen und 3 Minuten offen backen. Abtropfen und nach Wunsch mit fein passierter, lauwarmer Marillenmarmelade füllen. Bezuckern.

## SCHLOSSERBUBEN

**20 g Germ**
**400 g glattes Mehl**
**1 TL Salz**
**60 g Kristallzucker**
**Zitronenschale, unbehandelt**
**schwach 250 ml Milch**
**2 Eidotter**
**60 g Butter**
**1 EL Rum**

**Dörrzwetschken**
**Staubzucker, Kakaopulver**
**Fett zum Ausbacken**

Die frische fein verbröselte Germ sowie alle trockenen Zutaten unter das Mehl mengen. Die lauwarme Milch mit den Eidottern verquirlen und mit der zerlassenen Butter und dem Rum zum Mehl mischen. Den Teig gut kneten. Zudecken und zum Gehen warm stellen, bis sich sein Volumen verdoppelt hat.

Ca. 1 cm dick auswalken und kleine Rechtecke ausschneiden. In deren Mitte eine gedörrte, gekochte, entkernte Zwetschke legen. Das Ganze zu einer Kugel formen, gehen lassen, in heißem Fett backen (160 °C) und noch warm in ein Gemisch aus Staubzucker und Kakaopulver eindrehen.

## GERMKNÖDEL

**30 g Germ**
**500 g glattes Mehl**
**1 TL Salz**
**60 g Kristallzucker**
**1 TL Vanillezucker**
**geriebene Zitronenschale**
**250 ml Milch**
**1–2 Eier**
**60 g Butter**

### Fülle

**200 g Powidl**
**30 g Staubzucker**
**Zitronenschale, unbehandelt**

### Zum Bestreuen

**150 g Butter**
**200 g Mohn, gerieben**
**100 g Staubzucker**

Die frische fein verbröselte Germ sowie alle trockenen Zutaten unter das Mehl mengen. Die lauwarme Milch mit den Eiern verquirlen und mit der zerlassenen Butter zum Mehl mischen. Den Teig gut kneten, zudecken und zum Gehen warm stellen, bis sich sein Volumen verdoppelt hat.

Nach dem Aufgehen gleich große Stücke ausstechen, füllen, gut verschließen und Knödel formen. Diese auf einem bemehlten Tuch gehen lassen, in kochendem Salzwasser 3 Minuten zugedeckt kochen, dann umdrehen und ca. 3 Minuten offen kochen lassen. (Knödel mit der Oberseite nach unten einlegen.)

Auf einer Platte anrichten, mit 2 Gabeln leicht einreißen, mit heißer Butter übergießen, mit Mohn und Staubzucker bestreuen.

**KÜCHENTECHNISCHER HINWEIS**
Die Knödel können auch auf einem Einsatz über Dampf oder im Dampfgarer gegart werden. (Umdrehen entfällt dann!)

## GERMBUTTERTEIG – PLUNDERTEIG

**50 g glattes Mehl**
**300 g Butter**

**Germteig**
**500 g glattes Mehl**
**1 TL Salz**
**50 g Germ**
**3 Eidotter**
**60 g Butter, zerlassen**
**60 g Kristallzucker**
**1 TL Vanillezucker**
**Zitronensaft oder**
**geriebene Zitronenschale**
**250 ml kalte Milch**

Wie beim Blätterteig (siehe GR S. 54) Mehl und Butter gut verkneten, daraus einen Würfel formen und kalt stellen.

Für den Germteig aus Mehl, Salz, Germ, den Dottern, Butter, Zucker, Zitronensaft und ein wenig kalter Milch einen festeren Teig bereiten, glatt kneten und 30 Minuten rasten lassen.

In diesen Germteig wie beim Blätterteig den Butterziegel einschlagen, auseinanderklopfen, zusammenschlagen (tourieren), rasten lassen – den Vorgang jedoch nur dreimal, mit Ruhepausen dazwischen, wiederholen. Dann den Teig wieder 30 Minuten rasten lassen.

Er kann verschieden geformt werden (Topfengolatschen, Kipferln, Kronen usw.).

Backen wie Blätterteig.

## ÜBERGOSSENER GERMKUCHEN

**20 g Germ**
**350 g glattes Mehl**
**80 g Butter**
**4 Eier**
**Salz**
**50 g Kristallzucker**
**1 TL Vanillezucker**
**125 ml Milch**
**Zitronenschale, unbehandelt**

**Guss für Kinder**
**250 ml Wasser**
**Zitronenschale, unbehandelt**
**Saft von 2–3 Orangen**
**Staubzucker**

**Guss für Erwachsene**
**250 ml Wein, 250 ml Wasser**
**ein wenig Rum**
**Kristallzucker, Gewürznelken**

Die Germ im erwärmten Mehl verbröseln, dann die anderen Zutaten – Butter, Eidotter, Salz, Zucker, Milch, Zitronenschale – in Form eines flaumigen Abtriebs zugeben, ebenso die zu Schnee geschlagenen Eiklar beimengen und den Teig aufgehen lassen. Er muss weich sein und gut abgeschlagen werden.

Den aufgegangenen Teig in eine befettete Ringform bis zur halben Höhe einfüllen, gehen lassen und bei 170 °C ca. 50 Minuten backen. Den gebackenen Kuchen stürzen und noch warm mit einem Guss tränken.

Für Kinder Wasser, Zucker und Zitronenschale aufkochen, abseihen und den Saft der Orangen der Zuckerlösung beifügen.

Für Erwachsene Wein, Wasser, Rum und Zucker mit den Gewürznelken aufkochen.

## MÜRBE ROLLEN (KALTER GERMTEIG)

**250 g glattes Mehl**
**120 g Butter oder Schmalz**
**20 g Germ**
**2 EL Kristallzucker**
**3 EL Milch**
**4 Dotter oder 2 Eier**
**½ TL Salz**
**1 TL Vanillezucker**

**Nussfülle (siehe S. 249)**
**oder Marmelade**
**1 Ei zum Bestreichen**

Mehl mit Fett verbröseln, Germ in kalter, gezuckerter Milch auflösen, Eidotter zugeben, salzen und alle Zutaten zu einem glatten Teig verkneten. Den glatten Teig gleich verwenden, halbieren, kreisförmig auswalken, in gleich große Stücke schneiden (wie Tortenstücke) und am äußeren Rand mit Marmelade oder Nussfülle füllen.

Zusammenrollen, mit Ei bestreichen auf ein befettetes oder mit Backpapier ausgelegtes Backblech geben und bei 200 °C ca. 25 Minuten backen. Noch heiß in Vanillezucker oder Staubzucker drehen.

## NUSS- ODER MOHNKIPFERLN, NUSSKRONEN (KALTER GERMTEIG)

**200 g Butter**
**500 g glattes Mehl**
**1 TL Salz**
**30 g Germ**
**250 ml Milch**
**60 g Kristallzucker**
**1 TL Vanillezucker**
**3 Eidotter**
**Nussfülle oder Mohnfülle**
**(siehe S. 249)**

**1 Ei zum Bestreichen**
**Hagelzucker**

Butter mit gesalzenem Mehl in einer Schüssel verbröseln, Germ mit lauwarmer Milch verrühren, ebenso den Zucker und die Eidotter. Mit dem Mehl-Butter-Gemisch zu einem glatten Teig kneten, auswalken, nicht rasten lassen, Dreiecke ausradeln, Nuss- oder Mohnfülle daraufgeben und Kipferln formen, auf ein befettetes oder mit Backpapier ausgelegtes Backblech legen.

15 Minuten rasten lassen, mit Ei bestreichen, mit Hagelzucker bestreuen und bei 180–200 °C ca. 25 Minuten backen.

## TEEBREZERLN (KALTER GERMTEIG)

**300 g glattes Mehl**
**Salz**
**120 g Butter**
**2 EL Staubzucker**
**4 EL Milch, kalt**
**20 g Germ**

**1 Ei**
**grober Kristallzucker**

Das gesalzene Mehl mit der Butter verbröseln, mit dem Staubzucker vermischen und mit der in Milch aufgelösten Germ zu einem glatten Teig verkneten. Diesen zu bleistiftdicken Rollen formen und in gleichmäßig große Stücke (14 cm lang) schneiden. Die Röllchen zu kleinen Brezeln formen, mit Ei bestreichen und mit grobem Kristallzucker dick bestreuen, auf ein befettetes oder mit Backpapier belegtes Backblech geben.

Bei 200 °C 20 Minuten knusprig backen.

## APFELSCHLANKEL (KALTER GERMTEIG)

**400 g glattes Mehl**
**250 g Butter**
**20 g Germ**
**2 EL Kristallzucker**
**5 EL kalte Milch**
**1 Prise Salz**
**1 TL Backpulver**

**4–5 Äpfel**
**5 EL Kristallzucker**
**Zimt**

Zubereitung des Teiges wie mürbe Rollen (Rezept S. 260).

Den Teig teilen und jeden Teig auf Backblechgröße ausrollen, einen Teig mit 4–5 grob geriebenen Äpfeln belegen, anzuckern, Zimt darüberstreuen und dann den zweiten Teig darauflegen. Mit einer Gabel oder einem Messer einige Male an der Oberseite anstechen und bei 170 °C ca. 40 Minuten backen.

## HONIGREINGERL

**20 g Germ**
**500 g glattes Mehl**
**1 TL Salz**
**60 g Kristallzucker**
**1 TL Vanillezucker**
**geriebene Zitronenschale**
**250 ml warme Milch**
**1 Ei**
**1 TL Rum**
**80 g Butter**

**Fülle**
**100 g zerlassene Butter**
**Zimt**
**100 g Kristallzucker**
**4 EL Honig**

Die frische fein verbröselte Germ sowie alle trockenen Zutaten unter das Mehl mengen. Die lauwarme Milch mit Ei, Rum und zerlassener Butter verquirlen und zum Mehl mischen. Den Teig gut kneten, gehen lassen, rechteckig ausrollen, mit zerlassener Butter bestreichen, mit Zimt und Kristallzucker bestreuen und den Honig gleichmäßig darauf verteilen.

Den Teig einrollen und in 12 Portionen teilen. In befettete Muffinformen setzen und bei 180 °C ca. 30 Minuten goldbraun backen. Noch heiß aus der Form lösen.

**HINWEIS**
Die Teigstücke unten zudrücken, damit die Fülle nicht ausläuft.

## OSTERBROT

**20 g Germ**
**500 g glattes Mehl**
**1 TL Salz**
**3 EL Kristallzucker**
**1 TL Anis – nach Geschmack auch weniger**
**250 ml Milch**
**3 EL Schweinefett**

**etwas Milch zum Bestreichen**

Die frische fein verbröselte Germ sowie alle trockenen Zutaten unter das Mehl mengen. Die lauwarme Milch mit dem zerlassenen Schweinefett zum Mehl mischen. Den Teig gut kneten. Zudecken und zum Gehen warm stellen, bis sich sein Volumen verdoppelt hat.

Einen Laib oder Wecken formen, mit Milch bestreichen, auf einem mit Backpapier ausgelegten Blech auflegen, gehen lassen, bei 170 °C ca. 40 Minuten goldbraun backen.

## OSTERPINZEN

**100 g Butter**
**100 g Kristallzucker**
**4 Eidotter**
**30 g Germ**
**schwach 250 ml Milch**
**500 g glattes Mehl**
**1 TL Salz**
**Vanillezucker**
**Zitronenschale, unbehandelt**

**1 Ei zum Bestreichen**

Butter schmelzen. Zucker und Eidotter schaumig rühren, Abrieb, Germ und lauwarme Milch in das gesalzene Mehl geben. Zum Schluss die flüssige Butter, Vanillezucker und Zitronenschale hinzufügen und das Ganze kräftig kneten. Für die Pinzen den Teig in 12 Stücke teilen, mit der flachen Handfläche auf der Arbeitsfläche Kugeln schleifen, auf ein befettetes oder mit Backpapier ausgelegtes Backblech geben, gehen lassen. Nach dem Aufgehen mit Ei bestreichen und mit der Schere ein Kreuz einschneiden. Bei 170 °C je nach Größe ca. 20 Minuten goldbraun backen (Bild S. 245).

*Germkipferln (Rezept S. 246), Tascherln mit Topfenfülle (Rezept S. 249), Käsestangerln (Rezept S. 265) und verschiedenes Kleingebäck (Rezepte S. 263)*

# VOLLKORNGEBÄCK

## SÜSSER GERMTEIG
### MIT VOLLKORNMEHL (AUCH DINKELMEHL)

**30 g Germ**
**250 g glattes Weizenmehl**
**250 g Weizenvollkornmehl**
**1 TL Salz**
**60 g Kristallzucker**
**1 TL Vanillezucker**
**Zitronenschale**
**375 ml Milch**
**60 g Butter oder Öl**
**Zucker und Milch**
**Mohn, gemahlen, nach Belieben**

Die frische fein verbröselte Germ sowie alle trockenen Zutaten unter das Mehl mengen. Die lauwarme Milch mit zerlassener Butter oder Öl zum Mehl mischen. Den Teig gut kneten. Zudecken und zum Gehen warm stellen, bis sich sein Volumen verdoppelt hat.

In 16 Teile aufteilen und Weckerln formen. Gehen lassen, mit gezuckerter Milch bestreichen und dick mit Mohn bestreuen. Auf ein Backblech mit Backpapier geben und bei 180 °C 15–20 Minuten backen.

## VOLLKORNKLEINGEBÄCK

**30 g Germ**
**500 g glattes Weizenmehl**
**250 g Weizenvollkornmehl oder Weizenschrot**
**2 TL Salz, 3 EL Öl**
**ca. 400 ml lauwarmes Mineralwasser**
**1 Ei zum Bestreichen**
**etwas grobes Meersalz**
**Kümmel, Mohn, Sesam**
**Anis, Haferflocken**

Die frische fein verbröselte Germ unter das gesalzene Mehl mengen. Das lauwarme Mineralwasser mit dem Öl zum Mehl mischen. Den Teig gut kneten. Zudecken und zum Gehen warm stellen, bis sich sein Volumen verdoppelt hat.

Den Teig in 24 Portionen teilen, Stangerln oder Laibchen formen, mit Ei bestreichen, nach Geschmack mit Salz, Kümmel, Mohn, Sesam, Anis oder Haferflocken bestreuen und ca. 30 Minuten gehen lassen.

Bei 200 °C 15–20 Minuten backen.

## SALZSTANGERLN AUS VOLLKORNMEHL

**30 g Germ**
**250 g glattes Weizenmehl**
**250 g Weizenvollkornmehl**
**1 TL Salz**
**375 ml Milch-Wasser-Gemisch oder Mineralwasser**
**50 g Butter oder Öl**
**1 Ei zum Bestreichen**
**1 TL grobes Meersalz**
**1 TL Kümmel**

Die frische fein verbröselte Germ oder Trockengerm unter das gesalzene Mehl mengen. Die lauwarme Milch (oder lauwarmes Mineralwasser) mit der zerlassenen Butter oder dem Öl zum Mehl mischen. Den Teig gut kneten. Zudecken und zum Gehen warm stellen, bis sich sein Volumen verdoppelt hat.

Den aufgegangenen Germteig in 16 Stücke teilen, rund schleifen, gehen lassen. Mit dem Nudelwalker eine lange Zunge ausrollen, zu Stangerl einrollen, mit Ei bestreichen, mit grobem Meersalz und Kümmel bestreuen und gehen lassen.

Bei 200 °C 15–20 Minuten backen.

## KÜRBIS-NUSS-WECKERLN

**Teig wie Vollkornmehlweckerln**

**50 g geröstete Kürbiskerne**
**50 g Nüsse**

Teig wie für Vollkornmehlweckerln zubereiten. Nach dem Aufgehen geröstete gehackte Kürbiskerne und/oder grob gehackte Nüsse einkneten, kleine Laibchen formen, aufgehen lassen und 20–25 Minuten bei 200 °C auf einem mit Backpapier belegten Backblech backen.

## VOLLKORNMEHLWECKERLN

**60 g Germ**
**750 g Weizenvollkornmehl**
**250 g Roggenmehl**
**1 EL Salz**
**2 TL Brotgewürz**
**500 ml lauwarme Milch**
**4 EL Öl**

**1 Eiklar zum Bestreichen**
**Mohn, Kümmel, Leinsamen**
**Fenchel, Sesam, Koriander**

Aus allen Zutaten einen mittelfesten Teig bereiten, gehen lassen. Zu einer Rolle formen und daraus verschiedene Kleingebäcke formen.

Auf ein befettetes Blech (oder mit Backpapier belegtes Blech) legen, kurz gehen lassen, mit Eiklar bestreichen, mit Mohn oder Kümmel, Leinsamen, Fenchel, Sesam oder Koriander bestreuen, gehen lassen.

Bei 200 °C Ober- und Unterhitze etwa 20–25 Minuten knusprig backen.

*Foto: Wilhelm Hufnagl*

## TOPFENBROT

**500 g Roggenmehl**
**250 g Roggen- oder Weizenschrot**
**250 g Topfen**
**150 g Sauerteig**
**20 g Germ**
**1 EL Brotgewürz**
**18 g Salz**
**ca. 500 ml warmes Wasser**

Mehl mit allen Zutaten gut verkneten, kurz gehen lassen.

Einen Laib oder Wecken formen, nochmals gehen lassen, bei 210 °C Ober- und Unterhitze auf einem mit Backpapier belegten Backblech 30 Minuten backen, danach bei 160 °C weitere 30 Minuten fertigbacken.

Weicheren Teig in einer befetteten Kastenform backen.

## SESAMLAIBCHEN

**20 g Germ**
**250 g Weizenvollkornmehl**
**250 g glattes Weizenmehl**
**1 TL Salz**
**40 g Kristallzucker**
**250 ml Milch**
**50 g Butter oder Öl**

**1 Eiklar zum Bestreichen**
**Sesam zum Bestreuen**

Die frische fein verbröselte Germ sowie alle trockenen Zutaten unter das Mehl mengen. Die lauwarme Milch mit dem zerlassenen Fett zum Mehl mischen. Den Teig gut kneten. Zudecken und zum Gehen warm stellen, bis sich sein Volumen verdoppelt hat.

Danach runde oder ovale Laibchen formen, mit Ei bestreichen und mit Sesam bestreuen. Die Laibchen aufgehen lassen, bei 200 °C auf einem mit Backpapier belegten Backblech ca. 20 Minuten goldbraun backen.

## KÄSESTANGERLN AUS DINKELMEHL

**20 g Germ**
**350 g Dinkelmehl**
**150 g Dinkelvollkornmehl**
**1 TL Salz**
**250 ml warme Milch**
**40 g Butter oder Öl**

**200 g geriebener Käse zum Füllen und Bestreuen**
**Ei zum Bestreichen**

Die frische fein verbröselte Germ unter das gesalzene Mehl mengen. Die lauwarme Milch mit der zerlassenen Butter oder dem Öl zum Mehl mischen. Den Teig rasch kneten. Zudecken und zum Gehen warm stellen, bis sich sein Volumen verdoppelt hat.

Den Teig in 2 Teile teilen. Jeden Teil rund auswalken und wie eine Torte in 8 Teilstücke schneiden und mit Käse füllen. Stangerln formen und zusammenrollen.

Auf ein Backblech mit Backpapier legen und mit verquirltem Ei bestreichen, mit geriebenem Käse bestreuen – kurz aufgehen lassen und bei 200 °C Ober- und Unterhitze ca. 20 Minuten goldbraun backen.

## KÄSEGEBÄCK

**Teig**
**100 g Butter**
**50 g glattes Weizenmehl**
**50 g Weizenvollkornmehl**
**100 g Topfen**
**ein wenig Salz**
**1 Eidotter**
**Käse und Kümmel zum Bestreuen**

Aus Butter, Mehl, Topfen und Salz rasch einen Teig kneten und 30 Minuten rasten lassen. Danach auswalken, runde oder eckige Kekse ausstechen, mit zerschlagenem Eidotter bestreichen und auf ein mit Backpapier ausgelegtes Backblech legen.

Vor dem Backen entweder mit Käse oder Kümmel bestreuen oder nach dem Backen mit Käsecreme zusammensetzen.

**Käsecreme**
**80 g Butter**
**100 g Gorgonzola**

### KÄSECREME

Butter cremig rühren und mit passiertem Gorgonzola vermengen.

**HINWEISE**
Die Butter kann ganz oder teilweise durch Topfen ersetzt werden.

## SCHINKEN-KÄSE-STANGERLN

**250 g glattes Weizenmehl**
**250 g Weizenvollkornmehl**
**1 TL Salz**
**1 TL Kristallzucker**
**40 g Germ**
**200 g Butter, Schmalz oder Öl**
**250 ml warmes Mineralwasser**

**Fülle**
**150 g Schinken**
**150 g Käse, gerieben**

**Ei zum Bestreichen**

Aus den Zutaten für den Teig einen Germteig bereiten und gehen lassen.

Teig in 2 Teile teilen, jeden Teil zu einem Kreis ausrollen, in 8 Teile (wie Tortenstücke) teilen und mit Schinken und Käse belegen. Fest einrollen, Stangerln formen und auf ein mit Backpapier ausgelegtes Backblech legen, mit Ei bestreichen, kurz aufgehen lassen und ca. 25 Minuten bei 200 °C goldbraun backen.

**HINWEIS**
Ohne Schinken sind die Stangerln eine vegetarische Alternative.

*Foto rechts: Scherlachschnitten*
*(Rezept S. 287)*
Foto: Mona Lorenz

# BÄCKEREIEN UND KUCHEN

**PRAKTISCHE HINWEISE FÜR DAS BACKEN VON BÄCKEREIEN UND KUCHEN**

- Kuchenformen befetten (Butter oder pflanzliches Fett) und bemehlen oder bebröseln.
- Backbleche befetten und bemehlen oder bebröseln oder mit Backpapier belegen.
- Für Mürbteig: Backbleche nicht befetten, wohl aber kann man Backpapier verwenden.
- Für Brandteig: Backbleche befetten und mit Wasser befeuchten, evtl. zusätzlich Wasser in einem Gefäß ins Rohr stellen.
- Für Blätterteig: Backbleche mit Wasser befeuchten, evtl. zusätzlich Wasser in einem Gefäß ins Rohr stellen.
- Weißmehl kann nach Belieben durch Vollkornmehl ersetzt werden.

Alle Biskuitrezepte können nach den verschiedenen Zubereitungsarten, wie im Grundrezept Biskuitteig auf Seite 40 angegeben, zubereitet werden.

# BISKUITTEIG

## ANISSCHNITTEN

**6 Eier**
**240 g Kristallzucker**
**200 g glattes Mehl**
**Anis**

Eier und Zucker schaumig rühren, Mehl unterheben. Masse fingerdick auf ein befettetes und bemehltes oder auf ein mit Backpapier ausgelegtes Backblech streichen.

Mit Anis bestreuen und bei 200–220 °C 10–15 Minuten goldgelb backen.

Vor dem Backen können auch grob geriebene Schokolade und geriebene Nüsse daraufgestreut werden.

## ANISBÖGEN

**2 Eier**
**100 g Staubzucker**
**60 g glattes Mehl**
**Anis**

Eier und Staubzucker kurz schaumig rühren, Mehl unterheben, Backblech befetten oder mit Backpapier auslegen.

Von der Masse kleine Häufchen auf das Blech geben, mit Anis bestreuen und bei 200–220 °C backen, bis der Rand braun ist, mit einem dünnen Messer vom Blech oder Backpapier lösen, über einen dicken Kochlöffel biegen, solange sie noch heiß sind.

Trocken aufbewahren.

## STANITZEL MIT SCHLAG

**2 Eier**
**100 g Staubzucker**
**90 g glattes Mehl**
**250 ml Schlagobers**

Eier und Zucker schaumig rühren, Mehl unterheben. Die Masse in ca. 10 cm großen Scheiben auf ein vorbereitetes Backblech streichen, bei 200–220 °C backen, vom Blech oder Backpapier lösen und aus den Scheiben Tüten formen. Diese Stanitzel mit steif geschlagenem Obers füllen.

## HAUSFREUNDE

**Art 1**
**2 Eier**
**100 g Kristallzucker**
**50 g Nüsse**
**50 g Rosinen**
**40 g Schokolade**
**Zitronenschale, unbehandelt**
**1 EL Rum**
**60 g glattes Mehl**
**1 Msp. Backpulver**

**Art 2**
**4 Eier**
**250 g Kristallzucker**
**250 g glattes Mehl**
**250 g ganze Haselnüsse**
**250 g Rosinen**

**Art 3**
**6 Eier**
**200 g Kristallzucker**
**250 g Nüsse**
**250 g Rosinen**
**50 g Schokolade**
**ein wenig Aranzini**
**50 g Feigen**
**Zitronensaft**
**Salz**
**200 g glattes Mehl**

### ART 1

Eier mit Zucker sehr schaumig rühren, dann geschnittene Nüsse, Rosinen, klein geschnittene Schokolade, Zitronenschale, Rum und das Mehl, dem gut eine Messerspitze Backpulver beigegeben wurde, zumengen.

Die Masse fingerdick auf ein vorbereitetes Backblech in Streifen aufstreichen, bei 200–220 °C 12–15 Minuten goldgelb backen und noch warm zu Stangerln schneiden.

### ART 2

Eier und Zucker schaumig rühren, das Mehl mit den ganzen Haselnüssen und den Rosinen vermischen und alles zusammenmengen.

Die Masse auf ein befettetes und bemehltes oder auf ein mit Backpapier ausgelegtes Backblech in Streifen aufstreichen, bei 200–220 °C 12–15 Minuten goldgelb backen und noch warm zu Stangerln schneiden.

### ART 3

Eier und Zucker schaumig rühren, gehackte Nüsse, Rosinen, Schokoladestückchen, Aranzini, Feigen, Zitronensaft und eine Prise Salz einrühren. Zum Schluss das Mehl unterheben. (Weiterbehandeln wie Art 2.)

## BISCHOFSBROT

**Art 1**
**3 Eier**
**120 g Kristallzucker**
**90 g glattes Mehl**
**50 g Aranzini**
**60 g Rosinen**
**40 g Nüsse**
**30 g Schokolade**

**Art 2**
**5 Eier**
**5 EL Kristallzucker**
**6 EL glattes Mehl**
**50 g Nüsse**
**50 g Rosinen**
**40 g Schokolade**

### ART 1

Eier und Zucker schaumig rühren, die mit dem Mehl vermischten, zerkleinerten Früchte und Nüsse und die geschnittene Schokolade unterheben. Die Masse in einer gut befetteten und bemehlten Kastenform 45 Minuten bei 170–190 °C backen.

(Die Rosinen zuvor waschen und abtrocknen.)

### ART 2

Eiklar zu Schnee schlagen, Kristallzucker einschlagen, Eidotter einrühren, hierauf die mit Mehl vermischten Früchte und die gehackte Schokolade unterheben.

(Weiterbehandeln wie Art 1.)

## BISKUITROLLE

**5 Eier**
**150 g Kristallzucker**
**100 g glattes Mehl**
**1 Prise Backpulver**
**Marmelade**

**PRAKTISCHER HINWEIS FÜR DAS BACKEN VON ROLLEN**
Das Backblech gut befetten oder Backpapier verwenden. Das Backrohr auf 220 °C vorheizen. Backzeit nur 8–12 Minuten.

### ART 1

Eier und Zucker schaumig rühren, Mehl mit Backpulver unterheben.

Die Masse auf das mit Backpapier ausgelegte Backblech streichen. Bei 220 °C ca. 10 Minuten backen. Auf den 2. Bogen Backpapier oder ein bemehltes Geschirrtuch stürzen, das Backpapier vom Biskuit abziehen, mit Marmelade bestreichen und zusammenrollen.

### ART 2

Eiklar zu Schnee schlagen, Zucker einschlagen, Eidotter und Mehl unterheben. Weiter verfahren wie bei Art 1.

## SCHOKOLADEROLLE

**6 Eier**
**180 g Kristallzucker**
**5 EL Wasser**
**1 P. Vanillezucker**
**20 g Kakao**
**120 g glattes Mehl**
**1 TL Backpulver**
**250 ml Schlagobers oder Creme zum Füllen**

Eidotter, Zucker, Wasser und Vanillezucker schaumig rühren. Den gesiebten Kakao, das mit Backpulver vermischte Mehl und den steif geschlagenen Eischnee unterheben.

Die Masse auf ein mit Backpapier ausgelegtes Backblech streichen. Bei 220 °C ca. 10 Minuten backen.

Auf den 2. Bogen Backpapier oder ein bemehltes Geschirrtuch stürzen, Backpapier vom Biskuit abziehen, sofort einrollen.

Nach dem Erkalten aufrollen, mit steifem Schlagobers oder beliebiger Creme füllen und zusammenrollen.

## BANANENROLLE

**wie Schokoladerolle**
**2–3 Bananen**

Schokoladerolle mit steifem Schlagobers füllen und die geschälten Bananen der Länge nach einlegen.

## WEINCREMEROLLE

**5 Eier**
**20 g Kristallzucker**
**1 P. Vanillezucker**
**100 g Kristallzucker**
**120 g glattes Mehl**
**Weinbeeren**
**Staubzucker zum Bestreuen**

### Weincreme

**60 ml Weißwein**
**2 Eier**
**30 g Kristallzucker**
**7 g Gelatine (4 Blätter)**
**50 g Zucker**
**250 ml Schlagobers**

Eidotter mit 20 g Zucker und Vanillezucker schaumig rühren. Eiklar zu Schnee schlagen, 100 g Kristallzucker einschlagen, bis der Eischnee sehr steif ist, beide Massen mischen, Mehl einheben.

Auf ein mit Backpapier ausgelegtes Backblech streichen, bei 220 °C ca. 10 Minuten backen. Noch heiß auf den 2. Bogen Backpapier oder ein bemehltes Geschirrtuch stürzen, Backpapier vom Biskuit abziehen, einrollen und erkalten lassen. Dann vorsichtig aufrollen, mit Weincreme bestreichen; einige Weinbeeren daraufstreuen, ein wenig stocken lassen, einrollen. In Papier gewickelt kühlen.

Mit Staubzucker bestreuen und mit einem glühenden Draht Muster einbrennen.

### WEINCREME

Weißwein, Eidotter, 30 g Zucker und Gelatine bis knapp vor dem Kochen über Dunst dickschaumig schlagen, kalt schlagen, den mit Zucker steif geschlagenen Eischnee sowie das steif geschlagene Obers einheben.

## NUSSROLLE

**5 Eier**
**100 g Kristallzucker**
**50 g Nüsse**
**50 g glattes Mehl**

**Fülle**
**250 ml Schlagobers**
**20 g Kristallzucker**

**Kaffeeglasur**
**100 g Staubzucker**
**1–2 EL Bohnenkafee, heiß**

Eidotter mit Zucker schaumig rühren und mit den geriebenen Nüssen, dem sehr steifen Eischnee und dem Mehl vermengen.

Die Masse 1 cm dick auf ein mit Backpapier ausgelegtes Backblech streichen. Bei 220 °C ca. 10 Minuten backen.

Noch heiß auf den 2. Bogen Backpapier oder ein bemehltes Geschirrtuch stürzen, Backpapier vom Biskuit ablösen, sofort einrollen und erkalten lassen.

Dann vorsichtig aufrollen, steif geschlagenes gezuckertes Schlagobers daraufstreichen, einrollen und mit Kaffeeglasur (Zubereitung wie Zuckerglasur, einfach, S. 345) überziehen.

## TOPFEN-FRÜCHTE-ROLLE

**Rolle s. Weincremerolle**

**Creme**
**2 Eidotter, 60 ml Milch**
**80 g Kristallzucker**
**2 Blätter Gelatine**
**200 g passierter Topfen**
**Zitronensaft und -schale, unbehandelt**
**Vanillezucker, 1 Prise Salz**
**250 ml Schlagobers**
**250 g Erdbeeren o. a. Früchte**

Die ausgekühlte Rolle (siehe S. 271) mit folgender Creme füllen:

Eidotter, Milch, Zucker erwärmen, darin Gelatine auflösen, ein wenig überkühlen lassen. Topfen und Geschmackszutaten beigeben und vor dem Steifwerden das geschlagene Obers darunterziehen. Die Creme aufstreichen, mit Früchten bestreuen, ein wenig anziehen lassen, dann einrollen. Kalt stellen.

Foto: Wilhelm Hufnagl

## FALSCHE SPIEGELEIER

**3 Eier**
**140 g Kristallzucker**
**1 EL Wasser**
**100 g glattes Mehl**
**Marmelade**
**Pfirsich- oder Marillenhälften (Kompottfrüchte)**
**Schlagobers**

Eier, Zucker und Wasser schaumig rühren, das Mehl unterheben. Die Masse fingerdick auf ein befettetes und bemehltes oder auf ein mit Backpapier ausgelegtes Backblech streichen.

Bei 200–220 °C ca. 12 Minuten goldgelb backen.

Kreise ausstechen, dünn mit Marmelade bestreichen, halbe Marillen oder Pfirsiche in die Mitte legen, den Rand um die Früchte mit Schlagobers verzieren.

## OMELETTE ROTHSCHILD

**7 Eier**
**300 ml Milch**
**60 g glattes Mehl**
**100 g Staubzucker**
**1 P. Vanillezucker**
**Erdbeermarmelade**
**Rum**
**500 ml Schlagobers**
**Erdbeeren**

Eidotter, Milch und Mehl rasch über Dampf ganz dick schlagen, auskühlen lassen, den festen Eischnee, Staubzucker und Vanillezucker unter die Masse ziehen.

Drei verschieden große Porzellanteller mit Butter befetten, Masse darauf gleichmäßig verteilen, im heißen Rohr bei 200–220 °C ca. 15 Minuten backen, erkaltet mit Erdbeermarmelade halbkugelförmig zusammensetzen, mit Rum beträufeln, mit steif geschlagenem Obers bestreichen und mit Erdbeeren verzieren. Sofort servieren!

## PUNSCHKRAPFEN

**4 Eier**
**160 g Kristallzucker**
**2 EL Wasser**
**120 g glattes Mehl**
**1 Msp. Backpulver**
**Zitronenschale**

Fülle

**Teigabfälle vom Ausstechen**
**30 g Schokolade**
**Marmelade**
**4 EL Rum**
**Zitronen- oder Orangenschalen, unbehandelt**
**50 g Kristallzucker**
**Rumglasur, S. 302**

Eidotter, Zucker und Wasser dickschaumig schlagen, Eischnee und Mehl, dem eine Messerspitze Backpulver und etwas fein gehackte Zitronenschale beigefügt wurden, vorsichtig daruntermengen.

Die Biskuitmasse daumendick auf ein befettetes, bemehltes oder auf ein mit Backpapier ausgelegtes Backblech streichen. Bei 200–220 °C ca. 12 Minuten backen. Ist das Biskuit ausgekühlt, Kreise ausstechen und je zwei mit der Fülle zusammensetzen.

### FÜLLE

Teigabfälle, erweichte Schokolade, Marmelade, Rum, Zitronen- oder Orangenschalen mit Zucker zusammenmischen. Die fertigen Krapfen mit Rumglasur glasieren.

## CHARLOTTE ROYAL

**Biskuitrolle aus 5 Eiern**

**Fülle**
**3 Eier**
**80 g Kristallzucker**
**20 ml Rum**
**6 Blätter Gelatine**
**250 ml Schlagobers**

### FÜLLE

Eidotter, Zucker, Rum schaumig rühren. Gelatine 15 Minuten in Wasser einweichen, ausdrücken, im Wasserbad auflösen, überkühlen. Schlagobers, den steifen Eischnee und Gelatine leicht vermengen. In einer Küchenschüssel oder in einem Schneekessel die Scheiben der Biskuitrolle (ca. 0,5 cm dick) dicht nebeneinanderschichten, Fülle einfüllen, mit Biskuitscheiben abdecken.

Sehr kalt stellen, stürzen und mit steif geschlagenem Obers verzieren.

## ANANAS- ODER ERDBEERTÖRTCHEN

**wie Biskuit- oder Nussrolle**

**250 ml Schlagobers**
**Ananas, Erdbeeren, Himbeeren, Heidelbeeren**

Nach dem Backen Scheiben ausstechen, mit steif geschlagenem Obers zusammensetzen und abdecken, mit Früchten verzieren.

Oder Teig in Törtchenformen füllen, backen, Schlagobers auf die Törtchen dressieren, mit Früchten garnieren.

Foto: Wilhelm Hufnagl

## STEIRISCHE BOHNENSCHNITTE

**Biskuitboden**

**6 Eier**
**5 EL Kristallzucker**
**100 g Staubzucker**
**Rum**
**50 g Vollkornmehl**
**200 g Nüsse, gerieben**
**2 EL Kakao, gesiebt**
**Preiselbeermarmelade**

Eiklar zu Schnee schlagen, mit Kristallzucker ausschlagen. Dotter mit Staubzucker und Rum schaumig rühren, Mehl, Nüsse und Kakao unterheben und zum Schluss den Schnee.

Die Masse auf ein befettetes oder mit Backpapier belegtes Blech streichen, bei 180 °C ca. 20 Minuten backen. Ausgekühlt mit Preiselbeermarmelade bestreichen.

**Creme**

**250 g Käferbohnen**
**Salz**
**4 Blätter Gelatine**
**2 Kappen Rum**
**4 EL Staubzucker**
**250 ml Schlagobers**
**500 ml Schlagobers**
**Schokodekor**

### CREME

Für die Creme die Bohnen über Nacht einweichen, salzen, weich kochen und pürieren. Eingeweichte Gelatine in erwärmtem Rum auflösen, mit dem Staubzucker zum Bohnenpüree geben. 250 ml steif geschlagenes Obers untermengen und auf die Schnitte streichen.

Zum Schluss die gefüllte Schnitte oben mit 500 ml steif geschlagenem Obers bestreichen und kalt stellen.

In Schnitten teilen und mit Schokodekor garnieren.

# BACKPULVERTEIG – RÜHRTEIG

## GESUNDHEITSKUCHEN

**3 Eier**
**2 EL Kristallzucker**
**150 g Butter**
**150 g Staubzucker**
**1 P. Vanillezucker**
**300 g glattes Mehl**
**1 P. Backpulver**
**ca. 125 ml Milch**

**Staubzucker**

Eier trennen, aus dem Eiklar einen Schnee schlagen und mit 2 EL Kristallzucker ausschlagen. Aus Butter, Staubzucker, Eidottern und Vanillezucker einen Abtrieb bereiten. Das mit Backpulver vermischte Mehl und die Milch abwechselnd zum Abtrieb mengen.

Zuletzt den Eischnee unterheben und das Ganze in einer befetteten und bemehlten Ringform bei 170–190 °C 50–60 Minuten backen. Mit Staubzucker bestreuen.

## MARMORKUCHEN

**4 Eier**
**2 EL Kristallzucker**
**180 g Butter oder Fett**
**150 g Staubzucker**
**1 P. Vanillezucker**
**300 g glattes Mehl**
**1 TL Backpulver**
**125 ml Milch**
**20 g Kakao**
**2 EL Rum**

Den Teig wie beim Gesundheitskuchen zubereiten.

Die Masse halbieren, eine Hälfte mit Kakao und Rum färben. Abwechselnd helle und dunkle Masse löffelweise in die befettete und bemehlte Kuchenform geben, bei 170–190 °C 50–60 Minuten backen.

## GEWÜRZKUCHEN

**3 Eier**
**2 EL Kristallzucker**
**100 g Butter**
**150 g Staubzucker**
**1 P. Vanillezucker**
**100 g Schokolade**
**1 EL Rum**
**1 Prise Zimt**
**1 Msp. Muskatnuss**
**1 Msp. Piment (Neugewürz)**
**125 ml Milch**
**240 g glattes Mehl**
**1 TL Backpulver**

Eier trennen, aus dem Eiklar einen Schnee schlagen und mit 2 EL Kristallzucker ausschlagen. Einen Abtrieb aus Butter, Staubzucker, Vanillezucker und Eidottern bereiten, die erweichte Schokolade und die Gewürze beifügen.

Das mit Backpulver vermischte Mehl und die Milch abwechselnd zum Abtrieb megen. Zuletzt den Eischnee unterheben. Die Masse in einer befetteten und bemehlten Kastenform bei 170–190 °C 45–60 Minuten backen.

**HINWEIS**
Der Gewürzkuchen kann auch mit Schokoladeglasur überzogen und mit Nüssen belegt werden (Bild S. 343).

## HASELNUSSKUCHEN

**4 Eier**
**2 EL Kristallzucker**
**100 g Butter**
**150 g Staubzucker**
**100 g Haselnüsse oder Nüsse**
**100 g Rosinen**
**200 g glattes Mehl**
**½ P. Backpulver**

Eier trennen, aus dem Eiklar einen Schnee schlagen und mit 2 EL Kristallzucker ausschlagen. Butter, Staubzucker und Eidotter schaumig rühren. Dann die geriebenen Haselnüsse oder Nüsse, die Rosinen und den steifen Schnee der Eiklar leicht daruntermengen. Das mit Backpulver vermischte Mehl beifügen und die Masse in einer gut befetteten und bemehlten Kastenform bei 170–190 °C 45–60 Minuten backen.

## MOZARTKUCHEN

**2 Eier**
**2 EL Kristallzucker**
**100 g Butter**
**200 g Staubzucker**
**10 g Kaffee**
**Zitronenschale, unbehandelt**
**Rum**
**½ P. Vanillezucker**
**40 g Kakao**
**250 g glattes Mehl**
**1 P. Backpulver**
**gut 250 ml Milch**

Eier trennen, aus dem Eiklar einen Schnee schlagen und mit 2 EL Kristallzucker ausschlagen. Einen Abtrieb aus Butter, Staubzucker und Eidottern bereiten, fein gemahlenen Kaffee, fein gehackte Zitronenschale, Rum, Vanillezucker und Kakao zugeben und das mit Backpulver vermischte Mehl und die Milch daruntermengen. Zum Schluss den Eischnee leicht unterheben.

Die Masse in einer befetteten und bemehlten Kastenform 50–60 Minuten bei 170–190 °C backen.

## REHRÜCKEN

**6 Eier**
**2 EL Kristallzucker**
**140 g Butter**
**140 g Staubzucker**
**100 g Schokolade**
**80 g Mandeln oder Nüsse**
**4 EL Semmelbrösel**
**½ P. Backpulver**
**2 EL Rum**

### Glasur

**100 g Schokolade**
**100 g Butter**

### Zum Garnieren

**50 g Mandeln**

Eier trennen, aus dem Eiklar einen Schnee schlagen und mit 2 EL Kristallzucker ausschlagen. Butter, Staubzucker und Eidotter schaumig rühren, die erweichte Schokolade und die übrigen Zutaten beimengen. Zum Schluss den steifen Eischnee unterheben.

In einer befetteten und bemehlten Kuchenform 45–60 Minuten bei 170–190 °C backen und nach dem Auskühlen mit Schokoladeglasur (siehe Glasuren, S. 345) überziehen.

Mandeln schälen, stiftelig schneiden und den Rehrücken damit spicken.

## SCHOKOLADEKUCHEN

**4 Eier**
**2 EL Kristallzucker**
**150 g Butter**
**150 g Staubzucker**
**70 g Schokolade**
**60 g Mandeln, gerieben**
**60 g glattes Mehl**
**¼ P. Backpulver**
**ein wenig Rum**

Eier trennen, aus dem Eiklar einen Schnee schlagen und mit 2 EL Kristallzucker ausschlagen. Butter, Staubzucker und Eidotter schaumig rühren, die erweichte Schokolade und die übrigen Zutaten beimengen. Zum Schluss den steifen Eischnee unterheben.

In einer befetteten und bemehlten Kuchenform 45–60 Minuten bei 170–190 °C backen.

## BRAUNER KIRSCHKUCHEN

**4 Eier**
**60 g Kristallzucker**
**140 g Butter**
**100 g Staubzucker**
**80 g Schokolade, gerieben**
**50 g Semmelbrösel**
**150 g Nüsse, gerieben**
**1 TL Backpulver**

**300 g Kirschen**

Aus 3 Eiklar Schnee schlagen, Kristallzucker einschlagen. Aus Butter, Staubzucker, 3 Eidottern und einem ganzen Ei einen Abtrieb bereiten. Den steifen Eischnee mit den übrigen Zutaten in den Abtrieb mengen. Ist die Masse zu dick, ein wenig Milch zugeben.

Die Masse auf ein befettetes, bemehltes oder mit Backpapier ausgelegtes Blech streichen, mit Kirschen belegen und bei 170–190 °C ca. 30 Minuten backen.

## MARILLENKUCHEN

**200 g Butter**
**100 g Staubzucker**
**5 Eier**
**100 g Kristallzucker**
**200 g glattes Mehl**
**1 P. Vanillezucker**
**40 g Maizena**

**1 kg Marillen**

Butter, Staubzucker und Eidotter schaumig rühren, Eiklar zu Schnee schlagen, den Kristallzucker einschlagen, bis der Eischnee sehr steif ist. Mehl, Vanillezucker und Maizena vorsichtig unter die Masse heben. Zum Schluss den Eischnee unterheben.

Auf ein befettetes, bemehltes oder auf ein mit Backpapier ausgelegtes Backblech streichen, mit halbierten, entkernten Marillen (Schnittflächen nach oben) belegen, bei 170–190 °C ca. 30 Minuten im vorgeheizten Rohr backen.

Bei Bedarf überzuckern.

## MOHNKUCHEN

**60 g Butter**
**150 g Staubzucker**
**1 Ei**
**250 ml Milch**
**125 g Mohn**
**150 g glattes Mehl**
**½ P. Backpulver**
**Zitronenglasur**

Einen Abtrieb aus Butter, Staubzucker und Ei bereiten, den in Milch angeweichten, geriebenen Mohn beifügen und das mit Backpulver vermengte Mehl dazumischen.

Alles gut verrühren und die Masse in einer befetteten, bemehlten Kastenform bei 170–190 °C 50–60 Minuten backen. Mit Zitronenglasur (S. 345; Zuckerglasur, einfach mit Zitronensaft) überziehen.

## OBSTKUCHEN

**4 Eier**
**2 EL Kristallzucker**
**120 g Butter**
**150 g Staubzucker**
**125 ml Milch**
**200 g glattes Mehl**
**1 TL Backpulver**

**Obst zum Belegen**

Eier trennen, aus dem Eiklar einen Schnee schlagen und mit 2 EL Kristallzucker ausschlagen. Butter, Staubzucker und Eidotter schaumig rühren. Die Milch und die Hälfte des Mehles abwechselnd einrühren. Den steif geschlagenen Eischnee und das übrige, mit Backpulver vermischte Mehl locker unter die Masse mengen. Diese dann daumendick auf ein befettetes, bemehltes oder auf ein mit Backpapier ausgelegtes Backblech streichen und mit halbierten Früchten belegen (Schnittflächen nach oben).

Bei 170–190 °C ca. 30 Minuten backen.

*Foto: Mona Lorenz*

## APFELSCHNITTEN

**5 Eiklar**
**200 g Kristallzucker**
**5 Dotter**
**125 ml Öl**
**125 ml Wasser**
**250 g glattes Mehl**
**1 TL Backpulver**

Eiklar zu Schnee schlagen, mit dem Kristallzucker steif schlagen, Dotter, Öl und Wasser bei niedriger Stufe einmixen, Mehl und Backpulver unterheben. Die Masse auf ein mit Backpapier belegtes Blech streichen und bei 180 °C Heißluft ca. 25 Minuten backen.

### Fülle

**500 g Apfelwürfel**
**150 ml Wein**
**150 ml Wasser**
**50 g Kristallzucker**
**3 EL Wasser**
**30 g Maizena (Puddingpulver)**

### FÜLLE

Für die Fülle die Äpfel mit Wein, Wasser und Zucker 4 Minuten kochen, etwas Wasser mit Maizena anrühren und in die Apfelmasse einkochen. Die Fülle auf den Teig streichen und über Nacht kalt stellen.

### Creme

**500 ml Obers**
**40 g Staubzucker**
**2 Kappen Cognac oder Rum**
**1 Msp. Zimt**
**1 P. Sahnesteif**

### CREME

Für die Creme Obers mit Zucker, Cognac, Zimt und Sahnesteif aufschlagen, auf die Apfelmasse streichen, leicht mit Zimt bestreuen, in Schnitten scheiden und mit einer Obersrosette verzieren.

## RAHMKUCHEN

**3 Eier**
**200 g Staubzucker**
**250 ml Sauerrahm**
**150 g glattes Mehl**
**100 g Mohn oder Nüsse**

Eier mit Zucker schaumig rühren, dann den Sauerrahm zugeben. Mehl und geriebene Nüsse (oder Mohn) unterheben. In eine befettete, bemehlte Kastenform füllen und bei 170–190 °C ca.
1 Stunde backen.

## ÖLKUCHENMASSE

### FÜR OBSTSCHNITTEN, MARMORKUCHEN, OBSTTORTEN, TOPFENSCHNITTEN

**5 Eier**
**250 g Kristallzucker**
**125 ml Wasser**
**125 ml Öl**
**250 g glattes Mehl**
**1 TL Backpulver**

**2 EL Kakao für Marmorkuchen**

Eier trennen, aus dem Eiklar einen Schnee schlagen und mit 2 EL Kristallzucker ausschlagen. Eidotter, den restlichen Kristallzucker, Wasser und Öl schaumig rühren, Mehl mit Backpulver (und Kakao) vermischen und mit dem steif geschlagenen Eischnee unter die Masse heben.

Für Obstkuchen auf ein mit Backpapier ausgelegtes Blech streichen, mit Früchten belegen und bei 170–190 °C 20–30 Minuten backen.

## KÜRBISKERNSCHNITTEN

**6 Eier**
**2 EL Kristallzucker**
**300 g Staubzucker**
**300 g Kürbiskerne, gerieben**
**150 g Nüsse, gerieben**
**3 EL Semmelbrösel**
**3 EL Rum**
**1 Tasse Äpfel, gerieben**

Eier trennen, aus dem Eiklar einen Schnee schlagen und mit 2 EL Kristallzucker ausschlagen. Eidotter und Staubzucker schaumig rühren, übrige Zutaten beimengen und zum Schluss den steifen Eischnee unterheben.

Auf ein befettetes, bemehltes oder auf ein mit Backpapier ausgelegtes Blech streichen und bei 170–190 °C ca. 30 Minuten backen. Nach dem Auskühlen zuckern und schneiden.

## KOKOSSCHNITTEN

**20 g zerlassenes Fett/Butter**
**2 EL Honig, 1 TL Zimt**
**150 g Staubzucker**
**2 Eier**
**125 ml Bohnenkaffee**
**250 g Mehl**
**½ P. Backpulver**

**Tunkmasse**
**200 g Kokosfett**
**200 g Staubzucker**
**30 g Kakao**
**5 EL Milch**
**6 EL Rum**

**Zum Wälzen**
**200 g Kokosette**

Aus dem zerlassenen Fett, den Eiern, Honig und Zucker einen Abtrieb bereiten, das mit Backpulver und Zimt vermischte Mehl beimengen und und zum Schluss den Bohnenkaffee. Die Masse auf ein befettetes und bemehltes Blech streichen und bei guter Hitze backen.

### TUNKMASSE

Das zerlassene Kokosfett mit den übrigen Zutaten vermengen und warm halten (die Tunkmasse wird rasch fest).

Aus dem Gebäck Stangerln schneiden, in die Tunkmasse eintauchen, kurze Zeit übertrocknen lassen und in Kokosette wälzen.

## GROSSMUTTERS NUSSSCHNITTE

**5 Eier**
**250 g Butter**
**250 g Staubzucker**
**250 g glattes Mehl**
**50 g Nüsse, grob gehackt**

**Zum Tränken**
**60 ml Wasser**
**60 ml Rum**
**120 g Zucker**
**Schokoladeglasur, S. 329**

Die Eiklar zu festem Schnee schlagen. Butter, Dotter und Staubzucker sehr cremig rühren, das Mehl und den Schnee unterheben. Auf ein befettetes und bemehltes oder mit Backpapier belegtes Blech streichen, mit gehackten Nüssen bestreuen und bei 180 °C ca. 20 Minuten backen.

Wasser, Rum und Zucker einige Minuten kochen lassen, die noch heißen Schnitten damit beträufeln, mit Schokofäden verzieren.

# I MÜRBTEIG

## NUSSECKEN

**300 g glattes Mehl**
**1 gestrichener TL Backpulver**
**150 g Butter oder Margarine**
**100 g Staubzucker**
**1 P. Vanillezucker**
**1 Prise Salz**
**1 Ei**
**1 EL Milch**
**5 EL Marillenmarmelade zum Bestreichen**

### Belag

**150 g Butter**
**150 g Kristallzucker**
**1 P. Vanillezucker**
**3 EL Wasser**
**150 g Nüsse oder Haselnüsse, gerieben**
**150 g Nüsse oder Haselnüsse, gehackt**

### Schokoladeglasur

**150 g Schokolade**
**80 g Butter**

Das mit Backpulver vermischte Mehl mit der Butter verbröseln, dann gesiebten Staubzucker, Vanillezucker, Salz und das Ei zumengen. Einen glatten Teig bereiten (sollte der Teig zu fest sein, etwas Milch zugeben), zu einem Rechteck von ca. 20 x 30 cm auswalken, auf das mit Backpapier ausgelegte Backblech geben, mit Marillenmarmelade bestreichen.

Den ausgekühlten Belag darauf gleichmäßig verteilen. Bei 200 °C 15–20 Minuten backen.

Nach dem Backen das ein wenig ausgekühlte Gebäck in 6 x 6 cm große Stücke schneiden, diese diagonal teilen, sodass Dreiecke entstehen. Die beiden spitzen Ecken in Schokoladeglasur tauchen.

### BELAG

Butter, Zucker, Vanillezucker und Wasser zum Kochen bringen und die geriebenen und gehackten Nüsse daruntermengen.

### SCHOKOLADEGLASUR

Schokolade und Butter über Dampf erweichen lassen oder in der Mikrowelle erwärmen und glatt rühren.

## APFELTASCHERLN

**300 g glattes Mehl**
**½ P. Backpulver**
**100 g Butter**
**120 g Staubzucker**
**1 Ei**
**ein wenig Sauerrahm oder 1–2 EL Milch**
**Äpfel, halbiert**
**Ei oder Milch zum Bestreichen**

Das mit Backpulver vermischte Mehl mit Butter abbröseln, Staubzucker, Ei und so viel Sauerrahm oder Milch zugeben, dass ein festerer Teig entsteht, rasch zu einem glatten Teig kneten.

Ausgewalkt in 12 x 12 cm große Quadrate schneiden, diese mit je einem halbierten, geschälten, entkernten Apfel belegen, die Ecken darüber zusammenschlagen, auf ein mit Backpapier ausgelegtes Backblech geben, mit Ei oder Milch bestreichen.

Backzeit: ca. 40 Minuten bei 200 °C.

## HIMMLISCHE SCHNITTEN

150 g Butter
150 g Staubzucker
300 g glattes Mehl
1 Ei
1 TL Vanillezucker
1 TL Backpulver

**Belag**
2 Eiklar
120 g Kristallzucker

Kokosette oder geriebene Nüsse

**Fülle**
250 ml QimiQ
60 g Staubzucker
1 EL Vanillezucker
1 Kappe Rum
250 ml Sauerrahm
250 ml Schlagobers

Himbeeren

Aus Butter, Staubzucker, Mehl, Ei, Vanillezucker und Backpulver einen Mürbteig bereiten und kühl rasten lassen. Den Teig teilen, jede Hälfte ausrollen und auf ein befettetes oder mit Backpapier belegtes Blech geben. Den ersten Teil bei 200 °C 15–20 Minuten backen. Den zweiten Teil ca. 10 Minuten vorbacken, anschließend mit der Eiweißmasse bestreichen, mit Kokosette oder geriebenen Nüssen bestreuen und bei 200 °C ca. 12 Minuten fertig backen.

Die Fülle auf den ersten Boden streichen, mit frischen Himbeeren belegen, mit dem zweiten Teigteil abschließen. Die Schnitte gut kühlen, diese kann erst am nächsten Tag aufgeschnitten werden.

### BELAG

Für die Eiweißmasse den Schnee schlagen, dann den Kristallzucker einschlagen.

### FÜLLE

QimiQ glatt rühren, Staubzucker, Vanillezucker, Rum und Sauerrahm einrühren, das steif geschlagene Obers unterheben.

## MÜRBER TEIG FÜR OBSTKUCHEN

300 g glattes Mehl
½ P. Backpulver
140 g Butter
60 g Staubzucker
1 Ei
1–2 EL Sauerrahm oder Milch
Obst

Das mit Backpulver vermischte Mehl mit Butter abbröseln, Staubzucker, Ei, Sauerrahm oder Milch zugeben, kurz durchkneten, Teig auswalken, auf das mit Backpapier ausgelegte Backblech geben, Ränder ein wenig aufbiegen und mit Obst belegen.

Backzeit: bei 200–220 °C 20–30 Minuten.

## SPITZBUBEN

200 g glattes Mehl
50 g Nüsse, gerieben
80 g Staubzucker
10 g Kakao
150 g Butter
1 Eidotter
1–2 EL Rum

Marmelade

Alle trockenen Zutaten mit Butter abbröseln, die übrigen Zutaten einmengen und rasch zu einem glatten Teig kneten, etwa 30 Minuten kühl rasten lassen. Rauten ausstechen, bei der Hälfte (Oberteil) ein Loch ausstechen und auf ein mit Backpapier belegtes Backblech legen. Bei 200–220 °C ca. 10 Minuten backen und je zwei mit Marmelade zusammensetzen.

## MOHN-ERDBEER-SCHNITTE

**90 g Kristallzucker**
**100 g Butter**
**30 g Staubzucker**
**1 EL Vanillezucker**
**1 Prise Salz**
**4 Eiklar, 4 Dotter**
**150 g Mohn, gemahlen**
**70 g Haselnüsse, gerieben**

### Creme

**2 Becher Joghurt**
**100–150 g Staubzucker**
**Rum, Vanillezucker**
**6 Blätter Gelatine**
**250 ml Schlagobers**

### Belag

**300 g passierte Erdbeeren**
**100 g Staubzucker**
**5 Blätter Gelatine**

Eiklar halbsteif schlagen, mit Kristallzucker ausschlagen. Butter, Staubzucker, Vanillezucker, Salz und Dotter schaumig rühren, Mohn und Haselnüsse darunterrühren, den Schnee unterheben.

Auf ein befettetes oder mit Backpapier ausgelegtes Blech streichen, bei 180 °C ca. 30 Minuten backen.

Die Creme auf die gebackene Masse streichen und kalt stellen.

Für den Belag die Erdbeeren mit Zucker abschmecken, aufgelöste Gelatine einrühren und auf die Creme streichen.

### CREME

Joghurt, Staubzucker, Rum und Vanillezucker glatt rühren, die aufgelöste Gelatine zur Joghurtmasse geben, das steif geschlagene Obers unterziehen.

## KEKSE

### Art 1

**500 g glattes Mehl**
**1 TL Backpulver**
**250 g Butter**
**200 g Staubzucker**
**2 Eier, 1 TL Rum**
**1 EL Zitronensaft**

### Art 2

**300 g glattes Mehl**
**200 g Butter**
**150 g Staubzucker**
**2 Eidotter**
**½ TL Backpulver**
**evtl. 1 Ei zum Bestreichen**

### Art 3 (aus Vollkornmehl)

**500 g Weizenvollkornmehl**
**250 g Butter**
**150 g Rohrzucker**
**2 Eier**
**1 Msp. Muskatnuss oder Zimt**
**1 Msp. Gewürznelkenpulver**

### ART 1

Das mit Backpulver vermischte Mehl mit Butter verbröseln, dann gesiebten Staubzucker, Eier, Rum und Zitronensaft zugeben, rasch zu einem glatten Teig kneten, kühl rasten lassen, dünn auswalken und beliebige Formen ausstechen.

Auf ein mit Backpapier belegtes Backblech legen und bei 200–220 °C im Rohr goldbraun backen.

### ART 2

Verarbeitung wie Kekse Art 1.

Dieses Rezept eignet sich auch für Maschinenkekse.

Die Kekse können auch vor dem Backen mit zerklopftem Ei bestrichen werden.

### ART 3

Verarbeitung wie Kekse Art 1.

## ZIMTKARTEN

**200 g glattes Mehl**
**1 Msp. Backpulver**
**100 g Butter**
**80 g Staubzucker**
**1 Ei**
**50 g Walnüsse oder Haselnüsse, gerieben**
**Zitronenschale, unbehandelt**
**1 Prise Piment (Neugewürz)**
**1 TL Zimt**
**Nusskerne, zum Belegen**

Das mit Backpulver vermischte Mehl mit Butter abbröseln, Staubzucker, Eidotter, geriebene Nüsse oder Haselnüsse, fein gehackte Zitronenschale, ein wenig Neugewürz und Zimt zumengen, rasch zu einem glatten Teig kneten. Sollte er schwer zusammenhalten, 1 TL Wasser darunterkneten, kühl rasten lassen. Messerrückendick auswalken, kleine Rechtecke ausradeln, mit Eiklar bestreichen. Auf ein mit Backpapier belegtes Backblech legen und bei 200–220 °C ca. 10 Minuten backen.

### HINWEIS

In die Mitte kann ein halber Nusskern gelegt werden.

## HUSARENKRAPFERLN

**240 g glattes Mehl**
**140 g Butter**
**2 Eier**
**70 g Staubzucker**
**Zitronenschale, unbehandelt**
**Nüsse**
**Marmelade**

Aus Mehl, Butter, Eidottern, Staubzucker und Zitronenschale einen glatten Mürbteig bereiten. Eine Rolle formen, gleiche Stücke abschneiden und Kügelchen formen, auf ein mit Backpapier belegtes Backblech legen, mit einem bemehlten Kochlöffelstiel die Kügelchen in der Mitte eindrücken, mit Eiklar bestreichen und mit gehackten Nüssen bestreuen. Bei 200–210 °C 10–15 Minuten backen. Anschließend in die Vertiefung Marmelade füllen.

*Kekse, Rezept links* Foto: Wilhelm Hufnagl

## JONASBUSSERLN

**100 g Butter**
**100 g Staubzucker**
**100 g Schokolade, gerieben**
**100 g Haselnüsse, gerieben**

Butter und Zucker cremig abtreiben, die übrigen Zutaten beimengen. Teig kühl rasten lassen.

Kleine Kügelchen formen, auf ein mit Backpapier belegtes Backblech legen, bei 70 °C im Backrohr einige Stunden trocknen.

## KLOSTERKIPFERLN

**140 g glattes Mehl**
**90 g Haselnüsse, gerieben**
**40 g Schokolade, gerieben**
**30 g Vanillezucker**
**100 g Butter**
**1 Eidotter**

**Schokoladeglasur, S. 345**
**10 g Pistazien**

Alle trockenen Zutaten mit Butter abbröseln, den Eidotter einmengen und rasch zu einem glatten Teig kneten, kühl rasten lassen, dann Kipferln formen.

Auf ein mit Backpapier belegtes Backblech legen und bei 200–220 °C 10–15 Minuten hell backen. Die ausgekühlten Kipferln in Schokoladeglasur tauchen und in der Mitte mit gehackten Pistazien bestreuen.

## VANILLEKIPFERLN

**280 g glattes Mehl**
**210 g Butter**
**70 g Staubzucker**
**100 g Walnüsse oder Mandeln, gerieben**

**Staubzucker und Vanillezucker zum Drehen**

Auf einem Brett aus sämtlichen Zutaten rasch einen Teig bereiten und kalt stellen. Dann eine dünne Rolle formen, gleichmäßige Stücke abschneiden, zu Kipferln formen.

Auf ein mit Backpapier belegtes Backblech legen und bei 200–210 °C 10–15 Minuten hell backen. Noch warm in Staubzucker, mit Vanillezucker vermischt, drehen.

Foto: Wilhelm Hufnagl

## NUSSSCHLEIFEN

**200 g glattes Mehl**
**1 TL Backpulver**
**1 Prise Salz**
**1 P. Vanillezucker**
**200 g Butter**
**200 g Topfen**

**Ei zum Bestreichen**

**Fülle**
**100 g Nüsse, fein gehackt**
**70 g Staubzucker**
**1 EL Schlagobers**
**1 EL Milch**

**Glasur**
**60 ml Wasser**
**60 g Zucker**

Alle trockenen Zutaten mit Butter abbröseln, Topfen einmengen und rasch zu einem glatten Teig kneten, 30 Minuten kühl rasten lassen.

Messerrückendick zu ca. 15 cm breiten Bahnen ausrollen, zur Hälfte mit Fülle bestreichen, die zweite Hälfte darüberklappen. 3 cm breite Streifen herunterschneiden, einmal drehen, auf ein mit Backpapier belegtes Backblech legen und mit zerklopftem Ei bestreichen.

Bei 200 °C 15–20 Minuten backen.

### FÜLLE

Alle Zutaten zu einer streichfähigen, nicht zu weichen Masse verrühren.

### GLASUR

Wasser und Zucker bis zur kleinen Perle spinnen, die heißen Nussschleifen damit bestreichen.

### HINWEIS

Aus diesem Topfenmürbteig können auch verschiedene Schnitten, Ecken oder Tascherln hergestellt werden.

## SCHERLACHSCHNITTEN

**400 g glattes Mehl**
**½ P. Backpulver**
**2 EL Staubzucker**
**250 g Butter**
**2 Eidotter**
**1 Tasse Milch**

**Marmelade**

**Fülle**
**150 g Kristallzucker**
**150 g Nüsse**

**Schokoladeglasur, S. 345**

Alle trockenen Zutaten mit Butter abbröseln, die übrigen Zutaten einmengen und rasch zu einem glatten Teig kneten, diesen in 3 Teile teilen.

Den 1. Teil auswalken, auf ein befettetes, bemehltes Backblech geben, mit Marmelade bestreichen und die Hälfte der Fülle (Kristallzucker und geriebene Nüsse vermengen) gleichmäßig darauf verteilen.

Den 2. Teil auswalken, auf den 1. Teil geben und wieder mit Marmelade und der Fülle bestreichen.

Den 3. Teil auswalken und als Deckplatte daraufgeben, bei 200 °C 20–30 Minuten backen, auskühlen lassen, mit Schokoladeglasur überziehen und in Würfel oder Schnitten schneiden (siehe Bild S. 267).

## ISCHLER BÄCKEREI

**350 g glattes Mehl**
**50 g Nüsse, gerieben**
**150 g Staubzucker**
**200 g Butter**
**4 Eidotter**

**Marmelade zum Füllen**
**Staubzucker zum Bestreuen**

Alle trockenen Zutaten mit Butter abbröseln, die Eidotter einmengen und rasch zu einem glatten Teig kneten, 30 Minuten kühl rasten lassen. Anschließend dünn ausrollen und runde Formen ausstechen. Bei der Hälfte der Scheiben mit einem kleinen Ausstecher in der Mitte ein Auge ausstechen, auf ein mit Backpapier belegtes Backblech legen und bei 200–220 °C ca. 10 Minuten goldbraun backen, die gelochten Scheiben bezuckern und auf die mit Marmelade bestrichenen Scheiben setzen.

## ISCHLER TÖRTCHEN

**180 g glattes Mehl**
**140 g Nüsse, gerieben**
**1 Prise Zimt**
**Schale von ½ Zitrone oder Orange, unbehandelt**
**70 g Staubzucker**
**140 g Butter**
**2 Eidotter**

**Ribiselmarmelade oder Buttercreme, S. 341**
**Schokoladeglasur, S. 345**
**Nusskerne oder Mandeln**

Alle trockenen Zutaten mit Butter abbröseln, die Eidotter einmengen und rasch zu einem glatten Teig kneten, kühl rasten lassen. Den Teig danach nochmals kurz durchkneten und messerrückendick ausrollen. Daraus kleine runde Formen ausstechen, auf ein mit Backpapier belegtes Backblech legen und bei 200–220 °C hell backen. Nach dem Auskühlen immer je 2 Scheiben mit Ribiselmarmelade oder Buttercreme füllen und zusammensetzen.

Man kann die Törtchen mit Schokoladeglasur überziehen sowie mit einem Nusskern oder einer abgezogenen Mandel verzieren.

Foto: Mona Lorenz

## GESPRITZTE NUSSSTANGERLN

**250 g Butter**
**90 g Staubzucker**
**1 Eidotter**
**1 Ei**
**1 Prise Salz**
**1 P. Vanillezucker**
**Zitronenschale, unbehandelt**
**180 g Nüsse, gerieben**
**250 g glattes Mehl**

**Ribiselmarmelade**
**Schokoladeglasur, S. 345**

Aus Butter, Zucker, Eidotter und Ei einen Abtrieb bereiten, die restlichen Zutaten einrühren, Masse in einen Spritzsack mit großer Sterntülle füllen und Stangerln auf ein mit Backpapier belegtes Backblech spritzen.

Bei 210 °C ca. 10 Minuten hell backen, je 2 Stangerln mit Ribiselmarmelade zusammensetzen und ein Ende in Schokoladeglasur tunken.

## BUTTERSTANGERLN

**300 g glattes Mehl**
**1 P. Backpulver**
**1 Prise Salz**
**280 g Butter**
**1 Eidotter**
**2 EL Weißwein (oder Most)**
**2 EL Sauerrahm**

**Glasur**
**1 Eiklar**
**120–150 g Staubzucker**

Alle trockenen Zutaten mit Butter abbröseln, die übrigen Zutaten einmengen und rasch zu einem glatten Teig kneten.

Einige Stunden (über Nacht) kühl rasten lassen, messerrückendick auswalken, mit Glasur bestreichen, Stangerln ausradeln, auf ein mit Backpapier belegtes Backblech legen und bei 200–220 °C ca. 10 Minuten hell backen.

### GLASUR

Eiklar und Staubzucker mixen, bis die Masse zäh ist.

## LINZER SCHNITTEN

**210 g glattes Mehl**
**¾ TL Backpulver**
**140 g Staubzucker**
**140 g Mandeln, ungeschält, gerieben**
**90 g Semmelbrösel**
**1 Prise Zimt**
**Gewürznelkenpulver**
**Schale von ½ Zitrone, unbehandelt**
**280 g Butter**
**1 Ei**

**Ribiselmarmelade**

Alle trockenen Zutaten mit Butter abbröseln, den Eidotter einmengen und rasch zu einem glatten Teig kneten, kühl rasten lassen, zwei Drittel davon auswalken und auf ein Backblech legen. Mit Ribiselmarmelade bestreichen.

Aus dem restlichen Teig kleine Rollen formen und als Gitter darüberlegen. Mit Eiklar bestreichen, evtl. mit geschälten, stiftelig geschnittenen Mandeln bestreuen.

Bei 200–220 °C 15–20 Minuten backen. Ausgekühlt zu Schnitten schneiden.

## GEWÜRZSTERNE

**120 g glattes Mehl**
**40 g Staubzucker**
**je 1 Prise Zimt, Gewürznelkenpulver**
**Zitronenschale, unbehandelt**
**Muskatnuss, Ingwerpulver**
**60 g Mandeln, gerieben**
**80 g Butter**
**1 EL kalte Milch**
**Marmelade**

Alle trockenen Zutaten mit Butter abbröseln, die Milch einmengen und rasch zu einem glatten Teig kneten, 1 Stunde kalt stellen.

Sterne ausstechen, auf ein mit Backpapier belegtes Backblech legen, bei 200–220 °C ca. 10 Minuten goldgelb backen und mit säuerlicher Marmelade zusammensetzen.

## LINZER KRAPFERLN

**280 g glattes Mehl**
**140 g Staubzucker**
**140 g Mandeln oder Nüsse, gerieben**
**1 Prise Zimt**
**Gewürznelkenpulver**
**1 Prise Salz**
**250 g Butter**
**1 Ei**
**Zitronensaft und -schale, unbehandelt**

**Marmelade**

Alle trockenen Zutaten mit Butter abbröseln, die übrigen Zutaten einmengen und rasch zu einem glatten Teig kneten, etwa 15 Minuten kühl rasten lassen, dann auswalken, mit einem gezackten Ausstecher kleine Törtchen ausstechen.

Die Hälfte davon mit einem Loch versehen, auf ein mit Backpapier belegtes Backblech legen. Bei 200–220 °C ca. 10 Minuten backen.

Auf die Unterseite der gebackenen Törtchen heiße Marmelade streichen und die Törtchen mit Loch daraufsetzen.

Foto: Wilhelm Hufnagl

## BUTTERBROTE

**100 g glattes Mehl**
**1 Msp. Backpulver**
**100 g Zucker**
**100 g Nüsse oder Mandeln, gerieben**
**120 g Butter**
**2 Rippen Schokolade**
**1 Eidotter**

### Glasur

**2 Eidotter**
**120 g Zucker**

Alle trockenen Zutaten mit Butter abbröseln, die übrigen Zutaten einmengen und rasch zu einem glatten Teig kneten, auf ein befettetes oder auf ein mit Backpapier ausgelegtes Blech gut messerrückendick ausrollen und bei 200–220 °C ca. 10 Minuten rasch backen. Für die Glasur Eidotter und Staubzucker glatt rühren. Anschließend das Ganze mit der Glasur überziehen. Zum Trocknen nochmals ins warme Rohr schieben und schließlich längliche Schnitten schneiden.

### HINWEIS

Aus dem Teig können auch runde oder rautenförmige Formen ausgestochen und gebacken werden. Die Kekse nach dem Backen mit der Glasur bestreichen und trocknen lassen.

## GRAMMELKRAPFEN AUS MÜRBTEIG

**250 g glattes Mehl**
**250 g Grammeln**
**½ P. Backpulver**
**200 g Staubzucker**
**2 Eier**
**1 Prise Zimt**
**1 TL Zitronensaft**

Mehl mit fein gewiegten oder durch die Fleischmaschine getriebenen Grammeln verbröseln, mit den anderen Zutaten zu einem festeren Teig verarbeiten und kurz kühl rasten lassen. Kreise ausstechen; auf ein mit Backpapier belegtes Backblech legen und bei 200–220 °C ca. 10 Minuten backen.

### HINWEIS

Nach dem Backen können je zwei mit Marmelade zusammengesetzt werden.

## APFELSCHLANKEL I

**250 g glattes Mehl**
**250 g Butter**
**250 g Topfen**
**1 Prise Salz**
**1 Ei zum Bestreichen**

### Fülle

**500 g Äpfel**
**2–3 EL Kristallzucker**
**2–3 EL Nüsse**
**1 Prise Zimt**
**Zitronensaft**

Mehl mit Butter verbröseln, Topfen und Salz zumengen und zu einem glatten Teig verkneten. Diesen ausrollen, auf das mittlere Drittel der Teigplatte die Fülle geben, jede Seite einschlagen, mit Ei bestreichen, auf einem mit Backpapier belegten Blech bei 190–200 °C 20–30 Minuten backen.

### FÜLLE

Äpfel dünnblättrig schneiden, mit Zucker, gehackten Nüssen, Zimt und Zitronensaft vermengen.

## APFELSCHLANKEL II

450 g glattes Mehl
150 g Butter
1 Prise Salz
120 g Staubzucker
1 Ei
1 Backpulver
ca. 125 ml Schlagobers

Mehl mit Butter verbröseln, mit den übrigen Zutaten zu einem glatten Teig verkneten. Teig halbieren, eine Hälfte ausrollen, auf ein mit Backpapier belegtes Blech geben, mit der Fülle belegen, dann die zweite Hälfte ausrollen und auf die Fülle geben, bei 170–190 °C ca. 30 Minuten backen.

### Fülle

500 g Äpfel
2–3 EL Kristallzucker
2–3 EL Nüsse
1 Prise Zimt
Zitronensaft

### FÜLLE

Äpfel dünnblättrig schneiden, mit Zucker, gehackten Nüssen, Zimt und Zitronensaft vermengen.

## TOPFENSCHNITTEN

400 g glattes Mehl
160 g Staubzucker
120 g Nüsse
Zitronenschale, unbehandelt, gerieben
280 g Butter
2 Eidotter
6 EL Wasser oder Most

2 Eiklar zum Bestreichen
100 g Nüsse zum Bestreuen

Alle trockenen Zutaten mit Butter abbröseln, die übrigen Zutaten einmengen und rasch zu einem glatten Teig kneten, kühl rasten lassen.

Dann in zwei Hälften teilen, rechteckig auswalken. Die eine Hälfte auf ein mit Backpapier belegtes Blech geben, mit Fülle bestreichen und mit der zweiten Teighälfte abdecken. Mit Eiklar bestreichen und mit grob gehackten Nüssen bestreuen.

Backzeit: ca. 50 Minuten bei 180 °C Oberhitze und 190 °C Unterhitze.

### Fülle

120 g Butter
200 g Staubzucker
6 Eier
700 g Topfen
100 g Nüsse, gehackt
100 g Rosinen
1 P. Vanillezucker

### FÜLLE

Aus Butter, Zucker und Eidottern einen Abtrieb bereiten. Den passierten Topfen und die übrigen Zutaten beimengen. Zum Schluss den Eischnee einheben.

## RIBISELSCHNITTEN

180 g glattes Mehl
½ TL Backpulver
80 g Staubzucker
1 Prise Salz
120 g Butter
1 Eidotter

**Belag**
500 g Ribiseln
oder andere Früchte
4 Eiklar
Kristallzucker
150 g Staubzucker

Alle trockenen Zutaten mit Butter abbröseln, den Eidotter einmengen und rasch zu einem glatten Teig kneten, ausrollen und auf einem Blech oder in einer Tortenform bei 190 °C leicht überbacken. Die Früchte (Erdbeeren, Heidelbeeren, Ribisel, Rhabarber) gleichmäßig auf dem gebackenen Teig verteilen, Eiklar zu Schnee schlagen, Kristallzucker einschlagen und über die Früchte streichen, die Schneemasse mit Staubzucker stark anzuckern (sonst bleibt sie zäh) und nochmals im Rohr bei ca. 190 °C überbacken, bis der Eischnee oben gelblich und gebacken ist. Zum Schluss gleichmäßige Schnitten schneiden.

## TOPFENECKEN

250 g glattes Mehl
250 g Butter
250 g Topfen
1 Prise Salz

**Fülle**
250 g Marmelade
1 Ei zum Bestreichen

**Zum Eindrehen**
Staubzucker
1 P. Vanillezucker

Mehl mit Butter verbröseln, Topfen und Salz zumengen und zu einem glatten Teig verkneten. Diesen messerrückendick ausrollen, Vierecke in der Größe von ca. 6–8 cm ausradeln, mit Marmelade füllen, Ränder mit Ei bestreichen und Dreiecke formen, auf ein mit Backpapier belegtes Backblech legen.

Vor dem Backen die Dreiecke mit dem restlichen Ei bestreichen, bei 200 °C 15–20 Minuten backen und noch heiß in einem Gemisch von Staub- und Vanillezucker drehen.

Foto: Wilhelm Hufnagl

## MANDELSTANGERLN

**200 g glattes Mehl**
**100 g Staubzucker**
**1 EL Vanillezucker**
**100 g Butter**
**1 Ei**
**Mandeln**

**Marmelade**

**Tunkmasse**
**Butter**
**Schokolade**

Alle trockenen Zutaten mit Butter abbröseln und rasch zu einem glatten Teig kneten, dünn auswalken, mit zerklopftem (zerschlagenem) Ei bestreichen, Stangerln schneiden (10 x 1,5 cm), mit geschälten, gestiftelten Mandeln bestreuen, auf ein mit Backpapier belegtes Backblech legen, bei 200–220 °C ca. 10 Minuten backen.

Je zwei Stangerln mit Marmelade zusammensetzen und beide Enden in Tunkmasse tauchen.

### TUNKMASSE

Gleich viel Butter wie Schokolade im Wasserbad oder in der Mikrowelle erweichen lassen und glatt rühren.

*Foto: Mona Lorenz*

# IN FETT GEBACKENE MEHLSPEISEN

## RAUNKERLN

**500 g glattes Weizenmehl**
**125 g Butter**
**125 ml Sauerrahm**
**125 ml Schlagobers**
**1 Prise Salz**
**je 1 Msp. Zimt und Anis**

**Fett zum Ausbacken**
**Staubzucker zum Anzuckern**

Alle Zutaten zu einem Teig kneten. Daumendicke Rollen formen, kleine Stücke abschneiden und im heißen Fett herausbacken. Dann ein wenig abkühlen und überzuckern.

## HASENÖHRL (POLSTERZIPFL)

**300 g glattes Mehl**
**60 g Öl oder Butter**
**1 Prise Salz**
**1 Eidotter**
**1 EL Rum**
**Milch**

**Fett zum Ausbacken**

Mehl, Öl oder Butter, Salz, Eidotter und Rum miteinander vermengen und so viel kalte süße oder saure Milch zugeben, dass ein Teig in der Festigkeit eines weicheren Nudelteiges entsteht. Diesen auswalken, Rauten ausradeln und rasch in sehr heißem Fett backen. Die Hasenöhrl müssen hoch auflaufen und innen hohl sein.

## ROSENKRAPFEN

**200 g glattes Mehl**
**1 Msp. Backpulver**
**3 Eidotter**
**3–4 EL Sauerrahm**
**1 Eiklar**

**Fett zum Ausbacken**
**20 g Staubzucker**
**Marmelade**

Aus Mehl, Backpulver, Dottern und Sauerrahm einen Teig kneten, kühl rasten lassen, messerrückendick ausrollen, 3 Scheiben in verschiedenen Größen ausstechen. In jede Scheibe 5 Einschnitte vom Rand zur Mitte machen. Die Scheiben mit ein wenig Eiklar zusammendrücken, mit der kleinsten Scheibe nach unten ins heiße Fett geben.

Nach dem Backen überzuckern und in die Mitte ein wenig Marmelade geben.

## SPAGATKRAPFEN

460 g glattes Mehl
1 Prise Salz
280 g Butter
2 Eidotter
2 Eier
2 Eierschalen Sauerrahm
2 Eierschalen Most
Fett zum Ausbacken

**Zum Eindrehen**
Staubzucker, Zimt

Aus den Zutaten einen Mürbteig bereiten, 30 Minuten rasten lassen, sehr dünn auswalken, Rechtecke (11 x 6 cm) ausradeln, auf Spagatkrapfenformen im heißen Fett backen.

Ein wenig überkühlt in einem Gemisch von gesiebtem Staubzucker und etwas Zimt drehen.

## SCHNEEBALLEN

160 g glattes Mehl
2 Eidotter
ein wenig Salz
1 EL Zitronensaft oder Essig
3–4 EL Sauerrahm
1 EL Branntwein

Fett zum Ausbacken
Staubzucker

Mehl mit Eidottern, Salz, Zitronensaft oder Essig, Sauerrahm und Branntwein zu einem Teig verarbeiten, der so fein ist wie ein weicher Nudelteig. 30 Minuten rasten lassen, danach so dünn wie möglich ausrollen und dann große Vierecke ausradeln.

In diese fingerbreite Streifen einradeln oder einschneiden und durcheinanderziehen. Die Schneeballen in sehr viel Fett ausbacken und anzuckern.

*Spagatkrapfen (links) und Schneeballen (rechts)* Fotos: Archiv Kochen&Küche

# LEBKUCHENTEIG

## LEBKUCHEN (ZUM AUSSTECHEN ODER GEFÜLLT)

**120 g Butter**
**200 g Staubzucker**
**2 Eier**
**250 g Honig**
**2 P. Lebkuchengewürz**
**1 TL Zimt**
**500 g Roggenmehl**
**1,5 gestrichene TL Speisesoda (Natron)**

**ein wenig Weizenmehl**
**Mandeln, geschält**

**Schnürleis**
**1 Eiklar**
**ca. 150 g Puderzucker**

**Fülle**
**50 g Feigen, geschnitten**
**100 g Rosinen, ganz**
**30 g Dörrzwetschken, geschnitten**
**100 g Haselnüsse, ganz**
**50 g Zitronat und Aranzini, feinst geschnitten**
**150 g Kochschokolade, erweicht**
**2 EL Rum**
**250 ml Marmelade (fallweise)**

### ZUM AUSSTECHEN

Butter, Zucker und Eier cremig rühren, erwärmten Honig und Gewürze einrühren. Mehl mit Natron vermischen, darunterrühren und abkneten. (Keine Milch verwenden, dafür Honig gut erwärmen; es muss eine gut knet- und rollfähige Masse werden.)

Den Teig 1–2 Stunden kühl rasten lassen, leicht mit Weizenmehl durchkneten und ca. 0,75 cm dick ausrollen. Große Formen ausstechen, auf ein befettetes oder auf ein mit Backpapier ausgelegtes Backblech legen, vor dem Backen mit Wasser bepinseln und bei 170–190 °C ca. 30 Minuten backen.

Auf ein Gitter auflegen und abkühlen lassen, bis die Lebkuchen fest sind. Mit Schnürleis spritzen. Vor dem Backen können geschälte Mandelkerne aufgelegt werden.

### SCHNÜRLEIS

Eiklar und Puderzucker mit dem Kochlöffel so lange rühren, bis eine zähe, spritzfähige weiße Masse entsteht.

### GEFÜLLT

Für die Fülle alle Zutaten in einer Schüssel vermischen, bis eine bindige Masse entsteht. Ist sie zu trocken, ein wenig Marmelade zugeben.

Lebkuchenteig wie oben zubereiten, rechteckig ausrollen, in der Mitte die Fülle dick auftragen. Teigenden einschlagen, gut verschließen. Striezel schön nachformen, auf ein befettetes oder auf ein mit Backpapier ausgelegtes Backblech legen, mit Wasser bestreichen und bei 170–190 °C ca. 1 Stunde backen.

Nach dem Erkalten vom Blech nehmen. Bei Bedarf in dünne Scheiben schneiden.

## LEBKUCHEN, GEFÜLLT

**250 g Honig**
**2 Msp. Gewürznelkenpulver**
**2 TL Zimt und Piment (Neugewürz)**
**80 g Butter**
**140 g Staubzucker**
**2 Eier**
**1–2 TL g Speisesoda (Natron)**
**Zitronenschale, unbehandelt**
**500 g glattes Weizenmehl**
**Marmelade**
**1 Ei zum Bestreichen**

**Fülle**
**200 g Rosinen**
**200 g Nüsse**
**50 g Zitronat**
**50 g Aranzini**
**200 g Feigen**
**2 kleine Eier**
**200 g Staubzucker**
**einige Löffel Rum**

Den Honig erhitzen, die Gewürze einrühren und das Ganze abkühlen lassen. Butter mit Zucker und Eiern abtreiben, Speisesoda, fein gehackte Zitronenschale und das ausgekühlte Honig-Gewürz-Gemisch dazurühren, alles mit dem Mehl gut verkneten. Den Teig über Nacht rasten lassen.

Den Teig in zwei Hälften teilen, 0,5 cm dick auswalken, die erste Hälfte auf ein befettetes oder auf ein mit Backpapier ausgelegtes Blech legen, zuerst mit Marmelade und dann mit der Fülle bestreichen und die zweite Hälfte als Deckblatt darübergeben. (Mit der Gabel anstechen.)

Man kann den Lebkuchen mit Ei bestreichen oder mit Nüssen bestreuen. Bei 170–190 °C ca. 30 Minuten backen.

### FÜLLE

Die Früchte fein schneiden, mit Eiern und Zucker mischen, mit Rum befeuchten und ebenfalls über Nacht ziehen lassen.

Foto: Wilhelm Hufnagl

## LEBKUCHEN ZUM AUFSCHNEIDEN

**40 g Butter**
**160 g Staubzucker**
**3 Eier**
**3 EL Honig**
**300 g Roggenmehl**
**½ P. Backpulver**
**3 EL Milch**
**Lebkuchengewürz**
**Nüsse oder Mandeln**

Butter, Staubzucker und Eier abtreiben, dann Honig, Mehl mit dem Backpulver, Milch und ein wenig Lebkuchengewürz dazurühren. Den Teig auf einem befetteten, bemehlten oder auf einem mit Backpapier ausgelegten Backblech bei 170–190 °C ca. 30 Minuten backen, auskühlen lassen und in Stücke schneiden.

Die Schnitten können vor dem Backen mit Nüssen oder Mandeln belegt werden.

## LEBKUCHENBUSSERLN

**250 g Kristallzucker**
**150 g Honig**
**125 ml Wasser**
**20 g Zimt**
**1 Msp. Gewürznelkenpulver**
**500 g Roggenmehl**
**1 Eidotter**
**1 EL Hirschhornsalz**
**oder Speisesoda (Natron)**

### Zuckerfarbe

**30 g Kristallzucker**
**60 ml Wasser**

### Glasur

**300 g Kristallzucker**
**250 ml Wasser**
**300 g Staubzucker**

Zucker, Honig, Wasser, Zimt und Nelkenpulver kurz aufkochen. Nach dem Erkalten das Mehl und die ausgekühlte „Zuckerfarbe" (Zucker gut bräunen, mit Wasser aufgießen, aufkochen lassen) daruntermischen und über Nacht rasten lassen.

Am nächsten Tag Eidotter und das gesiebte Hirschhornsalz (oder 1 EL Natron in wenig Wasser aufgelöst) darunterkneten. Auf einem gut bemehlten Nudelbrett den Teig gut fingerdick auswalken, ganz kleine Busserln (Plätzchen) ausstechen, auf ein mit Backpapier ausgelegtes Backblech legen und bei 200–220 °C 7 Minuten backen. Wenn sie aus dem Backrohr kommen, müssen sie noch weich sein.

Busserln in eine Schüssel geben, Glasur darübergießen und mit den Händen durchmischen. (Glasur darf nicht zu dick sein.) Die Busserln auf ein Brett zum Trocknen legen, in einer Dose aufbewahren.

### GLASUR

Kristallzucker und Wasser zur kleinen Perle spinnen, überkühlen und zum gesiebten Staubzucker rühren.

## NÜRNBERGER LEBKUCHEN

**4 Eier, 250 g Staubzucker,**
**250 g glattes Mehl**
**je 1 Msp. Zimt, Gewürznelkenpulver**
**Zitronenschale, unbehandelt**
**50 g Zitronat, 40 g Aranzini**
**250 g Mandeln oder Nüsse, gerieben**
**3 EL Rum**
**1 TL Backpulver**
**250 ml Milch**
**Oblaten, Marmelade**
**Schokoladeglasur, S. 345**
**Mandeln oder Nüsse zum Verzieren**

Eidotter mit Staubzucker schaumig rühren, die Geschmackszutaten (kleingeschnittene Früchte, Gewürze) und den Rum beimengen. Das Mehl mit Backpulver vermischen und abwechselnd mit der Milch unterrühren. Zuletzt den steif geschlagenen Schnee einheben. Das Backblech mit Oblaten auslegen und die Masse daraufstreichen. Bei 170–190 °C ca. 30 Minuten backen.

Nach dem Backen mit säuerlicher Marmelade dünn bestreichen und mit Schokoladeglasur überziehen. Mit geschälten Mandeln oder Nüssen verzieren und in Streifen schneiden.

## FRÜCHTELEBKUCHEN

**1–2 Eier**
**220 g Kristallzucker, 180 g Honig**
**450 g Roggenmehl**
**250 g Früchte (Nüsse, Mandeln, Zitronat, Aranzini, Feigen)**
**Zitronenschale, unbehandelt**
**Piment (Neugewürz)**
**1 P. Backpulver, 125–250 ml Milch**

Eier, Zucker und Honig schaumig rühren und die übrigen Zutaten beimengen. Den Teig fingerdick auf ein befettetes, bemehltes oder auf ein mit Backpapier ausgelegtes Blech streichen und bei 170–190 °C ca. 30 Minuten backen. Beliebig aufschneiden.

Foto: Wilhelm Hufnagl

## LEBKUCHEN ZUM AUSSTECHEN

**600 g Roggenmehl**
**350 g Staubzucker**
**1 TL Natron**
**160 g Honig**
**4 Eier**
**1 EL Lebkuchengewürz**
**1 TL Zimt**
**1 Ei zum Bestreichen**

Alle Zutaten mit dem Knethaken verkneten, eine glatte Rolle formen und zugedeckt über Nacht rasten lassen. Den Teig fingerdick ausrollen, beliebige Formen ausstechen, mit zerklopftem Ei bestreichen.

Auf einem befetteten oder mit Backpapier ausgelegten Backblech bei 180 °C 8–12 Minuten backen.

## LEBKUCHENPARFAIT

### AUF WEICHSELSPIEGEL MIT STERNHIPPEN

**Parfait für ca. 2 l Eismasse**
**4 Eier**
**110 g Kristallzucker**
**500 ml Schlagobers**
**½ TL Lebkuchengewürz oder Zimt**
**100 g Lebkuchenbrösel**

**Weichselspiegel**
**1 Glas Kompottweichseln**
**2 TL Maizena oder Vanillepuddingpulver**
**evtl. Kirschlikör und Kristallzucker**

**Hippen für ca. 15 Sterne**
**50 g Butter, handwarm zerlassen**
**50 g glattes Mehl**
**50 g Staubzucker**
**30 g Eiklar**
**1 TL Vanillezucker**

#### PARFAIT

Eier und Zucker über Dunst dickschaumig schlagen, vom Dampf nehmen und ca. 5 Minuten kalt schlagen. Geschlagenes Obers, Lebkuchengewürz und Lebkuchenbrösel unterheben. Eine Kasten- oder Rehrückenform mit Frischhaltefolie auslegen, Parfaitmasse einfüllen und über Nacht einfrieren.

Das Parfait auf dem Weichselspiegel anrichten, mit einigen Mandarinenspalten sowie mit Schlagobers und Sternhippen garnieren.

#### WEICHSELSPIEGEL

Weichseln abseihen, Saft mit Maizena verrühren und leicht cremig einkochen, die Weichseln, Zucker und Likör dazugeben.

#### HIPPEN

Alle Zutaten miteinander verrühren, darf nicht schaumig werden, ca. 1 Stunde stehen lassen, damit die Luftblasen entweichen. Masse dünn auf die Schablone streichen, leicht goldbraun backen.

#### TIPP

„Sternschablone“: Auf einem ca. 2 mm dicken Karton Sterne oder andere Figuren aufzeichnen, ausschneiden, diese Schablone auf Backtrennpapier legen und mit der Palette die Hippenmasse einstreichen.

#### HINWEIS

Parfait vor der Verwendung etwas antauen lassen.

# SANDMASSE

## GLEICHSCHWERKUCHEN

**200 g Butter**
**4 Eier**
**200 g Staubzucker**
**1 EL Rum**
**1 P. Vanillezucker**
**Zitronenschale, unbehandelt, fein gehackt**
**200 g glattes Mehl**

Aus Butter, Eidottern und Zucker einen Abtrieb bereiten (cremig rühren). Geschmackszutaten, Mehl und Eischnee unterheben. In einer befetteten und bemehlten Form bei 170–190 °C ca. 1 Stunde backen.

Verschiedene Arten siehe Grundrezepte, S. 50.

## ENGLISCHER KUCHEN

**120 g Rosinen**
**40 g Mandeln**
**40 g Zitronat**
**40 g Feigen**
**40 g Datteln**
**ein wenig Rum**
**140 g Butter**
**2 Eier**
**140 g Staubzucker**
**je 1 Msp. Zimt, Gewürznelkenpulver**
**Zitronenschale, unbehandelt**
**140 g glattes Mehl**

Die Früchte sehr fein schneiden, zusammenmischen, mit Rum befeuchten und ein wenig stehen lassen.

Butter und Eidotter cremig rühren, Früchte, Zucker und die Gewürze zugeben und zuletzt das Mehl sowie den Eischnee der Eiklar daruntermengen. Die Masse in einer mit Backpapier ausgelegten Kastenform 1 Stunde bei 170–190 °C backen.

Den Kuchen erst am nächsten Tag anschneiden.

## RUMSCHNITTEN

**200 g Butter**
**200 g Staubzucker**
**6 Eier**
**250 g Schokolade**
**200 g glattes Mehl**

**Glasur**
**250 g Staubzucker**
**8 EL Rum, heiß**

Butter, Zucker und Eidotter schaumig rühren, die erweichte Schokolade zumengen, zum Schluss das Mehl und den Eischnee unterheben. Die Masse auf ein befettetes, bemehltes oder auf ein mit Backpapier ausgelegtes Blech streichen und bei 170–190 °C ca. 20 Minuten backen.

### GLASUR

Staubzucker mit heißem Rum gut verrühren. Die Rumglasur noch warm daraufstreichen und die Schnitte in beliebig große Stücke schneiden.

## ROTWEINSCHNITTEN

**200 g Butter**
**200 g Staubzucker**
**4 Eier**
**150 g Schokolade**
**1 P. Vanillezucker**
**1 TL Zimt**
**1 TL Kakao**
**250 ml Rotwein**
**250 g glattes Mehl**

Butter, Zucker und Eidotter schaumig rühren, erweichte Schokolade, die Gewürze, den Rotwein und die Hälfte des Mehles untermengen. Zum Schluss das restliche Mehl und den steifen Eischnee unterheben. Auf ein mit Backpapier ausgelegtes Blech geben und bei 170–190 °C ca. 20 Minuten backen.

## BRÜSSELER SCHNITTEN

**150 g Butter**
**150 g Staubzucker**
**4 Eier**
**1 TL Backpulver**
**50 g glattes Mehl**
**150 g Nüsse**

**Marmelade**

**Zitronenglasur**
**200 g Staubzucker**
**4 EL Zitronensaft**

Butter schaumig rühren, dazu Zucker und Eidotter einrühren. Backpulver und Mehl mischen und zum Abtrieb geben, geriebene Nüsse beifügen, zum Schluss den steifen Schnee der Eiklar unterheben. Auf ein mit Backpapier ausgelegtes Backblech streichen, auf Mittelschiene bei 180 °C 15–20 Minuten backen.

Das Backgut halbieren, mit Marmelade zusammensetzen und mit Zitronenglasur überziehen. Noch warm in längliche Schnitten schneiden.

### GLASUR

Staubzucker mit Zitronensaft verrühren.

## SCHOKO-MANDEL-SCHNITTE

**10 Eier**
**160 g Staubzucker**
**160 g Butter**
**400 g Mandeln, gerieben**
**200 g Schokolade, gerieben**
**2 TL Vanillezucker, Backpulver**
**je 2 EL Eierlikör, Rum**

**500 ml Obers**
**ca. 125 ml Eierlikör**

Eier trennen, cremigen Eischnee schlagen, mit 2 Löffeln Zucker ausschlagen. Butter cremig rühren, mit Dotter und restlichem Staubzucker cremig rühren. Alle trockenen Zutaten sowie den Alkohol abwechselnd mit dem Eischnee vorsichtig unter den Abtrieb heben.

Auf das mit Backpapier ausgelegte Blech streichen und bei 170 °C ca. 1 Stunde backen. Nach dem Erkalten mit geschlagenem Obers bestreichen und mit Eierlikör übergießen.

# BRANDTEIG

## CREMEKRAPFEN

**125 ml Wasser**
**½ TL Salz**
**50 g Butter**
**100 g griffiges Mehl**
**3–4 Eier**

**Schlagobers**
**Creme, S. 340**

Wasser, Salz und Butter zum Kochen bringen. Dann das Mehl zugeben und glatt rühren. Wenn sich der Teig vom Kochlöffel und Topf löst, überkühlen lassen und ein Ei nach dem anderen einrühren. Der Teig sollte sofort verwendet werden!

In einen Spritzsack füllen, auf ein befettetes, nasses Backblech Krapferln dressieren. Bei 230 °C 10 Minuten backen, dann bei 180 °C fertig backen.

Nach dem Erkalten durchschneiden und mit steif geschlagenem Obers oder einer Creme nach Belieben füllen.

## LIEBESKNOCHEN

**wie Cremekrapfen**

**Schokoladesauce**
**250 ml Wasser**
**100 g Schokolade**
**50 g Kristallzucker**
**1 EL Maizena**
**2 EL Wasser**
**1 EL Rum**

Zwei 5 cm lange, schmale Streifen nebeneinander aufspritzen. Darauf in die Mitte noch einen Streifen spritzen. Bei 230 °C etwa 25 Minuten backen.

Der Länge nach durchschneiden, mit steif geschlagenem Obers füllen, Deckel daraufsetzen und mit Schokoladesauce übergießen.

### SCHOKOLADESAUCE

Wasser, Schokolade und Zucker aufkochen, Maizena mit 2 EL Wasser und Rum verrühren und nochmals aufkochen lassen.

## SCHWÄNE

**wie Cremekrapfen**

**250–500 ml Obers**

Mit dem Spritzsack längliche Krapfen dressieren, die den Körper eines Schwanes darstellen sollen. S-förmige Stangerln für Hals und Kopf dressieren und backen.

Die Körper mit steif geschlagenem Obers füllen und die s-förmigen Stangerln richtig einsetzen. Alles sollte einem Schwan ähnlich sehen.

# BUTTER- ODER BLÄTTERTEIG

## BUTTERKRAPFEN

**Grundrezept**
**250 g glattes Mehl**
**250 g Butter**
**1 Eidotter**
**Wasser**
**1 EL Essig oder Zitronensaft**
**½ TL Salz**

**Marmelade zum Füllen**

Zubereitung siehe Blätterteig – Grundrezept auf S. 54.

Für Butterkrapfen Blätterteig gut messerrückendick auswalken, in etwa 10 cm große Vierecke schneiden, in die Mitte ein wenig feste Marmelade geben und zusammenschlagen. Die Krapfen auf einem mit Wasser angefeuchteten Backblech bei 200–230 °C 20–30 Minuten backen.

## SCHAUMROLLEN

**wie Butterkrapfen**

**200–500 ml Schlagobers zum Füllen**

Blätterteig messerrückendick auswalken, 2,5 cm breite und ca. 30 cm lange Streifen schneiden, diese gleichmäßig auf Schaumrollenformen wickeln, wie Butterkrapfen backen.

Vorsichtig von der Form lösen und nach dem Erkalten mit steif geschlagenem Obers füllen.

## CREMESCHNITTEN

**wie Butterkrapfen**

**Creme**
**1 l Milch**
**150 g Kristallzucker**
**3 Eidotter**
**80 g Puddingpulver**
**80 g Butter**
**6 Blätter Gelatine**
**5 Eiklar**
**100 g Kristallzucker**

Den Blätterteig bis zu 0,5 cm dick ausrollen. In 8–10 cm breite Streifen schneiden, mit der Gabel anstechen und wie Butterkrapfen backen.

Nach dem Erkalten je 2 Streifen mit Creme zusammensetzen.

### CREME

Zwei Drittel der Milch mit dem Zucker aufkochen, Eidotter und Puddingpulver mit dem restlichen Drittel der Milch anrühren, einkochen und kurz aufwallen lassen. Zerlassene Butter und die zuvor in kaltem Wasser eingeweichte und gut ausgedrückte Gelatine in die kochende Creme geben. Eiklar zu halbsteifem Schnee schlagen, Kristallzucker einschlagen. Steifen Eischnee unter die heiße Puddingmasse rühren.

# | EIWEISSMASSE

## EIWEISSKUCHEN

**50 g Butter**
**80 g Staubzucker**
**40 g Nüsse**
**3 Eiklar**
**60 g Kristallzucker**
**100 g glattes Mehl**
**1 TL Backpulver**

Butter abtreiben und mit Staubzucker und den geriebenen Nüssen vermengen. Die Eiklar zu Schnee schlagen, den Kristallzucker einschlagen. Eischnee und das Mehl mit dem beigemengten Backpulver zum Abtrieb geben. Die Masse in einer befetteten, bemehlten Kastenform bei 170–180 °C 50–60 Minuten backen.

Nach dem Auskühlen kann der Kuchen in dünne Scheiben geschnitten, gebäht und mit Zucker bestreut werden.

## EIWEISSKUCHEN MIT SCHOKOLADE

**6 Eiklar**
**150 g Kristallzucker**
**80 g Butter**
**80 g Schokolade**
**80–100 g glattes Mehl**
**1 Msp. Backpulver**

Eiklar zu Schnee schlagen, Kristallzucker einschlagen. Die Butter und die Schokolade erweichen, zum steifen Eischnee geben und das mit Backpulver vermischte Mehl vorsichtig unterheben.

Die Masse in einer befetteten, bemehlten Kastenform bei 170–190 °C ca. 60 Minuten hellbraun backen.

## MOHN-OBERS-WÜRFEL

**8 Eiklar**
**180 g Kristallzucker**
**100 g Mohn, gerieben**
**80 g glattes Mehl**

**250–375 ml Obers zum Füllen**
**Preiselbeermarmelade**

Eiklar zu festem Schnee schlagen, mit Kristallzucker gut cremig weiterschlagen, Mohn und Mehl mit langsamer Stufe unterrühren. Masse so dünn auf das Backblech streichen, dass es für 2 Bleche reicht, bei 180 °C 8–10 Minuten backen.

Jede Platte halbieren = 4 Lagen, diese mit Schlagobers dünn bestreichen und zusammensetzen, mit Frischhaltefolie abdecken und über Nacht durchziehen lassen. Kleine Würfel schneiden, mit Oberstupfen und Preiselbeeren garnieren.

## PARISER STANGERLN

**120 g Nüsse oder Mandeln**
**120 g Staubzucker**
**1 kleines Eiklar**

**Glasur**
**1 Eiklar**
**150 g Staubzucker**
**Zitronensaft**

Fein gehackte Nüsse oder Mandeln, Staubzucker und Eiklar zu einem Teig verkneten, 0,5 cm hoch ausrollen. Mit Eiweißglasur bestreichen, 5 cm lange und 1,5 cm breite Stangerln schneiden und auf ein mit Backpapier belegtes Blech legen, bei 170–190 °C ca. 20 Minuten backen. Trocknen lassen.

### GLASUR

Eiklar, Staubzucker und Zitronensaft mixen, bis die Masse streichfähig ist.

## WINDBÄCKEREI

**2 Eiklar**
**2 TL Wasser**
**60–80 g Kristallzucker**
**40–60 g Staubzucker**

**Oblaten**

Eiklar und Wasser zu sehr festem Schnee schlagen, den Kristallzucker zugeben und 10 Minuten mitschlagen. Dann den Staubzucker leicht daruntermengen. Auf ein mit Backpapier belegtes Blech oder auf Oblaten spritzen und bei 70 °C trocknen.

**HINWEIS**
Die Zuckermenge richtet sich nach der Größe der Eier.

*Foto: Wilhelm Hufnagl*

## HASELNUSSBUSSERLN

**2 Eiklar**
**140 g Kristallzucker**
**140 g Haselnüsse**
**50 g Haselnusskerne zum Belegen**

Eiklar zu Schnee schlagen, Zucker einschlagen, die geriebenen Haselnüsse daruntermengen. Dann kleine Häufchen auf ein mit Backpapier belegtes Blech setzen und jedes in der Mitte mit einem Haselnusskern belegen.

Die Busserln bei 170–190 °C ca. 20 Minuten backen.

## KOKOSBUSSERLN

**210 g Kristallzucker**
**3 Eiklar**
**70 g Kokosette**
**1 EL glattes Mehl**
**1 TL Zitronensaft**
**Oblaten**

Zucker und Eiklar über Dampf erst dickschaumig, dann kalt schlagen. Kokosette, Mehl und Zitronensaft vorsichtig zumengen. Kleine Häufchen auf ein mit Backpapier belegtes Blech oder auf Oblaten setzen und bei 170–190 °C ca. 20 Minuten backen.

## NUSSKRAPFERLN

**150 g Butter**
**150 g Staubzucker**
**1 Ei**
**150 g Nüsse**
**2 EL Milch**
**Nussstücke zum Belegen**

**Marmelade**

Butter, Zucker und Eidotter schaumig rühren, die Nüsse und die Milch einrühren. Kleine Krapferln auf ein mit Backpapier belegtes Blech setzen, diese mit Eiklar bestreichen und mit Nussstücken belegen, bei 170–190 °C ca. 20 Minuten backen.

Nach dem Backen je zwei davon mit Marmelade zusammensetzen.

## MANDELKRAPFERLN

**250 g glattes Mehl**
**140 g Butter**
**70 g Staubzucker**
**3 Eidotter**

**Ribisel- oder Himbeermarmelade**

Eiweißmasse
**4 Eiklar**
**180 g Mandeln**
**180 g Staubzucker**

Aus den Zutaten einen Mürbteig bereiten. Kleine runde, gezackte Formen ausstechen, auf ein mit Backpapier belegtes Backblech legen und bei 170 °C hell backen. Eiweißmasse mit grober Tülle auf die Plätzchen spritzen, Grübchen machen, bei 170 °C fertig backen. In die Grübchen Ribisel- oder Himbeermarmelade geben.

### EIWEISSMASSE

Für die Eiweißmasse Eiklar zu steifem Schnee schlagen, geriebene Mandeln und Staubzucker leicht einheben.

## MANDELBÖGEN

**3 Eiklar**
**150 g Staubzucker**
**200 g Mandeln**

**3 Backoblaten**

Eiklar und Zucker über Dunst dickschaumig schlagen, dann kalt weiterschlagen. Geschälte, stiftelig geschnittene Mandeln darunterziehen, auf Backoblaten streichen. 2 cm breite Streifen abschneiden, diese über eine befettete Mandelbogenform oder auf befettete Flaschen legen. Bei 150–180 °C ca. 20 Minuten backen.

## WITWENKÜSSE

**3 Eiklar**
**150 g Staubzucker**
**100 g Nüsse, grob gehackt**
**30 g Zitronat**
**30 g Rosinen**

Eiklar und Zucker über Dunst dickschaumig schlagen. Nüsse, Zitronat und Rosinen einheben, mit einem Löffel Häufchen auf ein befettetes, bemehltes oder auf ein mit Backpapier belegtes Backblech geben.

Bei 170–190 °C ca. 20 Minuten backen. Trocken aufbewahren.

## NUSSSCHIFFERLN

**140 g glattes Mehl**
**100 g Butter**
**1 EL Staubzucker**
**1 Ei**

Aus den Zutaten einen festeren Mürbteig bereiten, messerrückendick auswalken und bei 200–220 °C hell backen. Dann den Nussbelag daraufstreichen und bei 170–190 °C überbacken. In Schifferl schneiden.

**Nussbelag**
**5 Eiklar**
**200–250 g Kristallzucker**
**140 g Nüsse**

### NUSSBELAG

Eiklar zu steifem Schnee schlagen, den Kristallzucker einheben und über Dampf weiterschlagen, bis die Masse dickschaumig ist. Die grob gehackten Nüsse einheben.

## SCHOKOLADEBREZELN

**140 g Mandeln, fein gehackt**
**140 g Kristallzucker**
**140 g Schokolade, gerieben**
**1 großes Ei**

Alle Zutaten zu einem Teig verarbeiten, Brezeln formen, auf ein mit Backpapier belegtes Backblech geben, bei 70 °C trocknen und mit Zitronenglasur glasieren.

**Zitronenglasur**
**200 g Staubzucker**
**4 EL Zitronensaft**

### GLASUR

Staubzucker und Zitronensaft verrühren.

# | KLEINE SCHMACKHAFTE SÜSSIGKEITEN

## ZWIEBACK

**4 Eiklar**
**120 g Kristallzucker**
**1 P. Vanillezucker**
**120 g glattes Mehl**
**120 g Mandeln**
**20 g Butter**

Eiklar zu Schnee schlagen, Kristallzucker und Vanillezucker einschlagen. In den steifen Eischnee das Mehl vorsichtig unterheben. Zum Schluss die geschälten, geriebenen Mandeln und die zerlassene Butter beimengen. In einer befetteten, bemehlten Kastenform bei 170–190 °C ca. 60 Minuten hell backen.

Am nächsten Tag in ganz dünne Scheiben schneiden und bei 100 °C im Backrohr bähen.

## DOTTERLAIBCHEN

**10 Eidotter**
**100 g Staubzucker**
**150 g glattes Mehl**

**Ribiselmarmelade**
**Schokoladetunkmasse, S. 294**

Abtrieb aus Eidottern und Zucker bereiten, dann das Mehl dazurühren. Mittels glatter Spritztülle auf das mit Backpapier belegte Backblech kleine Laibchen spritzen und bei 230 °C 12–15 Minuten goldbraun backen.

Nach dem Erkalten je zwei mit Ribiselmarmelade zusammensetzen und halbseitig in Tunkmasse tauchen.

## NOUGATKUGELN

**100–150 g Kristallzucker**
**100–150 g Haselnüsse**
**1 EL Kakao oder 3–4 Rippen Schokolade, gerieben**
**einige EL Schlagobers**
**1 Schuss Rum**
**Tunkmasse, S. 294**

Zucker in einem Topf gelblich bräunen, geriebene Haselnüsse rasch daruntermischen. Die Masse auf einem beölten Teller auskühlen lassen, dann fein reiben.

Die übrigen Zutaten dazumengen, Kugeln formen, mit Tunkmasse überziehen, eine Haselnuss daraufsetzen.

## SCHOKOLADESTANGERLN

**210 g Staubzucker**
**210 g Mandeln oder Nüsse, fein gehackt**
**140 g Schokolade, gerieben**
**1 Ei, 1 Eiklar**

Alle Zutaten zu einem Teig verarbeiten, Rollen formen. In deren Mitte mit einem Kochlöffelstiel je eine Rinne eindrücken und mit Dotterglasur füllen. In kleine Stangerln schneiden, auf ein vorbereitetes Blech legen und bei 70 °C trocknen.

**Dotterglasur**
**2 Eidotter**
**entsprechend Staubzucker**

### GLASUR

Eidotter mit so viel Staubzucker verrühren, dass eine spritzfähige Masse entsteht.

## KAFFEENUSSTALER

**200 g Nüsse, gerieben**
**120 g Staubzucker**
**2 EL Bohnenkaffee, fein gemahlen**

Alle Zutaten zusammenkneten, auf einem mit Staubzucker bestreuten Brett 3 mm dick ausrollen, Scheiben ausstechen, trocknen lassen, mit Kaffeeglasur überziehen und mit je einer Nuss verzieren.

### Kaffeeglasur

**einige Tropfen flüssiger Bohnenkaffee**
**½ Eiklar**
**entsprechend Staubzucker**

### GLASUR

Zutaten zu einer spritzfähigen Masse verrühren.

## HAFERFLOCKENBUSSERLN

**100 g Staubzucker**
**40 g Butter**
**4 EL Milch**
**200 g Haferflocken**
**100 g Rosinen**
**10 g Kakao**
**1 EL Rum**
**1 EL Zitronensaft**

Zucker und Butter in lauwarmer Milch auflösen, die übrigen Zutaten einrühren. Die Masse erkalten lassen.

Kleine Kügelchen formen, deren Oberseiten ein wenig flach drücken, auf ein mit Backpapier belegtes Backblech geben und bei 170–190 °C ca. 15–20 Minuten backen.

*Foto: Wilhelm Hufnagl*

## FALSCHE MOZARTKUGELN

**100 g Kokosfett**
**150 g Staubzucker**
**130 g Nüsse, gerieben**
**130 g Hafermark**
**2 EL Rum**
**2 EL Kakao**
**2 EL Vanillezucker**
**Schokoladestreusel**

Alle Zutaten in das warme, flüssige Kokosfett einrühren. Kugeln formen, in Schokoladestreuseln drehen.

## BROTLAIBCHEN

**3 Eidotter**
**250 g Staubzucker**
**1 TL Zimt**
**2–3 EL Rum**
**3 Eiklar**
**250 g Mandeln, gerieben**
**140 g Schokolade, gerieben**
**3 EL glattes Mehl**

**Staubzucker zum Eindrehen**

Dotter, Zucker, Zimt und Rum mischen. Eiklar zu steifem Schnee schlagen, die übrigen Zutaten beimengen. Schneemasse und die Dottermasse vorsichtig zusammenmischen. Die Masse 4 Stunden (oder über Nacht) im Kühlschrank stehen lassen.

Eine Wurst formen, kleine Stücke abschneiden, kleine Kugeln formen, in Staubzucker drehen, auf ein mit Backpapier belegtes Blech geben und bei 140 °C ca. 30 Minuten backen.

## ROHKOST

**Schokoladetunkmasse, S. 294**

**Dörrobst**
**Nüsse, Mandeln**
**Aranzini, Zitronat**
**Feigen, Datteln**
**Marmelade**
**Rum**

Tunkmasse im Wasserbad erwärmen, Früchte einzeln aufspießen und in die Tunkmasse tauchen. Auf einen Gitterrost legen und erstarren lassen.

Man kann die Früchte auch zerkleinern, durchmischen, mit Marmelade zu einer bindigen Masse abkneten und mit Rum verbessern. Gut anziehen lassen, formen, über Nacht trocknen lassen und wie die einzelnen Früchte in die Tunkmasse tauchen.

Kühl aufbewahren.

## GEBRANNTE MANDELN

**100 ml Wasser**
**200 g Kristallzucker**
**200 g Mandeln mit Haut**

Wasser mit Zucker aufkochen, die Mandeln beifügen. Unter ständigem Rühren bei schwacher Hitze so lange kochen, bis der Zucker ausfällt. Weiterkochen, bis er zu schmelzen beginnt und die Mandeln halbglänzend werden. Dann auf einem bebutterten Backblech abkühlen lassen.

# RUMKUGELN

**Art 1**

**125 ml Schlagobers**
**350 g Schokolade**
**40 ml Rum**
**100 g Nüsse**
**Schokoladestreusel**
**Streuzucker**
**Kokosette**

## ART 1

Schlagobers und klein geschnittene Schokolade aufkochen, Masse überkühlen. Rum und geriebene Nüsse zumengen. Kleine Kugeln formen und beliebig in Schokoladestreuseln, Streuzucker oder Kokosette drehen.

**Art 2**

**100 g Schokolade, erweicht**
**100 g Staubzucker**
**1 Eidotter**
**Rum**
**Schokoladestreusel**

## ART 2

Alle Zutaten zusammenkneten, Kugeln formen, in Schokoladestreuseln drehen.

*Foto: Mona Lorenz*

*Foto rechts: Topfentorte aus Mürbteig*
*(Rezept S. 328)*

Foto: Wilhelm Hufnagl

**PRAKTISCHE HINWEISE FÜR DAS BACKEN VON TORTEN**

- Unterste Schiene – stärkere Unterhitze
- Temperatur 170–190 °C, Heißluft 160 °C
- Backzeit 50–70 Minuten
- Die Mengen richten sich nach der Größe der Tortenformen
- Bei glatten Tortenformen nur den Tortenboden befetten und bemehlen
- Nach dem Erkalten die Torte vorsichtig mit einem Messer vom Rand lösen, stürzen und den Tortenboden abheben
- Weißmehl kann nach Belieben durch Vollkornmehl ersetzt werden.

## OBSTTORTE

**3 Eier**
**120 g Kristallzucker**
**100 g glattes Mehl**

**Belag und Überguss**
**Marmelade**
**Früchte**
**1 P. Tortengelee**
**Obers und Mandelblätter nach Belieben**

Eier und Zucker sehr schaumig schlagen und das Mehl vorsichtig darunterziehen. Obsttortenform verwenden. Wichtig: Form auch am Rand gut befetten und bemehlen!

20 Minuten bei 200 °C backen. Nach dem Erkalten den Boden der Torte mit Marmelade bestreichen, frisches oder eingelegtes (gut abgetropftes) Obst dekorativ auflegen, den Tortengeleeüberguss nach Herstelleranweisung zubereiten und gleichmäßig über das Obst verteilen.

**HINWEIS**

Man kann den Rand der fertigen Torte mit steif geschlagenem Obers und Mandelblättern verzieren.

Foto: Wilhelm Hufnagl

## BISKUITTORTE

**6 Eier**
**240 g Kristallzucker**
**3 EL Wasser**
**180 g glattes Mehl**

Eier, Zucker und Wasser sehr schaumig schlagen und das Mehl vorsichtig darunterziehen. Die Masse in einer vorbereiteten Tortenform bei 170–190 °C ca. 50–60 Minuten goldgelb backen. Nach dem Erkalten die Torte vorsichtig mit einem Messer vom Rand lösen, stürzen, den Tortenboden abheben und beliebig weiter bearbeiten.

## JOGHURTTORTE

**2–3 Becher Joghurt**
**150 g Staubzucker**
**Saft und unbehandelte Schale von ½ Zitrone**
**6–8 Blätter Gelatine**
**5 EL heißer Rum**
**250 ml Schlagobers**
**1 P. Biskotten o. Biskuitboden**
**Marmelade**

**verschiedene Früchte**
**Weintrauben, Mandarinen, Himbeeren o. Kompottfrüchte**

Joghurt, Staubzucker, Saft und fein gehackte Schale der Zitrone vermengen, die Gelatine zuerst in kaltem Wasser einweichen, gut ausdrücken und dann im heißen Rum auflösen, zur Joghurtmasse geben und zum Schluss das steif geschlagene Obers leicht unterheben. Den Boden einer Tortenform mit Biskotten oder dem Biskuitboden auslegen, mit Marmelade bestreichen, mit den Früchten belegen und mit der Joghurtmasse abschließen. Im Kühlschrank erstarren lassen. Die Torte aus der Form nehmen und nach Belieben verzieren.

## ERDBEER-JOGHURT-TORTE

**Biskuitmasse wie für Obsttorte**

**Fülle**
**500 g Erdbeeren**
**70 g Staubzucker**
**2–3 Becher Joghurt**
**8 Blätter Gelatine**

Biskuittorte backen. Nach dem Erkalten die Fülle daraufstreichen und einige Stunden kalt stellen.

### FÜLLE

Für die Fülle die zerkleinerten oder pürierten Erdbeeren mit Zucker, Joghurt und der aufgelösten Gelatine vermengen.

## HEIDENTORTE (SCHLOSS STEIN)

**6 Eier**
**140 g Staubzucker**
**70 g Heidenmehl**
**50 g Schokolade**
**250 ml Schlagobers zum Füllen und Überziehen**
**Schokolade zum Bestreuen**

Eidotter und Zucker schaumig rühren. In den Abtrieb nach und nach Heidenmehl und die geriebene Schokolade sowie den steif geschlagenen Eischnee locker unterheben.

Die Torte bei 180 °C ca. 1 Stunde backen. Nach dem Erkalten mit steif geschlagenem Obers füllen und überziehen. Grob gehackte Schokolade darüberstreuen.

## HASELNUSSTORTE OHNE MEHL

**6 Eier**
**120 g Staubzucker**
**½ EL Rum**
**30 g Semmelbrösel**
**20 g Zitronat**
**80 g Schokolade**
**150 g Haselnüsse**
**250 ml Schlagobers**

Eidotter und Staubzucker schaumig rühren, die mit Rum befeuchteten Semmelbrösel und das Zitronat, ebenso die erweichte Schokolade und die geriebenen Haselnüsse zugeben. Zum Schluss den Eischnee unterheben.

Backzeit: ca. 1 Stunde bei 180 °C. Die Torte nach dem Erkalten mit steif geschlagenem Obers überziehen.

## STEFANIETORTE

**240 g Kristallzucker**
**8 Eier**
**80 g Nüsse, gerieben**
**80 g Mandeln, gerieben**
**50 g Semmelbrösel**
**20 g Maizena**

Creme
**140 g Butter**
**140 g Staubzucker**
**4 Eidotter**
**140 g Schokolade**

Zucker und Eidotter dickschaumig schlagen. Nüsse, Mandeln, Semmelbrösel, Maizena und den steifen Eischnee vorsichtig unterheben.

Bei 170–180 °C ca. 1 Stunde backen. Die Torte mit der ausgekühlten Creme füllen und überziehen.

### CREME

Butter schaumig rühren, Zucker und Eidotter über Dunst dick schlagen, weiterschlagen, bis die Masse überkühlt ist. Die erweichte Schokolade und die Dottermasse zur Butter geben.

## WACHAUER TORTE

**6 Eier**
**120 g Kristallzucker**
**70 g Schokolade**
**120 g Nüsse**
**20 g Semmelbrösel, mit Rum befeuchtet**
**Marmelade**
**Schokoladeglasur, S. 345**
**Schlagobers**

Schnee schlagen, Kristallzucker einschlagen, Eidotter, erweichte Schokolade, geriebene Nüsse und Semmelbrösel vorsichtig einheben und bei 170–180 °C ca. 1 Stunde backen.

Nach dem Auskühlen mit Marmelade bestreichen, mit Schokoladeglasur überziehen und mit steif geschlagenem Obers servieren.

## VOLLKORNMEHLTORTE

**8 Eier**
**200 g Kristallzucker**
**2 Rippen Schokolade, gerieben**
**130 g Weizenvollkornmehl**

**Fülle**
**Mandelcreme, S. 342**
**Schokoladeglasur, S. 345**

Die Eier mit Zucker cremig rühren, die übrigen Zutaten vorsichtig einheben, in die Tortenform füllen, bei 170–180 °C ca. 45 Minuten backen. Nach dem Erkalten mit Mandelcreme füllen und mit Schokoladeglasur überziehen.

## NUSSBISKUITTORTE

**6 Eier**
**100 g Nüsse**
**250 g Kristallzucker**
**125 ml Wasser**
**250 g glattes Mehl**

**Nusscreme zum Füllen, siehe Cremen zum Füllen von Torten, S. 342**

Eidotter, 200 g Kristallzucker und Wasser sehr schaumig rühren, Eiklar zu Schnee schlagen, 50 g Kristallzucker einschlagen, den steifen Eischnee, das Mehl sowie die geriebenen Nüsse vorsichtig unter die Dottermasse heben und bei 170–180 °C ca. 1 Stunde backen.

Fülle: Nusscreme.

*Foto: Wilhelm Hufnagl*

## PANAMATORTE

**140 g Staubzucker**
**7 Eier**
**140 g Schokolade, gerieben**
**140 g Haselnüsse, gerieben**
**1 gehäufter EL glattes Mehl oder Semmelbrösel**
**Nusscreme zum Füllen, siehe Cremen zum Füllen von Torten**

Zucker und Eidotter sehr schaumig rühren, die geriebene Schokolade, die Haselnüsse, den festen Eischnee und das Mehl unterheben, bei 170–180 °C ca. 1 Stunde backen.

Mit Nusscreme füllen und überziehen. Die Torte kann auch glasiert werden.

## FEINE NUSSTORTE

**120 g Butter**
**150 g Staubzucker**
**4 Eier**
**110 g Nüsse**
**5 EL Milch**
**110 g glattes Mehl**
**1 Msp. Backpulver**
**Kaffee- oder Schokoladecreme zum Füllen und Überziehen, siehe Cremen zum Füllen von Torten, S. 341**

Butter, Zucker und Eidotter gut schaumig rühren, die geriebenen Nüsse oder Haselnüsse sowie die Milch beimengen. Hierauf den festen Schnee der Eiklar und das mit Backpulver vermengte Mehl darunterheben.

Die Masse in eine vorbereitete Tortenform füllen und bei 170–180 °C ca. 1 Stunde backen. Nach dem Auskühlen durchschneiden, mit Kaffee- oder Schokoladecreme füllen und überziehen, mit geriebenen Nüssen bestreuen.

*Foto: Wilhelm Hufnagl*

## TORTE NACH SACHER-ART

**200 g Butter**
**200 g Staubzucker**
**8 Eier**
**240 g Schokolade**
**40 g Kristallzucker**
**200 g glattes Mehl**
**1 Msp. Backpulver**

**Marillenmarmelade**
**Schokoladeglasur, S. 345**

Butter, Staubzucker und Eidotter schaumig rühren. Erweichte oder geriebene Schokolade zumengen, weiterrühren, bis die Masse dickschaumig ist. Eiklar zu Schnee schlagen, Kristallzucker einschlagen, Mehl mit Backpulver vermischen und mit dem steifen Eischnee zum übrigen Abtrieb mengen.

Torte bei 170–180 °C ca. 1 Stunde backen. Nach dem Auskühlen mit heißer Marmelade bestreichen und mit Schokoladeglasur überziehen.

## SCHOKOLADETORTE, FEINE

**100 g Butter**
**6 Eier**
**100 g Staubzucker**
**100 g Schokolade**
**80 g Nüsse**
**50 g Kristallzucker**
**70 g glattes Mehl**
**1 TL Backpulver**

**Marmelade**
**Schokoladeglasur, S. 345**

Aus Butter, Eidottern und Zucker einen sehr cremig gerührten Abtrieb bereiten. Die über Dunst erweichte Schokolade und die geriebenen Nüsse beifügen. Die Eiklar zu Schnee schlagen, Kristallzucker einschlagen und den steifen Eischnee abwechselnd mit dem mit Backpulver vermischten Mehl locker unter den Abtrieb mengen.

Backzeit: 50–60 Minuten bei guter Unter- und ein wenig schwächerer Oberhitze, 170–180 °C. Nach dem Auskühlen mit heißer Marmelade bestreichen und mit Schokoladeglasur überziehen.

## MOZARTTORTE

**140 g Butter**
**140 g Staubzucker**
**5 Eier**
**90 g Schokolade**
**1 TL Bohnenkaffee**
**knapp 125 ml Milch**
**130 g Kristallzucker**
**200 g glattes Mehl**
**1 TL Backpulver**
**Creme zum Füllen, S. 341**

Aus Butter, Staubzucker und den Eidottern einen Abtrieb bereiten. Die erweichte Schokolade, den Bohnenkaffee und die Milch einrühren. Die Eiklar zu Schnee schlagen, Kristallzucker einschlagen. Das mit Backpulver vermischte Mehl und den steifen Eischnee vorsichtig unterheben.

Bei 170–180 °C ca. 1 Stunde backen. Die Torte kann mit beliebiger Creme gefüllt werden.

## SCHWARZWÄLDER KIRSCHTORTE

**Zutaten und Zubereitung wie feine Schokoladetorte, S. 321**

**Fülle**
**60 ml Kirschbrand**
**500 ml Schlagobers**
**Kompottkirschen oder Weichseln**
**Schokolade, grob gerieben**

Die ausgekühlte Torte zweimal durchschneiden, die Tortenteile mit Kirschbrand tränken, mit steif geschlagenem Obers bestreichen und mit in Kirschbrand gelegten Kirschen belegen. Die Torte zusammensetzen, mit Schlagobers überziehen und spritzen, mit Kirschen belegen.

Man kann sie auch noch mit grob geriebener Schokolade bestreuen.

## MALAKOFFTORTE

**Biskotten**

**Creme**
**250 ml Milch**
**½ P. Vanillepuddingpulver**
**2 Eidotter**
**50 g Zucker**
**200 g Butter**
**100 g Staubzucker**
**100 g Mandeln**
**125 ml Rum oder Mokka**
**125 ml Schlagobers**

**Schlagobers zum Verzieren**

Boden einer Tortenform mit Biskotten auslegen, halbierte Biskotten innerhalb der Tortenform am Rand aufstellen. Den ausgelegten Boden mit folgender Creme dünn bestreichen:

Aus der Milch, dem Puddingpulver, den Eidotter und dem Zucker einen Pudding kochen und auskühlen lassen. Butter und Staubzucker cremig rühren, den ausgekühlten Pudding löffelweise unter ständigem Rühren zumengen, zum Schluss geschälte, geriebene Mandeln, Rum und das steif geschlagene Obers einheben. Auf die Creme kommt wieder eine Lage Biskotten, die mit Rum oder Mokka befeuchtet wurden. Dies mehrmals wiederholen. Die letzte Lage Biskotten wird nicht getränkt.

Die Torte beschweren und kalt stellen. Mit steif geschlagenem Obers verzieren.

## LINZER TORTE (NACH HESS)

**100 g glattes Mehl**
**210 g Butter**
**210 g Mandeln**
**100 g Staubzucker**
**Zitronenschale, unbehandelt**
**1 Prise Gewürznelkenpulver**
**1 Prise Zimt**
**2 Eier**
**Ribiselmarmelade**

Mehl mit Butter abbröseln, mit ungeschälten, geriebenen Mandeln, Staubzucker, den Gewürzen und Eidottern zu einem Teig verarbeiten und rasten lassen. Zwei Drittel davon auf einem bemehlten Tortenboden 0,5 cm dick auswalken und mit Ribiselmarmelade bestreichen. Tortenring aufsetzen. Aus dem restlichen Teig dünne Rollen machen und gitterförmig darüberlegen, eine dickere Rolle als Rand an den Tortenreifen andrücken. Die Torte mit Eiklar bestreichen, mit Mandelsplittern belegen und ca. 1 Stunde bei 170–180 °C backen.

## LINZER TORTE (GLEICHSCHWER)

**250 g Butter**
**250 g glattes Mehl**
**250 g Staubzucker**
**250 g Haselnüsse, gerieben**
**1 Msp. Backpulver**
**2 Eier**
**Zimt**
**Piment (Neugewürz)**
**Saft und Schale von 1 Zitrone, unbehandelt**
**Ribiselmarmelade**
**1 Ei zum Bestreichen**
**Mandelblättchen**

Aus den Zutaten einen Mürbteig bereiten, etwa zwei Drittel davon auf einem Tortenboden ausrollen, mit Marmelade bestreichen. Tortenring aufsetzen. Aus dem restlichen Teig dünne Rollen gitterförmig darüberlegen und eine dickere Rolle als Rand. Man kann die Torte auch mit Ei bestreichen und mit blättrig geschnittenen Mandeln bestreuen. Backzeit: ca. 1 Stunde bei 170–180 °C.

**HINWEIS**
Die Masse kann auch auf dem Backblech gebacken werden (Linzer Schnitten).

Foto: Archiv Kochen&Küche

## NUSS-KAROTTEN-TORTE

**100 g Staubzucker**
**4 Eier**
**160 g Nüsse, gerieben**
**160 g Karotten, gerieben**
**2 EL Semmelbrösel**
**Schokoladeglasur, S. 345**

Zucker und Eidotter schaumig rühren, die Nüsse und Karotten dazumengen und zum Schluss die Semmelbrösel und den Eischnee unterheben.

Bei 180 °C 50 Minuten backen. Mit Schokoladeglasur überziehen.

## MANDEL-KAROTTEN-TORTE

**4 Eier**
**200 g Staubzucker**
**1 P. Vanillezucker**
**Zitronenschale, unbehandelt**
**1 TL Zimt**
**1 Msp. Gewürznelkenpulver**
**200 g Mandeln, gerieben**
**200 g Karotten, fein gerieben**
**1 TL Rum**
**100 g glattes Mehl**
**½ P. Backpulver**
**Ribiselmarmelade**

Eidotter, Staubzucker, Vanille, Zitronenschale und Gewürze schaumig rühren. Mandeln, Karotten und Rum beimengen, Mehl mit Backpulver vermischen, einrühren und den Eischnee unterheben.

1 Stunde bei 170 °C backen. Nach dem Erkalten mit Ribiselmarmelade füllen.

## MANDELTORTE

**100 g Butter**
**100 g Staubzucker**
**4 Eier**
**3 Rippen Schokolade**
**100 g Mandeln**
**70 g glattes Mehl**
**ein wenig Backpulver**
**1 P. Vanillezucker**
**3 EL Rum**
**Marillenmarmelade**
**Schokoladeglasur, S. 345**
**Mandeln zum Verzieren**

Butter, Staubzucker und Eidotter abtreiben, die geriebene Schokolade, die leicht angerösteten geriebenen Mandeln und das mit Backpulver und Vanillezucker vermischte Mehl zumengen. Zum Schluss den Eischnee unterheben.

Bei 170–180 °C ca. 1 Stunde backen. Nach dem Backen dünn mit Rum vermischte Marillenmarmelade aufstreichen und mit Schokoladeglasur überziehen. Mit geschälten Mandeln verzieren.

## KASTANIENTORTE

**7 Eier**
**250 g Staubzucker**
**600 g Edelkastanien**
**1 Handvoll Semmelbrösel**
**250 ml Schlagobers**
**Schokoladestreusel**

Eidotter mit Staubzucker schaumig rühren, die gekochten und passierten Kastanien dazumengen, den steif geschlagenen Eischnee und die Semmelbrösel unterheben.

Bei 170–190 °C ca. 1 Stunde backen, nach dem Erkalten mit steif geschlagenem Obers füllen und mit Schokoladestreuseln bestreuen.

## GRILLAGETORTE

6 Eier
100 g Staubzucker
50 g Kristallzucker
40 g Schokolade
120 g glattes Mehl
30 g Butter

**Creme**
750 ml Schlagobers

**Grillage**
100 g Kristallzucker
1 TL Butter
100 g Haselnüsse, gehackt

1 Schuss Rum

Eidotter und Staubzucker schaumig rühren, Eiklar zu Schnee schlagen, Kristallzucker einschlagen, den steif geschlagenen Eischnee, die geriebene Schokolade und das Mehl einheben, zum Schluss die zerlassene Butter beimengen. Bei 170–180 °C ca. 45 Minuten backen.

Die erkaltete Torte durchschneiden, das steif geschlagene Obers mit der Hälfte der Grillage vermischen, mit Rum abschmecken. Die Torte füllen und bestreichen sowie mit Grillage bestreuen.

### GRILLAGE

Zucker, Butter bräunen, geschnittene Haselnüsse zugeben, auf ein geöltes Blech schütten. Die Masse auskühlen lassen und anschließend fein reiben oder grob hacken.

*Foto: Wilhelm Hufnagl*

## EISCREMETORTE

**2 Eier**
**80 g Kristallzucker**
**60 g glattes Mehl**

**Creme**
**240 g Kristallzucker**
**4 Eier**
**10 g Gelatine**
**1 P. Vanillezucker**
**3 Rippen Schokolade**
**750 ml Schlagobers**

**kandierte Früchte**

Aus den angegebenen Zutaten einen Biskuitboden backen. Den Biskuitboden in die Tortenform geben, löffelweise die helle und die dunkle Creme in die Tortenform füllen und gefrieren.

Vor dem Verzehr mit Sahne und kandierten Früchten garnieren.

### CREME

Zucker, Eier über Dunst schaumig schlagen. Gelatine einrühren, kalt schlagen, Masse teilen. Zur einen Hälfte Vanillezucker, zur zweiten die erweichte Schokolade mischen. Das steif geschlagene Obers in beide Hälften leicht einmengen.

## PARISER-CREME-TORTE

**120 g Butter**
**120 g Staubzucker**
**4 Eier**
**100 g Schokolade**
**150 g glattes Mehl**
**½ P. Backpulver**
**125 ml Milch**
**Nüsse, gehackt**

**Pariser Creme**
**125 g Schokolade**
**125 ml Schlagobers**

Butter, Zucker und Eidotter schaumig rühren, die geriebene Schokolade dazurühren, zum Schluss das mit Backpulver vermengte Mehl und die Milch beimengen und den steifen Eischnee vorsichtig unterheben.

Bei 170–180 °C ca. 1 Stunde backen.

Die Torte nach dem Erkalten durchschneiden, mit Pariser Creme füllen und überziehen, mit gehackten Nüssen garnieren.

### PARISER CREME

Schokolade und Schlagobers aufkochen, auskühlen lassen, aufschlagen, bis die Creme steif ist.

## ÖLTORTE

**6 Eier**
**80 g Staubzucker**
**100 g Öl**
**100 g Schokolade**
**40 g Kristallzucker**
**120 g glattes Mehl**
**½ P. Backpulver**

Abtrieb aus Eidottern, Staubzucker und Öl bereiten, die erweichte Schokolade einrühren. Eiklar zu Schnee schlagen, Kristallzucker einschlagen, das mit Backpulver vermischte Mehl unterrühren, zuletzt den steifen Eischnee unter die Masse heben.

In eine vorbereitete Form füllen, bei 180 °C ca. 1 Stunde backen. Nach Belieben füllen und glasieren.

## TOPFENTORTE

**Biskuitmasse wie Obsttorte, S. 316**

**Fülle**

**8 Blätter Gelatine**
**250 ml Schlagobers**
**500 g Topfen**
**125 ml Joghurt**
**150 g Staubzucker**
**1 P. Vanillezucker**
**Schale und Saft von 1 Zitrone, unbehandelt**
**1 Prise Salz**

**evtl. Kompottsaft zum Beträufeln, Kompottobst oder Beeren**

Biskuitmasse in einer Tortenform backen und nach dem Erkalten einmal durchschneiden. Tortenform mit Frischhaltefolie auskleiden, Biskuithälfte einlegen, mit Creme füllen und mit zweiter Biskuithälfte abschließen. Torte über Nacht kalt stellen. Erst dann aus der Form nehmen und Folie abziehen.

### FÜLLE

Für die Fülle Gelatine in kaltem Wasser einweichen und in etwas warmem Wasser auflösen, Schlagobers cremig schlagen. Topfen, Joghurt und Geschmackszutaten glatt rühren, aufgelöste Gelatine rasch einrühren und das Obers unterziehen.

### HINWEIS

Durch die Zugabe von frischen Beeren oder Kompottobst zur Creme oder als eigene Zwischenschicht kann der Geschmack der Torte an die jeweilige Saison angepasst werden.

Foto: Wilhelm Hufnagl

## TOPFENDUNSTKUCHEN

**60 g Butter**
**120 g Staubzucker**
**3 Eier**
**250 g Topfen**
**Saft und Schale von**
**½ Zitrone, unbehandelt**
**60 g Nüsse**
**1 P. Vanillezucker**
**30 g Semmelbrösel**

**Überguss**
**siehe Mohr im Hemd**

Butter, Staubzucker und Eidotter abtreiben, Topfen, Saft und fein gehackte Zitronenschale einrühren. Den steifen Eischnee, die fein geriebenen Nüsse, Vanillezucker und Semmelbrösel einheben.

Die Masse in einer gut befetteten und bebröselten Puddingform 1 Stunde im Wasserbad kochen lassen. Stürzen, mit Schokoladeguss überziehen, mit steif geschlagenem Obers spritzen.

Diese Masse kann auch in einer Auflaufform bei 170–180 °C ca. 1 Stunde im Rohr gebacken werden.

## TOPFENTORTE AUS MÜRBTEIG

**150 g glattes Mehl**
**1 TL Backpulver**
**70 g Staubzucker**
**2 Eidotter**
**70 g Butter**

**Fülle**
**500 ml Milch**
**200 g Kristallzucker**
**60 g Vanillepuddingpulver**
**750 g Topfen, passiert**
**Zitronensaft**
**3 Eiklar**
**30 g Rosinen**

**1 Eidotter zum Bestreichen**
**1 EL Milch**

Aus den Zutaten einen Mürbteig bereiten, rasten lassen, zwei Drittel davon auf dem Boden der Form auswalken, mit dem restlichen Drittel in der Tortenform einen Rand drücken. Bei 170–190 °C 20–25 Minuten backen.

### FÜLLE

Milch, zwei Drittel des Zuckers und Puddingpulver einmal aufkochen, Topfen und Zitronensaft beimengen und nochmals kurz aufkochen lassen. Den steifen Eischnee, Rosinen und ein Drittel Zucker in die heiße Masse einheben und auf den vorgebackenen Tortenboden streichen. 1 Eidotter und 1 EL Milch versprudeln und damit die Oberfläche bestreichen.

Bei 140 °C 50–60 Minuten backen. Auskühlen lassen, den Rand lösen und erst dann aus der Form nehmen (Bild S. 315).

## MOHR IM HEMD

**70 g Butter**
**70 g Staubzucker**
**4 Eier**
**70 g Schokolade**
**70 g Mandeln**
**20 g Semmelbrösel**

**Überguss**
**100 g Zucker**
**60 ml Wasser**
**100 g Schokolade**
**125 ml Schlagobers**

**125 ml Schlagobers zum Spritzen**

Butter, Staubzucker und Eidotter cremig rühren, die erweichte, etwas überkühlte Schokolade, die geriebenen Mandeln, die Semmelbrösel und zum Schluss den Eischnee unterheben. Die Masse in einer geschlossenen Puddingform im Wasserbad 1 Stunde kochen.

### ÜBERGUSS

Zucker mit Wasser kurz aufkochen, die erweichte Schokolade in die ein wenig überkühlte Zuckerlösung einrühren, 125 ml steif geschlagenes Obers dazurühren und damit den heißen Pudding übergießen. Mit Obers verzieren. Warm servieren!

## PARISER-CREME-ZIEGEL

**Biskotten**
**Rum**
**Schlagobers**

**Pariser Creme**
**125 g Schokolade**
**125 ml Schlagobers**

**250 ml Schlagobers zum Verzieren**
**Schokoladestreusel**

Biskotten kurz in das mit Rum vermengte Schlagobers tauchen, auf eine längliche Platte legen, mit der Creme bestreichen, darauf wieder eine Schicht Biskotten quer legen usw. Ganz mit Creme bestreichen, kalt stellen.

Am nächsten Tag mit steif geschlagenem Obers überziehen und mit Schokoladestreusel verzieren.

### PARISER CREME

Schokolade und Schlagobers aufkochen, auskühlen lassen, aufschlagen, bis die Creme steif ist.

## ZIMTTORTE

**140 g Butter**
**150 g Staubzucker**
**4 Eier**
**1 P. Vanillezucker**
**30 g Schokolade, grob geschnitten**
**120 g Haselnüsse, fein gehackt**
**2 gestrichene TL Zimt**
**30 g glattes Mehl**
**30 g Semmelbrösel**
**1 Msp. Backpulver**
**Glasur nach Wahl**

Aus Butter, Staubzucker, Eidottern und Vanillezucker einen Abtrieb bereiten. Die übrigen Zutaten beimengen. Zum Schluss den Eischnee einheben und bei 170–180 °C ca. 1 Stunde backen.

Glasur nach Wahl.

## ERDBEER-SCHOKO-HOLUNDERSCHNITTE

**Helles Biskuit:**
3 Eier
90 g Kristallzucker
90 g Mehl
2 EL Öl

**Dunkler Schokoboden:**
100 g Butter
100 g Staubzucker
4 Eier
30 g Kristallzucker
120 g Schokolade
100 g Mehl
½ TL Backpulver

**Erdbeercreme:**
250 g Joghurt
250 g Topfen
300 g Erdbeermark
250 ml Schlagobers
7–8 Blatt Gelatine
70 g Staubzucker
Vanillezucker
Zitronensaft, Cointreau

**Holundercreme:**
250 g Joghurt
250 g Topfen
125 g Mascarpone
7 Blatt Gelatine
125 ml Holunderblütensirup
250 ml Schlagobers
Zitronenschale, Zitronensaft
Vanillezucker

**Dekoration:**
Oberstupfen
Schoko-Erdbeere
Minzeblatt

Helles Biskuit: Eier, Zucker und Mehl vermengen, zum Schluss Öl unterrühren. Dünn und gleichmäßig auf ein Blech aufstreichen und bei 180 °C backen.

Dunkles Biskuit: Zubereitung wie Torte nach Sacher-Art (siehe S. 321). Bei 160 °C backen

Erdbeer-Creme: Gelatine kalt einweichen, Schlagobers cremig schlagen, Joghurt, Topfen, Erdbeermark, Zucker und Zitronensaft verrühren. Gelatine auflösen, mit etwas Creme verrühren, dann zur gesamten Masse geben. Zuletzt Obers unterziehen.

Holundercreme: Zubereitung wie Erdbeercreme

Zusammensetzen: Unten dunkles Biskuit, Erdbeercreme, helles Biskuit (ev. kaltstellen), darüber Holundercreme. Mit Garnitur oder einer dünnen Schicht Erdbeermark abschließen.

*Foto rechts: Topfencreme (Rezept S. 337)*

Foto: Mona Lorenz

# CREMEN

**PRAKTISCHE HINWEISE FÜR DAS ZUBEREITEN VON CREMEN**

- Zum Anrühren des Puddingpulvers oder Cremepulvers ein Drittel von der Gesamtflüssigkeit verwenden.
- Gekochte Cremen werden verbessert, indem man unter heiße Cremen den steifen Schnee der Eiklar rührt.
- Besonders fein werden Cremen, wenn man steif geschlagenes Obers unter ausgekühlte Cremen rührt.
- Cremen in Gläser füllen und kalt stellen.

# GEKOCHTE CREMEN

## VANILLECREME (VANILLEPUDDING)

**500 ml Milch**
**50 g Kristallzucker**
**20 g Vanillepuddingpulver**
**2 Eier**

Zwei Drittel der Milchmenge mit dem Zucker aufkochen, Vanillepuddingpulver und Eidotter mit einem Drittel der kalten Milch anrühren, einkochen, nochmals aufwallen lassen, den steifen Eischnee unter die kochend heiße Creme ziehen.

## KARAMELLCREME

**80 g Kristallzucker**
**Zutaten wie Vanillecreme**

Zucker karamellisieren. Vanillecreme wie oben herstellen und den Karamell einrühren.

**HINWEIS**
Gut dazu passen Nüsse oder auch frische Früchte.

Foto: Günther Hauer

## JOGHURTCREME

**250 ml Milch**
**80 g Kristallzucker**
**25 g Maizena**
**oder Puddingpulver**
**1 Ei**
**250 ml Joghurt**
**Saft und Schale von**
**1 unbehandelten Zitrone**
**1 P. Vanillezucker**

Creme wie Vanillecreme kochen. Joghurt, Saft und fein gehackte Zitronenschale sowie Vanillezucker und Eischnee unterziehen.

## KAFFEECREME

**500 ml Kaffee**
**20 g Vanillepuddingpulver**
**30 g Kristallzucker**
**2 Eier**
**40 g Kristallzucker**
**Schlagobers**
**kandierte Kirschen**
**Kaffeebohnen**

Aus Kaffee, dem Vanillepuddingpulver, Zucker und den Eidottern Vanillepudding kochen, evtl. 2 eingeweichte Gelatineblätter einrühren.

Den mit Kristallzucker steif geschlagenen Eischnee unter den kochend heißen Pudding ziehen, in Gläser füllen, mit steif geschlagenem Obers spritzen, mit kandierten Kirschen und Kaffeebohnen garnieren.

## ANANASWEINCREME

**125 ml Wein**
**125 ml Wasser**
**250 ml Ananassaft**
**30 g Kristallzucker**
**20 g Stärkemehl**
**2 Eier**
**2 Ananasscheiben**
**60 g Kristallzucker**
**Schlagobers**
**Ananas und kandierte Kirschen**
**zum Garnieren**

Aus Wein, Wasser, Ananassaft, Zucker, Stärkemehl und den Eidottern einen Pudding wie Vanillecreme kochen. Solange er noch heiß ist, die gehackten Ananasscheiben einrühren.

Den mit Kristallzucker steif geschlagenen Eischnee unter die heiße Puddingmasse ziehen, in Gläser füllen, mit steif geschlagenem Obers, Ananasscheiben und kandierten Kirschen garnieren.

## HIRSECREME

**250 ml Milch**
**30 g Hirsemehl**
**3 Bananen**
**Honig oder Kristallzucker**
**Zitronensaft, Rum**
**125 ml Schlagobers**

Die Milch mit dem Hirsemehl aufkochen, Bananen mixen und einrühren, mit Honig oder Zucker, Zitronensaft und Rum abschmecken, das steif geschlagene Obers unterziehen.

## CREMEÄPFEL

**4 Äpfel**
**Marmelade**
**Kristallzucker**
**500 ml Vanillecreme, S. 332**

Äpfel schälen, Kerngehäuse ausstechen, Marmelade einfüllen, in wenig Zuckerwasser weich dünsten oder im Rohr braten, in kleine Glasschüsseln geben, mit gekochter oder warm geschlagener Vanillecreme übergießen.

## WEINCREME

**250 ml Wein**
**250 ml Wasser**
**60 g Kristallzucker**
**Zitronenschale, unbehandelt**
**20 g Maizena**
**2 Eier**
**40 g Kristallzucker**
**Schlagobers**
**Weintrauben**

Aus Wein, Wasser, Zucker, fein gehackter Zitronenschale, Maizena und den Eidottern eine Creme wie Vanillecreme kochen.

Den mit Kristallzucker steif geschlagenen Eischnee unterziehen, mit steif geschlagenem Obers und Weintrauben garnieren.

*Foto: Mona Lorenz*

## GÖTTERSPEISE

**8 Biskotten oder Biskuitstücke**
**Rum oder Zitronensaft**
**1 Orange, 2 Bananen oder Kompottfrüchte**
**20 g Nüsse**
**1 EL Marmelade**
**Vanillecreme**
**Schlagobers und Früchte zum Verzieren**

Biskotten oder Biskuitstücke in eine Glasschüssel geben, mit Rum oder Zitronensaft befeuchten, das geschnittene Obst mit den Nüssen vermischen, evtl. 1 EL Marmelade darübergeben, mit ausgekühlter Vanillecreme (gekocht oder warm geschlagen) übergießen, kalt stellen, mit steif geschlagenem Obers und Früchten verzieren.

## BAYRISCHER FRUCHTBECHER

**250 ml Milch**
**2 Eier**
**50 g Kristallzucker**
**1 P. Vanillezucker**
**4 Blätter Gelatine**
**250 ml Schlagobers**
**Früchte**
**Weinbrand oder Likör**

Milch erhitzen, die Eidotter, die Hälfte des Kristallzuckers und Vanillezucker kalt verrühren, heiße Milch unter ständigem Rühren eingießen, eingeweichte Gelatine gut ausdrücken und zugeben, auskühlen lassen. Eiklar zu Schnee schlagen, zweite Hälfte des Kristallzuckers einschlagen. Den steifen Eischnee und das steif geschlagene Obers, noch bevor die Creme stockt, einrühren. In Stielgläser oder Kompottschüsseln einige Früchte geben, mit Likör oder Weinbrand marinieren. Creme darübergeben, stocken lassen, verzieren.

## KIRSCHEN- ODER WEICHSELBECHER

**250 g Kirschen oder Weichseln**
**250 ml Wasser**
**100 g Kristallzucker**
**30 g Maizena**
**Kirschwasser oder Cherry Brandy**
**125–250 ml Schlagobers**

Kirschen entkernen und in Zuckerwasser aufkochen, Maizena mit ein wenig Wasser anrühren, zu den Kirschen geben, aufkochen lassen, mit Kirschwasser oder Cherry Brandy abschmecken. Das steif geschlagene Obers unter die erkaltete Creme rühren.

## ORANGEN- ODER ZITRONENCREME

**50 g Kristallzucker**
**Saft von 5 Orangen**
**Schale von ½ unbehandelten Orange, fein gehackt**
**2 Eier**
**20 g Maizena**
**125 ml Milch**
**1 EL Rum**
**50 g Kristallzucker**

Zucker, Orangensaft und -schale (bzw. Zitronensaft und -schale), Eidotter und Maizena glatt rühren. Milch und Rum aufkochen, Saftgemisch einrühren und nochmals aufkochen lassen. Den mit Kristallzucker steif geschlagenen Eischnee unter die heiße Masse ziehen.

Verzieren nach Belieben.

# WARM GESCHLAGENE CREMEN

## GRUNDMASSE

**250 ml Milch**
**3 Eidotter**
**1 TL Puddingpulver oder Stärkemehl**
**2 EL Kristallzucker**
**evtl. 2–3 Gelatineblätter**
**125–250 ml Schlagobers**

Milch, Eidotter, Puddingpulver oder Stärkemehl und den Zucker über Dunst dick schlagen, evtl. die aufgelösten Gelatineblätter einrühren, das steif geschlagene Obers unter die ausgekühlte Creme ziehen.

## SCHOKOLADECREME

Zur Grundcreme 100 g erweichte Schokolade rühren, Schlagobers unterziehen.

## NUSSCREME

Zur Grundcreme 100 g geröstete, geriebene Nüsse und 1 EL Rum geben.

## KAFFEECREME

In die Grundcreme 2 TL Instantkaffeepulver (löslicher Kaffee, z. B. Nescafé) einrühren.

## GRAPEFRUITCREME

**3 Eier**
**70 g Kristallzucker**
**Saft von 3 Grapefruits**
**3 Blätter Gelatine**
**250 ml Schlagobers**
**Schlagobers und Kirschen zum Verzieren**

Eier mit Zucker über Dunst schlagen, bis die Masse dicklich ist. Den Grapefruitsaft darunterrühren. Gelatine einweichen, gut ausdrücken, zumengen und das steif geschlagene Obers einrühren. In Gläser füllen und kalt stellen. Vor dem Servieren mit Schlagobers und Kirschen verzieren.

# ROHE CREMEN

## TOPFENCREME

**250 g Topfen**
**50 g Staubzucker**
**Milch oder Fruchtsaft**
**Zitronensaft**
**1 EL Rum**
**125 ml Schlagobers**
**Früchte**

Topfen und Zucker mit Flüssigkeit glatt rühren, Zitronensaft und Rum beigeben.

Zur Verbesserung kann steif geschlagenes Obers untergerührt werden.

Früchte, der Jahreszeit entsprechend, oder Kompottfrüchte werden klein geschnitten und beigefügt (Bild S. 331).

## ORANGEN- ODER ZITRONENCREME

**4 Eidotter**
**4 gehäufte EL Kristallzucker**
**1 Schuss Rum**
**Saft von 3 Orangen**
**oder 1 Zitrone**
**2–3 Blätter Gelatine**
**125–250 ml Schlagobers**
**Orangenspalten**

Eidotter, Zucker und Rum dickschaumig schlagen, Orangen- oder Zitronensaft nach Geschmack zumengen, Gelatine auflösen und einrühren.

Steif geschlagenes Obers unterziehen, in Cremegläser füllen, mit Orangenspalten und mit steif geschlagenem Obers verzieren.

## COGNACCREME

**3–4 Eidotter**
**3–4 EL Staubzucker**
**1 Schuss Cognac**
**250 ml Schlagobers**
**Biskotten**
**Kaffee**

Eidotter, Zucker und Cognac über Dunst dickschaumig rühren, das steif geschlagene Obers unterziehen. Biskotten in Kaffee tauchen, aufeinander geschichtet in eine Schüssel geben, Creme darübergießen und sehr kalt stellen.

## PFIRSICH-WHISKY-CREME

**125 ml Schlagobers oder Maresi**
**Saft von 2–3 Zitronen**
**40–60 ml Whisky**
**1 Dose Pfirsiche**
**250 ml Schlagobers**
**kandierte Kirschen**

**dasselbe mit**
**Birnen und Cognac**
**Ananas und Maraschino**
**oder Kirschwasser**

125 ml Schlagobers oder Maresi mit Zitronensaft aufmixen, den Whisky einschlagen. Die gut abgetropften, würfelig geschnittenen Pfirsiche unter die Creme rühren. Das steif geschlagene Obers unterziehen.

Sehr kalt in Gläser füllen, mit steif geschlagenem Obers und kandierten Kirschen garnieren.

## FRÜCHTEJOGHURT

**2 Becher Joghurt**
**ein wenig Kristallzucker**
**Zitronensaft**
**6 EL Kompott- oder frische Früchte**
**125 ml Schlagobers**

Joghurt mit Zucker und Zitronensaft abschmecken, klein gewürfelte Früchte dazugeben und gut verrühren. In Gläser füllen und mit steif geschlagenem Obers verzieren.

## JOGHURTNOCKERLN MIT FRUCHTSAUCE

**1 Becher Joghurt**
**100 g Staubzucker**
**½ TL Vanillezucker**
**½ TL Zitronensaft**
**3 Blätter Gelatine**
**125 ml Schlagobers**

### Sauce

**ca. 250 ml Fruchtmark (Erdbeeren oder andere Früchte)**
**1 TL Staubzucker**
**½ TL Zitronen- oder Orangensaft**
**frische Früchte**

Joghurt, Staubzucker, Vanillezucker und Zitronensaft vermischen, aufgelöste Gelatine einrühren und zum Schluss das steif geschlagene Obers einheben. Diese Masse 4–5 Stunden kalt stellen.

Dann große „Nockerln" abstechen und auf die Fruchtsauce setzen, mit frischen Früchten garnieren.

### SAUCE

Für die Sauce alle Zutaten vermischen.

Foto: Wilhelm Hufnagl

## SCHOKOLADESCHAUM

**120 g Kochschokolade**
**50 g Milchschokolade**
**5 (125 ml) Eiklar**
**125 ml Schlagobers**

Schokoladen über Dunst erweichen. Den steif geschlagenen Eischnee mit der lauwarmen Schokolade vermengen und das steif geschlagene Obers einheben.

Einige Stunden kalt stellen.

## SCHOKOMOUSSE

**250 g QuimiQ***
**100 g Schokolade**
**75 ml Milch**
**3 EL Kristallzucker**
**250 ml Schlagobers**

Die Schokolade schmelzen. QuimiQ glatt rühren, sodass keine Klümpchen mehr sichbar sind. Milch, Zucker und die Schokolade mit dem QuimiQ verrühren. Schlagobers schlagen und unter die Masse ziehen. Im Kühlschrank mehrere Stunden fest werden lassen.

*QuimiQ ist ein patentiertes Milchprodukt aus 99 % Sahne und 1 % Gelantine.

*Foto: FS Schloss Stein*

## FRUCHTSCHAUM (HEXENSCHAUM)

**2 Eiklar**
**50 g Kristallzucker**
**250 g Äpfel**
**3 EL Marmelade**
**oder frisches Obst**
**Zitronensaft**

Eiklar zu festem Schnee schlagen, Kristallzucker, gebratene, passierte Äpfel und die Marmelade nacheinander einrühren und das Ganze mit der Schneerute schlagen oder mixen. Mit Zitronensaft abschmecken.

Statt Marmelade kann auch frisches Obst genommen werden.

## ERDBEERCREME

**300 g Erdbeeren**
**50 g Staubzucker**
**Saft von ½ Zitrone**
**4 Blätter Gelatine**
**125–250 ml Schlagobers**
**Erdbeeren und Schlagobers zum Verzieren**

Erdbeeren, Zucker, Zitronensaft mixen, Gelatineblätter auflösen und unterrühren. Steif geschlagenes Obers unterziehen, mit frischen Erdbeeren und steif geschlagenem Obers garnieren.

## SEKT-ERDBEER-SCHÜSSERLN

**Erdbeeren oder Himbeeren**
**4 Blätter Gelatine**
**375 ml Sekt**
**Staubzucker nach Geschmack**
**125 ml Schlagobers**

Einige geschnittene Erdbeeren oder Himbeeren werden in kleine Schüsseln gegeben. Die eingeweichte, gut ausgedrückte Gelatine in Sekt auflösen und darübergießen, kalt stellen.

Nach dem Erstarren auf einen Teller stürzen, mit Staubzucker bestreuen und mit steif geschlagenem Obers verzieren.

## ANANASCREME

**1 Dose Ananas**
**Saft der halben Dose**
**1 Zitrone**
**5–8 Blätter Gelatine**
**125–250 ml Schlagobers**

Ananas abseihen und in Stücke schneiden. Saft mit Zitrone abschmecken, die Gelatineblätter einweichen, gut ausdrücken, auflösen und unterziehen. Bevor die Masse zu stocken beginnt, die Ananas beimengen, in Gläser füllen und mit steif geschlagenem Obers garnieren.

# CREMEN ZUM FÜLLEN VON TORTEN, SCHNITTEN UND ROLLEN

**HINWEISE ZUM GUTEN GELINGEN**
- Zimmerwarme Butter sehr cremig rühren.
- Streckmittel sehr langsam einrühren.
- Sollte die Creme ausflocken (gerinnen), über Dunst glatt rühren.

## 1. GRUNDCREME

**200–250 g Butter**
**30 g Staubzucker**
**125 ml Milch**
**1 EL Puddingpulver**
**2 EL Kristallzucker**

Butter und Zucker cremig rühren. Zwei Drittel der Milch aufkochen, in die restliche Milch das Puddingpulver und den Zucker einrühren, einkochen, nochmals aufwallen lassen, auskühlen und löffelweise unter den Abtrieb rühren.

## 2. GRUNDCREME

**200–250 g Butter**
**2 Eidotter**
**100–120 g Kristallzucker**
**1 TL Stärkemehl**
**4 EL Schlagobers**

Butter cremig rühren. Eidotter und Zucker über Dunst dick schlagen, Stärkemehl einrühren, Schlagobers beifügen. Fertige Masse löffelweise zur Butter rühren.

## ARTEN

### SCHOKOLADECREME
Zur 1. Grundcreme 50–100 g erweichte Schokolade geben.

### KAFFEECREME
Zur 1. Grundcreme 2 TL Nescafé geben oder beim Kochen des Puddings statt Milch 125 ml Bohnenkaffee verwenden.

### ORANGENCREME
Zum Kochen des Puddings statt Milch 125 ml Orangensaft und unbehandelte, fein geriebene Orangenschale verwenden (Grundcreme 1).

### ANANASCREME
Zum Kochen des Puddings 125 ml Ananassaft statt Milch verwenden. 3 fein gehackte Ananasscheiben beifügen.

### ERDBEERCREME
Zur 2. Grundcreme 200 g Erdbeeren, passiert oder ganz, und den Saft einer Zitrone geben.

### GRILLAGECREME
Zur 2. Grundcreme 100 g Grillage geben. Für die Grillage 100 g Kristallzucker und 1 TL Butter bräunen, 100 g gehackte Haselnüsse zugeben, nach Wunsch mit etwas Rum abschmecken. Masse auf ein geöltes Blech geben, auskühlen lassen, anschließend fein reiben oder grob hacken.

## NUSSCREME

**200–250 g Butter**
**100 g Staubzucker**
**120 g Nüsse**
**125 ml Milch oder Bohnenkaffee**
**1 EL Rum**
**1 P. Vanillezucker**

Butter und Zucker schaumig rühren. Die geriebenen Nüsse mit der kochenden Milch übergießen, Geschmackszutaten beifügen, auskühlen lassen, löffelweise unter die schaumige Butter rühren.

## MANDELCREME

**200–250 g Butter**
**100 g Staubzucker**
**200–250 g Mandeln**
**4 EL heiße Milch**
**1 P. Vanillezucker**
**1 EL Rum**

Zubereitung wie Nusscreme.

## NOUGATCREME

**200–250 g Butter**
**100 g Staubzucker**
**100 g Nüsse**
**4 EL Milch**
**3 Rippen Schokolade**
**1 P. Vanillezucker**
**1 EL Rum**

Butter und Zucker schaumig rühren. Die geriebenen Nüsse mit der kochenden Milch übergießen, die erweichte Schokolade einrühren, Geschmackszutaten beimengen, auskühlen lassen, löffelweise unter die schaumige Butter rühren.

## PARISER CREME

**125 g Schokolade**
**125 ml Schlagobers**

Grob zerkleinerte Schokolade und Schlagobers aufkochen, auskühlen lassen, aufschlagen, bis die Creme steif ist.

***Foto rechts: Gewürzkuchen (Rezept S. 276) mit Schokoladeglasur (Rezept S. 345)***

*Foto: Mani Hausler*

# GLASUREN

**PRAKTISCHE HINWEISE FÜR DAS ZUBEREITEN VON GLASUREN**
Um einer Torte oder einem Kuchen ein gefälligeres Aussehen zu verleihen, können sie glasiert werden. Dabei beachte man: Die Torte umdrehen, damit die glatte Seite des Tortenbodens nach oben kommt, vor dem Glasieren mit erwärmter, feiner, glatter Marmelade bestreichen. Sobald sie trocken ist, die Glasur von der Mitte aus darübergießen, vorsichtig drehen und wenden, damit die Glasur die Torte überall bedeckt und über den Rand fließt. An den Seiten die Glasur mit einem Messer verstreichen.

Eine Torte kann folgendermaßen gefällig und einfach verziert werden: Die umgedrehte glatte Seite mit heißer Marmelade bestreichen, in die Mitte ein Glas oder eine glatte Tasse stellen, den frei bleibenden, übertrockneten Rand mit geriebenen Nüssen oder Schokoladestreuseln bedecken und das Gefäß vorsichtig abheben.

## FONDANTGLASUR

**500 g Kristallzucker**
**250 ml Wasser**
**Saft von ½ Zitrone**
**Geschmackszutaten**

Kristallzucker mit Wasser zum kleinen Flug spinnen, in eine kalt ausgespülte Tonschüssel gießen, mit Zitronensaft leicht beträufeln und auskühlen lassen. Hierauf die Masse mit einem Kochlöffel gut rühren, bis sie weiß und zäh ist.

Man kann verschiedene Geschmackszutaten beifügen: Rum, Zitronensaft, starken Bohnenkaffee.

Ist die Glasur zu dick, kann nach der Geschmackszugabe nach Bedarf heißes Wasser zugegeben werden. Fondantmasse kann in einem Glas oder Porzellangefäß, zugedeckt mit einem feuchten Tuch, längere Zeit aufbewahrt werden. Bei Gebrauch im Wasserbad erwärmen und gleich verwenden. Fondantglasur ist die beste, sie erfordert jedoch eine gewisse Übung und Erfahrung.

## SPRITZGLASUR

**1 Eiklar**
**120–150 g Staub- oder Puderzucker**

Die Zutaten mit einem Kochlöffel rühren, bis die Masse glatt und schreibfähig ist. Damit können Torten und Lebkuchen verziert werden.

## ZUCKERGLASUR, EINFACH

**250 g Staub- oder Puderzucker**
**4–6 EL Wasser**
**Rum oder Zitronensaft**

Feinen gesiebten Staubzucker (besser Puderzucker) mit kochendem Wasser 15 Minuten rühren, Geschmacksstoffe (Zitronensaft oder Rum) zugeben.

Für die Kaffeeglasur statt des heißen Wassers und eines anderen Geschmacksstoffes heißen, schwarzen Bohnenkaffee nehmen.

## ZUCKERGLASUR, GESPONNEN

**125 ml Wasser**
**125 g Kristallzucker**
**200 g Staubzucker**

Wasser und Kristallzucker bis zur kleinen Perle spinnen und den Staubzucker in den lauwarmen, gesponnenen Kristallzucker einrühren.

Statt des Wassers kann auch Kaffee genommen werden (Kaffeeglasur).

## SCHOKOLADEGLASUR I

**4 EL Wasser**
**100 g Schokolade**
**70 g Butter oder Kokosfett**

Wasser und Schokolade kurz aufkochen, wegstellen, glatt rühren. Butter zugeben und glatt rühren. Über die Torte gießen.

## SCHOKOLADEGLASUR II

**100 g Schokolade**
**100 g Butter oder Kokosfett**

Im Dunst erweichte Schokolade mit Butter verrühren und in heißem Wasser stehen lassen, damit sie gleichmäßig warm bleibt. Eignet sich auch für kleines Backwerk.

Oder: Schokolade und Butter in der Mikrowelle erweichen.

## SCHOKOLADEGLASUR III

**125 ml Wasser**
**125 g Kristallzucker**
**200 g Staubzucker**
**4 Rippen Schokolade**

Wasser und Kristallzucker bis zur kleinen Perle spinnen, danach den Staubzucker und die über Dampf erweichte Schokolade in den lauwarmen gesponnenen Kristallzucker einrühren.

Mit Schokoladeglasur verziertes Gebäck oder Torten sollten nicht im Kühlschrank aufbewahrt werden, da die Glasur ihren Glanz verliert.

***Foto rechts: Erdbeermilch***
***(Rezept S. 348)***

*Foto: Wilhelm Hufnagl*

# MILCHMIXGETRÄNKE – BOWLEN

# MILCHMIXGETRÄNKE

Milchmixgetränke bereitet man aus frischer, kalter, nicht abgekochter Milch, aus verschiedenen Früchten (frisch oder gefroren) oder Fruchtpulver, Fruchtsirup, Fruchtsäften, Marmeladen und Kompotten. Zucker nach Geschmack und Eiswürfel zugeben.

**Andere Geschmacksrichtungen sind:** Nüsse, Schokolade, Mokka.
**Geschmacksverbesserungen:** Zitrone, Vanillezucker, Rum, Cognac, Schlagobers und Eidotter.

## Zubereitung

### Mixen

Früchte und Geschmackszutaten in den Mixbecher geben und kurz durchmischen. Dann die Milch einlaufen lassen.

### Handgerührt

Früchte passieren, mit Kristallzucker verrühren und die Milch einschlagen.

## ERDBEERMILCH

**200 g Erdbeeren**
**4 EL Kristallzucker**
**750 ml Milch**
**Zitronensaft**

Den gemixten oder passierten Erdbeeren Zucker und Milch beimengen. Kurz vor dem Servieren ein wenig Zitronensaft zugeben (Bild S. 347).

## BANANENMILCH

**2 Bananen**
**2 EL Kristallzucker**
**750 ml Milch**
**Zitronensaft**
**Vanillezucker**

Zubereitung wie Erdbeermilch.

## MOKKAMILCH

**250 ml Kaffee**
**250 ml Milch**
**80 g Kristallzucker**
**250 ml Schlagobers**

In den starken, gezuckerten Milchkaffee Schlagobers einheben.

# BOWLEN

## ERDBEERBOWLE

**750 g Erdbeeren**
**Cognac nach Geschmack**
**700 ml Weißwein**
**150–200 g Kristallzucker**
**Sodawasser**

Erdbeeren halbieren (Walderdbeeren ganz lassen), mit Cognac, ein wenig Weißwein und Zucker zugedeckt ziehen lassen (10–12 Stunden). Kurz vor dem Servieren mit dem restlichen Weißwein aufgießen und mit Sodawasser aufspritzen. Statt Weißwein und Sodawasser kann auch Sekt genommen werden.

**HINWEIS**
Anstelle von Erdbeeren lassen sich auch Pfirsiche, Himbeeren, Waldmeister oder Ananas verwenden.

*Foto: Wilhelm Hufnagl*

## KALTE ENTE

**2 unbehandelte Zitronen**
**½ Flasche Weißwein**
**½ Flasche Sekt, halbsüß**

Dünne Zitronenscheiben in den Wein legen, ziehen lassen. Vor dem Servieren den sehr kalten Sekt in Sektschalen dazugießen.

## KARIBISCHER RUMPUNSCH

**pro Whiskyglas (200 ml)**

Eiswürfel
1 Likörglas dunkler Rum
1 Likörglas weißer Rum
1 EL Zitronensirup
1 Likörglas Orangensaft
1 TL Angostura
1 Prise Pfeffer
1 Cocktailkirsche

Eiswürfel in ein Glas geben, übrige Zutaten der Reihe nach zufügen.

*Foto rechts: Schokoladeparfait*
*(Rezept S. 352)*

*Foto: Mona Lorenz*

# EIS

## SCHOKOLADEEIS, EINFACH

**100 g Kristallzucker**
**150 g Butter, zerlassen**
**100 g Schokolade, erweicht**
**250 ml Milch**

Alle Zutaten gut durchmixen, in beliebige Gefäße füllen und während des Gefrierens öfter umrühren.

## VANILLEEIS, EINFACH

**500 ml Milch**
**120 g Kristallzucker**
**2 P. Vanillezucker**
**ein wenig Zitronenschale, unbehandelt**
**4 Eidotter**
**2 EL Vanillepudding**
**50 g Butter**

Alle Zutaten über Dunst schaumig schlagen, bis die Masse dick wird (ständig rühren). Auch während des Gefrierens öfters umrühren.

## HALBGEFRORENES EIS (PARFAIT)

**4 Eier**
**110 g Kristallzucker**
**500 ml Schlagobers**

Eier und Zucker über Dunst dick schlagen, dann die Masse kalt schlagen. Schlagobers steif schlagen, mit der ausgekühlten Schaummasse zusammenrühren und die Geschmackszutaten zugeben. Gefrieren.

Die Grundmasse kann verwendet werden zu:

### VANILLEEIS
Einen Teil Zucker durch Vanillezucker ersetzen.

### KAFFEEEIS
Ein wenig Nescafé in Wasser auflösen und zugeben.

### SCHOKOLADEEIS
100 g zerlassene Schokolade zugeben.

### GRILLAGEEIS
100 g Grillage zugeben.

### GRILLAGE
100 g Zucker und 1 TL Butter bräunen. 100 g geschnittene Haselnüsse zugeben, auf ein geöltes Blech schütten. Die Masse auskühlen lassen und anschließend fein reiben. Für Garnierungen grob hacken.

## HALBGEFRORENES MIT FRÜCHTEN

**Parfaitmasse**
**verschiedene Früchte**

Rohe passierte Früchte (Erdbeeren, Himbeeren, Schwarzbeeren, Pfirsiche, Marillen) oder fein geschnittene Kompottfrüchte (Pfirsiche, Ananas, Marillen) bzw. auch kandierte Früchte verwenden. Diese unter die fertige Parfaitmasse mischen.

## HALBGEFRORENES MIT BUTTERMILCH

250 ml Buttermilch
ein wenig Staubzucker
Saft und Schale von
1 unbehandelten Orange
6 Blätter Gelatine
125 ml Schlagobers
Früchte nach Wahl

Buttermilch und Staubzucker nach Geschmack glatt rühren. Orangensaft, fein geriebene Orangenschale, die in ein wenig Wasser aufgelöste Gelatine einrühren und zuletzt das steif geschlagene Obers unterheben. Die Masse in eine mit Frischhaltefolie ausgelegte Kastenform füllen, gefrieren (mehrmals umrühren).

Vor dem Servieren in Stücke schneiden und mit Früchten beliebig verzieren.

## PFIRSICH MELBA

4 Portionen Vanilleeis
4 Pfirsichhälften (Kompott)
4 EL Erdbeeren, passiert
oder Erdbeermarmelade
Zitronensaft, Cognac
Schlagobers
Mandeln, geschält, geröstet,
stiftelig geschnitten

Vanilleeis in Gläser geben, Pfirsichhälften darauflegen. Erdbeeren (abgeschmeckt mit Zitrone und Cognac) darübergeben, mit Schlagobers spritzen und mit den Mandeln garnieren.

## EISFRAPPÉ

Speiseeis
Fruchtmilch
Schlagobers
Früchte

Speiseeis in Gläser geben, mit Fruchtmilch übergießen und mit steif geschlagenem Obers sowie Früchten garnieren.

## BIRNE HELENE

4 Kompottbirnenhälften
4 Portionen Vanilleeis
125 ml Schlagobers
Grillage

Birnen auf das Eis legen, mit warmer Schokoladesauce übergießen, mit steif geschlagenem Obers spritzen und mit grob gehackter Grillage (S. 325) bestreuen.

### Schokoladesauce

125 ml Schlagobers
120 g Bitterschokolade
110 g Milchschokolade

### SAUCE

Obers aufkochen, Schokolade darin erweichen, nochmals aufkochen und glatt rühren.

## BERLINER EISKAFFEE

4 Portionen Vanilleeis
500 ml starker, kalter Kaffee
Schlagobers
Hohlhippen

Eis in Gläser geben, den Kaffee darübergießen, mit steif geschlagenem Obers spritzen und mit Hohlhippen verzieren.

## FRÜCHTEEISBECHER

**Früchte, gemischt**
**Weinbrand**
**4 Portionen Eis**
**125 ml Schlagobers**
**Hohlhippen**

Klein geschnittene Früchte in Gläser geben, mit Weinbrand abschmecken, Eis über die Früchte schichten, mit steif geschlagenem Obers spritzen, mit Hohlhippen und Früchten garnieren.

## ERDBEEREISBECHER

**4 Portionen Erdbeereis**
**250 g frische Erdbeeren**
**4 EL Erdbeerlikör**
**125–250 ml Schlagobers**

Erdbeereis und Erdbeeren abwechselnd in Gläser geben, mit Erdbeerlikör übergießen, mit steif geschlagenem Obers spritzen, mit frischen Erdbeeren belegen.

## EISBECHER HAWAII

**4 Portionen Ananaseis**
**Ananasstücke**
**4 EL Eierlikör**
**125–250 ml Schlagobers**
**Schokoladeglasur**

Zubereitung wie Erdbeereisbecher mit Schokoladeglasur verzieren.

## FERIENTRAUM

**40 g Kristallzucker**
**150 g Erdbeeren**
**125–250 ml Schlagobers**
**½ P. Vanilleeis**

Zucker, Erdbeeren und ein wenig Schlagobers kurz mixen, kalt stellen, in kleinen Schüsseln anrichten, Vanilleeis darübergeben und mit dem restlichen steif geschlagenen Obers verzieren.

## EISPALATSCHINKEN MIT WARMER SCHOKOLADESAUCE

**4 Palatschinken**
**Eis nach Wahl**
**500 ml Schlagobers**

**Schokoladesauce**
**2 Rippen Schokolade**
**2 EL Kristallzucker**
**3–4 EL Wasser**
**evtl. Puddingpulver**
**Weinbrand**

Palatschinken backen, auf jede Palatschinke Eis geben und eindrehen, auf eine Platte legen, mit steifem Obers spritzen und heiße Schokoladesauce darübergießen. Sofort servieren!

### SAUCE

Schokolade und Kristallzucker mit ein wenig Wasser vermengen und unter ständigem Rühren zum Kochen bringen. Wenn nötig, mit ein wenig Puddingpulver binden, mit Weinbrand abschmecken.

*Foto rechts: Kartoffelbeilagen*

*Foto: Andrea Jungwirth*

# SCHONKOST

**Leicht verdauliche Speisen für Kinder, Kranke, erholungsbedürftige und alte Menschen**

# SUPPEN

## EINBRENNSUPPE

**2 EL glattes Mehl**
**500 ml Wasser**
**ein wenig Kümmel**
**Salz**

Das Mehl trocken goldbraun rösten (linden), mit kaltem Wasser aufgießen, leicht würzen, aufkochen lassen.

## HAFERFLOCKENSUPPE

**1 Zwiebel**
**30 g Haferflocken**
**500 ml Wasser**
**Salz**
**Petersilie**
**evtl. 20 g Butter, 1 Ei**

Fein gehackte Zwiebel und Haferflocken trocken rösten, hierauf mit Wasser aufgießen und kochen lassen, bis sie weich sind. Salzen und mit gewiegter Petersilie würzen.

Man kann die Zutaten auch durchpassieren und mit Ei binden; die Petersilie und Butter erst nach dem Passieren zugeben.

## KAROTTENSUPPE

**500 g Karotten**
**Wasser**

Karotten gut waschen, putzen, kochen, passieren und mit der entsprechenden Menge Wasser verdünnen. Diese Suppe ist bei Darmstörungen von Kleinkindern zu empfehlen.

## KRAFTSUPPE

**ca. 250 g mageres Rindfleisch**
**500 ml Wasser**
**Salz**

Rindfleisch in kleine Würfel schneiden, in kaltes Wasser geben, wenig salzen und 2 Stunden langsam kochen. Wenn sich Schaum bildet, nicht abschöpfen, sondern verkochen lassen. Dann das Fleisch abseihen, den dunklen Fleischsatz, der sich gebildet hat, jedoch bei der Suppe belassen.

Steht kein Rindfleisch zur Verfügung, kann auch ein entsprechendes Stück Huhn genommen werden.

## HÜHNERSUPPE

**1 Suppenhuhn**
**3 l Wasser**
**Salz**
**1 Karotte**
**1 Petersilienwurzel**

Suppenhuhn in Stücke zerteilen, mit etwa 3 l kaltem Wasser zustellen, salzen und 2 Stunden kochen lassen. Man kann eine Karotte und eine Petersilienwurzel mitkochen.

Vor dem Anrichten die Suppe durchseihen, das Fleisch von den Knochen lösen, fein schneiden und der Suppe beifügen. Man achte darauf, dass die Suppe nicht zu fett wird.

# LEICHTE FLEISCHGERICHTE

Kalbfleisch oder Geflügel, gedünstet oder gekocht.

# LEICHTE GEMÜSEGERICHTE

Karotten, Kürbis, Zucchini, Melanzani, Kartoffeln gedünstet oder gekocht.

# LEICHTE MEHLSPEISEN

## LEICHTES OMELETTE

**2 Eier**
**2 EL Kristallzucker**
**2 EL Milch**
**1 EL glattes Mehl**
**Salz**
**Marmelade**
**20 g Butter**

Die Eidotter mit Zucker, Milch, Mehl und ein wenig Salz gut versprudeln. Den festen Schnee der Eiklar locker darunterziehen und die Masse in eine Omelettenpfanne, in der man Butter heiß werden lässt, streichen, im vorgeheizten Rohr bei 210 °C backen. Mit Marmelade bestreichen, zusammenschlagen und anzuckern.

## BRÖSELKOCH

**3 Eier**
**120 g Kristallzucker**
**120 g Semmelbrösel**
**6 EL Wein**
**½ TL Backpulver**

Die Eidotter mit 2 EL Wasser und dem Zucker cremig abtreiben. Die Semmelbrösel mit Wein anfeuchten, mit dem Backpulver vermischen und sie sowie den festen Schnee der Eiklar unter den Abtrieb mengen.

Die Masse in einer gut befetteten, bebröselten Form bei 170–190 °C 25 Minuten backen oder in einer Dunstform 45 Minuten im Wasserbad kochen.

## GRIESSAUFLAUF

**100 g Grieß**
**500–750 ml Milch**
**Salz**
**30 g Butter**
**40 g Staubzucker**
**2 Eier**
**Zitronenschale, unbehandelt**

Den Grieß mit der Milch und einer Messerspitze Salz dick einkochen. Butter, Zucker und Eidotter abtreiben, den ausgekühlten Grießbrei dazumischen, etwas fein gehackte Zitronenschale beifügen, hierauf den festen Schnee der Eiklar unter die Masse rühren.

Eine kleine Form ausfetten, die Masse einfüllen und etwa 30 Minuten bei 170–180 °C backen.

## GRIESSKOCH

**60 g Grieß**
**500 ml Milch**
**Salz nach Geschmack**

**Staubzucker zum Bestreuen**

Den Grieß in die gesalzene, kochende Milch einlaufen lassen und unter ständigem Rühren 2–5 Minuten kochen. Grießkoch nach Belieben mit Zucker bestreuen.

## MILCHBROTZWIEBACK

**Milchbrot oder Semmeln**
**Staubzucker**

Dünne Schnitten von einem altbackenen Milchbrotwecken auf einem Backblech im Rohr langsam bähen, bis sie durch und durch hart sind. Sie können noch heiß mit Staubzucker bestreut werden.

Statt des Milchbrotes können Semmeln genommen werden, die man allenfalls der Länge nach in Schnitten schneidet.

## TRIET

**125 ml Wein**
**2 EL Kristallzucker**
**1 Prise Zimt**
**6 Stück Anis- oder Milchbrotzwieback**

Wein, Zucker und Zimt aufkochen und den Zwieback damit übergießen.

Es können auch gebähte Semmelschnitten genommen werden.

## WEINSCHAUM

**8 EL Wein**
**2 Eier**
**40 g Kristallzucker**

Wein, Eier und Zucker über Wasserdampf schaumig schlagen.

## BIRCHERMÜESLI

**100–150 g Haferflocken**
**500 ml Wasser oder Milch**
**Zucker**
**Äpfel**
**Zitronensaft**
**1 EL Schlagobers oder Milch**

**Verbesserung**
**Nüsse**
**Honig**
**Bananen, Orangen, Beeren, Obst, klein geschnitten**
**30 g Schokolade**
**30 g Rosinen**

Haferflocken einige Stunden in Wasser oder Milch quellen lassen, nach Geschmack zuckern, geriebene Äpfel, ein wenig Zitronensaft, Schlagobers oder Milch hinzufügen.

### VERBESSERUNG

Geriebene Nüsse, Honig, zerkleinerte Orangen, Bananen, Beeren, diverses klein geschnittenes Obst, Schokolade oder Rosinen beifügen.

# MEHLSPEISEN FÜR DIABETIKER

## KEKSE (20 BE)

**150 g Butter**
**150 g Xylit - Birkenzucker (7,5 BE)**
**2 Eidotter**
**250 g Weizenvollkornmehl (12,5 BE)**
**ein wenig Cognac**
**1 Msp. Zimt**

Aus allen Zutaten einen Mürbteig bereiten, Kekse ausstechen und bei 170–180 °C backen.

## FEINE KEKSE (10 BE)

**120 g Weizenvollkornmehl (6 BE)**
**50 g Nüsse, gerieben**
**80 g Butter**
**1 Eidotter**
**80 g Xylit - Birkenzucker (4 BE)**

Aus allen Zutaten einen Mürbteig bereiten, rasten lassen, Kekse ausstechen und bei 170–180 °C backen.

## BISKUITROLLE (13,5 BE)

**5 Eier**
**150 g Xylit - Birkenzucker (7,5 BE)**
**4 EL Wasser**
**100 g Weizenvollkornmehl (5 BE)**
**2 Msp. Backpulver**
**50 g Marmelade zuckerreduziert (1 BE)**

Eiklar zu steifem Schnee schlagen, Eidotter mit Birkenzucker und Wasser über Dunst schaumig rühren und alle Zutaten nacheinander unter den Eischnee geben. Den Teig auf einem Backblech bei 230 °C ca. 10 Minuten backen. Dann sofort auf einen Bogen Backpapier oder ein Geschirrtuch stürzen, mit zuckerreduzierter Marmelade bestreichen und einrollen.

## LINZER TEIG FÜR TÖRTCHEN (19,5 BE)

**120 g Butter**
**120 g Xylit - Birkenzucker (6 BE)**
**250 g Weizenvollkornmehl (12,5 BE)**
**120 g Haselnüsse, gerieben**
**1 Msp. Zimt**
**50 g Marmelade zuckerreduziert (1 BE)**

Alle Zutaten zu einem Teig verkneten und kalt stellen. Törtchen ausstechen, bei ca. 180 °C goldgelb backen und je zwei mit zuckerreduzierter Marmelade zusammensetzen.

## KLEINE HASELNUSSTORTE (7 BE)

**80 g Margarine**
**80 g Topfen**
**120 g Xylit - Birkenzucker (6 BE)**
**4 Eier**
**2 EL Rum**
**1 Msp. Backpulver**
**100 g Haselnüsse**
**3 EL Vollkorn-Semmelbrösel für die Form (1 BE)**

Margarine und Topfen cremig rühren, Birkenzucker, Eidotter und Rum nach und nach dazurühren. Backpulver zu den geriebenen Haselnüssen sieben, diese mit dem Eischnee abwechselnd unter die Topfenmasse ziehen. Kleine Form befetten und bebröseln.

Bei 180 °C ca. 25 Minuten backen. Mit Schokoladecreme füllen und überziehen.

## SCHOKOLADECREME (9,5 BE)

**160 g Butter**
**2 Eidotter**
**100 g Xylit - Birkenzucker (5 BE)**
**90 g Kochschokolade (4,5 BE)**
**ein wenig Rum**

Butter mit Eidottern und Birkenzucker schaumig rühren, die erweichte Schokolade und den Rum langsam einrühren.

## NUSS-KAROTTEN-TORTE (10 BE)

**160 g Nüsse**
**160 g Karotten**
**4 Eier**
**160 g Xylit - Birkenzucker (8 BE)**
**6 EL Vollkorn-Semmelbrösel – 3 EL für die Masse, 3 EL für die Form (2 BE)**

Nüsse und Karotten fein reiben. Eidotter mit Birkenzucker schaumig rühren, Nüsse und Karotten dazumengen, zum Schluss Semmelbrösel und den steifen Eischnee unterheben. In eine gut befettete und bebröselte Form füllen und ca. 50 Minuten bei 180 °C backen.

## MANDELTORTE (9,5 BE)

**6 Eier**
**110 g Xylit - Birkenzucker (5,5 BE)**
**200 g Mandeln, Nüsse oder Haselnüsse, fein gehackt**
**3 EL Honig (3 BE)**
**3 EL Vollkorn-Semmelbrösel für die Form (1 BE)**

Eidotter mit Birkenzucker schaumig rühren. Den Eischnee und die übrigen Zutaten unterheben. In eine gut befettete und bebröselte Form füllen, ca. 45 Minuten bei 180 °C backen.

## TOPFEN-NUSS-TORTE OHNE MEHL (8 BE)

**140 g Butter**
**5 Eier**
**140 g Xylit - Birkenzucker (7 BE)**
**140 g Topfen**
**140 g Haselnüsse**
**Zitronensaft**
**3 EL Vollkorn-Semmelbrösel für die Form (1 BE)**

Butter und Eidotter mit Birkenzucker abtreiben, anschließend den Topfen einrühren, Eischnee und geriebene Nüsse unterheben, mit Zitronensaft abschmecken.

In einer gut befetteten und bebröselten Tortenform bei 175 °C 75 Minuten backen.

***Foto rechts: Einmachgläser***

*Foto: Andrea Jungwirth*

# VORRATSHALTUNG

Schon seit jeher sind die Menschen bestrebt, durch Vorratshaltung wirtschaftliche Sicherheit über einen längeren Zeitraum hinweg zu gewinnen.

Eine sachgemäße Vorratshaltung vermeidet Verluste an Nahrungsmitteln und verteilt diese gleichmäßig auf produktionsärmere Zeiten. Außerdem dient die Vorratshaltung dem Herstellen einer abwechslungsreichen, gesunden, regionalen und preisgünstigen Ernährung.

Es gibt verschiedene Arten der Konservierung, um Fleisch, Obst, Gemüse und Fertiggerichte jederzeit griffbereit zu haben.

# HALTBARMACHEN VON OBST

**Zubereitung von Marmeladen, Gelees, Fruchtkäse, Fruchtsäften**

## Allgemeines

Beim Einkochen sind Sauberkeit, Sorgfalt und Genauigkeit notwendig. Durch das Kochen der Früchte werden alle ihnen anhaftenden Schimmel- und Fäulniskeime getötet. Man muss allerdings darauf achten, dass sich bei der fertigen Masse im Glas nicht neue Keime bilden und entwickeln können.

Dazu ist Folgendes erforderlich:

- **Einsiedegläser** müssen gut mit Spülmittel gewaschen und heiß gespült werden (Geschirrspüler). Sie müssen sofort umgedreht, auf ein reines Tuch gestellt und gleich verwendet werden.
- **Früchte** sollten gesund, reif, jedoch nicht überreif sein und müssen vor der Verwertung gut gewaschen werden.
- **Kochgeschirr**, in dem die Früchte gekocht werden, muss rein sein und – dem Kochgut entsprechend – die richtige Größe aufweisen. Nur kleine Mengen auf einmal einkochen.
- **Einfüllen:** Die Masse heiß in Gläser füllen. Damit sie dabei nicht springen, stellt man sie auf ein in heißes Wasser getauchtes Tuch. Die Gläser sofort luftdicht verschließen, damit die in der Luft enthaltenen Schimmelpilze und Fäulniskeime nicht eindringen können.

## Zubereitung von Marmeladen

Für die Marmeladebereitung im Haushalt werden häufig Gelierhilfen verwendet, die ein rasches Gelieren und Festwerden des Einkochgutes bewirken. Wird den Früchten ein Geliermittel zugesetzt, benötigen sie nur eine kurze Kochzeit. Dadurch bleiben Geschmack und Farbe besser erhalten. Gebrauchsanweisung siehe Packungen.

## Wichtige Hinweise

- **Zuckerbeigabe:** Sie richtet sich nach der Fruchtart. Auf 1 kg Fruchtpüree werden 300 bis 500 g Kristallzucker gerechnet, bei Ribiseln und Stachelbeeren ca. 750 g Gelierzucker nach Gebrauchsanweisung.

- **Kochvorgang:** Saubere Früchte (Ribisel, Stachelbeeren, Quitten, Zwetschken) entkernen, pürieren, zum Kochen bringen und kurz aufkochen lassen. Dann den Zucker beigeben und ca. 15 Minuten sprudelnd kochen.
- **Gelierprobe:** Die Marmelade ist fertig, wenn der Kochlöffel beim Rühren Straßen zieht, ein Tropfen Marmelade auf einem kalten Teller sofort geliert oder die gekochte Marmelade ein Häutchen bildet.
- **Einfüllen:** Die Marmelade wird mit Hilfe eines Marmeladetrichters siedend heiß und randvoll in saubere Gläser gefüllt. Gegebenenfalls die Glasränder mit einem feuchten, sauberen Tuch reinigen.
- **Verschließen:** Es muss sofort nach dem Einfüllen erfolgen. Sehr zweckmäßig sind Schraubverschlussgläser – stets neue Deckel verwenden! Dann abkühlen lassen und beschriften.

## Mischmarmeladen

Zu empfehlen sind folgende Mischmarmeladen:

| | |
|---|---|
| Ribisel – Himbeeren | Apfel – Holunder |
| Ribisel – Stachelbeeren | Apfel – Kürbis |
| Äpfel – Zwetschken | Brombeere – Apfel |
| Marillen – gelbe Zwetschken | Erdbeer – Rhabarber |
| Beerenmix aus Brombeere, Himbeere, Ribisel | |

Die Zuckerzugabe richtet sich nach dem Säuregehalt der Früchte.

## Gerührte Marmeladen, kalt/Fruchtaufstrich

Kalt gerührte Marmelade wird hauptsächlich aus Erdbeeren bereitet. Auf 1 kg Früchte sind 800 g bis 1 kg Zucker zu rechnen. Alles so lange rühren (Handmixer), bis die Masse dick ist. Die Marmelade in kleine Gläser füllen und diese sofort verschließen. Kalt gerührte Marmeladen schmecken sehr fein, sind aber nur begrenzt im Kühlschrank haltbar.

## Gelee

Fruchtgelee wird aus Früchten hergestellt, die viele Gelierstoffe enthalten. Solche finden sich in unreifen Äpfeln, Ribiseln, Stachelbeeren, Quitten und Preiselbeeren. Den klaren Saft, der aus den vorsichtig weich gekochten Früchten gewonnen wird, in möglichst flachen Gefäßen in kleinen Mengen zum Kochen bringen. Nach dem Zusatz von Gelierzucker (1 l Saft/1 kg Zucker) muss die Gelierprobe innerhalb kurzer Zeit gelingen. Das Gelee heiß in vorbereitete Gläser füllen und rasch verschließen. Durch zu langes Kochen verliert es an Farbe, Gelierkraft und Geschmack. Es wird sirupartig. Die Gelierfähigkeit erhöht sich durch Zugabe von 1 TL Zitronensäure pro l Saft.

## Preiselbeeren

Pro 1 kg Preiselbeeren rechnet man 400 g Zucker. Diesen zuerst mit schwach 250 ml Wasser aufkochen, dann die Preiselbeeren zugeben und das Ganze so lange kochen, bis die Beeren weich und sulzig sind. Wenn sie nicht lange genug gekocht wurden, bleiben die Schalen hart und sind schwer verdaulich. Noch heiß in vorgewärmte Gläser füllen und diese rasch verschließen. Man kann Preiselbeeren auch ohne Zucker einkochen, da sie sich gut halten; dann schmecken sie herb.

## Quittenkäse

Die Quitten waschen, mit Schale und Kerngehäuse in Stücke schneiden und mit wenig Wasser weich kochen. Mit dem Mixstab pürieren. Pro 1 kg Quittenbrei 800 g Kristallzucker und den Saft einer Zitrone zugeben und unter ständigem Rühren kochen, bis das Ganze so dick ist, dass ein Löffel voll davon, auf einen Teller gegeben, rasch dickt. Den noch heißen Quittenbrei auf Backbleche streichen, die zuvor mit kaltem Wasser ausgespült wurden. Nach einigen Tagen ist der Quittenkäse fertig, wird geschnitten und lose in Pergamentpapier eingeschlagen und aufbewahrt. Stücke eventuell in Kristallzucker drehen.

## Apfelkäse

Dieser wird auf gleiche Weise bereitet wie Quittenkäse. Quitten und Äpfel können auch gemischt werden.

## Kompott

**Sterilisieren:** Darunter versteht man das Erhitzen des Eingemachten unter luftdichtem Abschluss auf bestimmte vorgeschriebene Temperaturen und über eine vorgeschriebene Zeit. Zum Sterilisieren eignet sich nur einwandfreies Obst. Kompottfrüchte müssen vollreif, aber noch fest sein.

**Zuckerlösung:** 1 l Wasser, 300 bis 400 g Zucker aufkochen und auskühlen lassen (reicht für 3–4 l Kompott). Der Zuckerzusatz dient der Geschmacksverbesserung. Als Geschmackszutat können Gewürznelken und ein Stück Zimtrinde mitgekocht werden.

**Vorbereitungsarbeiten:** Gläser, Gummiringe und Deckel gut mit Spülmittel waschen und mit klarem Wasser nachspülen.

Kompottfrüchte waschen, entstielen, evtl. schälen, halbieren oder nach Bedarf zerkleinern.

### Kompottbereitung Art 1: kalt eingefüllt

Die vorbereiteten Früchte in vorbereitete Gläser zwei fingerbreit unter den Glasrand einfüllen, Zuckerlösung darübergeben, Glas- und Deckelränder mit einem feuchten Tuch gut reinigen. Gummiringe durch heißes Wasser ziehen, auf den Glasrand legen, mit Deckel und Klammern verschließen und langsam im Rextopf oder Backrohr sterilisieren, damit die Früchte in der Lösung nicht zu steigen beginnen.

Schraubverschlussgläser randvoll füllen und mit passendem neuen und sauberen Deckel verschließen.

Statt der Zuckerlösung können auch pro Liter Kompottglas 3 EL Kristallzucker über die eingefüllten Früchte gestreut und diese mit kaltem Wasser bedeckt werden.

Zum *Sterilisieren im Rextopf* die Gebrauchsanweisung genau beachten. Beim Sterilisieren im Kochtopf verschlossene Gläser auf einen Rost stellen, Wasser in den Rextopf füllen, dass die Gläser ungefähr zur Hälfte im Wasserbad stehen. Dann sterilisieren.

Sterilisierdauer (pro 1-l-Glas): Marillen, Kirschen, Weichseln, Pfirsiche und Zwetschken bei 80 °C für 20 Minuten; Birnen bei 90 °C für 30 Minuten.

Zum *Sterilisieren im E-Herd/Backrohr/Dampfgarer* die Bedienungsanleitung der entsprechenden Elektroherdmarke beachten.

**Kompottbereitung Art 2: heiß gefüllt**
Rationell bei großen Mengen und festen Früchten.

Fertiges heißes Kompott randvoll in Gläser füllen, Glasrand reinigen. Gummiringe und Deckel zuvor in heißem Wasser sterilisieren (reinigen), trocken auf den Glasrand legen, mit einer Klammer verschließen und auskühlen lassen.

Das fertige heiße Kompott kann auch in Schraubgläser gefüllt werden. Dabei ist zu beachten, dass diese randvoll gefüllt sind und sofort mit dem neuen, sauberen Deckel verschlossen werden.

## Dampfentsaften

Dies ist die einfachste Art der Saftgewinnung. Besonders geeignet sind: Ribisel, Brombeeren, Himbeeren, Schwarzbeeren, Weintrauben und Holunderbeeren. Man rechnet ca. 200 bis 300 g Zucker auf 1 kg Frucht. Rote Ribisel braucht man nicht abzurebeln. Es ist vorteilhaft, den erstgewonnenen Liter Saft wieder aufzuschütten, damit er wirklich keimfrei ist und den gleich süßen Geschmack wie der restliche Saft aufweist.

Beim Dampfentsaften wird den Beeren oder sonstigen Früchten durch Einwirkung von Dampf Saft entzogen. Den durch die Hitze keimfrei gemachten Saft heiß und randvoll in saubere Schraubverschlussflaschen füllen. Jedem Dampfentsafter liegt eine Gebrauchsanweisung bei.

## Konservieren mit Alkohol (Rumtopf)

Verschiedene Früchte, der Jahreszeit entsprechend, in Schichten in einen glasierten Steinguttopf geben. Mit der am frühesten reifenden Frucht beginnen und das Gefäß in der Zwischenzeit verschließen. Je 1 kg Frucht 500 g bis 1 kg Staubzucker zugeben und mit ca. 1 l hochprozentigem Rum übergießen. Er muss über den Früchten stehen. Wenn das Gefäß keinen entsprechenden Deckel hat, mit Pergamentpapier verschließen.

Vor dem Genuss kann der hochprozentige Inhalt mit Obstsäften (Juices) verdünnt werden.

## Süßmostbereitung

Der Genuss von alkoholfreiem Süßmost ist sehr zu empfehlen, besonders für Kinder und Kranke. Er wirkt leicht abführend und verdauungsfördernd.

Frisch gepressten Most über Nacht stehenlassen, damit er klar wird. Vorsichtig durch ein Tuch abseihen und auf ca. 75 °C erhitzen.

### Erhitzen in Flaschen

Den kalten Most in saubere Flaschen füllen und im Rextopf oder in einem Topf mit Einsatz auf 75 °C erhitzen. Wasserhöhe = halbe Flaschenhöhe. Nach dem Erhitzen heißen Most nachfüllen und sofort mit Gummikappen, Schraubverschluss oder Kronenkorken verschließen.

### Erhitzen im Topf

Den Most in einem emaillierten Topf erhitzen (auf 75 °C, 5 Minuten). Dann sofort in saubere Flaschen abfüllen und rasch verschließen.

### Erhitzen in der Süßmostglocke

Siehe Gebrauchsanweisung. – Diese Methode ist für große Mengen besonders geeignet.

# HALTBARMACHEN VON GEMÜSE

Auch Gemüse kann gut als Vorrat haltbar gemacht werden.

Gut geeignet sind: Bohnen, Rote Rüben, Gurken, Mixed Pickles.

### Bohnen

Putzen, blanchieren, in kaltem Wasser rasch auskühlen, in Gläser füllen, mit leichter Salz- oder Essiglösung übergießen und 1 Stunde bei 100 °C sterilisieren. Dasselbe gilt auch für Mixed Pickles.

### Rote Rüben

Gekochte, geschälte und geriebene oder geschabte Rote Rüben mit Salz, Zucker, Kümmel, Essig und Wasser mariniert in Gläser füllen und bei 80 °C 30 Minuten sterilisieren.

### Essiggurken

#### Art 1

Gurken sauber waschen, in Gläser schichten, Gewürze, wie Pfefferkörner, Schalotten, Dillkraut, Kren, Paprikaschoten, beifügen. Gut gewürzte Essiglösung drübergießen und bei 75 °C 15 Minuten sterilisieren.

#### Art 2

Gurken sauber waschen, schneiden, einsalzen, über Nacht stehen lassen, auf einem Tuch abtrocknen lassen. Dann in Schraubverschlussgläser schichten, heiße Essiglösung und Einlegesalz nach Gebrauchsanweisung darübergeben und rasch verschließen.

### Senfgurken

Ausgereifte Gurken schälen, halbieren, Kerngehäuse ausschaben, in fingerdicke Streifen schneiden, über Nacht einsalzen (pro kg 1 EL Salz), abtrocknen lassen, in Gläser schichten und mit Gewürzessig übergießen. Das Haltbarmachen geschieht durch Sterilisieren. 15 Minuten bei 75 °C.

### Jägergurken

Mittelgroße, schlanke Gurken ungeschält in 1 cm dicke Scheiben schneiden. Weitere Behandlung siehe Senfgurken. Eventuell mit geschnittener Zwiebel vermengen.

### Bunter Krautsalat

**10 grüne Paprika**
**1 kg grüne Tomaten**
**1 kg Gurken**
**4 mittelgroße Karotten**
**2 große Zwiebeln**
**1 mittelgroßer Krautkopf**
**2 EL Salz**

**750 ml Weinessig**
**125 ml helles Öl**
**2 Lorbeerblätter**
**Pfeffer**
**80–100 g Zucker**

Grüne Paprika, grüne Tomaten, Gurken, Karotten, Zwiebeln und den Krautkopf fein schneiden, mit 2 EL Salz vermengen und über Nacht stehen lassen.

Hierauf Weinessig, ein wenig Wasser, helles Öl, Lorbeerblätter, eine Prise Pfeffer und Zucker 10 Minuten kochen, das ausgedrückte Gemüse einmal aufkochen lassen.

Mit Salz abschmecken, dann alles in Gläser füllen und gut verschließen. Die Flüssigkeit muss über dem Salat stehen.

### Sauerkraut

Sauerkraut ist ein besonders wertvolles, billiges, gesundes und vitaminreiches (Vitamin C) Nahrungsmittel.

#### Grundmengen

**10 g Salz pro 1 kg Kraut**
**Kümmel, Wacholderbeeren, Apfelscheiben, evtl. Zucker**

Feste Krautköpfe einige Tage trocken lagern und dann fein hobeln. Sorgfältig gereinigte Bottiche aus Eichen- oder Buchenholz oder lebensmittelechte Kunststoffgefäße mit sauberen Krautblättern auslegen. Das Kraut lagenweise einfüllen, jede Lage mit Salz und den Gewürzen vermischen und stampfen. Sobald sich Saft bildet, füllt man eine neue Schicht Kraut nach.

Ist der Behälter voll, saubere Krautblätter, ein sauberes Tuch und einen passenden Deckel daraufgeben und nach Bedarf mit Steinen beschweren. Der sich bildende Saft im Gefäß muss über dem Deckel stehen, der Gärungsschaum wird abgeschöpft. Kunststoffgefäße nach dem Vergären mit passendem Deckel gut verschließen.

In einem Raum mit 12–14 °C ist die Gärung nach 3–4 Wochen beendet; bei niedrigeren Temperaturen dauert sie bis zu 6 Wochen.

Für die Krautentnahme gelten folgende Regeln: Wasser abschöpfen, Abdeckung, Steine und Tuch entfernen, eine ganze Krautschicht entnehmen und das gespülte Tuch, die gereinigten Steine und Deckel wieder darauflegen. In Kunststoffgefäßen das Kraut flach entnehmen und den Deckel wieder gut verschließen. Kühl lagern.

## ZUBEREITUNG VON WÜRSTEN

### Bratwurst

Schweinefleisch – halb fettes, halb mageres Fleisch – mit der Fleischmaschine faschieren. Pro 1 kg Wurstmasse 18 g Kochsalz verwenden.

100 g Knödelbrot pro kg Wurstmasse mit etwas kalter Milch einweichen, dann mit einigen Eiern (für 5 kg Masse 4 Eier) verrühren. Das Fleisch mit Bratwurstgewürz (nach Mengenangabe) gut würzen. Faschiertes und Knödelmasse nun 15 Minuten gut durchkneten und locker in Schweinsdünndärme füllen.

Damit Bratwürste beim Braten nicht aufspringen, diese in eine Pfanne mit lauwarmem Fett geben und langsam braten.

### Haus- oder Selchwürste

2 Teile mageres Schweinefleisch in große Stücke schneiden und einsalzen. Auf 1 kg Wurstmasse rechnet man 12 g Salz und 10 g Pökelsalz. 1 Teil der fetten Stücke der Schulter und ein wenig kernigen Speck ganz lassen, ebenfalls einsalzen und einen Tag stehen lassen.

Das magere Fleisch fein, das fettere Fleisch grob faschieren. Den Speck mit der Hand feinwürfelig schneiden.

Das Fleisch mit Pfeffer, ein wenig Zucker, Rotwein, evtl. etwas unbehandelter Zitronenschale und ein wenig Paprika würzen. Die Masse gut durchkneten und fest in Därme füllen.

Beim Füllen der Würste diese gelegentlich anstechen, damit die Luft entweichen kann. In etwa 12 bis 15 cm lange Paare drehen und abbinden. Erst nach 1½ Tagen einen Tag lang kühl selchen.

### Breinwurst (Brein = Reis, Hirse, Rollgerste, Buchweizen)

Kopffleisch und Schulterfleisch mit Salz, Pfefferkörnern und Lorbeerblatt kochen, erkalten lassen und faschieren. 1 kg Brein oder Reis in Kopffleischsuppe anschwellen, aber nicht weich kochen. Zum heißen Brein die faschierte Fleischmasse geben, mit zerdrücktem Knoblauch und gerösteten Zwiebeln vermischen, mit Pfeffer, Majoran, Piment (Neugewürz) und evtl. Salz würzen.

Die noch warme Masse locker in Därme einfüllen, diese evtl. binden, die Würste im siedendem Wasser (80 °C) kurz überbrühen, kalt spülen. In Portionen einfrieren.

Bei Verwendung langsam braten.

### Presswurst

2 kg Kopf- und Kleinfleisch mit kaltem Wasser zustellen, salzen, braun geröstetes Wurzelwerk mit gehackter Zwiebel sowie ein wenig Majoran zugeben und kochen. Gleichzeitig ca. 500 g Schwarten für Sulz langsam weich kochen, dann abseihen. Das Fleisch in kleine Würfel, die Schwarten nudelig schneiden, vermischen und mit ein wenig Schwartensuppe übergießen.

Das Ganze mäßig erwärmen und gut gewürzt in Presswurstdärme füllen. Hierauf leicht beschweren und erst am nächsten Tag anschneiden. Eventuell kühl selchen.

### Leberaufstrich

Kopf-/Bauchfleisch. Zwei Drittel davon braten, gut würzen wie für einen Schweinsbraten. Einen Teil des Fleisches wie eine gute Suppe kochen. Schweineleber mit geschnittener Zwiebel in Öl kurz rösten. Alle Zutaten fein faschieren, gut vermengen. Mit Salz, Pfeffer, Majoran, Thymian, Piment (Neugewürz) und Knoblauch (oder Leberwurstgewürz) würzen und so viel von der Suppe und, falls man das Fleisch gebraten hat, vom Bratensaft zugeben, dass eine breiige Masse entsteht.

Diese in nicht zu große Rexgläser oder Schraubverschlussgläser bis etwa 2 cm unter den Glasrand füllen. Die Gläser rasch verschließen und 30–60 Minuten sterilisieren.

### Bereiten von Sulz

Schweinsfüße und -schwarten mit kaltem Wasser, Lorbeerblättern, Pfefferkörnern, Karotten, Petersilienwurzeln und Salz zustellen, weich kochen und hierauf abseihen. Bei den Füßen, solange sie noch heiß sind, das Fleisch von den Knochen lösen, Fleisch und Schwarten nudelig schneiden. Die Suppe, in welcher die Füße und Schwarten gekocht wurden, abseihen und stehen lassen (meist über Nacht), damit sie zu einer Sulz stockt.

Am nächsten Tag die Sulz abfetten, dann wieder erwärmen, bis sie flüssig wird, und ein wenig säuern. (Sollte man beim Abfetten sehen, dass die Sulz noch nicht fest genug ist, muss man sie noch einige Zeit einkochen lassen.) Hierauf das geschnittene Fleisch in die noch flüssige, heiße Sulz geben. Kühl stellen.

## TIEFGEFRIEREN VON LEBENSMITTELN

Tiefgefrieren ist die natürlichste und einfachste Art, leicht verderbliche Lebensmittel und Fertiggerichte langfristig haltbar zu machen. Im Haushalt werden folgende Gefriergeräte verwendet:

- Gefrierschrank
- Gefriertruhe
- Gefrierfach

Für 4 Personen rechnet man heute ca. 200–300 l Kühlvolumen.

### Vorteile des Tiefgefrierens

- Lebensmittel und Fertigspeisen werden auf lange Sicht frisch erhalten.
- Tiefgefrieren macht unabhängig von Marktlage, Arbeitsspitzen in der Landwirtschaft, von Ladenschluss- und Jahreszeiten.
- Tiefgefrieren hilft sparen: Resteverwertung, Einkauf von Sonderangeboten, Erntezeiten, Marktlage.
- Tiefgefrieren von Fertiggerichten spart Zeit: einmal kochen, braten, backen – öfter essen!
- Größte Bedeutung für Berufstätige und schnelle Küche!
  Zum Tiefgefrieren eignen sich die meisten Lebensmittel!

### Tiefgefrierdauer der Lebensmittel

- 8–12 Monate: Obst
- 8–12 Monate: Gemüse, frisch geerntet
- 3–8 Monate: Fleisch und Geflügel
- 2–3 Monate: Fertiggerichte
- 2–3 Monate: Teige, Backwaren und Brot

### Vorbereitung der Lebensmittel

- **Fleisch:** Richtig zerteilen, auskühlen lassen, die Knochen auslösen und, je nach Personenanzahl, in passende Stücke schneiden. Diese sollten jedoch nicht mehr als 2,5 kg wiegen. Sauber abtrocknen – blutunterlaufene Stücke weggeben –, jedes Stück nun wasser- und luftdicht verpacken und beschriften. Die Knochen getrennt vom Fleisch in einer Plastikdose verpacken. Mageres Fleisch ist sehr gut lagerfähig. Je fetter das Fleisch, desto kürzer die Haltbarkeit.
- **Gemüse:** Frisch ernten, sogleich putzen, waschen und, je nach Verwendung, zerkleinern. Hierauf blanchieren, gut auskühlen und abtrocknen lassen. Blanchieren: Das vorbereitete Gemüse in einem Sieb 2–3 Minuten in stark kochendes, schwach gesalzenes Wasser geben. Danach in viel fließendem Wasser abkühlen und dann auf ein sauberes Tuch zum Trocknen legen. Anschließend verpacken und einfrieren.
- **Obst:** Einwandfreies, gut ausgereiftes, frisches Obst kann ebenfalls tiefgefroren werden. Es kann ganz, halbiert oder als Mus bevorratet werden. Besonders gut eignet sich Beerenobst, sehr gut Steinobst. Da die meisten Obstarten durch Tiefgefrieren ihre Gelierfähigkeit behalten, können in der arbeitsärmeren Zeit die tiefgefrorenen Früchte zu Marmelade oder Saft usw. verarbeitet werden.

**Obst wird auf verschiedene Arten tiefgefroren:**

- **Ohne Zucker** für Kuchenbelag, Knödelfülle und für spätere Verarbeitung.
- **Trocken gezuckert** (4 bis 5 Teile Obst, 1 Teil Zucker).

### Verpackungsmaterialien

- **Polyethylenfolie:** Plastikpackstoff, in Laufmetern, Schlauch- sowie als Gefrierbeutel erhältlich. Wird in der Praxis am häufigsten verwendet.
- **Alufolie:** Stanniolähnlich. Nach Verwenden an Kanten und Bugstellen oft beschädigt. Alufolie ist in Rollen- und Wannenform im Handel erhältlich.

- **Kunststoffbehälter:** Sollten stabil und nach unten konisch sein sowie einen gut schließenden Deckel haben. Sie ermöglichen eine gute Raumausnützung.
- **Glasbehälter:** Stabil, praktisch, langlebig!

### Verschlussmaterial

- Klebestreifen, durchsichtig oder in verschiedenen Farben.
- Aluminiumstreifen sind besonders als Säckchenverschluss geeignet.
- Gummiringe, Kunststoffklammern
- Folienschweißgerät mit eigener Folie

### Beschriftung

Aus der Beschriftung sollten **Inhalt**, **Gewicht** und **Einfrierdatum** zu ersehen sein, z. B.: *500 g Rindsbraten, 16. November 20..*

Zum Beschriften verwendet man:

- Klebeetiketten
- Gefrierbeutel mit Beschriftungsstreifen
- Wasserfesten Stift

### Regeln für das Tiefkühlen und Lagern

- Das verpackte, beschriftete Gefriergut sollte so rasch als möglich durchgefroren sein, daher sollte es bei –30 °C tiefgefrieren. Je rascher eingefroren wird, desto besser bleiben Gesundheitswert und Qualität erhalten.
- Qualitätsverminderung kann durch Luftzutritt eintreten, daher luft- und wasserdicht verpacken.
- Tiefkühlgut sollte bei –18 °C lagern. Lagerzeiten genau beachten.
- Wichtig sind platzsparendes Einschichten des Gefriergutes und Ordnung im Lagerfach.
- Jeder Temperaturwechsel sollte vermieden werden; ein Stromausfall bis zu 24 Stunden richtet keinen Schaden an, nur soll während dieser Zeit das Gefriergerät nicht geöffnet werden.
- Die Temperatur regelmäßig durch ein Thermometer kontrollieren.
- Abtauen der Geräte in regelmäßigem Abstand hilft Energie zu sparen.

### Tiefgefrieren von Fertiggerichten

- Tiefgekühlte Fertiggerichte ermöglichen die Bereitung von Schnellmenüs, ohne übermäßig teuer oder einseitig zu kochen.
- Bei der Zubereitung größerer Mengen zum Einfrieren spart man Zeit und Strom, Geräte und Maschinen werden besser ausgenützt.
- Tiefgefrorene Fertiggerichte ermöglichen eine rasche Versorgung von Gästen.
- Größere Reste können durch Tiefgefrieren haltbar gemacht werden und sind so besser verwertbar.
- Festtage und Arbeitsspitzen können mittels Fertiggerichte leichter überbrückt und bewältigt werden.

**Beim Tiefgefrieren von Fertiggerichten ist jedoch Folgendes zu beachten:**

- Das Zubereiten, Tiefgefrieren und Wiederauftauen darf nicht länger dauern als das Frischzubereiten.
- Mehl, Mayonnaise, Sauerrahm, Gurkerln etc. erst nach dem Auftauen zugeben.
- Allgemein wenig würzen. Bei ausländischen Gewürzen verliert sich das Aroma, bei Salz wird der Geschmack während der Lagerzeit intensiver.
- Bei der Zubereitung einwandfreies Fett verwenden. Butter oder Öl eignen sich am besten.
- Gebäck sollte so frisch wie möglich in das Gefrierfach gebracht werden.
- Lagerzeit für Fertiggerichte bis zu 3 Monate.

### Zum Tiefgefrieren eignen sich sehr gut:

- **Suppeneinlagen:** Knödel, Schöberln, Frittaten, Strudel, Brandteigkrapferln, Milzschnitten
- **Fleischspeisen:** Gulasch, Beuschel, Ragout, gedünstete Schnitzel, Faschiertes, Rindsrouladen usw.
- **Beilagen**: Knödel und vorgebackene Pommes frites, Spätzle
- **Gemüse**: gedünstetes Kraut, Spinat
- **Teige**: Mürbteig, Germteig, Strudelteig
- **Backwaren** aus: Germteig, Sandmasse, Backpulverteig, Mürbteig, Biskuitteig, Torten aller Art ohne Fülle und Glasur

Alle Backwaren sollten so frisch wie möglich (lauwarm) und gut verpackt eingefroren werden.

Man muss sich beim Kauf eines Gefriergerätes sachkundig beraten lassen und sich mit den richtigen Arbeitsmethoden vertraut machen.

### Das Auftauen

Das Gefriergut kann gefroren, angetaut oder ganz aufgetaut verwendet werden:

- **Fleisch:** Dieses wird meist in angetautem Zustand zubereitet, um Saftverlust zu vermeiden. Portionspackung (Schnitzel) erleichtert die Weiterverarbeitung. Schnitzel sind schon im gefrorenen Zustand verwendbar. Ganze Fleischstücke kernig antauen, dann zubereiten. Suppenfleisch gefroren oder angetaut ins kochende Wasser legen. Die Garzeit verlängert sich bei nicht aufgetautem Fleisch! Wird Fleisch ganz aufgetaut – hoher Saftverlust (Qualitätsminderung).
- **Gemüse:** Zum Kochen oder Dünsten ohne Auftauen ins kochende Wasser oder heiße Fett geben.
- **Obst:** Für Knödel in gefrorenem Zustand verarbeiten, für Kuchen leicht antauen, für Fruchtgetränke und Cremespeisen kernig auftauen.
- **Fertiggerichte:** Je nach Art der Speise in gefrorenem Zustand ins kochende Wasser geben, im Backrohr oder auf der Platte aufwärmen. Teige bei Zimmertemperatur auftauen (am besten über Nacht). Gebäck taut rasch auf, kann aber auch kurz ins heiße Rohr geschoben werden. Suppeneinlagen werden im heißen Rohr angewärmt und schmecken dann frischer. Zum Auftauen eignet sich auch die Mikrowelle.

***Foto rechts: Festtafel***

*Foto: Maria Loder*

Jeder Gast wird sich freuen, wenn er an einem sorgfältig gedeckten Tisch und mit lieben Menschen ein gemeinsames Essen einnehmen kann.

Es geht nicht nur um „Sättigung" allein, sondern auch darum, Tischgemeinschaft zu erleben und Tischkultur zu pflegen.

Die folgenden Ausführungen orientieren sich am Lehrbuch Servieren und Gästeberatung*. Eine ausführliche Darstellung der Servierkunde kann diesem Buch entnommen werden.

### Tischinventar

Die Tischkultur wird wesentlich vom verwendeten Tischinventar (Tischwäsche, Besteck, Tischgeschirr, Gläser und Tischdekoration) mitbestimmt.

### Tischwäsche

Die Tischwäsche sollte leicht zu pflegen sein und nur sauber und ordentlich gebügelt aufgelegt werden. Für eine Festtafel wirkt weiße Tischwäsche am vornehmsten.

Das Tischtuch so auflegen, dass es auf allen Seiten des Tisches in gleicher Länge über die Tischkante hängt (ca. 25 cm) – Mittelbug nach oben.

Stoffservietten sollen im Material und in der Farbe auf das Tischtuch abgestimmt sein.

Zur kunstvoll gefalteten Stoffserviette immer eine einfach gelegte Papierserviette geben.

### Besteck

Besteck sollte gut geformt, handlich im Gebrauch, spülmaschinenfest und auch längere Zeit nachkaufbar sein.

Besteck aus Chromnickelstahl ist rostfrei und säurebeständig und ist dem Besteck aus Chromstahl (billiges Material) vorzuziehen.

Es darf nur einwandfrei sauberes und poliertes Besteck aufgelegt werden; poliertes Besteck nur an der schmalsten Stelle angreifen.

### Tischgeschirr

Tischgeschirr besteht meistens aus Porzellan. Markenporzellan, welches einzeln möglichst lange nachgekauft werden kann, mit dezenten, zeitlosen Formen und schlichtem Dekor wählen. Es sollte vor allem zweckmäßig, spülmaschinenfest, haltbar und stapelbar sein. Das Tischgeschirr muss einwandfrei sauber sein und darf keine schadhaften Stellen aufweisen.

### Gläser

Gläser unterscheiden sich in Form, Größe und Qualität. Die jeweiligen besonderen Eigenschaften der Getränke kommen in den dafür vorgesehenen Gläsern besonders gut zur Geltung (Wein,- Bier,- Sektgläser, Schnapsgläser ...). Nur gut polierte und einwandfreie Gläser decken, dabei nicht am Trinkrand angreifen.

---

* H. Lenger, R. Lenger, W. Gutmayer, H. Stickler, R. Wolfschluckner: Servieren und Gästeberatung, 9. Auflage 2010, Nachdruck 2013, Trauner Verlag, Linz

Gläser nach jedem Gebrauch in der Spülmaschine waschen bzw. dünnwandige Gläser von Hand mit warmem Spülmittelwasser reinigen und mit klarem, warmem Wasser nachspülen und trocken polieren.

### Tischschmuck

Tische werden dem Anlass entsprechend mit Servietten, Blumen, Kerzen, Tischkarten, Menükarten, Bändern und anderen gestaltenden Elementen versehen.

Als Blumenschmuck eignen sich kleine niedere Sträuße in Vasen oder Gestecke. Giftige und stark duftende Blumen sowie Topfpflanzen sollen nicht verwendet werden.

Tischkarten ermöglichen bei größeren Einladungen das Einhalten der Sitzordnung.

**Die wichtigsten Grundregeln für das Decken eines Tisches**

- Der Platzbedarf pro Gast beträgt 60 bis 80 cm in der Breite und 35 bis 40 cm in Richtung Tischmitte, um genügend Bewegungsfreiheit zu gewährleisten.
- Saubere und gut gebügelte Tischdecke exakt auflegen.
- Sessel stellen – auf gleichmäßige Abstände achten.
- Gedecke sollen genau gegenüberstehen.
- Teller für die Hauptspeise (Maßteller) in die Mitte des Platzes, daumenbreit vom Tischrand entfernt einstellen.
- Suppenteller auf den Fleischteller stellen.
- Messer rechts mit der Schneide dem Teller zugekehrt, Löffel rechts daneben und Gabel links vom Teller auflegen. Auch hier ist der Abstand des Besteckes von der Tischkante weg immer daumenbreit. Die innen liegenden Besteckteile schneiden mit dem Tellerrand ab.
- Dessertgabel und Dessertlöffel über dem Tellerrand decken. Die Dessertgabel innen mit Griff nach links und den Dessertlöffel außen mit Griff nach rechts auflegen.
- Wasserglas daumenbreit über die Messerspitze einstellen.
- Den Salatteller links vom Hauptspeisenteller stellen.
- Serviette einfach gefaltet, links neben die Gabel oder anstatt des Hauptspeisentellers in die Mitte des Gedecks legen.
- Einfachen Blumenschmuck in einer Vase in die Mitte des Tisches stellen.

## Einfach gedeckter Mittagstisch

## Festlich gedeckter Tisch – Festtafel

## Der festliche Tisch, die Festtafel

Festliche Ereignisse werden mit einem Festessen gekrönt, der Tisch wird dem Anlass entsprechend gedeckt und gestaltet.

Wichtig ist, dass man jedes Festessen gut plant und man rechtzeitig mit den Vorbereitungen dafür beginnt. Bei der Planung sind Datum und Zeitpunkt des Essens, Gästeanzahl, Anlass, Menügestaltung, Getränkeauswahl, Tafelform, Sitzordnung, Gestaltung der Tafel und Ablauf des Essens zu beachten.

Für die Auswahl der Tischwäsche, der Farbe der Servietten, des Geschirrs, der Gläser, der Blumen und Menükarten ist der Anlass ausschlaggebend. Das Zusammenspiel aller Details ergibt erst eine geschmackvoll gestaltete Tafel.

Die Sitzordnung wird vom Gastgeber festgelegt. Ehrengäste sitzen immer in der Mitte der Haupttafel.

### Decken einer Festtafel – Arbeitsablauf

- **Tische stellen** – die Tafelform hängt von den räumlichen Gegebenheiten und von der Personenzahl ab.
- Saubere, gut gebügelte **Tischtücher** auflegen – der Mittelbug verläuft in der Mitte der Tafel.
- **Sessel stellen** – auf gleichmäßige Abstände achten, Sessel genau gegenüberstellen.
- **Maßteller** oder **Platzteller** aufstellen – die Gedeckbreite und das Gegenüber des Gedeckes wird damit festgelegt.
- **Besteck** je nach Menü auflegen – innen am Tellerrand beginnend nach außen, das heißt von der Hauptspeise bis zur kalten Vorspeise.
- **Gläser** stellen – das Glas für den Hauptgang (meist ein Weinglas) steht daumenbreit über dem Messer des Hauptganges, die übrigen Gläser werden dem Menü folgend gedeckt.
- Einfach gefaltete **Servietten** in die Mitte des Gedeckes legen.
- Geschmackvoll und sauber gestaltete **Menü-** und **Namenskarten** links über dem Besteck oder oberhalb des Dessertbesteckes aufstellen.
- **Tischdekoration** (Gestecke, Kerzen ...) erst dann aufstellen, wenn die Tafel fertig gedeckt ist.
- **Sessel ausrichten** – sie sollen eine gerade Linie ergeben.

## Allgemeines für das Service

### Serviermethoden

- **Tellerservice** – die Speisen werden in der Küche dekorativ auf Teller angerichtet und dem Gast von rechts serviert.
- **Plattenservice** – die Speisen werden in der Küche auf Platten angerichtet und dem Gast von links gereicht oder von der Platte auf den Teller des Gastes von links vorgelegt.

### Servierarbeiten

**Rechts vom Gast ausgeführt:**

- Einstellen der leeren Teller (Ausnahme Salatteller) sowie Einstellen der Suppentassen und Speisen, die auf Tellern angerichtet sind.
- Alles, was vor dem Gast und rechts vom Gast steht, wird von rechts mit der rechten Hand abserviert.
- Getränke in Gläsern einstellen bzw. Getränke einschenken.

**Links vom Gast ausgeführt:**

- Salatteller (Salatschüsserl) für Salate als Beilage werden von links auf die linke Seite des Gastes gestellt.
- Speisen von der Platte auf den Teller des Gastes vorlegen.
- Alles, was links vom Gast steht, wird von links mit der rechten Hand serviert bzw. abserviert.

**PRAKTISCHE HINWEISE**

- Besteckteile, Gläser und Tassen immer auf einem Tablett tragen.
- Für alle Vorspeisen, die im Glas oder auf einem Glasteller angerichtet sind, Dessertgabel und Dessertlöffel decken.
- Wird Suppe in der Suppentasse serviert, Dessertlöffel decken.
- Schüsseln, Suppentöpfe, Saucenschalen, die auf den Tisch gestellt werden, auf Unterteller mit Serviette stellen, entsprechendes Vorlegebesteck dazugeben.
- Cocktailschalen, Kompottschüsserl, Salatschüsserl immer auf Dessertteller stellen, Papierserviette dazwischenlegen.
- Suppe in der Suppentasse mit Untertasse, die auf einem Dessertteller mit Papierserviette steht, servieren.
- Mit dem Abservieren erst dann beginnen, wenn alle Gäste am Tisch den Gang beendet haben.
- Beim Abservieren zuerst immer alles, was in der Mitte des Tisches (Schüsseln, Platten ...) steht, wegnehmen, erst dann Fleischteller und zum Schluss die Salatteller (Salatschüsserl) abservieren.

### Servierablauf beim Festessen

- **Getränke servieren** – meist werden Saft- und Wasserkrüge, auch Mineralwasserflaschen zur Selbstbedienung eingestellt, Bier und Wein werden eingeschenkt. Getränke immer mit der rechten Hand von der rechten Seite des Gastes einschenken.
- **Kalte Vorspeise servieren** – Vorspeisenteller von rechts einstellen und abservieren.

- **Suppe servieren** – Suppenteller einstellen und die Suppe im Suppentopf in die Mitte des Tisches bzw. Suppe in Suppentassen von rechts einstellen.
- **Warme Vorspeise servieren**, abservieren.
- **Getränke nachschenken** bzw. **Wein einschenken** – meist wird vor der Hauptspeise Wein angeboten. Wein aus der Flasche von rechts einschenken.
- **Salat als Beilage einstellen** – Salat portioniert in Salatschüsserl auf Desserttellern mit Serviette von links auf die linke Seite des Gastes stellen.
- **Hauptspeise servieren**.
  *Tellerservice* – angerichtete Teller so einstellen, dass die Hauptspeise in Richtung zum Gast liegt.
  *Plattenservice* – vorgewärmte Teller einstellen, Schüsseln mit kalten Beilagen und dann Schüsseln mit warmen Beilagen mit dem jeweiligen Vorlegebesteck in die Mitte des Tisches stellen. Vorlegen der Hauptspeise von der Platte oder Platten mit Vorlegebesteck einstellen.
- **Getränke nachschenken**.
- **Dessert servieren** – Dessert portioniert einstellen, abservieren. (Zuerst Kuchen einstellen, dann Kaffee servieren.)

## Benehmen bei Tisch

Man kann einen Menschen an der Art, wie er bei Tisch erscheint und wie er sich beim Essen benimmt, beurteilen. Die **Regeln für das Benehmen** bei Tisch sind im Restaurant nicht anders als zu Hause.

- Gut frisiert und gepflegt zum Essen kommen, vor dem Essen Hände waschen.
- Zu jedem Essen pünktlich erscheinen; bei Verspätung sich beim Gastgeber entschuldigen.
- Geräuschlos hinsetzen, Sessel etwas anheben.
- Aufrecht sitzen, Beine gerade und Füße geschlossen halten.
- Die Hände bis zum Handgelenk (nicht die Ellbogen) auf den Tisch legen.
- Wenn alle Gäste Platz genommen haben, Stoffserviette vom Gedeck nehmen und halb auseinandergefaltet auf den Schoß legen.
- Speisen nur mit Vorlegebesteck von der Platte nehmen, Teller nicht überhäufen.
- Mit dem Essen erst dann beginnen, wenn alle Gäste bedient sind und der Gastgeber selbst zu essen begonnen hat.
- Das am äußeren Rand des Gedeckes liegende Besteck zuerst verwenden.
- Löffel und Gabel zum Mund führen. Nicht den Kopf über den Teller beugen.
- Messer nie in den Mund nehmen.
- Geflügel mit Messer und Gabel essen.
- Auch dann etwas essen, wenn man es nicht so gerne mag.
- Legt man Messer und Gabel überkreuzt auf den Teller, bedeutet das, dass man noch nicht fertig ist.
- Wenn man das Essen beendet hat, das Besteck mit den Griffen nach rechts auf den Teller legen.

- Vom Brot mundgerechte Stücke abbrechen, nicht vom großen Stück Brot abbeißen.
- Nicht mit vollem Mund sprechen, mit geschlossenem Mund kauen.
- Nicht zu laute Tischgespräche führen.
- Das Zeichen zum Trinken gibt der Gastgeber, zum Beispiel durch ein „Prost“.
- Wein- und Sektgläser nur am Stiel anfassen.
- Vor dem Trinken Mund mit Serviette abwischen.
- Beim Anstoßen die andere Person ansehen.
- Während der Mahlzeit nicht telefonieren.
- Nach Beendigung eines Ganges die Teller nicht übereinanderstellen oder zur Seite stellen.
- Papierservietten nicht zerknüllen.

# REZEPTREGISTER

## G

## L



## M



## N

## Q



## R



## S

## T

## U



## V



## W



## Z